Juristisches Seminar
Inv.-Nr. 23.706
Finanziert aus
Studienzuschüssen

02-KR/R xx (150-199)
19 Gro

ausgeschieden

Kohlhammer

Examenskurs VwGO für Studenten und Referendare

mit Formulierungsbeispielen und Praxistipps

von

Stephan Groscurth
Vorsitzender Richter am Verwaltungsgericht Berlin

Verlag W. Kohlhammer

1. Auflage 2014

Alle Rechte vorbehalten
© W. Kohlammer GmbH, Stuttgart
Gesamtherstellung: W. Kohlhammer GmbH, Stuttgart

Print:
ISBN 978-3-17-026198-3

Für den Inhalt abgedruckter oder verlinkter Websites ist ausschließlich der jeweilige Betreiber verantwortlich. Die W. Kohlhammer GmbH hat keinen Einfluss auf die verknüpften Seiten und übernimmt hierfür keinerlei Haftung.

Vorwort

Als Leiter von Arbeitsgemeinschaften für Referendare im Bereich des Kammergerichts und Prüfer im Juristischen Staatsexamen beim Gemeinsamen Juristischen Prüfungsamt Berlin-Brandenburg bin ich seit Langem mit den Schwierigkeiten vertraut, die mit der Anfertigung von Klausuren im Zweiten Staatsexamen einhergehen. Referendare haben zwar oftmals das noch aus der Vorbereitung zum Ersten Staatsexamen stammende theoretische Wissen zum Verwaltungsprozessrecht. Eine den Anforderungen des Zweiten Examens entsprechende Umsetzung scheitert aber häufig daran, dass Verfasser Theorienstreitigkeiten unnötig ausbreiten, falsche Schwerpunkte setzen oder einfach sprachlich überfordert sind. Anders gesagt: Es mangelt am praxisgerechte Vorgehen. Das mag auch in der Literaturlage begründet sein. Examenskandidaten stehen zur Examensvorbereitung bislang entweder die klassischen, oftmals weit gefassten Lehrbücher zur VwGO zur Verfügung, oder aber Skripte und Klausursammlungen, denen es bisweilen am zum umfassenden Verständnis erforderlichen Unterbau fehlen mag.
Mit diesem Buch soll eine Lücke zwischen beiden Arten von Werken geschlossen werden. Es verbindet die Vermittlung des examenswichtigen Klausurstoffs mit der konkreten Umsetzung in der Klausur. Auf die theoretischen Ausführungen zu den typischen Klausurfragen der VwGO folgen stets praxisgerechte Formulierungsvorschläge. Studierende können die Formulierungsvorschläge zunächst überspringen und sich so einen ersten, schon für das Erste Staatsexamen nützlichen Einblick in das Verwaltungsprozessrecht verschaffen. Später mögen sie dann auf die in erster Linie für Referendare nützlichen Tipps und Hinweise zurückgreifen.
Der sprachlichen Verständlichkeit halber wird auf eine parallele Wiedergabe von männlicher und weiblicher Form in diesem Buch weitgehend verzichtet; eine Diskriminierung des jeweils anderen Geschlechts ist damit keinesfalls beabsichtigt.
Danken möchte ich an dieser Stelle meinem Kollegen VRiVG Björn Schaefer und meiner Kollegin Ri'inVG Rautgundis Schneidereit. Sie haben das Manuskript gründlich durchgesehen und mir zahlreiche hilfreiche Hinweise zur Verbesserung gegeben. Den Referendaren Marian Grellmann und Thorsten Bonheur bin ich ebenfalls Dank für die zügige und gründliche Durchsicht des Manuskripts schuldig. Schließlich danke ich Herrn Rechtsanwalt und Verlagsleiter Jens Roth dafür, dass er mich konstant ermutigt hat, das ursprünglich nur im Internet zugängliche Werk in ein Buch zu verwandeln. Sollten sich trotz größtmöglicher Sorgfalt Fehler oder Ungenauigkeiten eingeschlichen haben, bin ich für Hinweise unter Stephan.Groscurth@vg.berlin.de dankbar.

Stephan Groscurth, im Juli 2014

Inhaltsverzeichnis

	Seite
Vorwort	V
Abkürzungsverzeichnis	XV
Literaturverzeichnis	XVII
Einleitung	1
1. Kapitel: Klageerhebung, Klageänderung, Klagehäufung	3
I. Vorbemerkung	3
II. Anforderungen an die Klageschrift	3
1. Formelle Anforderungen (§ 81 VwGO)	3
2. Materielle Anforderungen (§ 82 VwGO)	7
III. Folgen der ordnungsgemäßen Klageerhebung	9
1. Rechtshängigkeit (§ 90 VwGO)	9
2. Streitgegenstand	10
3. Unzulässigkeit gleicher Klage	10
4. Suspensiveffekt und weitere Folgen	11
IV. Folgen nicht ordnungsgemäßer Klageerhebung	11
1. Formelle Mängel	11
2. Materielle Mängel	11
V. Klageänderung, Klagehäufung	12
1. Klageänderung	12
2. Klagehäufung (§ 44 VwGO)	13
VI. Formulierungsbeispiele	14
1. Zulässige Klage bei Zweifeln über Anschrift des Klägers	14
2. Zulässige Klageänderung	14
2. Kapitel: Beteiligte des Verfahrens	15
I. Allgemeines	15
II. Kläger und Beklagte	15
III. Beteiligungsfähigkeit, Prozessfähigkeit, Postulationsfähigkeit	16
1. Beteiligungsfähigkeit	16
2. Prozessfähigkeit	18
3. Postulationsfähigkeit	19
IV. Beiladung	20
1. Sinn der Beiladung	20
2. Arten der Beiladung	21
3. Folgen der Beiladung	22
4. Folgen der unterbliebenen Beiladung	24
5. Beiladung in der Examensklausur	24
3. Kapitel: Verfahrensgrundsätze, Rechtsweg und Zuständigkeiten	25
I. Verfahrensgrundsätze	25
1. Allgemeines	25
2. Öffentlichkeit	25
3. Untersuchungsgrundsatz	26

Inhaltsverzeichnis

		4. Beweisgrundsätze	28
II.	Rechtsweg		33
	1.	Allgemeines	33
	2.	Aufdrängende Sonderzuweisung	34
	3.	Öffentlich-rechtliche Streitigkeit nach § 40 Abs. 1 Satz 1 VwGO	35
	4.	Streitigkeit nichtverfassungsrechtlicher Art	38
	5.	Abdrängende Sonderzuweisungen	38
	6.	Aufrechnung mit rechtswegfremder Forderung	40
	7.	Prüfung des Rechtswegs durch das Verwaltungsgericht	41
III.	Sachliche, örtliche und instanzielle Zuständigkeiten		42
	1.	Sachliche Zuständigkeit	42
	2.	Örtliche Zuständigkeit	42
	3.	Instanzielle Zuständigkeit	43

4. Kapitel: Klagebefugnis, Rechtsschutzbedürfnis ... 43

I.	Allgemeines		43
II.	Klagebefugnis		44
	1.	Sinn und Zweck der Klagebefugnis	44
	2.	Anwendungsbereich	45
	3.	Voraussetzungen	45
	4.	Ausnahmen	52
III.	Rechtsschutzbedürfnis		52
	1.	Allgemeines	52
	2.	In-Sich-Prozess	54
IV.	§ 44a VwGO		55
	1.	Allgemeines	55
	2.	Begriff der Verfahrenshandlung	55
	3.	Ausnahmen	56

5. Kapitel: Klagefrist, Wiedereinsetzung ... 56

I.	Klagefrist		56
	1.	Allgemeines und Anwendbarkeit	56
	2.	Die Frist des § 74 VwGO	57
II.	Wiedereinsetzung in den vorigen Stand		63
	1.	Allgemeines	63
	2.	Fristversäumung	63
	3.	Unverschuldete Verhinderung	63
	4.	Antrag, Frist und Ausschluss	67
	5.	Nachholung der versäumten Rechtshandlung	67
	6.	Wiedereinsetzung in der Examensklausur	67
III.	Verwirkung		68
IV.	Verzicht		70

6. Kapitel: Ordnungsgemäßes Vorverfahren ... 70

I.	Allgemeines		70
II.	Zweck des Vorverfahrens		71
III.	Anforderungen an das Vorverfahren		72
	1.	Beginn des Vorverfahrens	72
	2.	Ordnungsgemäßes Vorverfahren	72

Inhaltsverzeichnis

	3. Wirkungen des Widerspruchs	76
	4. Abschluss des Vorverfahrens	77
IV.	Entbehrlichkeit des Vorverfahrens	80
	1. Bestimmung durch Bundes- oder Landesgesetz	80
	2. Verwaltungsakt einer obersten Bundes- oder Landesbehörde	81
	3. Erstmalige Beschwer im Abhilfe- oder Widerspruchsbescheid	81
	4. Sonstige Fälle	81

7. Kapitel: Verfahrensbeendigung ohne Urteil ... 84
   I. Einführung ... 84
   II. Klagerücknahme ... 85
      1. Voraussetzungen ... 85
      2. Umfang ... 86
      3. Folgen der Klagerücknahme ... 86
      4. Betreibensaufforderung ... 87
      5. Streit über wirksame Klagerücknahme ... 87
   III. Übereinstimmende Hauptsacheerledigung ... 88
      1. Voraussetzungen ... 88
      2. Folgen ... 89
      3. Übereinstimmende Teilerledigung ... 90
   IV. Gerichtlicher Vergleich ... 90
   V. Ausgewählte Klausurprobleme und Formulierungsvorschläge ... 91
      1. Teilrücknahme und Teilerledigung ... 91
      2. Streit über die Wirksamkeit der (fiktiven) Klagerücknahme ... 92

8. Kapitel: Besetzung des Gerichts und Entscheidungsformen ... 93
   I. Allgemeines ... 93
   II. Besetzung des Gerichts ... 93
      1. Gesetzlicher Richter ... 93
      2. Entscheidung durch die Kammer ... 95
      3. Entscheidung durch die Kammer ohne ehrenamtliche Richter ... 95
      4. Entscheidung durch den Einzelrichter ... 96
      5. Entscheidung durch den Vorsitzenden bzw. den Berichterstatter ... 97
   III. Entscheidungsformen ... 98
      1. Urteile und andere Hauptsacheentscheidungen ... 98
      2. Beschlüsse ... 100

9. Kapitel: Das Urteil: Rubrum, Tenor und Tatbestand ... 102
   I. Allgemeines ... 102
   II. Rubrum ... 102
      1. Aktenzeichen ... 102
      2. Bezeichnung als Urteil ... 102
      3. Bezeichnung der Beteiligten ... 103
      4. Besetzung des Gerichts ... 103
   III. Tenor ... 104
   IV. Tatbestand ... 105
      1. Allgemeines ... 105
      2. Einleitungssatz ... 106
      3. Unstreitiger Sachverhalt ... 106

Inhaltsverzeichnis

	4. Ablauf des Verwaltungsverfahrens	106
	5. Klageerhebung und Vorbringen der Beteiligten	108
	6. Anträge	109
	7. Prozessgeschichte	111
V.	Muster Urteilsrubrum und Tenor	112
	1. Urteil durch Kammer	112
	2. Gerichtsbescheid durch Einzelrichter	113

10. Kapitel: Das Urteil: Entscheidungsgründe ... 114
I. Vorbemerkung. ... 114
II. Eingangsformeln ... 114
III. Prozessuales Geschehen ... 115
IV. Zulässigkeit ... 115
    1. Allgemeines ... 115
    2. Einzelfragen ... 116
V. Begründetheit ... 119
    1. Allgemeines ... 119
    2. Einleitungssätze. ... 119
    3. Formelle und ungeschriebene Rechtmäßigkeitsvoraussetzungen ... 120
    4. Materielle Rechtmäßigkeitsvoraussetzungen ... 121
    5. Rechtsfolge: Ermessen oder gebundene Entscheidung ... 125
    6. Subjektive Rechtsverletzung ... 127
VI. Nebenentscheidungen ... 127
VII. Rechtsmittelbelehrung ... 128
VIII. Unterschriften der Richter ... 128

11. Kapitel: Kosten, vorläufige Vollstreckbarkeit und Streitwert ... 128
I. Allgemeines ... 128
II. Kostenentscheidung ... 128
    1. Allgemeines. ... 128
    2. Unterliegen eines Beteiligten ... 129
    3. Teilweises Obsiegen bzw. Unterliegen ... 130
    4. Kosten bei Rücknahme ... 131
    5. Kosten bei übereinstimmender Erledigungserklärung ... 132
    6. Mehrere Kostenpflichtige ... 133
    7. Kosten bei Beiladung ... 134
    8. Weitere Sonderregelungen ... 135
    9. Umfang der Kosten ... 138
    10. Rechtsmittel gegen die Kostenentscheidung ... 139
III. Vorläufige Vollstreckbarkeit ... 139
    1. Allgemeines ... 139
    2. Vorläufige Vollstreckbarkeit ... 140
IV. Streitwert ... 142

12. Kapitel: Anfechtungsklage ... 143
I. Allgemeines. ... 143
II. Zulässigkeit der Anfechtungsklage ... 144
    1. Verwaltungsakt (VA) ... 144
    2. Isolierte Anfechtungsklage ... 150

		3. Teilanfechtung	150

     3. Teilanfechtung 150
     4. Rechtsschutz gegen Nebenbestimmungen 151
     5. Konkurrentenklagen 153
     6. Verhältnis zur Nichtigkeitsfeststellungsklage 153
     7. Verbindung mit anderen Anträgen 154
III. Begründetheit der Anfechtungsklage 154
     1. Umfang der gerichtlichen Prüfung 154
     2. Maßgeblicher Entscheidungszeitpunkt 155
     3. Nachschieben von Gründen bzw. der Begründung 156
     4. Unbeachtlichkeit von Fehlern 157
     5. Folgenbeseitigung 158

13. Kapitel: Verpflichtungsklage 158
I.   Allgemeines. 158
II. Zulässigkeit 159
     1. Vorverfahren und Klagefrist 159
     2. Klagebefugnis 159
     3. Klageantrag 159
     4. Keine Erledigung 161
III. Begründetheit 162
     1. Umfang der gerichtlichen Prüfung 162
     2. Maßgeblicher Entscheidungszeitpunkt 162
     3. Spruchreife 163

14. Kapitel: Leistungsklage 163
I.   Allgemeines. 163
II. Zulässigkeit 164
     1. Statthaftes Klageziel 164
     2. Klagebefugnis 167
     3. Vorverfahren und Klagefrist 167
III. Begründetheit 168
IV. Sonderproblem: Vorläufige Vollstreckbarkeit 169

15. Kapitel: Feststellungsklagen 170
I.   Allgemeines. 170
II. Fortsetzungsfeststellungsklage 170
     1. Zulässigkeit 170
     2. Begründetheit 176
III. Allgemeine Feststellungsklage 177
     1. Zulässigkeit 177
     2. Begründetheit 179
     3. Der Erledigungsrechtsstreit 179

16. Kapitel: Der Beschluss 183
I.   Allgemeines. 183
II. Form und Inhalt des Beschlusses 184
     1. Allgemeines 184
     2. Gemeinsamkeiten von Urteil und Beschluss 185
     3. Unterschiede von Urteil und Beschluss 185
III. Musterbeschlüsse: Rubrum und Tenor 187

Inhaltsverzeichnis

	1. Beschluss nach § 80 Abs. 5 VwGO	187
	2. Beschluss nach § 123 Abs. 1 VwGO	187

17. Kapitel: Vorläufiger Rechtsschutz: Bedeutung und Systematik 188
I. Bedeutung 188
II. Systematik 190
III. Verfahren 190

18. Kapitel: Verfahren nach § 80 Abs. 5 VwGO 191
I. Einführung 191
II. Gesetzlicher Sofortvollzug (§ 80 Abs. 2 Satz 1 Nr. 1–3 VwGO) 192
    1. § 80 Abs. 2 Satz 1 Nr. 1 VwGO 192
    2. § 80 Abs. 2 Satz 1 Nr. 2 VwGO 193
    3. § 80 Abs. 2 Satz 1 Nr. 3 VwGO 193
    4. Maßnahmen der Verwaltungsvollstreckung 194
    5. Behördlicher Rechtsschutz 194
III. Behördlicher Sofortvollzug (§ 80 Abs. 2 Satz 1 Nr. 4 VwGO) 194
    1. Formelle Voraussetzungen 194
    2. Materielle Voraussetzungen 197
IV. Zulässigkeit von Anträgen nach § 80 Abs. 5 VwGO 198
    1. Allgemeines 198
    2. Statthaftigkeit 198
    3. Vorheriger Aussetzungsantrag 199
    4. Vorherige Erhebung von Widerspruch bzw. Anfechtungsklage 200
    5. Frist 201
    6. Rechtsschutzbedürfnis 201
V. Begründetheit des Antrags auf Wiederherstellung der aufschiebenden Wirkung, § 80 Abs. 5 Satz 1, 2. Alt. VwGO 202
    1. Formelle Rechtmäßigkeit der Vollziehungsanordnung 202
    2. Entscheidungsmaßstab der Interessenabwägung 203
VI. Anordnung der aufschiebenden Wirkung, § 80 Abs. 5 Satz 1, 1. Alt. VwGO 205
    1. Zulässigkeit des Antrags 205
    2. Begründetheit 206
VII. Feststellung der aufschiebenden Wirkung analog § 80 Abs. 5 VwGO . . . 206
    1. Zulässigkeit 206
    2. Begründetheit 207
VIII. Umfang der Rechtsschutzgewährung 207
IX. Vollzugsfolgenbeseitigung 208
X. Verfahren nach § 80a VwGO 209
    1. Allgemeines 209
    2. Behördlicher Rechtsschutz nach § 80a Abs. 1 VwGO 210
    3. Behördlicher Rechtsschutz nach § 80a Abs. 2 VwGO 210
    4. Gerichtlicher Rechtsschutz nach § 80a Abs. 3 VwGO 210
    5. Begründetheit 211
XI. Abänderungsverfahren § 80 Abs. 7 VwGO 212
    1. Von Amts wegen 212
    2. Auf Antrag 212

Inhaltsverzeichnis

19. Kapitel: Verfahren nach § 123 VwGO 212
I. Allgemeines. 213
II. Arten einstweiliger Anordnungen 213
III. Zulässigkeit 214
    1. Allgemeines 214
    2. Statthaftigkeit. 214
    3. Zuständiges Gericht. 215
    4. Allgemeines Rechtsschutzbedürfnis. 216
    5. Sonstiges 216
IV. Begründetheit 216
    1. Allgemeines 216
    2. Anordnungsanspruch. 217
    3. Anordnungsgrund. 217
    4. Verbot der Vorwegnahme der Hauptsache. 218
V. Anordnungsinhalt 219
VI. Geltungsdauer und Abänderungsverfahren. 221

20. Kapitel: Typische Klausurfehler, praktische Klausurhinweise 221
I. Allgemeines. 221
    1. Anforderungen an die Examensklausur. 221
    2. Besonderheiten der öffentlich-rechtlichen Klausur. 222
    3. Umgang mit dem Kommentar. 222
    4. Formulieren üben 223
II. Typische Klausurfehler 223
    1. Im Rubrum 223
    2. Im Tenor 224
    3. Im Tatbestand. 224
    4. In den Entscheidungsgründen 225
    5. Bei den Nebenentscheidungen 227
III. Zehn goldene Regeln zur Fehlervermeidung. 227
    1. Zeithaushalt 227
    2. Sachverhalt erfassen 227
    3. Bearbeitervermerk gründlich lesen 227
    4. Schwerpunktbildung. 228
    5. Plausibilität. 228
    6. Sprache 228
    7. Urteilsstil. 228
    8. Saubere Prüfung 229
    9. Vollständigkeit 229
    10. Endkontrolle. 229

Sachverzeichnis. 231

Abkürzungsverzeichnis

a. A.	anderer Ansicht
Abs.	Absatz
AGGerStrG M-V	Gesetz zur Ausführung des Gerichtsstrukturgesetzes (Mecklenburg-Vorpommern)
AGVwGO Bln	Ausführungsgesetz zur VwGO (Berlin)
AGVwGO LSA	Ausführungsgesetz zur VwGO (Sachsen-Anhalt)
AGVwGO SH	Ausführungsgesetz zur VwGO (Schleswig-Holstein)
ASOG	Allgemeines Sicherheits- und Ordnungsgesetz (Berlin)
AsylVfG	Asylverfahrensgesetz
AufenthG	Aufenthaltsgesetz
BauGB	Baugesetzbuch
BauO	Bauordnung
BayPAG	Bayerisches Polizei- und Aufgabengesetz
BayVBl.	Bayerische Verwaltungsblätter
BbgVwGG	Brandenburgisches Verwaltungsgerichtsgesetz
BeckRS	Beck-Rechtsprechung (Datenbank des Verlages C.H. Beck)
BGB	Bürgerliches Gesetzbuch
BGBl.	Bundesgesetzblatt
BNatSchG	Bundesnaturschutzgesetz
BImschG	Bundesimmmissionsschutzgesetz
BeamtStG	Beamtenstatusgesetz
BRRG	Beamtenrechtsrahmengesetz
BVerwG	Bundesverwaltungsgericht
DÖV	Die Öffentliche Verwaltung (Zeitschrift)
DRiG	Deutsches Richtergesetz
DVBl.	Deutsches Verwaltungsblatt (Zeitschrift)
EGGVG	Einführungsgesetz zum Gerichtsverfassungsgesetz
f.	folgende
ff.	fortfolgende
FFK	Fortsetzungsfeststellungsklage
FGO	Finanzgerichtsordnung
FreihEntzG	Freiheitsentziehungsverfahrensgesetz
GastG	Gaststättengesetz
GewO	Gewerbeordnung
GKG	Gerichtskostengesetz
GVG	Gerichtsverfassungsgesetz
Hs.	Halbsatz
JA	Juristische Arbeitsblätter (Zeitschrift)
JURA	Juristische Ausbildung (Zeitschrift)
JuS	Juristische Schulung (Zeitschrift)
LKV	Landes- und Kommunalverwaltung (Zeitschrift)
m. w. N.	mit weiteren Nachweisen
NAGVwGO	Ausführungsgesetz zur VwGO Niedersachsen
NJW	Neue Juristische Wochenschrift (Zeitschrift)
NVwZ	Neue Zeitschrift für Verwaltungsrecht (Zeitschrift)
NVwZ-RR	Neue Zeitschrift für Verwaltungsrecht – Rechtsprechungsreport (Zeitschrift)
NWVBl.	Nordrhein-Westfälische Verwaltungsblätter

Abkürzungsverzeichnis

OVG	Oberverwaltungsgericht
PassG	Passgesetz
Rdnr.	Randnummer
SächsVBl.	Sächsische Verwaltungsblätter
SAGVwGO	Ausführungsgesetz zur VwGO Saarland
SGB II	Sozialgesetzbuch II
SGG	Sozialgerichtsgesetz
st. Rspr.	ständige Rechtsprechung
str.	streitig
StVO	Straßenverkehrsordnung
TierSchG	Tierschutzgesetz
TKG	Telekommunikationsgesetz
VA	Verwaltungsakt
VBlBW	Verwaltungsblätter für Baden-Württemberg
VersG	Versammlungsgesetz
VG	Verwaltungsgericht
VGH	Verwaltungsgerichtshof
VIZ	Zeitschrift für Vermögens- und Immobilienrecht
VwGO	Verwaltungsgerichtsordnung
VwVfG	Verwaltungsverfahrensgesetz
VwVG	Verwaltungsvollstreckungsgesetz
VwZG	Verwaltungszustellungsgesetz
WaffG	Waffengesetz
ZPO	Zivilprozessordnung

Literaturverzeichnis

Bosch/Schmidt/Vondung, Praktische Einführung in das verwaltungsgerichtliche Verfahren, 9. Auflage 2012
Engelhardt/App/Schlatmann, VwVG und VwZG, Kommentar, 8. Auflage 2008
Eyermann, VwGO, Kommentar, 13. Auflage 2010
Finkelnburg/Dombert/Külpmann, Vorläufiger Rechtsschutz im Verwaltungsstreitverfahren, 6. Auflage 2011
Keller/Menges, Die VwGO in Fällen, 2010
Kopp/Ramsauer, VwVfG, Kommentar, 13. Auflage 2012
Kopp/Schenke, VwGO, Kommentar 20. Auflage 2014
Redeker/von Oertzen, VwGO, Kommentar, 16. Auflage 2014
Schoch/Schneider/Bier, VwGO, Kommentar, 25. Auflage 2013
Stelkens/Bonk/Sachs, VwVfG, Kommentar, 8. Auflage 2014
Wittern/Baßlsperger, Verwaltungs- und Verwaltungsprozessrecht, 19. Auflage 2007

Einleitung

Referendare verfügen oftmals über ein solides Wissen im Verwaltungsprozessrecht und im materiellen Verwaltungsrecht. Trotzdem sind sie häufig nicht in der Lage, ihre Kenntnisse in praxisgerechte Lösungen, wie sie das Zweite Juristische Examen fordert, umzusetzen. Woran liegt das?

Im Examen wird im öffentlichen Recht die Anfertigung eines gerichtlichen Urteils bzw. Beschlusses oder eines anwaltlichen Schriftsatzes, ggf. auch eines Ausgangs- oder Widerspruchsbescheides verlangt. Dabei wird weniger erwartet, dogmatische Meinungstreitigkeiten in Literatur und Rechtsprechung wissenschaftlich zu lösen als den konkreten Fall handwerklich sauber und mit entsprechendem Judiz überzeugend zu Ende zu bringen. Dies gelingt nicht immer, weil die Bearbeiter noch in der im Ersten Staatsexamen geforderten Denkweise gefangen sind. So werden Meinungsstreitigkeiten zwischen Literatur und Rechtsprechung breit dargelegt, obwohl dies in der Praxis nicht gefragt ist. Vor allem aber bereitet Probleme, dass nicht mehr der aus dem Ersten Staatsexamen bekannte Gutachtenstil angebracht ist, sondern der Urteilsstil, bei dem das Ergebnis der Prüfung bereits bekannt ist und voranzustellen und sodann zu begründen ist.

Das vorliegende Werk stellt vor diesem Hintergrund in insgesamt 20 Kapiteln den wesentlichen Examensstoff im Verwaltungsprozessrecht praxisgerecht – d. h. vor allem: klausurgerecht – dar. Dazu gehört, dass nicht jede Norm der VwGO abgehandelt wird, sondern der Schwerpunkt auf jene Bestimmungen gelegt wird, die in der Examensklausur typischerweise problematisch sein können. Die einschlägigen gesetzlichen Bestimmungen werden vollständig zitiert, soweit sie von Bedeutung sind. Für weitergehende Vertiefung kann auf zahlreiche Literatur- und Rechtsprechungshinweise und die einschlägige Kommentarliteratur verwiesen werden, wobei ein Schwerpunkt auf dem in nahezu allen Bundesländern zugelassenen VwGO-Kommentar von Kopp/Schenke liegt. Schließlich enthält jedes Kapitel zahlreiche praktische Hinweise darauf, wie die zuvor dargestellte Thematik in Klausuren auftauchen kann, vor allem aber, wie die sich hiermit stellenden Fragen konkret formuliert werden. Auch auf die typischen Examensfallen wird an jeweils passender Stelle hingewiesen, wobei das 20. Kapitel die aus langjähriger Korrekturerfahrung gewonnenen typischen Klausurfehler auflistet und Tipps zu deren Vermeidung gibt.

Die angefügten Formulierungsvorschläge, die besonders hervorgehoben sind, sind selbstverständlich nicht verbindlich, sondern stellen Vorschläge dar, um dem Bearbeiter ein Gespür dafür zu vermitteln, was von ihm im Examen verlangt wird. Die Anregungen sollen vor allem zu einem Problembewusstsein und sodann zu einer eigenen Formulierungssicherheit führen. Letztlich erfordert die Klausurlösung immer eigene Übung, die unentbehrlich ist, um die erforderliche Praxis für das Examen zu erlangen. Klausurübung erlangt man z. B. durch den vom Berliner Kammergericht angebotenen Internetklausurenkurs (https://www.berlin.de/sen/justiz/gerichte/kg/ausbildung/jur-vorb/vorb-dienst/internet_klausurenkurs_index.html).

1. Kapitel   Klageerhebung, Klageänderung, Klagehäufung

Literatur:
Ehlers, Allgemeine Sachentscheidungsvoraussetzungen verwaltungsgerichtlicher Rechtsschutzanträge, JURA 2007, 830; *Strnischa*, Die Verbindung von fristgebundener Klageerhebung und Prozesskostenhilfeantrag im verwaltungsgerichtlichen Verfahren NVwZ 2005, 267.

I. Vorbemerkung

Jedes Klage- bzw. Antragsverfahren beim Verwaltungsgericht beginnt mit der **ordnungsgemäßen Klageerhebung** bzw. Antragstellung. Die VwGO stellt bestimmte Anforderungen an den Klageschriftsatz und gleichermaßen an die Klageänderung. Ist die Klage nicht ordnungsgemäß erhoben oder geändert, scheitert deren Zulässigkeit bereits an dieser Stelle. Eine weitere Prüfung der Zulässigkeit verbietet sich also. Daher ist dieser Prüfungspunkt auch in der Klausur vorrangig. Die in diesem Kapitel beschriebenen Prozessvoraussetzungen sind in der Praxis allerdings zumeist unproblematisch, und so wird es in der Regel auch in der Klausur sein. Sollte gleichwohl eine der nachfolgend unter II. beschriebenen Voraussetzungen in Zweifel stehen, so spricht aus klausurtaktischen Erwägungen viel dafür, dass die Frage positiv zu beantworten sein wird, damit die Klage zulässig ist. Der Thematik der **Klageänderung** kommt demgegenüber eine große **Klausurrelevanz** zu, vor allem im Zusammenhang mit der Umstellung der Klage bei der einseitigen Erledigungserklärung.[1] Zwei konkrete Formulierungsbeispiele finden sich am Ende dieses Kapitels.

1

II. Anforderungen an die Klageschrift

Die §§ 81 und 82 VwGO regeln die an die Klageschrift zu stellenden Anforderungen. Während § 81 VwGO **formelle Voraussetzungen** aufstellt, sieht § 82 VwGO **materielle Erfordernisse** vor. Die wichtigste Konsequenz dieser Unterscheidung liegt darin, dass eine formell nicht den Anforderungen entsprechende Klageschrift unzulässig ist. Wird der Mangel also nicht innerhalb der Klagefrist (§ 74 VwGO) behoben, ist die Klage unzulässig. Allerdings ist eine Wiedereinsetzung bei Vorliegen der Voraussetzungen des § 60 VwGO möglich.[2] Demgegenüber können materielle Mängel der Klageschrift unter den gesetzlichen Voraussetzungen nachgeholt bzw. geheilt werden. Die §§ 81 und 82 VwGO gelten entsprechend für Verfahren nach § 80 Abs. 5 und 7 VwGO sowie § 123 Abs. 1 VwGO.

2

1. Formelle Anforderungen (§ 81 VwGO)

a) **Schriftlichkeit.** Nach § 81 Abs. 1 Satz 1 VwGO ist die Klage bei dem Gericht **schriftlich** zu erheben. Eine telefonische oder sonst mündliche Klageerhebung ist damit ausgeschlossen. Damit soll die verlässliche **Zurechenbarkeit** eines Klageschriftsatzes sichergestellt werden. Es soll hierdurch gewährleistet sein, dass nicht nur ein Entwurf, sondern eine gewollte Prozesserklärung vorliegt. Ferner zielt die Vorschrift darauf ab, sicherzustellen, dass die Erklärung von einer bestimmten Person herrührt, diese für den Inhalt die Verantwortung übernimmt und es sich bei der Klage **nicht lediglich** um einen **Entwurf**, sondern ein unbedingtes Begehren um gerichtlichen Rechtsschutz handelt. Dabei dürfen die **Anforderungen** an die Form bei einem nicht rechtskundigen und auch nicht durch einen Juristen vertretenen Bürger **nicht zu hoch** angesetzt werden.

3

---
1 Einzelheiten hierzu werden in Rdnr. 773 ff. behandelt.
2 Vgl. dazu Rdnr. 249 f.

1. Kapitel Klageerhebung, Klageänderung, Klagehäufung

4 Für die ordnungsgemäße Erhebung der Klage ist aber zumindest zu verlangen, dass einem bei Gericht eingegangenen Schreiben im Wege der **Auslegung** zu entnehmen ist, dass gerichtlicher Rechtsschutz begehrt wird.[3] Ein als Widerspruch bezeichnetes und an die Widerspruchsbehörde gerichtetes Schreiben genügt diesen Anforderungen nicht, wenn darin nicht zum Ausdruck kommt, dass der Kläger gerichtliche Hilfe in Anspruch nehmen will.[4]

5 Grundsätzlich setzt **Schriftlichkeit** auch das Vorhandensein einer eigenhändigen **Unterschrift** voraus. Erst die eigenhändige Unterschrift gewährleistet, dass nicht nur ein Entwurf, sondern eine gewollte Prozesserklärung vorliegt, dass die Erklärung von einer bestimmten Person herrührt und diese für den Inhalt die Verantwortung übernimmt.

6 Von diesem Grundsatz gibt es aber nach der ständigen Rechtsprechung des Bundesverwaltungsgerichts **Ausnahmen**, wenn sich auch ohne eigenhändige Namenszeichnung aus anderen Anhaltspunkten eine der Unterschrift vergleichbare Gewähr für die Urheberschaft und den Rechtsverkehrswillen ergibt. Entscheidend ist insoweit, ob sich aus dem bestimmenden Schriftsatz allein oder in Verbindung mit beigefügten Unterlagen die **Urheberschaft** und der Wille, das Schreiben in den Rechtsverkehr zu bringen, **hinreichend sicher** ergeben, ohne dass darüber Beweis erhoben werden müsste.[5] Voraussetzung ist jedoch, dass nach den besonderen Umständen des Einzelfalles kein Zweifel daran besteht, dass die Klageschrift vom Kläger herrührt und mit dessen Willen in den Verkehr gelangt ist. Anhaltspunkte hierfür können sich etwa aus einem gesonderten Anschreiben, einem eigenhändig verfassten Briefumschlag oder der persönlichen Abgabe des Klageschriftsatzes bei Gericht ergeben. Aus Gründen der Rechtssicherheit kann dabei nur auf die dem Gericht bei Eingang des Schriftsatzes **erkennbaren** oder bis zum Ablauf der Klagefrist bekannt gewordenen **Umstände** abgestellt werden.

> **Formulierungsbeispiel** für eine zulässige Klage bei Zweifeln über die Einhaltung der Schriftform:
>
> *„Die Klage ist zulässig. Insbesondere genügt sie dem Schriftformerfordernis des § 81 Abs. 1 Satz 1 VwGO. Danach ist die Klage bei dem Gericht schriftlich zu erheben. Schriftlichkeit bedeutet grundsätzlich, dass der an das Gericht gerichtete Klageschriftsatz eigenhändig unterschrieben sein muss. Daran fehlt es hier zwar. Ausnahmsweise kann zwar auch ein nicht eigenhändig unterschriebener bestimmender Schriftsatz beachtlich sein, wenn sich aus anderen Anhaltspunkten eine der Unterschrift vergleichbare Gewähr für die Urheberschaft und den Willen, das Schreiben in den Rechtsverkehr zu geben, ohne Notwendigkeit einer Klärung durch Rückfragen oder Beweiserhebung ergibt. So liegt der Fall hier. Denn der nicht unterschriebene Schriftsatz befand sich in einem handschriftlich geschriebenen Briefumschlag, der unzweifelhaft darauf schließen lässt, dass er vom Kläger stammt und damit willentlich von ihm in den Rechtsverkehr gebracht worden ist."*

7 Die Zulässigkeit der Klageerhebung durch **Telefax** ist höchstrichterlich geklärt. Daher ist diese Art der Klageerhebung zwischenzeitlich weit verbreitet. Allerdings muss auch das Fax selbst grundsätzlich handschriftlich unterschrieben sein. Im Einzelfall können hier aber ebenfalls Ausnahmen zulässig sein.[6]

---

3 BVerwG, Urteil vom 27. April 1990 – 8 C 70.88 – NJW 1991, 508.
4 VGH München, Beschluss vom 16. Januar 2007 – 25 C 06.2923 – Juris.
5 BVerwG, Beschluss vom 19. Dezember 2001 – Ra 3 B 33.01 – Juris.
6 OVG Münster, Beschluss vom 16. August 2007 – 18 E 787/07 – NVwZ 2008, 344.

Geht ein fristgebundener Schriftsatz per Telefax in der Weise bei Gericht ein, dass ein Teil **vor 24.00 Uhr** am Tag des Fristablaufs eintrifft, der mit der Unterschrift versehene aber danach, so soll dies gleichwohl die Frist wahren können.[7] Geht das Original des per Fax vorab übermittelten Schriftsatzes **später per Post** bei Gericht ein, handelt es sich hierbei nur um eine wiederholende Erklärung, die verfahrensrechtlich unterbleiben könnte. Hiervon zu unterscheiden ist allerdings die Verpflichtung, von allen Schriftsätzen Abschriften für die Beteiligten beizufügen (dazu Rdnr. 17).

8

Entsprechendes gilt für die Klageerhebung durch **Computerfax**, bei der eine eigenhändige **Unterschrift** aus technischen Gründen nicht möglich ist. Hier reicht es aus, wenn die Unterschrift entweder **eingescannt** ist und auf dem übermittelten Schriftsatz erscheint, oder aber wenn der Schriftsatz einen **Hinweis** darauf enthält, dass eine **Unterschrift** aus technischen Gründen **nicht möglich** ist.[8] Diese Rechtsprechung gilt auch nach Einführung des § 55a VwGO weiter für das sog. **Funkfax**,[9] wenn es einen Hinweis darauf enthält, dass die Unterschrift wegen dieser Übertragungsform nicht möglich war.

9

Die **elektronische Klageerhebung** ist nur **ausnahmsweise** möglich. Mit § 55a VwGO hat der Gesetzgeber eine Regelung geschaffen, die den modernen technischen Realitäten Rechnung trägt.[10] Die Beteiligten können dem Gericht danach elektronische Dokumente übermitteln, soweit dies für den jeweiligen Zuständigkeitsbereich durch Rechtsverordnung der Bundesregierung oder der Landesregierungen zugelassen worden ist.

10

Für Dokumente, die einem schriftlich zu unterzeichnenden Schriftstück gleichstehen, ist eine **qualifizierte elektronische Signatur** nach § 2 Nr. 3 des Signaturgesetzes vorzuschreiben. Neben der qualifizierten elektronischen Signatur kann auch ein anderes sicheres Verfahren zugelassen werden, das die Authentizität und die Integrität des übermittelten elektronischen Dokuments sicherstellt (§ 55a Abs. 1 Satz 3 VwGO). Ist das elektronische Dokument dem entgegen nicht mit einer qualifizierten elektronischen Signatur versehen, entfaltet es keine Rechtswirkung; mit ihm wird insbesondere keine Frist gewahrt.[11] Nach § 55a Absatz 2 Satz 1 VwGO ist ein elektronisches Dokument dem Gericht zugegangen, wenn es in der von der Rechtsverordnung nach Abs. 1 Satz 1 und 2 bestimmten Art und Weise übermittelt worden ist und wenn es die für den Empfang bestimmte Einrichtung aufgezeichnet hat. Von der gesetzlichen Ermächtigung des § 55a Abs. 1 Satz 1 VwGO haben zurzeit einige Bundesländer ganz oder teilweise Gebrauch gemacht. Beim BVerwG ist die elektronische Kommunikation ebenfalls möglich (vgl. Näheres hierzu unter dem Link: http://www.klagenperemail.de/bund/vwgo.htm).

11

Bedient sich ein Kläger der vorgenannten technischen Hilfsmittel, um die Klage zu erheben, stellt sich die Frage, wer das **Risiko ordnungsgemäßer Übermittlung** trägt. Hierbei ist entscheidend, in wessen **Sphäre** ein im Übermittlungsprozess auftretender Fehler fällt. Liegt der Grund hierfür im Nichtfunktionieren technischer Geräte des Klägers bzw. seines Bevollmächtigten (dessen Verschulden ihm über § 173 Satz 1 VwGO i. V. m. § 85 Abs. 2 ZPO zugerechnet wird), so liegt das Risiko bei ihm; insbesondere muss er sich durch die **Kontrolle des Sendeberichts** (sog. „Ok-Vermerk") da-

12

---

7 Str., VG Sigmaringen, Urteil vom 19. Dezember 2000 – 4 K 160/99 – Juris.
8 Beschluss des Gemeinsamen Senat der obersten Gerichtshöfe des Bundes vom 5. April 2000 – GmS-OGB 1/98 – NJW 2000, 2340.
9 BVerwG, Beschluss vom 30. März 2006 – 8 B 8.06 – NJW 2006, 1989.
10 Zu weiteren Fragen: Dietlein/Heinemann, NWVBl. 2005, 53.
11 OVG Koblenz, Beschluss vom 21. April 2006 – 10 A 11741/05 – NVwZ-RR 2006, 519.

1. Kapitel Klageerhebung, Klageänderung, Klagehäufung

von überzeugen, dass der Schriftsatz ordnungsgemäß übermittelt wurde.[12] Wird die Klageschrift etwa am letzten Tag einer Frist per Telefaxgerät abgesandt, zunächst aber elektronisch im Telefaxgerät des Verwaltungsgerichts gespeichert und erst nach Fristablauf dort ausgedruckt, ohne dass dies für den Absender erkennbar ist, ist zwar die Klagefrist nicht eingehalten; dem Kläger ist jedoch nach § 60 Abs. 2 Satz 4 VwGO von Amts wegen Wiedereinsetzung in den vorigen Stand zu gewähren.[13]

13 b) **Deutsche Sprache.** Die VwGO selbst enthält keine Bestimmungen zur Sprache, in der die **Klageschrift** verfasst werden soll. Aus § 184 Satz 1 GVG, wonach die Gerichtssprache **deutsch** ist, folgt aber ohne weiteres, dass dieses Erfordernis auch für die Klageschrift gilt. In der Konsequenz ist eine in einer anderen als der deutschen Sprache verfasste Klage- oder Antragsschrift unzulässig.

14 c) **Zuständiges Gericht.** Grundsätzlich ist die Klage beim **zuständigen Gericht** zu erheben. Keinesfalls kann die Klage also bei der **Behörde** eingereicht werden, die die angegriffene Entscheidung erlassen hat. Allerdings dürfte die Behörde in diesem Fall verpflichtet sein, die Klage unverzüglich an das Gericht weiterzuleiten.[14] Das Risiko der nicht rechtzeitigen Übermittlung geht in diesem Fall zu Lasten des Klägers.

15 Ferner stellt sich die Frage, ob Erhebung der Klage beim **unzuständigen Gericht** die **Klagefrist** wahren kann. Hier ist zu differenzieren:
- Erhebt der Kläger die Klage, die an ein anderes Verwaltungsgericht adressiert ist, **versehentlich** bei einem unzuständigen Verwaltungsgericht, ist die Klage nur dann fristwahrend erhoben, wenn das unzuständige Gericht die Klage rechtzeitig an das adressierte weitergeleitet hat.[15]
- Gleiches gilt, wenn die Klage zwar beim zuständigen Gericht eingeht, aber **an ein unzuständiges Gericht adressiert** ist. In beiden Fällen will der Kläger die Klage nicht an das Gericht richten, bei dem diese eingegangen ist.
- **Anders** ist der Fall zu bewerten, wenn die Klage **an** das **unzuständige Gericht** selbst **gerichtet** ist. In diesem Fall führt die auch nach Fristablauf erfolgende Verweisung an das zuständige Gericht nach § 83 Satz 1 VwGO i. V. m. § 17b Satz 2 GVG dazu, dass die Wirkungen der Rechtshängigkeit bestehen bleiben. Nutzt der Absender eines Klageschriftsatzes das angerufene Gericht aber als Bote und bittet ausdrücklich um Weiterleitung an das zuständige Gericht, fehlt es an einer wirksamen Klageerhebung. In diesen Fällen wird die Klage weder anhängig noch rechtshängig, so dass sie nicht registriert und damit auch nicht beschieden werden muss.[16]

16 d) **Erhebung zur Niederschrift des Urkundsbeamten der Geschäftsstelle.** Bei dem **Verwaltungsgericht** kann die Klage nach § 81 Abs. 1 Satz 2 VwGO auch zur **Niederschrift des Urkundsbeamten der Geschäftsstelle** erhoben werden. Beim Oberverwaltungsgericht und beim Bundesverwaltungsgericht besteht demgegenüber diese Möglichkeit nicht. Vorschriften über die Form der Protokollierung durch den Urkundsbeamten sind in der VwGO nicht enthalten und bestehen auch sonst nicht. Im Interesse eines Ausschlusses von Zweifeln über die Person des Klägers und über den Inhalt des Rechtsschutzbegehrens ist es zwar üblich, dass der Urkundsbeamte der Geschäftsstelle die Niederschrift verliest sowie auf deren Genehmigung und Unterzeichnung hinwirkt

---

12 OVG Lüneburg, Beschluss vom 15. Juni 1999 – 4 L 2232/99 – Juris.
13 VGH Mannheim, Beschluss vom 2. Dezember 1993 – A 16 S 2083/93 – NJW 1994, 538.
14 Vgl. zur entsprechenden Verpflichtung von Gerichten BVerfG, Beschluss vom 17. Januar 2006 – 1 BvR 2558/05 – Juris.
15 OVG Lüneburg, Beschluss vom 23. November 2006 – 12 LA 265/05 – Juris.
16 OVG Münster, Beschluss vom 29. April 2009 – 8 E 147/09 – NJW 2009, 2615.

und diese Verfahrensschritte beurkundet. Das ist aber nicht Voraussetzungen der Wirksamkeit der auf diese Weise erfolgenden Klageerhebung.[17]

> **Klausurhinweis:**
> Da diese Art der Klageerhebung in Klausuren seltener vorkommt, empfiehlt es sich, die Norm in diesem Fall zu zitieren *("Die Klage ist ordnungsgemäß nach § 81 Abs. 1 Satz 2 VwGO beim Urkundsbeamten der Geschäftsstelle erhoben")*.

e) Abschriften für die Beteiligten. Nach § 81 Abs. 2 VwGO sollen der Klage und allen Schriftsätzen **Abschriften für die übrigen Beteiligten** beigefügt werden. Hält sich ein Beteiligter nicht an diese Vorschrift, riskiert er, mit den Kosten der Anfertigung von Kopien belastet zu werden. Hiervon befreit auch nicht die gelegentlich zu verzeichnende Praxis, Schriftsätze doppelt an das Gericht zu faxen. Die Verpflichtung besteht bei der elektronischen Klageerhebung ausdrücklich nicht (§ 55a Abs. 2 Satz 2 VwGO). Die Verpflichtung, Abschriften zu fertigen und sie der Gegenseite zur Kenntnis zu geben, trifft in diesem Fall das Gericht selbst.

2. Materielle Anforderungen (§ 82 VwGO)

a) Zwingender Inhalt. Die Klage muss nach § 82 Abs. 1 Satz 1 VwGO den Kläger, den Beklagten und den Gegenstand des Klagebegehrens bezeichnen. Dies sind **zwingende Voraussetzungen der Klage**. Nach § 173 VwGO i. V. m. § 130 Nr. 1 ZPO gehört dazu auch die Angabe des Wohnortes des Klägers. Gemeint ist damit der tatsächliche Wohnort des Klägers, also die Anschrift, unter der er tatsächlich zu erreichen ist. Nur ausnahmsweise ist dieses Erfordernis verzichtbar, etwa bei Obdachlosigkeit. Diese Angaben sind erforderlich, um den Kläger zu erreichen. Nur ausnahmsweise wird die Angabe der Anschrift nicht verlangt, namentlich wenn damit eine Gefährdung des Klägers einhergehen würde. Das dürfte nur selten der Fall sein.

Bei der **Angabe des Beklagten** hilft § 78 Abs. 1 VwGO weiter. Danach ist die Klage entweder gegen den Bund, das Land oder die Körperschaft, deren Behörde den angefochtenen Verwaltungsakt erlassen oder den beantragten Verwaltungsakt unterlassen hat, zu richten; dabei genügt die Angabe der Behörde zur Bezeichnung des Beklagten (Nr. 1). Sofern das Landesrecht dies bestimmt, richtet sich die Klage gegen die Behörde selbst, die den angefochtenen Verwaltungsakt erlassen oder den beantragten Verwaltungsakt unterlassen hat (Nr. 2).

> **Klausurhinweis:**
> In Klausuren sollte im Tatbestand stets die **Behörde** *("Der Polizeipräsident in Berlin")* **namentlich** genannt werden, die im jeweiligen Verfahrensstadium den Verwaltungsakt erlassen bzw. abgelehnt hat. Bezeichnet man die Behörde hier durchgehend als (der oder die) „Beklagte", läuft man Gefahr, ein etwaiges Zuständigkeitsproblem zu übersehen.

Zwingend ist ferner die **Angabe des Klagebegehrens**. Hierbei geht es lediglich darum, Klarheit über die Sache zu gewinnen. Die Anforderungen sind nicht zu hoch zu stellen, weil ohnehin die zur Begründung dienenden Tatsachen und Beweismittel, die angefochtene Verfügung und der Widerspruchsbescheid in Urschrift oder in Abschrift beizufügen sind (§ 82 Abs. 1 Satz 2 VwGO). Fügt der Kläger etwa den angefochtenen Bescheid bei, dürfte sich das Klagebegehren hieraus ohne weiteres entnehmen lassen.

---
17 VGH Mannheim, Beschluss vom 1. April 1992 – 11 S 567/92 – Juris.

1. Kapitel Klageerhebung, Klageänderung, Klagehäufung 21–25

Insbesondere bei anwaltlich nicht vertretenen Klägern wird auch in der Praxis ein sehr großzügiger Maßstab angelegt.

21 b) **Soll-Inhalt.** Ferner soll die Klage nach § 82 Abs. 1 Satz 2 VwGO einen **bestimmten Antrag** enthalten. Die Stellung eines Antrags ist also nicht Voraussetzung für die Wirksamkeit der Klageerhebung.[18] Spätestens in der mündlichen Verhandlung muss der Kläger aber einen konkreten Antrag stellen. Hier ist der Vorsitzende nach § 86 Abs. 3 VwGO verpflichtet, auf die Stellung sachdienlicher Anträge hinzuwirken. Stellt der Kläger keinen Antrag, muss die Klage als unzulässig abgewiesen werden.

22 Entscheidet das Gericht **ohne mündliche Verhandlung** (§ 101 Abs. 2 bzw. § 84 VwGO), müssen etwaige Unklarheiten des Klageantrags durch entsprechende gerichtliche Hinweise im Vorfeld beseitigt werden. Dies ist ein Gebot aus der richterlichen **Hinweispflicht** (§ 86 Abs. 3 VwGO).

23 Die Anforderungen an die **Bestimmtheit** richten sich auch nach der jeweiligen Klageart. Entscheidend kommt es darauf an, dass der Klageantrag seine Entsprechung in einem etwa stattgebenden Urteil finden kann. Insbesondere Leistungsklagen setzen einen Antrag voraus, der zu einer vollstreckungsfähigen Entscheidung führen kann.

> **Beachte:**
> Maßgebend für die gerichtliche Entscheidung ist immer der **zuletzt gestellte Antrag** des Klägers. Findet eine mündliche Verhandlung statt, so wird der Antrag in deren Protokoll niedergelegt. Nur dieser Antrag ist im Tatbestand wiederzugeben. Er ist einer Auslegung dann nicht mehr zugänglich.

24 c) **Bedingungsfeindlichkeit.** Wie sämtliche Prozesshandlungen unterliegt auch der bestimmende Klageschriftsatz der **Bedingungsfeindlichkeit**.[19] Eine Klage kann also nicht unter der Bedingung des Eintritts eines bestimmten außerprozessualen Ereignisses erhoben werden. Sie muss bedingungs- und vorbehaltlos erhoben werden.[20] Die Erhebung einer Klage mit **Haupt- und Hilfsanträgen** steht dem allerdings nicht entgegen. Hier wird die Entscheidung über den Hilfsantrag davon abhängig gemacht, zu welchem Ergebnis das Gericht hinsichtlich des zunächst gestellten Antrages kommt. Ein zulässiger, allein von einer innerprozessualen Bedingung abhängiger Hilfsantrag liegt aber nur dann vor, wenn in einem bereits bestehenden Prozessrechtsverhältnis hilfsweise Ansprüche geltend gemacht werden.

25 Seitdem nach § 6 Abs. 1 Satz 1 Nr. 4 GKG die Verfahrensgebühr bei Prozessverfahren vor den Gerichten der Verwaltungsgerichtsbarkeit bereits mit der Einreichung der Klage anfällt, kommt den vor Klageerhebung gestellten Prozesskostenhilfeanträgen besondere praktische Bedeutung zu. Wird bei Gericht gleichzeitig mit einem **Prozesskostenhilfeantrag** ein Schriftsatz eingereicht, der allen an eine Klageschrift zu stellenden Anforderungen entspricht, sind **drei Möglichkeiten** in Betracht zu ziehen[21]:
– Der Schriftsatz kann eine unabhängig von der Prozesskostenhilfebewilligung erhobene Klage sein.
– Es kann sich um eine unter der Bedingung der Prozesskostenhilfegewährung erhobene und damit unzulässige Klage handeln.

---
18 Ehlers, JURA 2007, 834.
19 Kopp/Schenke, VwGO, Vorb. § 40 Rdnr. 15.
20 Ehlers, JURA 2007, 833.
21 Zur Problematik ausführlich: Strnischa, NVwZ 2005, 267.

- Schließlich kann der Schriftsatz lediglich einen der Begründung des Prozesskostenhilfeantrags dienenden Entwurf einer erst zukünftig zu erhebenden Klage darstellen.[22]

Welche dieser **Konstellationen** vorliegt, ist eine Frage der **Auslegung** der im jeweiligen **Einzelfall** zu beurteilenden Prozesshandlungen. Dabei kommt es nicht auf den inneren Willen der Beteiligten an. Maßgebend ist vielmehr der in der Erklärung verkörperte **Wille** unter Berücksichtigung der erkennbaren **Umstände des Falles**. Allein die Erklärung, es solle „vorab" über das Prozesskostenhilfegesuch entschieden werden, bedeutet nicht, dass der Schriftsatz lediglich einen der Begründung des Prozesskostenhilfeantrags dienenden Entwurf einer erst zukünftig zu erhebenden Klage darstellt; vielmehr ist in diesem Fall auch der Rechtsstreit als solcher anhängig geworden.[23]

Bewilligt das Gericht auf einen fristgerecht gestellten Antrag hin Prozesskostenhilfe, ohne dass zugleich Klage erhoben worden war, liegt hierin der Wegfall des Hindernisses, das der fristgemäßen Klageerhebung nach § 74 Abs. 1 VwGO entgegenstand. Wiedereinsetzung ist demnach zu gewähren, wenn binnen zwei Wochen ab Kenntnis von der Entscheidung Klage erhoben wird und die übrigen Voraussetzungen des § 60 Abs. 1 VwGO vorliegen.[24]

Ein **Abwarten** auf die Entscheidung über den Prozesskostenhilfeantrag darf aber **nur** erfolgen, wenn damit ein **Kostenrisiko** verbunden ist und damit eine Wiedereinsetzung in die grundsätzlich zunächst versäumte Klagefrist in Betracht kommt. Handelt es sich um erstinstanzliche, gerichtskostenfreie Verfahren i.S. von § 188 Satz 2 VwGO, besteht dort mangels Anfalls von Gerichtskosten weder ein Kostenrisiko noch ein Vertretungszwang nach § 67 VwGO; in diesem Fall kann die Versäumung der Klagefrist nicht mit dem Abwarten der Prozesskostenhilfeentscheidung entschuldigt werden. Die Klage ist vielmehr innerhalb der Monatsfrist, ggf. durch den Kläger selbst mit dem gleichzeitigen Antrag auf Bewilligung von Prozesskostenhilfe, zu erheben.[25]

III. Folgen der ordnungsgemäßen Klageerhebung

1. Rechtshängigkeit (§ 90 VwGO)

Die wichtigste Folge der ordnungsgemäßen Klageerhebung liegt darin, dass die **Streitsache** hierdurch **rechtshängig** wird. Ein Auseinanderfallen zwischen Rechtshängigkeit und Anhängigkeit, wie dies nach der ZPO (§ 253 Abs. 1) vorgesehen ist, kennt die VwGO nicht. Eine **Zustellung** der verwaltungsgerichtlichen Klage an den Beklagten ist also **nicht erforderlich**, um die Wirkungen des § 90 Abs. 1 VwGO herbeizuführen. Entscheidend ist der Eingang der Klage bei Gericht. Auch wenn nach § 6 Abs. 1 Nr. 4 GKG zwischenzeitlich die Gerichtsgebühr mit der Einreichung der Klage fällig wird, hängt von deren Zahlung nicht die Rechtshängigkeit ab.

> **Klausurhinweis:**
>
> In der Klausur ist das **Eingangsdatum** regelmäßig aus dem Eingangsstempel des Gerichts auf dem Klageschriftsatz ersichtlich. Das Datum des Klageschriftsatzes selbst ist irrelevant, so dass es unerwähnt bleiben sollte. Die Angabe beider Daten ist ein häufiger Klausurfehler, der im – vermeintlichen – Interesse von Genauigkeit gemacht wird.

---

22 BVerwG, Beschluss vom 16. Oktober 1990 – 9 B 92.90 – Buchholz 310 § 166 VwGO Nr. 22.
23 VGH Mannheim, Urteil vom 26. September 2008 – 2 S 2847/07 – Juris.
24 Redeker/v. Oertzen, VwGO, § 166 Rdnr. 5. Siehe auch Rdnr. 249 f.
25 Strnischa, NVwZ 2005, 270.

2. Streitgegenstand

30 Der Umfang der Rechtshängigkeit der Sache wird durch den **Streitgegenstand** bestimmt. Der Streitgegenstand im Verwaltungsprozess ist identisch mit dem prozessualen Anspruch, der seinerseits durch die erstrebte, im **Klageantrag** zum Ausdruck zu bringende **Rechtsfolge** sowie den **Klagegrund**, aus dem sich die Rechtsfolge ergeben soll, gekennzeichnet ist.[26] Der in § 90 Abs. 1 VwGO enthaltene Begriff der Streitsache ist mit dem Begriff des Streitgegenstandes identisch.[27] Der Streitgegenstand der einzelnen Klagearten kann unterschiedlich sein; daher muss hier genau differenziert werden,[28] zumal im Einzelnen vieles streitig ist.[29] Vereinfacht lassen sich folgende Streitgegenstände feststellen:

– **Anfechtungsklage**: Behauptung der Rechtswidrigkeit und Rechtsverletzung des Klägers durch angefochtenen Verwaltungsakt.[30]
– **Verpflichtungsklage**: Behauptung der subjektiven Rechtsverletzung durch Ablehnung eines begehrten Verwaltungsakts trotz bestehenden Anspruchs.[31]
– **Bescheidungsklage**: Streitgegenstand ist der mit der Klage geltend gemachte und vom Gericht nach Maßgabe der bestehenden Rechtslage zu überprüfende Anspruch auf Neubescheidung.[32]
– **Leistungsklage**: Anspruch des Klägers auf die behauptete Handlung (bzw. ggf. Unterlassung).
– **Feststellungsklage**: Anspruch des Klägers auf Feststellung des Bestehens bzw. Nichtbestehens eines Rechtsverhältnisses bzw. ggf. auf Nichtigkeit eines Verwaltungsakts.
– **Fortsetzungsfeststellungsklage**: Anspruch auf Feststellung, dass der erledigte Verwaltungsakt bzw. seine Versagung den Kläger in seinen Rechten verletzt hat.[33]

31 Der Streitgegenstand ist weiter bedeutsam für die Frage der **materiellen Rechtskraft** nach § 121 VwGO. Die materielle Rechtskraft des ergangenen Urteils erstreckt sich nur auf das, was tatsächlich Gegenstand des Urteils war. Die Reichweite der materiellen Rechtskraft einer Entscheidung ergibt sich aus der Urteilsformel, die ausgelegt werden muss. Zu ihrer Auslegung sind der Tatbestand und die Entscheidungsgründe heranzuziehen.[34] Der Streitgegenstand spielt schließlich bei der Frage eine Rolle, ob eine **Klageänderung** vorliegt (dazu sogleich unter Rdnr. 38 ff.).

3. Unzulässigkeit gleicher Klage

32 Die Klageerhebung führt dazu, dass eine **in gleicher Sache** erhobene **Klage unzulässig** ist. Nach § 173 VwGO i. V. m. § 17 Abs. 1 Satz 2 GVG kann während der Rechtshängigkeit die Sache nämlich von keiner Partei anderweitig anhängig gemacht werden. Das Prozesshindernis der anderweitigen Rechtshängigkeit hindert die Befassung des Gerichts mit der Streitsache über die Frage der Rechtshängigkeit hinaus. Wegen der Identität des Streitgegenstandes ist es z. B. unzulässig, eine Nichtigkeitsfeststellungsklage nach § 43 Abs. 1 VwGO zu erheben, wenn bereits eine Anfechtungsklage erhoben bzw. rechtskräftig zum Abschluss gebracht worden ist.[35]

---

26 BVerwG, Beschluss vom 14. November 2007 – 8 B 81.07 – m. w. N., Juris.
27 Clausing in Schoch/Schneider/Bier, VwGO, § 121, Rdnr. 55.
28 Clausing in Schoch/Schneider/Bier, VwGO, § 121, Rdnr. 59 ff.
29 Vgl. Redeker/v. Oertzen, VwGO, § 121, Rdnr. 7 f.; Kopp/Schenke, VwGO, § 90 Rdnr. 7 f.
30 BVerwG, Urteil vom 8. Dezember 1992 – 1 C 12.92 – NVwZ 1993, 672; a. A. Kopp/Schenke, VwGO, § 90 Rdnr. 8.
31 BVerwG, Urteil vom 24. November 1998 – 9 C 53.97 – NVwZ 1999, 302.
32 BVerwG, Urteil vom 24. Oktober 2006 – 6 B 47.06 – NVwZ 2007, 104.
33 BVerwG, Urteil vom 31. Januar 2002 – 2 C 7.01 – NVwZ 2002, 853.
34 OVG Hamburg, Urteil vom 27. Januar 1994 – Bf II 8/93 – Juris.
35 VGH München, Beschluss vom 13. Oktober 1999 – 23 ZB 99.2766 – Juris.

> **Klausurhinweis:**
> Für die **Examensklausur** relevant dürften allein Fälle sein, in denen ein Kläger während der Anhängigkeit eines Erstverfahrens eine zweite Klage erhebt, die – vermeintlich oder tatsächlich – den gleichen Streitgegenstand hat. Es liegt nahe, dass aus klausurtaktischen Erwägungen das zweite Verfahren zulässig sein soll, so dass die Streitgegenstände nicht identisch sind.

> **Beispiel:**
> Der Kläger wendet sich gegen ein Tierhaltungsverbot nach § 16a Nr. 3 Satz 1 1. Halbs. TierSchG. Weil ihm die hiergegen erhobene Anfechtungsklage zu lange dauert, beantragt er die Wiedergestattung der Tierhaltung nach dem 2. Halbs. der Norm. Diese Klage hat einen anderen Streitgegenstand, da es im ersten Fall um die Voraussetzungen für ein Tierhaltungsverbot von Tieren in der Vergangenheit geht, während der zweite Antrag die Frage der Einhaltung der tierschutzrechtlichen Vorschriften in der Zukunft beinhaltet.

4. Suspensiveffekt und weitere Folgen

Nach § 80 Abs. 1 Satz 1 VwGO hat die Anfechtungsklage aufschiebende Wirkung. Der bei Rechtshängigkeit eintretende **Suspensiveffekt** führt dazu, dass der Verwaltungsakt vorerst jedenfalls nicht vollzogen werden darf.[36]

Die Rechtshängigkeit der erhobenen Klage führt schließlich dazu, dass es auch dann bei der sachlichen und örtlichen Zuständigkeit des Gerichts bleibt, wenn später eintretende Umstände die Zuständigkeit eines anderen Gerichts begründen würden (sog. **perpetuatio fori**, § 83 Satz 1 VwGO i. V. m. § 17 Abs. 1 Satz 1 GVG).

Schließlich ist die Rechtshängigkeit bedeutsam für die Frage, ab wann der Kläger ggf. **Prozesszinsen** verlangen kann (§§ 288, 291 BGB analog). Prozesszinsen können sowohl für die Leistungsklage als auch dann verlangt werden, wenn die Verwaltung zum Erlass eines die Zahlung unmittelbar auslösenden Verwaltungsakts verpflichtet worden ist. Die Verpflichtung muss allerdings in der Weise konkretisiert sein, dass der Umfang der zugesprochenen Geldforderung feststeht und die Geldforderung eindeutig bestimmt ist.[37]

IV. Folgen nicht ordnungsgemäßer Klageerhebung

1. Formelle Mängel

Formelle Mängel der Klageerhebung führen grundsätzlich zu ihrer **Unzulässigkeit**, es sei denn, der jeweilige Mangel wird innerhalb der Klagefrist behoben. Eine richterliche Hinweispflicht, wie sie § 82 Abs. 2 Satz 1 VwGO vorsieht, kennt § 81 VwGO nicht. Entspricht die Klage nicht den formellen Erfordernissen, so kann aber unter Umständen eine Wiedereinsetzung nach § 60 Abs. 1 VwGO in Betracht kommen, wenn der Kläger deshalb die Klagefrist versäumt hat.

2. Materielle Mängel

Entspricht die Klage den Anforderungen des § 82 Abs. 1 VwGO nicht, hat der Vorsitzende oder der Berichterstatter den Kläger zu der erforderlichen **Ergänzung** innerhalb

---

36 Zum Streit zwischen der sog. „Wirksamkeitstheorie" und der „Vollziehbarkeitstheorie" vgl. Redeker/ v. Oertzen, VwGO, § 80 Rdnr. 4.
37 BVerwG, Beschluss vom 9. Februar 2005 – 6 B 80.04 – Juris.

einer bestimmten **Frist** aufzufordern. Er kann dem Kläger für die Ergänzung eine Frist mit ausschließender Wirkung setzen, wenn es an einem der in § 82 Abs. 1 Satz 1 VwGO genannten Erfordernisse fehlt. Die Frist muss angemessen und bestimmt sein und die **Anordnung zugestellt** werden (§ 56 Abs. 1 VwGO). Außerdem bedarf es im Hinblick auf Art. 103 Abs. 1 GG eines Hinweises auf die Bedeutung der Ausschlussfrist.[38] Wird der Mangel nicht binnen der gesetzten Frist behoben, so kann das Gericht die **Klage** als **unzulässig** abweisen.

V. Klageänderung, Klagehäufung

1. Klageänderung

38 a) **Begriff.** Eine Klageänderung liegt vor, wenn der Streitgegenstand eines anhängigen Verfahrens durch Erklärung des Klägers geändert wird. Dies kann auch durch Hinzufügung eines weiteren Klageantrags erfolgen, wobei es sich auch um einen Hilfsantrag handeln kann.[39] Allerdings liegt **keine Änderung** der Klage vor, wenn ohne Änderung des Klagegrundes der Klageantrag in der Hauptsache beschränkt wird (§ 264 Nr. 2 ZPO i. V. m. § 173 Satz 1 VwGO). Dasselbe gilt, wenn der Kläger **statt** der **Verpflichtung** zum Erlass eines Verwaltungsakts nur noch die Verpflichtung zur **Neubescheidung** begehrt, weil der Streitgegenstand einer Verpflichtungs- und derjenige einer Bescheidungsklage im Wesentlichen identisch sind.[40]

39 b) **Zulässigkeit.** Eine **Änderung der Klage** ist gemäß § 91 Abs. 1 VwGO zulässig, wenn die übrigen Beteiligten **einwilligen**; nach Abs. 2 ist die Einwilligung des Beklagten in die Änderung der Klage anzunehmen, wenn er sich, ohne ihr zu widersprechen, in einem Schriftsatz oder in einer mündlichen Verhandlung auf die geänderte **Klage eingelassen** hat. Unter bestimmten Umständen kann die Verweigerung der Einwilligung unbeachtlich sein, wenn sie rechtsmissbräuchlich ist.

40 Die Klageänderung ist aber auch zulässig, wenn das Gericht die Änderung für **sachdienlich** hält. Eine Klageänderung ist in der Regel als sachdienlich anzusehen, wenn sie der endgültigen Beilegung des sachlichen Streits zwischen den Beteiligten im laufenden Verfahren dient und der Streitstoff im Wesentlichen derselbe bleibt. Gleiches gilt, wenn der Streitstoff zwar neu ist, das Ergebnis der bisherigen Prozessführung jedoch auch nach Klageänderung verwertet werden kann.[41]

41 An der Sachdienlichkeit wird es aber in der Regel fehlen, wenn die Entscheidung über die geänderte Klage weitere, das Verfahren **verzögernde Ermittlungen** erfordern würde. Sachdienlichkeit im Sinne von § 91 Abs. 1 VwGO ist auch zu verneinen, wenn die geänderte Klage als unzulässig abgewiesen werden müsste. In der Rechtsprechung wird die Frage, ob es an der **Sachdienlichkeit fehlt**, wenn das für das geänderte Begehren erforderliche **Verwaltungsverfahren** (einschließlich Vorverfahren) **nicht durchgeführt** worden ist, teilweise unterschiedlich bewertet. Das BVerwG hat in ständiger Rechtsprechung aus Gründen der Prozessökonomie ein Vorverfahren für entbehrlich gehalten, wenn sich der auch für die Widerspruchsentscheidung zuständige Beklagte auf die Klage einlässt und deren Abweisung beantragt oder wenn der Zweck des Vorverfahrens ohnehin nicht mehr erreicht werden kann.[42] Die Entscheidung, ob eine

---

38 Ortloff/Riese in Schoch/Schneider/Bier, VwGO, § 82 Rdnr. 19.
39 BVerwG, Beschluss vom 11. Dezember 2003 – 6 B 60.03 – NVwZ 2004, 623.
40 BVerwG, Urteil vom 24. Oktober 2006 – 6 B 47.06 – NVwZ 2007, 104.
41 VGH München, Urteil vom 14. August 2008 – 14 B 06.1181 – Juris.
42 BVerwG, Urteil vom 22. Juli 1999 – 2 C 14.98 – NVwZ-RR, 2000, 172; a. A. OVG Lüneburg, Urteil vom 29. April 2008 – 12 LC 20.07 – Juris.

Klageänderung sachdienlich ist, liegt im Ermessen der darüber entscheidenden Instanz.[43]

Eine Klageänderung kann sich auf den Streitgegenstand beziehen (**objektive Klageänderung**), sie ist aber auch im Hinblick auf die Person des Beklagten denkbar (**subjektive Klageänderung**). 42

Zu den – klausurrelevanten – Rechtsproblemen, die sich bei einer Umstellung einer Klage zu einem Begehren auf Feststellung der Erledigung des Rechtsstreits in der Hauptsache ergeben, siehe das 15. Kapitel.[44] 43

c) **Rechtsfolge.** Ist die Klageänderung zulässig, wird die **neue Streitsache** nach § 90 VwGO **rechtshängig**. In der Klageänderung liegt die Erhebung der neuen Klage; eine auf den Zeitpunkt der ursprünglichen Klageerhebung zurückwirkende Rechtshängigkeit lässt sich § 90 VwGO nicht entnehmen.[45] Damit muss die neue Klage sämtliche Zulässigkeitsvoraussetzungen selbständig erfüllen; dies gilt insbesondere für die Klagefrist, wenn ein im Laufe des Verfahrens ergangener weiterer Bescheid in den Prozess einbezogen wird. Die Rechtshängigkeit der alten Klage entfällt mit der Wirksamkeit der Klageänderung, es sei denn, der Kläger hält hilfsweise für den Fall ihrer Unzulässigkeit an der ursprünglichen Klage fest. 44

Entscheidungen des Gerichts zur Zulässigkeit bzw. Unzulässigkeit der geänderten Klage sind nicht selbständig anfechtbar (§ 91 Abs. 3 VwGO). 45

2. Klagehäufung (§ 44 VwGO)

Nach § 44 VwGO können mehrere Klagebegehren in einer Klage verfolgt werden, wenn sie sich gegen **denselben Beklagten** richten, im **Zusammenhang** stehen und **dasselbe Gericht** zuständig ist. Da diese Vorschrift der Prozessökonomie dient, ist eine **weite Auslegung** des Begriffes „Zusammenhang" angezeigt. Der Zusammenhang muss also nicht rechtlicher Natur sein, es genügt, dass die Klagebegehren nach der allgemeinen Lebensanschauung rein tatsächlich, sei es nach dem Entstehungsgrund oder nach dem erstrebten Erfolg, einem einheitlichen Lebensvorgang zuzurechnen sind.[46] Die Vorschrift regelt allein die **objektive Klagehäufung**. 46

> **Klausurhinweis:**
> § 44 VwGO sollte in der Klausur erst **am Ende der Zulässigkeitsprüfung** angesprochen werden. Erst wenn nämlich feststeht, dass zwei oder mehr zulässige Klagen vorliegen, macht die Erörterung der Norm Sinn.

§ 44 VwGO befasst sich **nicht** mit der **subjektive Klagehäufung**. Dies ist eine Frage der **Streitgenossenschaft** nach § 64 VwGO, der auf die entsprechenden Regelungen der ZPO (dort §§ 59-63) verweist. Aus Gründen der Prozessökonomie können sich mehrere Streitgenossen zusammenfinden, um einen einheitlichen Prozessstoff zwecks Vermeidung mehrerer Prozesse zusammenzufassen (einfache Streitgenossenschaft). Können die Prozesse aus prozessualen oder materiell-rechtlichen Gründen für oder gegen die Streitgenossen nur einheitlich entschieden werden, streiten diese in notwendiger Streitgenossenschaft (§ 64 VwGO). Die Streitgenossenschaft darf nicht mit der Beiladung nach § 65 VwGO verwechselt werden.[47] 47

---
43 BVerwG, Beschluss vom 11. Dezember 2003 – 6 B 60.03 – NVwZ 2004, 623.
44 Rdnr. 773 ff.
45 Ortloff/Riese in Schoch/Schneider/Bier, VwGO, § 91 Rdnr. 83.
46 Kopp/Schenke, VwGO, § 44 Rdnr. 5.
47 Siehe hierzu das 2. Kapitel.

VI. Formulierungsbeispiele

48 1. Zulässige Klage bei Zweifeln über Anschrift des Klägers

> „Die Klage ist zulässig. Insbesondere erfüllt die Klageschrift die Voraussetzungen des § 82 Abs. 1 Satz 1 VwGO. Danach muss die Klage den Kläger bezeichnen, wozu nach § 173 VwGO i.V. mit § 130 Nr. 1 ZPO auch die Angabe seines Wohnortes gehört. Gemeint ist damit der tatsächliche Wohnort des Klägers, also die Anschrift, unter der er tatsächlich zu erreichen ist. Zwar fehlt es vorliegend an der Angabe einer aktuellen ladungsfähigen Anschrift des Klägers, weil er trotz der ihm zugestellten und auf § 82 Abs. 2 Satz 1 VwGO gestützten gerichtlichen Aufforderung vom 23. November 2013 binnen der gesetzten Monatsfrist seine Anschrift nicht mitgeteilt hat. Die Pflicht zur Angabe der Anschrift entfällt aber ausnahmsweise, wenn ihre Erfüllung im Einzelfall unmöglich oder unzumutbar ist. Dies ist u. a. dann zu bejahen, wenn der Kläger glaubhaft über eine solche Anschrift nicht verfügt, weil er wohnsitzlos ist. Dies ist hier der Fall. Der Kläger hat glaubhaft gemacht, dass er seit 2011 nicht mehr über einen festen Wohnsitz verfügt, aber – wie auch der Gang des Verfahrens gezeigt hat – gleichwohl über seinen Postzustellungsbevollmächtigten erreichbar ist. (…)"

49 2. Zulässige Klageänderung

> „Die Klage ist in der durch den Schriftsatz vom 23. Mai 2011 geänderten Fassung zulässig. Nach § 91 Abs. 1 VwGO ist eine Änderung der Klage zulässig, wenn die übrigen Beteiligten einwilligen oder das Gericht die Änderung für sachdienlich hält. Diese Voraussetzungen liegen hier vor. Eine Klageänderung liegt vor. Der ursprünglich erhobenen Anfechtungsklage des Klägers lag ein anderer Streitgegenstand zugrunde als der nunmehr eingelegten Verpflichtungsklage. Während der Kläger zunächst den Gebührenbescheid des Landratsamtes XY aufgehoben wissen wollte, geht es ihm nunmehr nur noch darum, einen Erlass der Gebühr gegenüber dem Beklagten zu erreichen.
> Zwar hat der Beklagte der Klageänderung ausdrücklich nicht zugestimmt. Gleichwohl hält das Gericht die Änderung für sachdienlich. Eine Klageänderung ist in der Regel als sachdienlich anzusehen, wenn sie der endgültigen Beilegung des sachlichen Streits zwischen den Beteiligten im laufenden Verfahren dient und der Streitstoff im Wesentlichen derselbe bleibt. Dies ist hier der Fall. Die Entscheidung über das geänderte Begehren führt nämlich dazu, dass die zwischen den Beteiligten streitige Frage über die Voraussetzungen des Erlasses, die sich an die voraussichtlich klageabweisende Entscheidung der Kammer zum ersten Begehren angeschlossen hätte, nunmehr in diesem Verfahren geklärt werden kann. Dies erscheint aus Gründen der Prozessökonomie sinnvoll, auch wenn der beim Beklagten gestellte Antrag auf Erlass noch nicht beschieden ist. Denn aus dem Prozessvorbringen des Beklagten ist eindeutig absehbar, dass er diesen Antrag ohnehin negativ bescheiden will. In diesem Fall wäre die Voraussetzung eines durchgeführten Vorverfahrens eine bloße Förmelei. (…)"

2. Kapitel Beteiligte des Verfahrens

Literatur:
Ehlers, Allgemeine Sachentscheidungsvoraussetzungen verwaltungsgerichtlicher Rechtsschutzanträge, JURA 2008, 359; *Guckelberger*, Die Beiladung im Verwaltungsprozess, JuS 2007, 436; *Rozek*, Verwirrspiel um § 78 VwGO? – Richtiger Klagegegner, passive Prozessführungsbefugnis und Passivlegitimation, JuS 2007, 601; *Schenke*, Probleme des Vertretungszwangs nach dem novellierten § 67 IV VwGO, NVwZ 2009, 801.

I. Allgemeines

50 Nach § 63 VwGO sind Beteiligte am Verfahren 1. der Kläger, 2. der Beklagte, 3. der Beigeladene (§ 65) sowie 4. der Vertreter des Bundesinteresses beim Bundesverwaltungsgericht oder der Vertreter des öffentlichen Interesses, falls er von seiner Beteiligungsbefugnis Gebrauch macht. Diese Aufzählung ist abschließend.[48] Im Gegensatz zur ZPO, wo von den Parteien die Rede ist, spricht die **VwGO** von **Beteiligten**, und diese **Terminologie** sollte auch in **verwaltungsrechtlichen Klausuren** verwendet werden, auch wenn hieraus sachlich im Wesentlichen[49] kein Unterschied folgt. Alle Beteiligten haben das Recht, Anträge zum Verfahren und zur Sache zu stellen. Während § 63 VwGO die Beteiligten benennt, befassen sich § 61 VwGO mit der hiervon zu unterscheidenden Beteiligungsfähigkeit, § 62 VwGO mit der Prozessfähigkeit und § 67 VwGO mit der Postulationsfähigkeit. Diese Voraussetzungen müssen in der Person des jeweiligen Beteiligten erfüllt sein, damit die Klage zulässig ist.[50]

51 In der Praxis spielt die Beteiligung des Vertreters des öffentlichen Interesses (§ 63 Nr. 4 VwGO), dessen Rechtsstellung in den §§ 35 und 36 VwGO näher umschrieben wird, kaum eine Rolle. Nur drei Bundesländer (Bayern, Rheinland-Pfalz und Thüringen) haben von der Befugnis Gebrauch gemacht, einen Vertreter des öffentlichen Interesses zu bestellen.[51] In Klausuren ist daher kaum damit zu rechnen, dass diese Thematik auftaucht.

II. Kläger und Beklagte

52 Kläger und Beklagter werden auch **Hauptbeteiligte** genannt. Beide haben gegenüber den anderen Beteiligten eine Sonderstellung. Durch die Klageerhebung wird zwischen ihnen ein Prozessrechtsverhältnis begründet. Es steht in ihrer **Disposition**, das Verfahren einzuleiten und zu beenden. Durch ihre Anträge im Verfahren bestimmen sie den Streitgegenstand. Ob es sich um den „richtigen" Kläger und Beklagten handelt, ist für die prozessuale Stellung der Hauptbeteiligten unerheblich.

53 Wer **Kläger** ist, bestimmt sich allein durch die Einlegung der Klage. Kläger ist derjenige, der die staatliche Rechtsschutzhandlung im eigenen (nicht als Vertreter im fremden) Namen begehrt. Am Verfahren beteiligt ist ein Kläger auch dann, wenn er nicht beteiligungsfähig ist. Vom Beteiligtenbegriff ist ferner zu unterscheiden, ob der Kläger der richtige Kläger ist; dies ist kein Problem des § 63 VwGO, sondern der Klage- (oder Prozessführungs-)Befugnis und der Aktivlegitimation.[52]

---

48 Weitere Beteiligte können durch spezielle Bundesgesetze vorgesehen werden; so sah etwa § 6 AsylVfG früher den Bundesbeauftragten für Asylangelegenheiten vor.
49 Vgl. aber Redeker/v.Oertzen, VwGO, § 63 Rdnr. 1.
50 Wesentliche Fragen dieses Kapitels behandelt und daher lesenswert der Beschluss des VG Augsburg vom 13. November 2006 – Au 3 E 06.1264 – Juris (kirchliches Glockenläuten).
51 Redeker/v.Oertzen, VwGO, § 36 Rdnr. 1.
52 Bier in Schoch/Schneider/Bier, VwGO, § 63 Rdnr. 3.

2. Kapitel Beteiligte des Verfahrens

> **Beachte:**
> Besondere Sorgfalt ist geboten, wenn die Eltern eines Kindes klagen, etwa im Bereich des Schulrechts. Denkbar ist, dass es sich um eine eigene Klage des Eltern handelt, mit der sie eine Verletzung ihres Elternrechts (Art. 6 GG) rügen. Es kann sich gleichermaßen aber auch um eine Klage des Kindes selbst handeln, so dass die Eltern als gesetzliche Vertreter agieren. Das ist bereits im Rubrum klarzustellen.

54 Beklagter ist dagegen derjenige, gegenüber dem um Rechtsschutz nachgesucht wird. Maßgebend ist auch hier rein formal die Klageerhebung. Für die Stellung als Beklagter ist die Beteiligungsfähigkeit ebenso unerheblich wie die Frage, ob der richtige Beklagte in Anspruch genommen wird. Dies richtet sich wiederum nicht nach § 63 VwGO, sondern berührt allein die Passivlegitimation. Auch dies ist also eine Frage der Begründetheit der Klage.

55 Gegen wen die Klage erhoben werden muss, folgt für Anfechtungs- und Verpflichtungsklagen sowie die Fortsetzungsfeststellungsklage aus § 78 Abs. 1 VwGO. Danach ist die Klage zu richten entweder gegen den Bund, das Land oder die Körperschaft, deren Behörde den angefochtenen Verwaltungsakt erlassen oder den beantragten Verwaltungsakt unterlassen hat (Nr. 1, sog. **Rechtsträgerprinzip**), wobei zur Bezeichnung des Beklagten die Angabe der Behörde genügt. Dem Kläger soll die Klageerhebung auf diese Weise erleichtert werden, da es oft nicht einfach ist, den richtigen Beklagten zu ermitteln.[53] Nach Nr. 2 der Vorschrift kann aber, sofern das Landesrecht dies bestimmt, auch gegen die Behörde selbst, die den angefochtenen Verwaltungsakt erlassen oder den beantragten Verwaltungsakt unterlassen hat, geklagt werden. Die dogmatische Einordnung der Vorschrift im Einzelnen ist **umstritten**.[54] Während nach einer Auffassung § 78 Abs. 1 VwGO die sog. **passive Prozessführungsbefugnis** behandelt und damit eine Frage der Zulässigkeit der Klage berührt,[55] soll die Norm nach Ansicht des Bundesverwaltungsgerichts die **Passivlegitimation** betreffen.[56]

> In der **Examensklausur** sollte der Meinungsstreit zu § 78 Abs. 1 VwGO nicht vertieft werden. Entscheidend ist eine stimmige Lösung.[57] Wenn überhaupt, soll die Norm also nur entweder in der Zulässigkeit oder der Begründetheit thematisiert werden. Um im Tatbestand der Klausur keine voreilige rechtliche Bewertung vorzunehmen, empfiehlt es sich in diesem Zusammenhang, im Tatbestand bei der Wiedergabe der Bescheide von der konkret handelnden Behörde, nicht aber pauschal von „dem Beklagten" zu sprechen.

III. Beteiligungsfähigkeit, Prozessfähigkeit, Postulationsfähigkeit

1. Beteiligungsfähigkeit

56 Nach § 61 VwGO sind **fähig, am Verfahren beteiligt** zu sein 1. natürliche und juristische Personen, 2. Vereinigungen, soweit ihnen ein Recht zustehen kann, sowie 3. Behörden, sofern das Landesrecht dies bestimmt. Unter Beteiligungsfähigkeit ist die Fä-

---

53 Hält der Kläger allerdings trotz gerichtlichen Hinweises an einem falschen Beklagten fest, muss die Klage als unzulässig abgewiesen werden, vgl. OVG Weimar, Beschluss vom 26. Januar 2009 – 4 Z KO 553/08 – NJW 2009, 2553.
54 Rozek, JuS 2007, 601, 602 m. w. N.
55 Kopp/Schenke, VwGO, § 78 Rdnr. 1.
56 BVerwG, Urteil vom 3. März 1989 – 8 C 98.85 – NVwZ-RR 1990, 44.
57 Rozek, JuS 2007, 601, 605.

higkeit zu verstehen, als Beteiligter Prozesshandlungen vornehmen und damit Subjekt eines Prozessrechtsverhältnisses sein zu können.[58] Die **Beteiligungsfähigkeit** ist eine **Prozessvoraussetzung**, die in jedem Verfahrensstadium von Amts wegen zu prüfen ist und spätestens zum Zeitpunkt der letzten mündlichen Verhandlung gegeben sein muss. Fehlt die Beteiligungsfähigkeit eines Beteiligten zum maßgeblichen Zeitpunkt oder ist sie im Laufe des Verfahrens weggefallen,[59] so ist die Klage als unzulässig abzuweisen.[60] Der Mangel fehlender Beteiligungsfähigkeit kann aber bis zum Abschluss der letzten mündlichen Verhandlung geheilt werden. Im Streit um die Beteiligungsfähigkeit ist der Betroffene jedoch als beteiligungsfähig anzusehen. Dasselbe gilt für Prozesse, die um die Auflösung einer juristischen Person oder Vereinigung geführt werden. Ein verbotener und aufgelöster Verein hat daher im Klageverfahren gegen das Vereinsverbot die Rechtsstellung eines Beteiligten.[61]

Wegen der Beteiligungsfähigkeit **natürlicher und juristischer Personen** (§ 61 Nr. 1 VwGO) bestehen zum Zivilprozess (vgl. hier §§ 50 Abs. 1 ZPO i.V.m. §§ 1, 21, 80 BGB) keine Unterschiede. Natürliche Personen müssen im Zeitpunkt der Klageerhebung leben; ein ungeborenes Kind ist noch nicht beteiligungsfähig.

Nicht immer einfach ist die Frage der **Beteiligungsfähigkeit von Vereinigungen** zu klären, soweit ihnen ein Recht zustehen kann (§ 61 Nr. 2 VwGO). Dabei kann es sich immer nur um eine Personenmehrheit handeln, die nicht rechtsfähig ist; ansonsten fällt die Gruppierung bereits unter § 61 Nr. 1 VwGO. Voraussetzung für die Beteiligungsfähigkeit ist immer ein Mindestmaß an Organisation.[62] Die Vorschrift ist auch auf teilrechtsfähige Vereinigungen anwendbar.[63] In Betracht kommen hier z. B. nichtrechtsfähige Vereine, Fakultäten oder Fachbereiche einer Hochschule, das Präsidium eines Gerichts,[64] Betriebs- und Personalräte, oder Bauherrengemeinschaften. Für die Beteiligungsfähigkeit kommt es („soweit") darauf an, ob das im jeweiligen Verfahren geltend gemachte oder streitige Recht dem Beteiligten zustehen kann. Ob dies tatsächlich der Fall ist, ist eine Frage der Begründetheit. Nur wenn das Recht unter keinen denkbaren Umständen in Betracht kommt, darf die Klage als unzulässig abgewiesen werden. Hiervon **zu unterscheiden** ist die **Klagebefugnis**. Ungeachtet der Frage, ob der Vereinigung das Recht abstrakt zukommen kann, muss im konkreten Fall die Möglichkeit der Rechtsverletzung bestehen.[65]

> **Klausurhinweis:**
> Sollte in der Klausur eine **Personenvereinigung** beteiligt sein, die unter § 61 Nr. 2 VwGO fallen könnte, ist im Zweifel deren Beteiligungsfähigkeit zu bejahen; ansonsten wäre die Klage frühzeitig unzulässig, so dass nur hilfsweise weiter geprüft werden könnte.

Schließlich können nach § 61 Nr. 3 **Behörden beteiligungsfähig** sein, soweit das **Landesrecht** dies **vorsieht**. Da Behörden unselbstständige Teile ihres jeweiligen Rechtsträgers sind, fehlt ihnen grundsätzlich die Beteiligungsfähigkeit. Unter Durchbrechung

---

58 Redeker/v.Oertzen, VwGO, § 61 Rdnr. 1.
59 Bei Eröffnung des Insolvenzverfahrens bei einer KG, vgl. VG Frankfurt/Main, Urteil vom 11. Oktober 2007 – 1 E 3941/06 – Juris.
60 Ehlers, JURA 2008, 366.
61 Bier in Schoch/Schneider/Bier, VwGO, § 61 Rdnr. 11.
62 BVerwG, Zwischenurteil vom 21. Januar 2004 – 6 A 1.04 – NVwZ 2004, 887.
63 Ehlers, JURA 2008, 367.
64 OVG Koblenz, Beschluss vom 3. Dezember 2007 – 10 B 11104/07 – Juris.
65 Ehlers, JURA 2008, 367.

2. Kapitel Beteiligte des Verfahrens

des der VwGO zugrunde liegenden Rechtsträgerprinzips[66] ermächtigt § 61 Nr. 3 VwGO jedoch die Länder, alle oder bestimmte Behörden neben dem Rechtsträger, dem sie angehören, oder anstelle dieses Rechtsträgers die Beteiligungsfähigkeit durch Landesrecht zu verleihen. Die Ermächtigung des § 61 Nr. 3 VwGO bezieht sich **nur** auf **Landesbehörden**.

60 Von der Befugnis des § 61 Nr. 3 VwGO haben Brandenburg (§ 8 BbgVwGG), das Saarland (§ 19 SAGVwGO) und Mecklenburg-Vorpommern (§ 14 Abs. 2 AGGerStrG M-V) für Behörden allgemein sowie Niedersachsen (§ 8 NAGVwGO), Sachsen-Anhalt (§ 8 AGVwGO LSA) und Schleswig-Holstein (§ 6 AGVwGO SH) für landesunmittelbare Behörden Gebrauch gemacht.

> **Klausurhinweis:**
> Sollte in einer bundesweit gestellten Examensklausur (sog. *Vereinheitlichungsklausur*) ein Fall in einem Bundesland spielen, das von der Ermächtigung des § 61 Nr. 3 VwGO Gebrauch gemacht hat, wird der Klausurtext oder der Bearbeitervermerk hierzu einen entsprechenden Hinweis enthalten. Es wird also nicht erwartet, dass Kandidaten die Rechtslage in einem anderen als ihrem eigenen Bundesland im Examen beherrschen.

2. Prozessfähigkeit

61 Nach § 62 Abs. 1 Nr. 1 VwGO sind zur Vornahme von Verfahrenshandlungen fähig die nach bürgerlichem Recht **Geschäftsfähigen**. Geschäftsfähig ist nach dem BGB, wer das 18. Lebensjahr vollendet hat (§§ 2, 104 ff. BGB). Die **Prozessfähigkeit** findet damit ihre Parallele in der Geschäftsfähigkeit. Die nach bürgerlichem Recht in der Geschäftsfähigkeit Beschränkten sind prozessfähig, soweit sie durch Vorschriften des bürgerlichen oder öffentlichen Rechts für den Gegenstand des Verfahrens als geschäftsfähig anerkannt sind (§ 62 Abs. 1 Nr. 2 VwGO). Die Prozessfähigkeit muss in jedem Stadium des Verfahrens gegeben sein; fehlt sie, so ist die Klage unzulässig. Steht zunächst die Prozessfähigkeit selbst in Streit, so ist der Betroffene für diesen Teil des Verfahrens als prozessfähig anzusehen.

62 Da die die Geschäfts- und Prozessfähigkeit beeinträchtigenden Störungen der Geistestätigkeit nach der allgemeinen Lebenserfahrung Ausnahmeerscheinungen sind, besteht insoweit eine besondere **Prüfungspflicht nur**, wenn sich aus irgendeinem Grund **vernünftige Zweifel** an der Prozessfähigkeit einer Partei ergeben.[67] Das Gericht muss die Prozessfähigkeit von Amts wegen feststellen und ggf. einen Sachverständigen mit der Klärung beauftragen. Weigert sich der Betroffene allerdings, einen mit seiner Begutachtung beauftragten Arzt aufzusuchen, darf das Gericht hieraus – in der Regel für den Kläger negative – Schlüsse ziehen.

63 Nach öffentlichem Recht werden u. a. als **geschäftsfähig** anerkannt der Minderjährige in Wehrdienstangelegenheiten, im Verfahren auf Erteilung bestimmter Fahrerlaubnisse sowie – in der Praxis bedeutsam – minderjährige Ausländer über 16 Jahre in Ausländer- und Asylangelegenheiten (§ 80 AufenthG, § 12 AsylVfG), sofern sie nicht nach bürgerlichem Recht (aus anderen Gründen) als geschäftsunfähig sind. In Schulsachen ist der Minderjährige demgegenüber nicht nach öffentlichem Recht als geschäftsfähig anzusehen. Praktische Schwierigkeiten sind mit der **Rechtsansicht** verbunden, die **Minderjährigen** im Einzelfall für gravierende Grundrechtseingriffe eine **Prozessfähigkeit**

---

[66] Siehe hierzu bereits oben Rdnr. 55.
[67] VG Ansbach, Urteil vom 22. April 2004 – AN 14 K 04.00019 – Juris.

nach öffentlichem Recht zugestehen will und hierbei auf die Grundrechtsmündigkeit abstellt.[68] Denn eine trennscharfe Grenzziehung erscheint hier problematisch.

Prozessunfähige **natürliche Personen** werden durch ihre gesetzlichen Vertreter (**Eltern** – § 1629 Abs. 1 BGB –, Vormund) oder ggf. durch einen zu bestellenden Prozesspfleger vertreten. Stimmt bei beidseitiger Sorgeberechtigung ein Elternteil einer Klage nicht zu, so ist der Minderjährige prozessunfähig.[69] Das Fehlen der beidseitigen Zustimmung muss dann ggf. vorab oder jedenfalls während des Verfahrens durch die Ersetzung der Zustimmung durch das Familiengericht beseitigt werden.[70] Für Vereinigungen sowie für Behörden handeln nach § 62 Abs. 3 VwGO ebenfalls ihre gesetzlichen Vertreter, Vorstände oder besonders Beauftragte. **64**

3. Postulationsfähigkeit

Postulationsfähigkeit ist die **Fähigkeit, in eigener Person** vor einem Gericht **rechtswirksame Handlungen** vorzunehmen. Der die Frage der Postulationsfähigkeit regelnde § 67 VwGO ist im Jahr 2007 umfassend geändert worden,[71] wodurch eine Reihe von Streitfragen aufgetaucht ist.[72] Nach § 67 Abs. 1 VwGO können die Beteiligten den Rechtsstreit vor dem Verwaltungsgericht selbst führen (**Grundsatz der Selbstvertretung**). Es besteht also **vor dem Verwaltungsgericht kein Vertretungszwang**. Dies entspricht der bisherigen Rechtslage. **Neu** ist allerdings, dass nach Abs. 2 der Vorschrift **nur noch bestimmte Personen** zur **Vertretung** vor dem Verwaltungsgericht **berechtigt** sind. Hierbei handelt es sich um eine abschließende Regelung. Gegenüber der bisherigen Regelung bedeutet dies eine **wesentliche Einschränkung**. Nach § 67 Abs. 2 S 1 VwGO a. F. war jede Person zur Vertretung befugt, die zu einem sachgemäßen Vortrag fähig war. **65**

Zu den vertretungsberechtigten Personen nach Abs. 2 zählen **Rechtsanwälte** oder Hochschullehrer mit Befähigung zum Richteramt. Darüber hinaus sind als Bevollmächtigte vor dem Verwaltungsgericht vertretungsbefugt **nur bestimmte Personen**, bei denen das Gericht nach Maßgabe der Nummern 1 – 7 des § 67 Abs. 2 VwGO von Amts wegen zu prüfen hat, ob die Voraussetzungen zur Vertretung jeweils vorliegen. Nach § 67 Abs. 3 Satz 1 VwGO weist das Gericht Bevollmächtigte, die nicht nach Maßgabe des Abs. 2 vertretungsbefugt sind, durch unanfechtbaren und konstitutiven Beschluss zurück. Zusätzlich besteht bei den Vertretern nach den Nummern 1 und 2 des Abs. 2 der Vorschrift die Möglichkeit, ihnen durch ebenfalls **unanfechtbaren Beschluss** die weitere **Vertretung** zu **untersagen**, wenn sie **nicht** in der Lage sind, das **Sach- und Streitverhältnis** sachgerecht darzustellen (§ 67 Abs. 3 Satz 3 VwGO). Ist ein Bevollmächtigter bestellt, so sind die Zustellungen oder Mitteilungen des Gerichts an ihn zu richten (§ 67 Abs. 6 Satz 5 VwGO). **66**

> **Beachte:**
> Erhebt ein später durch gerichtlichen Beschluss zurückgewiesener Prozessbevollmächtigter Klage, bleibt die Klage bis zur Zurückweisung zulässig (§ 67 Abs. 3 Satz 2 VwGO). Der Zurückweisungsbeschluss wirkt also **ex nunc**. In der Examensklausur würde die Klage also typischerweise durch einen nicht zur Vertretung Be-

---

68 Vgl. Kopp/Schenke, VwGO, § 62 Rdnr. 6.
69 VG Schleswig, Beschluss vom 14. Oktober 2002 – 9 B 99/02 – Juris (s. schon Rn. 53).
70 VG Berlin, Urteil vom 24. August 2011 – VG 23 K 242.09 – Juris.
71 Vgl. Art. 13 des Gesetzes zur Neuregelung des Rechtsberatungsrechts vom 12. Dezember 2007 (BGBl. I S. 2840).
72 Schenke, NVwZ 2009, 806. Zur Frage der Wirksamkeit von vor der Rechtsänderung vorgenommenen Rechtshandlungen vgl. Kopp/Schenke, VwGO, § 67 Rdnr. 1 und 22, sowie OVG Lüneburg, Beschluss vom 15. Juli 2008 – 5 LA 207/05 – NVwZ 2008, 1251.

2. Kapitel Beteiligte des Verfahrens

fugten vorgenommen, der später durch gerichtlichen Beschluss zurückgewiesen wird. In der Zulässigkeit ist dies zu thematisieren (vgl. nachfolgendes Formulierungsbeispiel).

> *„Die Klage ist zulässig. Sie ist insbesondere zulässig erhoben worden. Zwar war Herr XY nicht befugt, die Klage für den Kläger zu erheben. Denn er war als eine nicht unter den in § 67 Abs. 2 VwGO genannten Personenkreis fallende Person nicht befugt, andere vor dem Verwaltungsgericht zu vertreten. Allerdings sind Prozesshandlungen eines nicht vertretungsbefugten Bevollmächtigten und Zustellungen oder Mitteilungen an diesen Bevollmächtigten nach § 67 Abs. 3 Satz 2 VwGO bis zu seiner Zurückweisung wirksam. Nachdem das Gericht Herrn XY erst mit Beschluss vom 7. März 2013 zurückgewiesen hat, wirkt die Klageerhebung am 2. Februar 2013 noch für den Kläger."*

67 Vor dem **Bundesverwaltungsgericht** und dem **Oberverwaltungsgericht** müssen sich die Beteiligten, außer im Prozesskostenhilfeverfahren, **durch Prozessbevollmächtigte vertreten** lassen (§ 67 Abs. 4 VwGO). Als Bevollmächtigte sind auch die in Absatz 2 Satz 2 Nr. 3 bis 7 bezeichneten Personen und Organisationen zugelassen (§ 67 Abs. 4 Satz 5 VwGO). Der Vertretungszwang bezieht sich bereits auf die Einlegung des Rechtsmittels, und zwar auch dann, wenn eine vom Verwaltungsgericht zugelassene Berufung nach § 124a Abs. 2 S. 1 VwGO dort und nicht beim Oberverwaltungsgericht einzulegen ist. Denn diese Prozesshandlung bleibt Teil des „vor dem OVG" zu führenden Rechtsmittelverfahrens und wird deshalb unmittelbar von der Regelung des § 67 I 1 VwGO erfasst.[73] Gleiches gilt für das Ablehnungsgesuch gegen Richter des Oberverwaltungsgerichts.[74]

IV. Beiladung

1. Sinn der Beiladung

68 Nach § 65 Abs. 1 VwGO kann das Gericht, solange das Verfahren noch nicht rechtskräftig abgeschlossen oder in höherer Instanz anhängig ist, von Amts wegen oder auf Antrag andere beiladen. Mit der Beiladung werden Dritte, die weder Kläger noch Beklagte sind, deren rechtliche Interessen aber durch die gerichtliche Entscheidung unmittelbar berührt werden können, am Verfahren beteiligt. Hiermit werden drei Ziele verfolgt: Den Beigeladenen wird die Möglichkeit gegeben, sich mit ihrem Rechtsstandpunkt Gehör zu verschaffen. Insoweit ist die Beiladung einfachgesetzlicher **Ausdruck des rechtlichen Gehörs** (Art. 103 Abs. 1 GG). Das Institut der Beiladung soll aber nur gewährleisten, dass betroffene Dritte ihre eigenen Rechte im Verfahren wahren können; die Beiladung Dritter bezweckt dagegen nicht, Rechtspositionen eines bereits am Rechtsstreit Beteiligten zu stärken.[75]

69 Ferner erfolgt die Beiladung aus Gründen der **Prozessökonomie** und der **Rechtssicherheit**. Nach § 121 VwGO binden nämlich rechtskräftige Urteile, soweit über den Streitgegenstand entschieden worden ist, alle Beteiligten, wozu nach § 63 Nr. 3 VwGO auch der Beigeladene zählt. Die Rechtskraftwirkung der Entscheidung tritt also auch ihnen gegenüber ein. Etwaigen weiteren Rechtsstreitigkeiten wird also auf diese Weise vorgebeugt. Schließlich dient die Beiladung der **Sachverhaltsaufklärung**, an der nach § 86 Abs. 1 2. Hs. VwGO **alle** Beteiligten **mitwirken** sollen.

---

73 VGH Mannheim, Beschluss vom 8. Februar 2008 – 11 S 2915/07 – NVwZ-RR 2008, 847.
74 OVG Lüneburg, Beschluss vom 28. November 2008 – 5 LA 104/05 – NJW 2009, 387.
75 BVerwG, Beschluss vom 9. November 2006 – 4 B 65.06 – Juris.

IV. Beiladung

Die Beiladung ersetzt weitgehend die Funktionen der Haupt- (§§ 64 f. ZPO) und der Nebenintervention (§§ 66 ff. ZPO) sowie des Prätendentenstreits (§ 75 ZPO) im Zivilprozess. Durch die Beiladung erlangen die Beteiligten aber nicht die Rechtsstellung einer Partei im engeren Sinne, weil sie lediglich an einem für sie fremden Rechtsstreit teilnehmen.[76] § 65 VwGO ist grundsätzlich **in allen Verfahrensarten anwendbar**, gilt also neben Klagen vor allem auch für die Verfahren des vorläufigen Rechtsschutzes. Der Beigeladene selbst muss nach § 61 VwGO beteiligungsfähig sein. Eine Klagebefugnis des Beigeladenen nach § 42 Abs. 2 VwGO ist demgegenüber nicht erforderlich.[77]

Die Beiladung erfolgt entweder von Amts wegen oder auf Antrag eines Beteiligten durch gerichtlichen Beschluss, der nach § 65 Abs. 4 Satz 1 VwGO allen Beteiligten zuzustellen ist. Die **Beiladung** ist nach Satz 3 der Bestimmung **unanfechtbar**. Das Gericht kann die getroffene Entscheidung allerdings von Amts wegen oder auf entsprechenden Antrag der Beteiligten aufheben, sofern die Voraussetzungen hierfür nicht mehr vorliegen.

2. Arten der Beiladung

a) **Einfache Beiladung.** Gemäß § 65 Abs. 1 VwGO **kann** das Gericht andere beiladen, wenn deren **rechtliche Interessen** durch die Entscheidung **berührt** werden (**einfache Beiladung**). Dies ist der Fall, wenn der Beizuladende zu mindestens einer der Parteien oder zum Streitgegenstand so in Beziehung steht, dass sich je nach dem Ausgang des Rechtsstreits seine Rechtsposition verbessern oder verschlechtern kann. Es reicht die **Möglichkeit** aus, dass der Inhalt der Entscheidung auf rechtliche Interessen des Beizuladenden, die nicht zwingend öffentlich-rechtlicher Natur sein müssen, einwirken kann.[78] Im Gegensatz zur notwendigen Beiladung muss die Entscheidung des Gerichts nicht zwingend einheitlich ergehen. Das voraussichtliche Ergebnis des Verfahrens spielt für die Frage, ob einfach beizuladen ist, keine Rolle.[79]

Beispielsfälle, in denen **einfach beigeladen** werden kann:
- der Nachbar im Verfahren des Bauherrn gegen die Ablehnung seiner Baugenehmigung, weil ein Verstoß gegen nachbarrechtliche Vorschriften vorliegen könnte, dies aber nicht zwingend der Fall sein muss;
- ein Institut für medizinische Prüfungsfragen im Verfahren um die Notenverbesserung einer ärztlichen Prüfung, wenn um die Eignung der Fragen im Frage-Antwort-Verfahren gestritten wird;[80]
- die Gemeinde im Rechtsstreit des Bauherrn auf Erteilung einer Baugenehmigung, wenn es im Verfahren auch um die Gültigkeit des von der Gemeinde aufgestellten Bebauungsplans geht.

Einfache Beiladung kommt in folgenden Fällen **nicht** in Betracht:
- der Architekt im Verfahren des Bauherrn gegen die Versagung der Baugenehmigung auf der Grundlage von ihm (dem Architekten) erstellter Pläne;
- der Mieter im Verfahren des Eigentümers eines Grundstücks gegen eine an diesen adressierte bauaufsichtsbehördliche Nutzungsuntersagung, der für die von ihm betriebene Nutzung selbst eine entsprechende Verbotsverfügung erhalten hat.[81]

---

76 Guckelberger, JuS 2007, 436.
77 Bier in Schoch/Schneider/Bier, VwGO, § 65 Rdnr. 10.
78 BVerwG, Beschluss vom 4. März 2008 – 9 A 74/07 – Juris.
79 In der Praxis wird eine Beiladung aber gelegentlich aus diesem Grund unterlassen, wenn eindeutig ist, dass die Klage keinen Erfolg haben wird und der ggf. Beizuladende durch die zu erwartende Entscheidung voraussichtlich nicht beschwert wäre.
80 BVerwG, Urteil vom 19. Mai 2005 – 6 C 14.04 – NVwZ 2005, 1430.
81 OVG Saarlouis, Beschluss vom 19. September 2007 – 2 B 355/07 – Juris.

2. Kapitel Beteiligte des Verfahrens

75 Die einfache Beiladung steht im **Ermessen** des **Gerichts**. Prozessuale Zweckmäßigkeitserwägungen können dafür sprechen, die einfache Beiladung von Dritten abzulehnen, um den Kreis der Verfahrensbeteiligten überschaubar zu halten.[82] Weder der – vermeintlich – Beizuladende noch die übrigen Beteiligten des Verfahrens haben einen Anspruch darauf, vom Gericht beigeladen zu werden. Es besteht aber ggf. ein Anspruch auf ermessensfehlerfreie Entscheidung.

76 Umstritten ist, ob eine einfache Beiladung dann in Betracht kommen kann, wenn jemand selbst klagebefugt ist bzw. war, von der Klagemöglichkeit aber nicht innerhalb der Klagefrist Gebrauch gemacht hat. Klagt z. B. ein Nachbar gegen die dem Bauherrn erteilte Baugenehmigung, sind die anderen Nachbarn selbst nicht notwendig beizuladen, weil sie an dem Rechtsverhältnis nicht beteiligt sind; sie könnten aber ihrerseits gegen die Genehmigung klagen. Nach einer Ansicht[83] soll die einfache Beiladung in diesem Fall ausgeschlossen sein. § 65 Abs. 1 VwGO müsse in diesem Fall teleologisch reduziert werden, weil der Sinn der Vorschrift dies nicht erfordere. Vielmehr könne der betroffene Nachbar in diesem Fall selbst klagen; mache er hiervon aber keinen Gebrauch, müsse er die Folgen hinnehmen. Anderenfalls würde eine Person an einem Verfahren beteiligt, nur weil ein anderer Nachbar „zufällig" geklagt habe. Nach anderer Auffassung ist in der genannten Konstellation die im Ermessen des Gerichts stehende einfache Beiladung nicht gehindert.[84]

77 b) **Notwendige Beiladung.** Sind an dem streitigen Rechtsverhältnis Dritte derart beteiligt, dass die **Entscheidung** auch ihnen gegenüber **nur einheitlich** ergehen kann, so sind sie nach § 65 Abs. 2 VwGO beizuladen (**notwendige Beiladung**). Dies setzt voraus, dass die begehrte Sachentscheidung nicht wirksam getroffen werden kann, ohne dass dadurch gleichzeitig und unmittelbar in Rechte des Dritten eingegriffen wird, d. h. seine Rechte gestaltet, bestätigt oder festgestellt, verändert oder aufgehoben werden.[85] Typischer Fall der notwendigen Beiladung ist der **Verwaltungsakt** mit **Doppelwirkung**, bei der der Betroffene gegen den einen anderen begünstigenden Verwaltungsakt vorgeht.

78 Beispielsfälle für eine notwendige Beiladung:
- Der Bauherr hat die beantragte Baugenehmigung erhalten. Hiergegen klagt der Nachbar. Der Bauherr ist notwendig beizuladen, weil bei Erfolg der Klage in seine Rechtsposition eingegriffen wird.
- Der Ehegatte im Verfahren des Ausländers gegen die allein an jenen adressierte Ausweisungsverfügung bzw. bei Klagen gegen die weitere Verlängerung seiner Aufenthaltserlaubnis ist notwendig beizuladen.[86]

79 Liegen die tatbestandlichen Voraussetzungen des § 65 Abs. 2 VwGO vor, so ist die Rechtsfolge der **Beiladung zwingend**.

3. Folgen der Beiladung

80 Mit der Zustellung des Beiladungsbeschlusses erlangt der Beigeladene die **Rechtsstellung eines Beteiligten** (§ 63 Nr. 3 VwGO). Er ist zu etwaigen Terminen zu laden, erhält Abschriften der gewechselten Schriftsätze und hat ein Recht auf Akteneinsicht. Nach § 66 Satz 1 VwGO kann der einfach Beigeladene innerhalb der Anträge eines Beteiligten selbständig Angriffs- und Verteidigungsmittel geltend machen und alle Verfahrens-

---

82 OVG Münster, Beschluss vom 9. Juni 2000 – 13 B 836/00 – NVwZ-RR 2000, 726.
83 Vgl. Roth, NVwZ 2003, 691.
84 Bier in Schoch/Schneider/Bier, VwGO, § 65 Rdnr. 10.
85 BVerwG, Beschluss vom 13. Juni 2007 – 6 VR 5.07 – NVwZ 2007, 1207.
86 A. A. BVerwG, Urteil vom 27. August 1996 – 1 C 8.94 – NVwZ 1997, 1116.

handlungen wirksam vornehmen. Dieses Recht besteht uneingeschränkt, sofern die Handlungen nur seine eigene Stellung als Beteiligten betreffen. Er kann auch **selbstständig Angriffs- und Verteidigungsmittel** vorbringen. Ferner kann er uneingeschränkt Verfahrensanträge stellen, z. B. Beweisanträge oder Gesuche auf Ablehnung eines Richters oder Sachverständigen. Beschränkungen gelten aber, soweit das Prozessrechtsverhältnis zwischen den Hauptbeteiligten betroffen ist. Sachanträge, die eine Disposition über den Streit selbst oder den Streitgegenstand enthalten, darf der einfach Beigeladene **nur innerhalb der Anträge** eines (Haupt-)Beteiligten stellen. Sachanträge, die von denen eines Hauptbeteiligten abweichen (§ 66 Satz 2 VwGO) sind dem einfach Beigeladenen verwehrt. Die Rücknahme der Klage kann er also ebenso wenig verhindern wie die übereinstimmende Erledigungserklärung durch die Hauptbeteiligten.

Der **notwendig Beigeladene** ist in seiner Beteiligtenstellung in weiterem Umfang derjenigen der **Hauptbeteiligten angenähert**. Ihm ist gestattet, nicht nur akzessorisch, sondern autonom vorzugehen. Auch er ist jedoch Dritter und nicht „Partei". Der **notwendig Beigeladene** kann in tatsächlicher und rechtlicher Hinsicht abweichend von den Hauptbeteiligten vortragen und eigene Verfahrensanträge stellen. Er kann also z. B. in einem Streit um die Rechtmäßigkeit einer baurechtlichen Auflage auch die Aufhebung der Baugenehmigung insgesamt verlangen.[87] Rechtsmittel kann er einlegen, sofern ihn die angefochtene Entscheidung materiell beschwert. **81**

Mit der Beiladung – ob einfach oder notwendig – wird der Beigeladene in das **Kostenrisiko** des Verfahrens einbezogen. Nach **§ 154 Abs. 3 VwGO** dürfen dem Beigeladenen Kosten nur auferlegt werden, wenn er Anträge gestellt oder Rechtsmittel eingelegt hat. Der Beigeladene geht also kein Kostenrisiko ein, wenn er keine Anträge stellt. Damit trägt der Gesetzgeber dem Umstand Rechnung, dass der Beigeladene u.U. gegen seinen Willen in ein ihm fremdes Verfahren einbezogen wird. In diesem Fall wird er aber in der Regel seine Kosten selbst tragen müssen. Umgekehrt folgt hieraus, dass der Beigeladene an den Kosten beteiligt wird, wenn er unterliegt und einen Antrag gestellt hat. **82**

Nach **§ 162 Abs. 3 VwGO** sind die **außergerichtlichen Kosten des Beigeladenen** nur erstattungsfähig, wenn sie das Gericht aus **Billigkeit** der unterliegenden Partei oder der Staatskasse auferlegt. Es entspricht der ständigen Praxis, die Billigkeit nur in den Fällen zu bejahen, in denen der Beigeladene durch **Stellung eines Antrags** ein **Kostenrisiko** eingegangen ist. Eine schematische Übertragung dieses Prinzips auf die Billigkeitsentscheidung nach § 162 Abs. 3 VwGO mit der Folge, dass eine Kostenerstattung auch die Übernahme eines Kostenrisikos nach § 154 Abs. 3 VwGO voraussetzt, ist aber nicht sachgerecht.[88] Letztlich ist die Frage der Billigkeit also nach den Umständen des Einzelfalles zu bewerten. **83**

Formulierungsbeispiele der Kostenscheidungen bei Beiladung: **84**
– Der Beigeladene stellt keinen Antrag:
 „*Der Kläger trägt die Kosten des Verfahrens mit Ausnahme der außergerichtlichen Kosten des Beigeladenen, der diese selbst trägt.*"
– Der Beigeladene stellt einen Antrag und obsiegt:
 „*Der Kläger trägt die Kosten des Verfahrens einschließlich der außergerichtlichen Kosten des Beigeladenen.*"
– Der Beigeladene stellt einen Antrag und verliert:
 „*Der Beklagte und der Beigeladene tragen die Kosten des Verfahrens je zur Hälfte. Die außergerichtlichen Kosten tragen der Beklagte und der Beigeladene jeweils selbst.*"

---

[87] Kopp/Schenke, VwGO, § 66 Rdnr. 6.
[88] VGH München, Beschluss vom 8. November 1999 – 27 ZB 99.32026 – NVwZ-RR 2000, 333.

2. Kapitel Beteiligte des Verfahrens

85 Nach § 121 Nr. 1 VwGO binden rechtskräftige Urteile, soweit über den Streitgegenstand entschieden worden ist, die Beteiligten und ihre Rechtsnachfolger. Somit muss der Beigeladene ein Urteil in einem abgeschlossenen Verfahren, zu dem er beigeladen worden ist, gegen sich gelten lassen. Ob er aktiv an dem Verfahren teilgenommen hat, insbesondere also Anträge gestellt oder sich zuvor schriftsätzlich geäußert hat, spielt für die Bindungswirkung keine Rolle.

4. Folgen der unterbliebenen Beiladung

86 Ist eine **einfache Beiladung** unterblieben, stellt dies keinen Verfahrensfehler dar. Das Urteil ist dem Beizuladenden gegenüber unwirksam. Weil er durch die Sachentscheidung nicht beschwert ist, steht ihm ein Rechtsmittel hiergegen nicht zu.[89] Das hierauf gestützte Rechtsmittel der anderen Verfahrensbeteiligten bleibt ebenfalls erfolglos, weil es an deren Beschwer fehlt.[90]

87 Die unterbliebene **notwendige Beiladung** stellt hingegen einen wesentlichen **Verfahrensfehler** dar. Allerdings kann der notwendig Beizuladende gegen die Entscheidung, die ihm gegenüber ebenfalls unwirksam ist, ebenso wenig ein Rechtsmittel einlegen. Im Verhältnis zwischen den übrigen Beteiligten bleibt die Entscheidung trotz des Verfahrensfehlers wirksam. Genehmigt der Beizuladende bei unterbliebener notwendiger Beiladung die Verfahrensführung nachträglich, so wird der Verfahrensmangel geheilt.[91] Da die notwendige Beiladung nach § 65 Abs. 2 VwGO nicht bezweckt, die Verfahrensposition des einen oder anderen Prozessbeteiligten zu stärken und in dessen Interesse die Möglichkeiten der Sachaufklärung zu erweitern, folgt hieraus kein subjektives Recht der Prozessbeteiligten auf fehlerfreie Anwendung des § 65 Abs. 2 VwGO.[92]

5. Beiladung in der Examensklausur

88 Im verwaltungsgerichtlichen **Urteil** – und damit auch in der entsprechenden Klausur – taucht die Beiladung **an vier Stellen** auf, und zwar:
- im **Rubrum:**
Der Beigeladene wird als Beteiligter nach den Hauptbeteiligten genannt.
- im **Tenor:**
Die Kostenentscheidung muss sich zu einer etwaigen Kostentragungspflicht des Beigeladenen bzw. einem etwaigen Kostenerstattungsanspruch verhalten.
- im **Tatbestand:**
Nach den Anträgen der Hauptbeteiligten ist zu erwähnen, ob der Beigeladene einen eigenen Antrag gestellt hat oder dies nicht der Fall war.
Ggf. kann in der Prozessgeschichte erwähnt werden, dass und wann das Gericht die Beiladung vorgenommen hat.
- in den **Entscheidungsgründen:**
In den Nebenentscheidungen ist die Kostenentscheidung zu begründen, wobei entweder § 154 Abs. 3 oder § 162 Abs. 3 VwGO Erwähnung finden muss.

Entsprechendes gilt für den verwaltungsgerichtlichen **Beschluss**.

> **Beachte:**
> Spielt § 65 VwGO in der Klausur eine Rolle, kann von einer Beiladung regelmäßig nur dann ausgegangen werden, wenn das Gericht einen entsprechenden Beschluss

---

[89] BVerwG, Beschluss vom 4. April 2000 – 7 B 190.99 – VIZ 2000, 661.
[90] BVerwG, Beschluss vom 14. November 2005 – 4 BN 51.05 – NVwZ 2006, 329.
[91] Kopp/Schenke, VwGO, § 65 Rdnr. 44.
[92] BVerwG, Beschluss vom 16. September 2009 – 8 B 75/09 – NVwZ-RR 2010, 37.

getroffen hat. Entweder wird ein solcher Beschluss im Klausurtext abgedruckt sein oder der Bearbeitervermerk enthält einen entsprechenden Hinweis. Fehlt es hieran, so darf weder eine solche gerichtliche Entscheidung unterstellt noch ein Beiladungsbeschluss (neben der geforderten Hauptentscheidung) gefertigt werden.

Sollte eine Beiladung ausnahmsweise einmal unterblieben sein, obwohl diese offenkundig erforderlich war, kann der Bearbeiter hierauf allenfalls in einer Fußnote oder einem Klammerzusatz hinweisen. Umgekehrt gilt: Hat das Gericht einen Dritten beigeladen, darf der – ohnehin unanfechtbare – Beschluss weder in Frage gestellt noch erneut erläutert werden. Mit anderen Worten: Die Frage, ob das Gericht zu Recht oder Unrecht von einer einfachen bzw. notwendigen Beiladung ausgegangen ist, stellt sich dem Klausurbearbeiter in der zu treffenden Hauptentscheidung nicht mehr.

3. Kapitel   Verfahrensgrundsätze, Rechtsweg und Zuständigkeiten

Literatur:
Ehlers, Allgemeine Sachentscheidungsvoraussetzungen verwaltungsgerichtlicher Rechtsschutzanträge, JURA 2008, 183 und 359; *Fischer*, Nochmals: Der Verwaltungsrechtsweg als Voraussetzung der Zulässigkeit der Klage – VBlBW 2005, 179; *Geiger*, Der Verwaltungsrechtsweg als Sachurteilsvoraussetzung, VBlBW 2004, 336; *Leifer*, Die Eröffnung des Verwaltungsrechtswegs als Problem des Klausuraufbaus, JuS 2004, 956.

I. Verfahrensgrundsätze

1. Allgemeines

Nach § 173 VwGO sind das Gerichtsverfassungsgesetz und die **Zivilprozessordnung** im Verwaltungsprozess **entsprechend** anzuwenden, soweit die VwGO keine Bestimmungen über das Verfahren enthält, wenn die grundsätzlichen Unterschiede der beiden Verfahrensarten dies nicht ausschließen. Um der ZPO also im Verwaltungsprozess Geltung zu verschaffen, müssen zwei Voraussetzungen gegeben sein: Es muss an einer die verwaltungsprozessuale Frage betreffenden **Regelung fehlen,** und die **jeweilige Vorschrift des Zivilprozesses** muss auf die Besonderheiten der VwGO **passen.** Dafür ist es erforderlich, die wesentlichen Unterschiede und die Gemeinsamkeiten beider Prozessordnungen herauszuarbeiten.

Beachte:
Soweit spezielle Bestimmungen der VwGO unmittelbar die Anwendbarkeit der ZPO oder des GVG vorschreiben, gehen diese Normen § 173 VwGO vor. Dies gilt in den Fällen der §§ 54, 55, 57 Abs. 2 (Fristberechnung), 98 (Beweisaufnahme), 105, 123 Abs. 3 (einstweilige Anordnung), 166 (Prozesskostenhilfe), 167 Abs. 1 (Vollstreckung) und 183 VwGO.

2. Öffentlichkeit

Die VwGO enthält keine speziellen Vorschriften über den **Grundsatz der Öffentlichkeit des Verfahrens.** Vielmehr verweist § 55 VwGO ausdrücklich auf das Gerichtsverfassungsgesetz. Danach sind die §§ 169, 171 bis 198 GVG über die Öffentlichkeit, aber auch über die Sitzungspolizei, die Gerichtssprache sowie die Beratung und die Abstimmung entsprechend anwendbar. Nach § 169 Satz 1 GVG ist die **Verhandlung** vor dem erkennenden Gericht einschließlich der **Verkündung der Urteile** und **Beschlüsse** öffentlich. Damit bezieht sich der Grundsatz weder auf die eigentliche Beratung des Gerichts noch auf den nach § 87 Abs. 1 Satz 2 Nr. 1 VwGO möglichen Erörterungstermin oder eine Beweisaufnahme in einer vorbereitenden Verhandlung. Durch den Öffentlichkeitsgrundsatz soll das Vertrauen der Allgemeinheit in die Objektivität der Rechtsprechung sichergestellt werden.

91 Öffentlichkeit bedeutet, dass jedermann der **Zutritt zum Gerichtssaal** ermöglicht werden muss, soweit die räumlichen Verhältnisse dies erlauben.[93] Interessierte müssen ohne weiteres in der Lage sein, sich über den Sitzungsort, den Sitzungstag und die Uhrzeit der Verhandlung zu informieren. In der Praxis weist regelmäßig das an gut zugänglicher Stelle angebrachte **Terminsbrett** bzw. ein **Schaukasten** im Eingangsbereich des Gerichts über die Verhandlungen des Sitzungstages hin. Ein entsprechender **Terminszettel** muss vor dem eigentlichen Sitzungssaal angebracht sein. Schließlich dient der **Aufruf der Sache** (§ 220 Abs. 1 ZPO) der Herstellung der Öffentlichkeit. Eine verwaltungsgerichtliche mündliche Verhandlung ist öffentlich, wenn sie in Räumen stattfindet, die während der Verhandlung grundsätzlich jedermann zugänglich, d. h. ohne Schwierigkeiten erreichbar sind.[94] Es gibt aber keine Vorschrift, die es ausschlösse, dass die öffentliche **mündliche Verhandlung unter freiem Himmel**, z. B. am Ort des Augenscheins, stattfindet.[95] In baurechtlichen Streitigkeiten ist die Abhaltung eines Ortstermins weit verbreitet; z.T. wird diese Praxis inzwischen allerdings durch den Einsatz moderner Technik im Gerichtssaal („Google Maps" oder „Google Street View") entbehrlich.

92 Die **Öffentlichkeit** darf allerdings unter bestimmten Umständen von der Verhandlung **ausgeschlossen** werden. Wegen der einzelnen Gründe ist auf §§ 171b ff. GVG zu verweisen. In Betracht kommt vor allem ein Ausschluss aus Gründen des **Persönlichkeitsschutzes** nach § 171b GVG, aber auch dann, wenn eine **Gefährdung der Staatssicherheit**, der öffentlichen Ordnung oder der Sittlichkeit zu besorgen ist (§ 172 Nr. 1 GVG).

93 Ein **Verstoß** gegen den Grundsatz der Öffentlichkeit stellt einen **absoluten Revisionsgrund** nach § 138 Nr. 5 VwGO dar, ohne dass es darauf ankommt, ob der Verstoß dem Gericht bekannt war oder bei Beachtung der nötigen Sorgfalt hätte bekannt sein müssen.[96]

3. Untersuchungsgrundsatz

94 Nach § 86 Abs. 1 Satz VwGO erforscht das Gericht den Sachverhalt von Amts wegen; die Beteiligten sind dabei heranzuziehen. Nach Satz 2 der Vorschrift ist das Gericht an das Vorbringen und an die Beweisanträge der Beteiligten nicht gebunden. Selbst wenn die Beteiligten also übereinstimmend von einer bestimmten Sachlage ausgehen, schließt dies – anders als bei § 138 Abs. 3 ZPO – die gerichtliche Sachverhaltsermittlung nicht aus. Wesentliches Prinzip des Verwaltungsprozesses ist damit der **Untersuchungsgrundsatz** (auch Amtsermittlungsgrundsatz oder Inquisitionsmaxime genannt). Zugleich haben die Beteiligten **Mitwirkungspflichten**. Die vollständige Aufklärung des entscheidungserheblichen Sachverhalts ist damit ein zentrales Element der Prozessordnung und zugleich der wesentlichste **Unterschied** zum **Zivilprozess**, der durch den **Beibringungs- oder Verhandlungsgrundsatz** beherrscht wird; hier werden grundsätzlich nur die Tatsachen berücksichtigt, die von den Parteien vorgetragen wurden. Der Untersuchungsgrundsatz ist demgegenüber Ausdruck des öffentlichen Interesses an der sachlichen Richtigkeit einer verwaltungsgerichtlichen Entscheidung. Seine verfassungsrechtliche Grundlage findet er in dem durch Art. 19 Abs. 4 GG begründeten Anspruch auf Gewährung effektiven Rechtsschutzes gegen Maßnahmen der öffentlichen Gewalt.

---

93 Kopp/Schenke, VwGO, § 55 Rdnr. 3.
94 BVerwG, Beschluss vom 25. Juni 1998 – 7 B 120.98 – Juris.
95 VGH München, Beschluss vom 13. August 2002 – 9 ZB 02.996 – Juris.
96 VGH Kassel, Beschluss vom 28. März 1994 – 12 UE 152/94 – Juris.

Im Zweifel sind daher die Normen der ZPO, die vom Beibringungsgrundsatz geprägt sind, nicht auf die VwGO übertragbar. Dies gilt insbesondere für das **Versäumnisurteil**, das **nicht in der VwGO** vorgesehen ist. Bei Nichterscheinen eines Beteiligten in der mündlichen Verhandlung ergeht vielmehr unter der Voraussetzung des § 102 Abs. 2 VwGO (entsprechender Hinweis in der Ladung) ein reguläres Urteil. Das Nichterscheinen eines Beteiligten kann nur dann negative Folgen für ihn haben, wenn ihn eine **Darlegungslast**[97] trifft, der er durch seine Abwesenheit nicht nachgekommen ist. **95**

Soweit es nicht um die Sachverhaltsaufklärung geht, gilt allerdings auch in der VwGO die **Dispositionsmaxime**. So darf das Gericht nicht über die gestellten Anträge hinausgehen (§ 88 VwGO); reagiert ein Kläger daher nicht auf einen gerichtlichen Hinweis zur etwaigen Korrektur eines gestellten bzw. angekündigten Antrags, darf das Gericht diesen nicht eigenmächtig auslegen, auch wenn dies im Interesse des Betroffenen wäre. Ferner ist es Sache des Klägers, darüber zu entscheiden, ob und in welchem Umfang er Klage erheben (§ 81 VwGO), diese ändern (§ 91 VwGO) oder sie ggf. wieder zurücknehmen (§ 92 VwGO) will. Gleiches gilt für die Rücknahme etwa eingelegter Rechtsmittel. Die Klagerücknahme nach Stellung der Anträge in der mündlichen Verhandlung unterliegt allerdings der Einschränkung, dass der Beklagte dem zustimmt (§ 92 Abs. 1 Satz 2 VwGO). **96**

Die Dispositionsmaxime spiegelt sich auch bei der **übereinstimmenden Erledigungserklärung** wieder. Anders als bei der einseitigen Erledigungserklärung[98] prüft das Gericht hier nicht, ob der Rechtsstreit tatsächlich erledigt ist. Vielmehr **gilt** der Rechtsstreit **als erledigt**, wenn die Beteiligten hiervon gemeinsam ausgehen. Weiterhin kommt die Dispositionsmaxime auch darin zum Ausdruck, dass die Beteiligten des Verwaltungsprozesses auf Ansprüche **verzichten** oder diese **anerkennen** können. Die Vorschriften der ZPO über das Verzichtsurteil (§ 306 ZPO) und das Anerkenntnisurteil[99] (§ 307 ZPO) gelten daher auch im Verwaltungsprozess. Schließlich ist die Möglichkeit, dass sich die Beteiligten **vergleichen** (§ 106 VwGO), der Dispositionsmaxime geschuldet. **97**

> **Beachte:**
> Ein **Anerkenntnisurteil** ist in der Praxis **selten**.[100] Es kommt vor allem bei Fortsetzungsfeststellungsklagen in Betracht, weil die Behörde – anders als bei Anfechtungsklagen – einen belastenden Verwaltungsakt wegen der Erledigung nicht mehr aufheben, aber durch Anerkenntnis vermeiden kann, dass die Gründe der Rechtswidrigkeit nochmals im Urteil auftauchen.[101] In der **Klausur** wird diese Konstellation allenfalls in Form eines Teilanerkenntnisses auftauchen, weil nach § 307 Satz 1 ZPO die Verurteilung dem Anerkenntnis entsprechend erfolgt, ohne dass die Entscheidung weiter begründet werden muss.

Einschränkungen des **Untersuchungsgrundsatzes** können sich bei der Sachverhaltsaufklärung aus der sog. **Tatbestandswirkung** eines Verwaltungsakts ergeben. Die Tatbestandswirkung hat zum Inhalt, dass die durch den Verwaltungsakt für einen bestimmten Rechtsbereich getroffene Regelung als gegeben hingenommen werden muss. Die in einem Verwaltungsakt getroffenen tatsächlichen Feststellungen sind dann aus- **98**

---

97 Siehe dazu sogleich Rdnr. 124 f.
98 Vgl. hierzu Kapitel 15 Rdnrn. 773 ff.
99 Vgl. BVerwG, Gerichtsbescheid vom 7. Januar 1997 – 4 A 20.95 – Juris.
100 Vgl. etwa BVerwG, Beschluss vom 5. Juni 2012 – 4 BN 41/11 – Juris.
101 Vgl. VG Freiburg, Urteil vom 23. Februar 2012 – 4 K 2649/10 – Juris.

3. Kapitel Verfahrensgrundsätze, Rechtsweg, Zuständigkeit

nahmsweise verbindlich, wenn eine derartige, über die Tatbestandswirkung hinausgehende Feststellungswirkung gesetzlich angeordnet ist.[102] Ein – bestandskräftiger – Bescheid ist danach mit dem von ihm in Anspruch genommenen Inhalt von allen rechtsanwendenden Stellen und damit auch von den Gerichten bei den eigenen Entscheidungen zugrunde zu legen.[103] Gleiches gilt, wenn zu einer entscheidungserheblichen Frage eine **rechtskräftige gerichtliche Entscheidung** vorliegt.[104] Nach § 121 VwGO binden nämlich rechtskräftige Urteile die Beteiligten, soweit über den Streitgegenstand entschieden worden ist.

> **Beachte:**
> Liegt in der Examensklausur entweder ein bestandskräftiger Bescheid vor, der bestimmte Feststellungen hinsichtlich eines oder beider Beteiligten trifft, die auch in dem zu entscheidenden Fall von Belang sind, oder aber existiert ein rechtskräftiges Urteil nach § 121 VwGO, hat das Gericht die jeweilige Bewertung grundsätzlich zugrunde zu legen, auch wenn Zweifel an der Richtigkeit der Feststellungen bestehen. Nicht selten muss in Klausuren die Frage, ob das Urteil oder der Bescheid denselben **Streitgegenstand** betrifft, differenziert herausgearbeitet werden. Häufiger wird hierbei der Fall vorkommen, dass keine Identität der Streitgegenstände vorliegt.

99 Auch in den **Verfahren des vorläufigen Rechtsschutzes** gilt grundsätzlich der **Untersuchungsgrundsatz**; er erfährt aber teilweise **Einschränkungen**. Hier erfolgt zumeist eine bloß **summarische Prüfung** des Falles, wobei Rechtsfragen allerdings (möglichst) zu klären sind. Eine Beweiserhebung unterbleibt in Eilverfahren zumeist, weil dies grundsätzlich zu mit dem Wesen dieses Verfahrens nicht zu vereinbarenden zeitlichen Verzögerungen führt; umfangreiche Beweiserhebungen sind also hier nicht geboten,[105] aber auch nicht ausgeschlossen. Unterlässt das Verwaltungsgericht im Verfahren des vorläufigen Rechtsschutzes also die vollständige Aufklärung des Sachverhalts, prüft den Fall lediglich summarisch und behält die Einzelheiten dem Hauptsachverfahren vor, verletzt dies nicht den Grundsatz auf rechtliches Gehör.[106]

4. Beweisgrundsätze

100 a) **Allgemeine Bedeutung.** In der verwaltungsgerichtlichen Praxis streiten die Beteiligten deutlich seltener über Tatsachen als im Zivilprozess. Der wesentliche Sachverhalt ergibt sich zumeist aus dem von der Behörde angelegten **Verwaltungsvorgang**, der die Umstände des Verfahrens im Einzelnen dokumentiert. Behörden sind aus diesem Grund nach § 99 Abs. 1 Satz 1 VwGO grundsätzlich zur **Vorlage von Akten** verpflichtet.[107] Daher fordert das Gericht Behörden zumeist mit der Übermittlung des Klageschriftsatzes zur Vorlage der Verwaltungsvorgänge auf (vgl. § 87 Abs. 1 Satz 2 Nr. 2 VwGO). Das in § 100 Abs. 1 VwGO geregelte Recht auf Akteneinsicht sorgt für die Herstellung eines mit der Behörde vergleichbaren Kenntnisstandes und damit für „Waffengleichheit" im Sinne eines fairen Prozesses.[108] Ein weiteres wesentliches Mittel zur Erforschung des Sachverhalts ist auch das **Vorbringen der Beteiligten** selbst. Dabei genügt es für die Aufklärung des Sachverhalts häufig, die Beteiligten informatorisch zu hören.

---

102 BVerwG, Urteil vom 28. November 1986 – BVerwG 8 C 122.84 u. a. – Juris.
103 BVerwG, Urteil vom 27. Oktober 1998 – BVerwG 1 C 19.97 – Juris.
104 Kopp/Schenke, VwGO, § 86 Rdnr. 5; Geiger, BayVBl. 1999, 325 f.
105 Kopp/Schenke, VwGO, § 80 Rdnr. 158. Vgl. im Einzelnen Rdnr. 312.
106 OVG Magdeburg, Beschluss vom 18. Februar 2005 – 4 P 3/05 – Juris.
107 Zu Ausnahmen vgl. § 99 Abs. 1 Satz 2 VwGO, das Verfahren folgt dann § 99 Abs. 2 VwGO.
108 Bader, JuS 2005, 126, 127.

> **Hinweis:**
> In der Examensklausur wird der Inhalt des Verwaltungsvorgangs meist auszugsweise wiedergegeben; wesentliche Tatsachen des Falles ergeben sich dabei aus Bescheid und Widerspruchsbescheid. Diese sind bereits als unstreitig im Tatbestand und nicht erst bei der Begründung der Bescheide wiederzugeben.

b) Beweiserhebung. – aa) Art der Beweiserhebung. Gleichwohl wird eine **Beweiserhebung** zuweilen auch im Verwaltungsprozess **erforderlich**, wenn der Sachverhalt aufzuklären ist. Dabei steht der Amtsermittlungsgrundsatz im Vordergrund. Die Frage, wer die formelle Beweislast trägt, ist daher unerheblich; bei einem ungeklärten entscheidungserheblichen Sachverhalt ist dieser grundsätzlich von Amts wegen aufzuklären. Erst wenn diese Ermittlungen ohne Ergebnis verlaufen, ist eine Entscheidung aufgrund der materiellen Beweislastverteilung zu treffen.[109]

101

Das **Gericht erhebt** grundsätzlich nach § 96 Abs. 1 VwGO **Beweis** in der mündlichen Verhandlung (sog. **Unmittelbarkeit der Beweiserhebung**). Es kann insbesondere Augenschein einnehmen, Zeugen, Sachverständige und Beteiligte vernehmen und Urkunden heranziehen. In geeigneten Fällen besteht schon vor der mündlichen Verhandlung die Möglichkeit, durch eines seiner Mitglieder als beauftragten Richter Beweis erheben lassen oder durch Bezeichnung der einzelnen Beweisfragen ein anderes Gericht um die Beweisaufnahme ersuchen (§ 96 Abs. 2 VwGO). Die Beweisaufnahme erfolgt – was in der Praxis eher selten vorkommt – in einem gesonderten Beweistermin (§ 97 VwGO). Nach § 98 VwGO finden auf die Beweisaufnahme die §§ 358 bis 444 und 450 bis 494 der Zivilprozessordnung entsprechende Anwendung, soweit die VwGO nicht abweichende Vorschriften enthält. Ein Verstoß gegen den Grundsatz der Unmittelbarkeit liegt vor, wenn das Berufungsgericht die Glaubwürdigkeit eines Zeugen anders beurteilt als die erste Instanz und sich dabei lediglich auf das Protokoll der Verhandlung stützt, ohne den Zeugen selbst zu hören.[110]

102

Art und Maß der gerichtlichen Sachaufklärung richten sich nach der materiellrechtlichen Rechtsauffassung des Verwaltungsgerichts.[111] Kommt es also auf bestimmte Tatsachen nach der vom Gericht zugrunde gelegten Rechtsansicht nicht an, liegt im Unterlassen der weiteren Sachaufklärung keine Verletzung des Untersuchungsgrundsatzes. Entscheidend für den Umfang der richterliche Sachaufklärung ist die freie, aus der Gesamtwürdigung des Verfahrens gewonnene **Überzeugung des Gerichts** (§ 108 Abs. 1 Satz 1 VwGO). Der Grundsatz der freien Beweiswürdigung enthält keine generellen Maßstäbe zu den Aussage- und Beweiswert einzelner zum Prozessstoff gehörender Beweismittel, Erklärungen und Indizien. Insbesondere besteht keine Rangordnung der Beweismittel; diese sind grundsätzlich gleichwertig. Die Verwaltungsgerichte müssen den Aussage- und Beweiswert der verschiedenen Bestandteile des Prozessstoffes nach der inneren Überzeugungskraft der Gesamtheit der in Betracht kommenden Erwägungen bestimmen.[112]

103

Ein Gericht verstößt grundsätzlich dann nicht gegen seine Aufklärungspflicht, wenn es von einer Beweiserhebung absieht, die ein von einem Rechtsanwalt vertretener Beteiligter in der mündlichen Verhandlung nicht **ausdrücklich beantragt** hat. Eine Verletzung der Aufklärungspflicht liegt nur vor, wenn sich dem Gericht eine Beweisaufnahme hätte **aufdrängen** müssen.[113]

104

---

109 Siehe hierzu unten Rdnr. 130.
110 BVerwG, Urteil vom 28. Juli 2011 – 2 C 28.10 – Juris.
111 OVG Berlin-Brandenburg, Beschluss vom 8. Februar 2008 – 2 S 75.07 – Juris.
112 BVerwG, Urteil vom 21. Mai 2008 – 6 C 13.07 – Juris.
113 BVerwG, Beschluss vom 10. Juni 1999 – 9 B 81.99 – Juris, st. Rspr.

3. Kapitel Verfahrensgrundsätze, Rechtsweg, Zuständigkeit

105 bb) **Beweismittel.** Grundsätzlich kommen folgende **Beweismittel** in Betracht:

106 – **Augenschein** (vgl. §§ 371, 372 ZPO): Objekte des Augenscheins sind Gegenstände oder Personen, von deren Beschaffenheit sich das Gericht einen unmittelbaren sinnlichen Eindruck verschaffen kann. Zum Augenschein gehören nicht nur visuelle, sondern z. B. auch akustische Wahrnehmungen. Den Regeln über die Augenscheinseinnahme unterliegen daher z. B. Ortstermine zur Feststellung örtlicher Gegebenheiten und die Einsichtnahme in Pläne und Fotos (häufig z. B. im Bau- oder Umweltrecht).

107 – **Zeugen** (§§ 373 bis 401 ZPO): Die Frage, wer Zeuge sein kann, beurteilt sich im Verwaltungsprozess nach denselben Grundsätzen wie im Zivilprozess. Auch Bedienstete einer beteiligten Behörde können als Zeugen vernommen werden, nicht aber der Behördenleiter oder sein Vertreter; wird der in der mündlichen Verhandlung anwesende Behördenvertreter formlos befragt, handelt es sich bei dessen Erklärungen um Beteiligtenvorbringen.

108 – **Sachverständige** (vgl. §§ 402 bis 414 ZPO): Aufgabe des Sachverständigen ist es, dem Gericht besondere Erfahrungssätze oder Kenntnisse des jeweiligen Fachgebietes zu vermitteln oder aufgrund besonderer Fachkenntnisse Schlussfolgerungen aus einem bestimmten Sachverhalt zu ziehen. Sachverständiger ist nur derjenige, der vom Gericht beauftragt worden ist.

109 – **Urkunden** (vgl. §§ 415 bis 444 ZPO): Urkunde im Prozessrecht ist die schriftliche Verkörperung eines Gedankens. Material und Entstehungsgrund sind für die Urkundeneigenschaft unerheblich. Urkunden sind z. B. auch Niederschriften über frühere Zeugenvernehmungen oder ein bereits vorliegendes Sachverständigengutachten. Öffentliche Urkunden erbringen den vollen Beweis (formelle Beweiskraft) für die darin enthaltenen Erklärungen (§ 415 Abs. 1 ZPO).

110 – **Parteivernehmung** (vgl. §§ 450 bis 455 ZPO): Auch in der VwGO kommt eine Beteiligtenvernehmung nur in Betracht, wenn andere Beweismittel nicht zur Verfügung stehen. Die Anordnung steht im Ermessen des Gerichts, wobei berücksichtigt werden darf, ob eine gewisse Wahrscheinlichkeit für die Richtigkeit der Behauptung vorliegt. Für das Verfahren gelten die Grundsätze der Zeugenvernehmung. Die Beteiligtenvernehmung ist abzugrenzen von der bloßen Anhörung des Beteiligten.

111 – **Sonstige Beweismittel:** Die Aufzählung der Beweismittel in § 96 VwGO und der Verweis des § 98 VwGO auf die Beweismittel der ZPO sind nicht abschließend. Daneben kommen alle Erkenntnismittel in Betracht, die nach den Gesetzen der Logik, nach allgemeiner Erfahrung oder wissenschaftlicher Erkenntnis geeignet sind, eine Überzeugung von bestimmten Tatsachen oder von der Beurteilung bestimmter Tatsachen zu begründen. Unter den sonstigen Beweismitteln kommt im Verwaltungsprozess insbesondere der amtlichen Auskunft und der Beiziehung von Verwaltungsvorgängen große Bedeutung zu.

> **Beachte:**
> Am Ende des Tatbestandes des Urteils wird im Rahmen der **Prozessgeschichte** berichtet, wenn das Gericht über bestimmte Tatsachen **Beweis erhoben** hat. Dies sollte auch in der Examensklausur erfolgen, wobei Beweisthema und Beweismittel zu benennen sind. Wegen der Einzelheiten kann dann auf das Protokoll der mündlichen Verhandlung oder ggf. eines gesonderten Beweistermins Bezug genommen werden.

> Formulierungsbeispiel:
> *„Das Gericht hat über die Einzelheiten der Eheschließung und des Zusammenlebens des Klägers mit Frau X Beweis erhoben durch die Vernehmung der Zeugen A. und B. Wegen der Einzelheiten ihrer Aussage wird auf das Sitzungsprotokoll vom 10. Januar 2014 verwiesen."*

cc) **Beweisanträge**. Beweisanträge sind **ausdrücklich** in der mündlichen Verhandlung zu **stellen**. Die bloße Ankündigung von Beweisanträgen in vorbereitenden Schriftsätzen stellt demgegenüber keinen Beweisantrag dar. Beweisanträge sind vom Gericht zu **protokollieren**. Ein so gestellter **Beweisantrag** kann nur durch einen Gerichtsbeschluss, der zu begründen ist, abgelehnt werden (§ 86 Abs. 2 VwGO). Der Beschluss ist unanfechtbar; etwaige Fehler des Gerichts bei der Sachverhaltsermittlung können nur im Rahmen eines Rechtsmittels durch Erhebung der Aufklärungsrüge (§§ 124 Abs. 2 Nr. 5, 132 Abs. 2 Nr. 3 VwGO) beanstandet werden. **112**

Durch § 86 Abs. 2 VwGO soll das Gericht zur besonders gründlichen Aufklärung des Sachverhalts angehalten werden. Die Vorschrift ist zugleich Ausdruck des **Grundsatzes auf rechtliches Gehör** (Art. 103 Abs. 1 GG). Durch die Verpflichtung des Gerichts, die Ablehnungsgründe den Beteiligten vorab zur Kenntnis zu geben, soll ihnen Klarheit über die Sach- und Rechtsauffassung des Gerichts gegeben werden, damit sie sich hiermit auseinandersetzen und ggf. Ergänzungen vorbringen können. Kommt das Gericht dem Beweisantrag nach, erlässt es einen Beweisbeschluss, in dem das Beweisthema und das Beweismittel benannt werden. Anderenfalls wird der Beweisantrag aus formellen oder materiellen Gründen abgelehnt. **113**

Formelle Ablehnungsgründe sind: **114**

- Der Beweisantrag entspricht nicht den **formalen Anforderungen** an einen Beweisantrag. Dies ist der Fall, wenn es an einem **Beweisthema** und/oder an der Benennung des **Beweismittels** fehlt. **115**

- Der Beweisantrag dient der bloßen **Ausforschung**[114] bzw. wird „ins Blaue hinein" gestellt. Einem Prozessbeteiligten ist es verwehrt, unter formalem Beweisantritt Behauptungen aufzustellen, deren Wahrheitsgehalt nicht eine gewisse Wahrscheinlichkeit für sich haben könnte. **116**

- Der Beweisantrag ist schikanös oder **rechtsmissbräuchlich**[115], z. B. weil damit die Verschleppung des Verfahrens bezweckt ist. **117**

Materielle Ablehnungsgründe sind insbesondere: **118**

- Die Beweistatsache ist **entscheidungsunerheblich**.[116] Dies ist der Fall, wenn kein Zusammenhang zwischen dem zu beurteilenden Sachverhalt und der Beweistatsache besteht. **119**

- Die Beweistatsache kann **als wahr unterstellt** werden und wird entsprechend im Urteil behandelt.[117] Da das Gericht wegen § 108 VwGO die volle Überzeugung **120**

---

114 BVerwG, Beschluss vom 13. Juni 2007 – 4 BN 6.07 – Juris.
115 Geiger, BayVBl. 1999, 328.
116 BVerwG, Urteil vom 31. August 2009 – 8 B 37.09 – Juris.
117 Keinesfalls darf hier allerdings eine vorweggenommene Beweiswürdigung erfolgen, vgl. hierzu z. B. BVerwG, Beschluss vom 22. Dezember 2004 – 1 B 94.04 – Juris.

3. Kapitel Verfahrensgrundsätze, Rechtsweg, Zuständigkeit

von den entscheidungserheblichen Tatsachen erlangt haben muss, gilt dieser Zurückweisungsgrund nur bei Umständen, auf die es letztlich nicht ankommt.[118]

121 – Das Beweismittel ist schlechthin **untauglich**,[119] **ungeeignet** oder **unerreichbar**.[120]

122 – Die Beweistatsache ist **offenkundig**. Hierzu zählen Erfahrungstatsachen, allgemeine Erfahrungssätze oder aber gerichtskundige Umstände.[121] Tatsachen sind **allgemeinkundig**, wenn verständige Personen sich hierüber regelmäßig aus allgemein zugänglichen Quellen unschwer unterrichten können. **Gerichtskundig** sind solche Tatsachen, die wenigstens ein Mitglied des Gerichts in amtlicher Tätigkeit zuverlässig in Erfahrung gebracht hat.

123 – Der Beweisantrag bezieht sich auf **Umstände**, deren Ermittlung die Rechtsordnung **verbietet**.[122] So dürfte z. B. ein Richter nicht zum Zeugen über Umstände benannt werden, die dem Beratungsgeheimnis unterliegen.

124 dd) Beweislast. Als **Beweislast** wird das Risiko des Prozessverlustes für den Fall der Nichtbeweisbarkeit bestimmter im Verfahren strittiger Tatsachen bezeichnet. Die Beweislast regelt die Frage, wen nach Erschöpfung aller Beweismittel die Folgen der Unaufklärbarkeit treffen. Die Beweislast schließt dabei die Darlegungslast bzw. die Behauptungslast ein. Dabei gilt im Wesentlichen der **Grundsatz**, dass **jede Partei** die Voraussetzungen der ihr **günstigen Norm**, also derjenigen, deren Rechtswirkung ihr zu Gute kommt, **darzulegen** und zu beweisen hat. Im Regelfall ist zunächst zu prüfen, ob das **Gesetz** die **Beweislast** ausdrücklich geregelt hat oder ob es eine Tatsachen- oder Rechtsvermutung gibt, die der Richter zu beachten hat. Daran fehlt es aber meist.

125 Im Allgemeinen[123] gilt für die verschiedenen Klagearten[124] Folgendes:

126 – Bei der **Anfechtungsklage** muss die Behörde die Voraussetzungen für den Erlass des belastenden Verwaltungsakts beweisen. Liegen die Voraussetzungen für den behördlichen Eingriff vor, so muss der Adressat des Verwaltungsakts seinerseits ggf. Ausnahmetatbestände beweisen, die das Anfechtungsbegehren tragen können (z. B. Verjährung). Die Beweisregel des § 282 ZPO (Rechtzeitigkeit des Vorbringens) gilt auch im öffentlichen Recht.

127 – Handelt es sich um eine **Verpflichtungsklage**, ist die Ausgangslage umgekehrt: Der Antragsteller bzw. Kläger trägt die Beweislast für alle Umstände, die seinen Verpflichtungsanspruch stützen. Umgekehrt muss die Behörde solche Tatsachen nachweisen, aufgrund derer sie ausnahmsweise nicht verpflichtet ist, den begehrten Verwaltungsakt zu erlassen.

128 – Für die allgemeine **Leistungsklage** oder die **Feststellungsklage** gilt der allgemeine Grundsatz, dass die Unerweislichkeit einer Tatsache zu Lasten desjenigen geht, der aus ihr günstige Rechtsfolgen ableiten möchte.[125]

---

118 Geiger, BayVBl. 1999, 329.
119 Z. B. OVG Münster, Beschluss vom 18. Juli 2007 – 8 A 1075/06.A – Juris. Beachte: Der Zeuge vom Hörensagen ist kein von vornherein untaugliches Beweismittel, BVerwG, Beschluss vom 22. August 2003 – 7 B 28.03 – Juris.
120 VGH München, Beschluss vom 16. September 2008 – 5 ZB 07.243 – Juris.
121 Zur Ablehnung eines Beweisantrages aufgrund eigener Sachkunde des Gerichts vgl. OVG Münster, Beschluss vom 6. Oktober 2009 – 13 A 2075/07.A – Juris.
122 Geiger, BayVBl. 1999, 328.
123 Geiger weist darauf hin, dass die Klageart als solche nicht aussagekräftig ist, BayVBl. 1999, 331.
124 Entsprechendes gilt für die Verfahren des vorläufigen Rechtsschutzes mit der Maßgabe, dass die Beteiligten die für sie sprechenden Tatsachen nur glaubhaft machen müssen.
125 BVerwG, Beschluss vom 1. November 1993 – 7 B 190.93 – Juris.

129 Unterlässt es einer der Beteiligten, seinen Anteil zur Sachverhaltsaufklärung beizutragen, kann das Gericht hieraus u.U. negative Schlüsse ziehen.[126] Eine **Beweislastumkehr** kann eintreten, wenn eine Partei eine **Beweisvereitelung** vornimmt. Dies gilt insbesondere dann, wenn eine Partei eine Beweisführung arglistig oder fahrlässig vereitelt oder verzögert.

> **Beispiel:**
> Der Kläger hat die Genehmigung zur Fällung eines nach der landesrechtlichen Baumschutzverordnung geschützten Baumes erhalten. Zugleich ist ihm die Zahlung einer Ausgleichsabgabe auferlegt worden. Die Höhe der Ausgleichsabgabe hängt nach der Verordnung vom Zustand des Baumes ab. Der Kläger macht von der Genehmigung Gebrauch und fällt den nicht akut umsturzgefährdeten Baum, geht aber zugleich gegen die Abgabe vor und macht – ohne den Zustand zuvor dokumentiert zu haben – geltend, der Baum habe sich in einem deutliche schlechteren Zustand befunden, was eine geringere Abgabe rechtfertige. Durch sein eigenmächtiges Vorgehen hat der Kläger treuwidrig von der Fällgenehmigung Gebrauch gemacht, so dass er die Folgen der Nichterweislichkeit seines Vorgehens zu tragen hat.

130 Die Regeln des **Anscheinsbeweises** gelten auch im Verwaltungsprozess. Der Beweis des ersten Anscheins setzt einen Sachverhalt voraus, der nach der Lebenserfahrung regelmäßig auf einen bestimmten Verlauf hinweist und es rechtfertigt, die besonderen Umstände des einzelnen Falles zurücktreten zu lassen.[127] Das Gericht muss ggf. von Amts wegen erforschen, ob ein – zur Anwendung der Regeln des Anscheinsbeweises führender – typischer Geschehensablauf vorliegt. In diesem Fall bedarf es keiner weiteren Beweiserhebung, es sei denn, es liegen Tatsachen vor, welche die ernstliche und nahe liegende Möglichkeit eines atypischen Verlaufs begründen und damit den Anscheinsbeweis erschüttern.

> **Klausurhinweis:**
> In nahezu allen Examensklausuren findet sich im Bearbeitervermerk der Hinweis, dass eine etwaige weitere Sachverhaltsaufklärung, die der Bearbeiter ggf. noch für erforderlich hält, durchgeführt wurde und ohne Ergebnis geblieben ist. Bearbeiter müssen also den sich aus dem Klausurtext ergebenden Sachverhalt zugrunde legen, ohne zu tatsächlichen Umständen Beweis erheben zu dürfen. Kommt es – was **selten** der Fall ist[128] – zur Unaufklärbarkeit (non liquet), ergeht die **Entscheidung nach** den dargestellten **Beweislastgrundsätzen**.

II. Rechtsweg

1. Allgemeines

131 Der **Verwaltungsrechtsweg** ist entweder eröffnet, wenn eine aufdrängende Sonderzuweisungsnorm dies vorsieht, oder aber wenn die Voraussetzungen des § 40 Abs. 1 Satz 1 VwGO vorliegen. Danach ist der Verwaltungsrechtsweg in allen öffentlich-rechtlichen Streitigkeiten nichtverfassungsrechtlicher Art gegeben, soweit die Streitig-

---

126 Kopp/Schenke, VwGO, § 86 Rdnr. 12.
127 BVerwG, Beschluss vom 13. März 2008 – 4 B 15.08 – Juris.
128 Die einzige dem Verf. bekannte Konstellation in Examensklausuren betrifft die polizeiliche Gebührenpflicht bei sog. Fehlalarm, vgl. hierzu: VG Ansbach, Urteil vom 13. März 2012 – AN 1 K 11.01096 – Juris.

3. Kapitel Verfahrensgrundsätze, Rechtsweg, Zuständigkeit

keiten nicht durch Bundesgesetz einem anderen Gericht ausdrücklich zugewiesen sind. Die **Generalklausel** dient der umfassenden Rechtsschutzgewährung im Sinne von Art. 19 Abs. 4 GG. Demgegenüber weist § 13 GVG die bürgerlichen Rechtsstreitigkeiten, die Familiensachen und die Angelegenheiten der freiwilligen Gerichtsbarkeit sowie die Strafsachen den ordentlichen Gerichten zu. Die Frage des Rechtsweges ist von Amts wegen zu prüfen und steht nicht zur Disposition der Beteiligten.[129] Ausnahmsweise kann der Rechtsweg zu den Verwaltungsgerichten auch bei einer rechtswegfremden Forderung eröffnet sein.[130]

132 Die **systematische Einordnung** von § 40 Abs. 1 VwGO ist umstritten.[131] Hintergrund ist § 17a Abs. 2 GVG. Danach muss das Gericht den Rechtsstreit an das zuständige Gericht des zulässigen Rechtsweges verweisen, wenn der beschrittene Rechtsweg unzulässig ist. Anders als bei den sonstigen Sachurteilsvoraussetzungen ergeht im Fall des Nichtvorliegens kein klageabweisendes Prozessurteil; vielmehr wird die Sache an das zuständige Gericht verwiesen. Daher besteht ein **Streit** über den **korrekten Prüfungsaufbau** im Verwaltungsprozessrecht. Der Streit wurzelt in unterschiedlichen Auffassungen darüber, in welchem Verhältnis Zulässigkeitsvoraussetzungen und Sachentscheidungsvoraussetzungen stehen. Während eine Ansicht am zweistufigen Aufbau – Prüfung von Zulässigkeit und Begründetheit – festhält, meinen andere, die Eröffnung des Verwaltungsrechtswegs sei als separater Punkt vor der Zulässigkeit zu prüfen. Die Vertreter der ersten Ansicht führen ins Feld, die Einführung von § 17a GVG ändere nichts daran, dass der Rechtsweg weiter Voraussetzung für die Zulässigkeit der Klage bleibe; das ausnahmsweise bei Nichtvorliegen der Voraussetzungen des § 40 Abs. 1 Satz 1 VwGO nur ein Verweisungsbeschluss ergehen müsse, ändere daran nichts.[132] Dem hält die Gegenansicht entgegen, wenn eine Klage wegen Anrufung des falschen Gerichts nicht als unzulässig abgewiesen werden könne, sei es folgerichtig, die Eröffnung des Verwaltungsrechtswegs sowie die örtliche und sachliche Zuständigkeit des Gerichts nicht als Problem der Zulässigkeit, sondern als gesonderte Vorfrage zu prüfen.

> **Beachte:**
> Die Streitfrage dürfte in der Klausur im Zweiten Staatsexamen keine Relevanz haben. Ist in der Klausur nämlich ein Urteil bzw. ein Beschluss zu entwerfen, bleibt für die Prüfung der Rechtswegfrage grundsätzlich kein Raum.[133] Fehlt es an den Voraussetzungen des § 40 Abs. 1 VwGO, ist nach § 17a Abs. 2 Satz 1 GVG der Rechtsstreit per Beschluss zu verweisen. Wird die Zuständigkeit bejaht, kann bzw. muss das Gericht dies ggf. per Beschluss vorab aussprechen (§ 17a Abs. 3 GVG). Grundsätzlich ist im Examen aber nur *eine* Entscheidung des Gerichts zu entwerfen, nicht aber mehrere. Sollte die Frage gleichwohl im Urteil erörtert werden,[134] so ist es unerheblich, wie der Prüfungspunkt dogmatisch eingeordnet wird.

2. Aufdrängende Sonderzuweisung

133 Eine Rechtswegzuständigkeit kann sich aus spezialgesetzlichen Regelungen ergeben; in diesem Fall findet die Generalklausel keine Anwendung. Der praktisch häufigste

---

129 Kopp/Schenke, VwGO, vor § 40 Rdnr. 10.
130 Siehe dazu Rdnr. 153.
131 Zusammenfassend hierzu Leifer, JuS 2004, 956.
132 Geiger, VBlBW 2004, 336, 337; Fischer, VBlBW 2005, 179.
133 Geiger, VBlBW 2004, 336, 337.
134 So Fischer, VBlBW 2005, 2005, 179, der Erörterungen im Urteil zu § 40 Abs. 1 VwGO dann für zulässig und sogar geboten hält, wenn das Gericht keinen positiven Beschluss über die Zuständigkeit trifft.

Fall ist der des § 126 Abs. 1 und 2 BRRG. Danach ist der Verwaltungsrechtsweg für alle Klagen der Beamten, Ruhestandsbeamten, früheren Beamten und der Hinterbliebenen aus dem Beamtenverhältnis sowie des Dienstherrn selbst gegeben. Eine entsprechende Regelung findet sich zwischenzeitlich auch in § 54 Abs. 1 des seit dem 1. April 2009 in Kraft befindlichen Beamtenstatusgesetzes (BeamtStG). Hierbei ist zu beachten, dass auch Klagen auf Einstellung in das Beamtenverhältnis unter die Vorschrift fallen, auch wenn der abgelehnte Bewerber streng genommen noch nicht „aus" dem Beamtenverhältnis klagen kann.[135]

3. Öffentlich-rechtliche Streitigkeit nach § 40 Abs. 1 Satz 1 VwGO

a) **Abgrenzungstheorien.** Um den Rechtsweg zum Verwaltungsgericht nach § 40 Abs. 1 Satz 1 VwGO zu bejahen, muss die Streitigkeit dem Bereich des öffentlichen Rechts zuzuordnen sein. Problematisch ist dabei in der Regel die Abgrenzung zwischen dem öffentlichen Recht und dem Privatrecht. Seit Langem werden für diese Zuordnung verschiedene Theorien vertreten: **134**

- Nach der **Subordinationstheorie** ist eine Streitigkeit dann öffentlich-rechtlich, wenn zwischen den Beteiligten ein hoheitliches Über-Unterordnungsverhältnis besteht. **135**

- Nach der **Interessenstheorie** liegt eine öffentlich-rechtliche Streitigkeit vor, wenn die streitentscheidende Norm vorrangig öffentlichen Interessen dient. **136**

- Öffentlich-rechtlich soll der Streit nach der **Subjektstheorie** sein, wenn an dem streitigen Rechtsverhältnis ein Träger hoheitlicher Gewalt beteiligt ist. **137**

- Schließlich wird darauf abgestellt, ob die streitentscheidenden Normen Bestandteil des öffentlichen Rechts sind (**Zuordnungstheorie**). Die Zuordnung der Streitigkeiten zum öffentlichen oder zum privaten Recht richtet sich also nach der **Natur des Rechtsverhältnisses**, aus dem der geltend gemachte Anspruch hergeleitet wird.[136] Dabei kommt es regelmäßig darauf an, ob die Beteiligten zueinander in einem hoheitlichen Verhältnis der Über- und Unterordnung stehen und sich der Träger hoheitlicher Gewalt der besonderen Rechtssätze des öffentlichen Rechts bedient. **138**

Mit dem letztgenannten Ansatz bemüht sich auch die Rechtsprechung, die Abgrenzung in den Griff zu bekommen. Maßgeblich ist danach, ob der dem Klagebegehren zu Grunde liegende Sachverhalt nach öffentlich-rechtlichen oder privatrechtlichen Vorschriften zu beurteilen ist. Ist die streitentscheidende Norm dem öffentlichen Recht zuzuordnen, liegt eine öffentlich-rechtliche Streitigkeit vor.[137] Eine öffentlich-rechtliche Streitigkeit kann aber auch auf einem Gleichordnungsverhältnis beruhen. Gleichordnungsverhältnisse sind öffentlich-rechtlich, wenn die das Rechtsverhältnis beherrschenden Rechtsnormen nicht für jedermann gelten, sondern Sonderrecht des Staates oder sonstiger Träger öffentlicher Aufgaben sind, das sich zumindest auf einer Seite nur an Hoheitsträger wendet. Sind an einem streitigen Rechtsverhältnis ausschließlich **Privatrechtssubjekte** beteiligt, so scheidet eine Zuordnung des Rechtsstreits zum öffentlichen Recht grundsätzlich aus, es sei denn, ein Beteiligter ist durch Gesetz oder aufgrund eines Gesetzes mit öffentlich-rechtlichen Handlungs- oder Entscheidungsbefugnissen ausgestattet und gegenüber dem anderen Beteiligten als **beliehenes Unternehmen** tätig geworden.[138] **139**

---

135 BVerwG, Urteil 22. Februar 1996 – 2 C 12.94 – Juris. Zum – nicht einfachen – Verhältnis von § 126 BRRG und § 54 BeamtStG vgl. Terhechte, NVwZ 2010, 996.
136 BVerwG, Beschluss vom 2. Mai 2007 – 6 B 10.07 – NVwZ 2007, 820.
137 OVG Lüneburg, Beschluss vom 17. März 2008 – 13 OB 31/08 – NVwZ-RR 2008, 850.
138 BVerwG, Beschluss 17. November 2008 – 6 B 41.08 – Juris.

3. Kapitel Verfahrensgrundsätze, Rechtsweg, Zuständigkeit

140 Von Bedeutung kann auch sein, ob es bei der Streitigkeit um eine eindeutig öffentlich-rechtliche oder privatrechtliche **Handlungsform** geht. Maßgeblich für die Zuordnung eines Rechtsverhältnisses zum öffentlichen Recht oder zum Privatrecht ist nämlich nicht das Ziel, sondern die **Rechtsform staatlichen Handelns**; ist diese privatrechtlich, so ist es grundsätzlich auch die betreffende Streitigkeit. Handelt eine Behörde (unzutreffend) durch **Verwaltungsakt**, obwohl inhaltlich eine originär zivilrechtliche Rechtsbeziehung zu regeln ist, ist hingegen immer der Verwaltungsrechtsweg gegeben.[139]

b) Kasuistik.

> **Beachte:**
> In der Praxis haben sich bestimmte Fallgruppen zur Frage des Vorliegens einer öffentlich-rechtlichen Streitigkeit herausgebildet, die häufiger vorkommen und die daher auch gelegentlich Gegenstand von Examensklausuren sein können. Die nachfolgende Aufzählung ist keinesfalls abschließend. Gleichwohl bieten jedenfalls diese Fälle **Anlass**, den **Rechtsweg** in der Klausur zu **erörtern**. Ansonsten sollte eine breite Befassung mit § 40 Abs. 1 VwGO regelmäßig unterbleiben.[140]

141 aa) Verträge. Bei Klagen aus Verträgen hängt die Rechtsnatur des Rechtsstreits davon ab, ob der geltend gemachte Anspruch aus einem **privaten** oder einen **öffentlich-rechtlichen Vertrag** im Sinne von § 54 VwVfG resultiert.[141] Maßgeblich ist hierbei nach überwiegender Ansicht der Gegenstand des Vertrages. Eindeutig öffentlich-rechtlich ist der Rechtsstreit, wenn das Recht hierzu einschlägige Regelungen enthält, wie das etwa bei Erschließungsverträgen nach § 124 BauGB der Fall ist. Auch wenn die Beteiligten eine eindeutige Wahl zugunsten des öffentlichen Rechts getroffen haben, insbesondere wenn der Vertrag den Erlass eines ansonsten beabsichtigten **Verwaltungsakts ersetzt**, ist von einem öffentlich-rechtlichen Verhältnis auszugehen. Dass ein Vertrag der Erfüllung öffentlich-rechtlicher Aufgaben dient, macht ihn noch nicht zum öffentlich-rechtlichen Vertrag, weil diese Aufgaben häufig auch mit den Mitteln des Privatrechts bewältigt werden können.[142] Z. T. wird bei der Charakterisierung der Verträge auch auf den **Willen der Verwaltung**[143] oder das **rechtliche Bezugsfeld**, in dem der Vertrag geschlossen wird,[144] abgestellt.

142 bb) Realakte. Realakte sind Handlungsweisen, die **nicht final** auf bestimmte **Rechtsfolgen**, sondern auf einen tatsächlichen Erfolg abzielen. Klagen können sich hier entweder gegen Realakte der Verwaltung wenden, oder sie sind gerade auf die Vornahme der tatsächlichen Handlung durch den Beklagten gerichtet. Da im Gegensatz zum Vertragsrecht ein rechtlicher Handlungswille bei Realakten irrelevant ist, sollte die Unterscheidung möglichst an objektiven Merkmalen festmachen.[145] In die erstgenannte Fallgruppe fällt als häufigste Konstellation die **Abwehr von Immissionen** oder sonstigen tatsächlichen Störungen. Steht die Immission in unmittelbarem Zusammenhang mit der Erfüllung einer hoheitlichen Aufgabe, so spricht dies für den öffentlich-rechtlichen Charakter des Abwehranspruchs. Umgekehrt ist ein privatrechtliches Rechtsverhältnis anzunehmen, wenn die Einrichtung, von der Störungen ausgehen, privat genutzt wird.[146] Im Einzelnen ist hier vieles streitig. Vielfältig ist die Judikatur auch bei Klagen im Zusam-

---

139 Kopp/Schenke, VwGO, § 40 Rdnr. 6.
140 So auch Ehlers, JURA 2008, 187.
141 Kopp/Schenke, VwGO, § 40, Rdnr. 23.
142 Kopp/Schenke, VwGO, § 40, Rdnr. 23.
143 Renck, JuS 2000, 1002.
144 Bosch/Schmidt/Vondung, Rdnr. 210.
145 Renck, JuS 2000, 1003.
146 Ehlers, JURA 2008, 192.

menhang mit **ehrverletzenden** oder sonst negativen **Äußerungen** eines Amtswalters und dem Begehren auf **Unterlassung** oder **Widerruf**. Auch hier kommt es darauf an, ob die Äußerung im (unmittelbaren) Zusammenhang mit einer hoheitlichen Tätigkeit steht bzw. sich ggf. auf öffentlich-rechtliche Sonderrechte stützen kann.[147] Eine Straßenverkehrsbehörde, die eine Skulptur aus dem öffentlichen Straßenland entfernt, handelt typischerweise in Wahrnehmung öffentlicher Aufgaben.[148]

cc) Hausverbote. Bei Hausverboten, die die Behördenleitung gegenüber einer Privatperson ausspricht, wird die **öffentlich-rechtliche Zweckbestimmung** des Gebäudes von den **privaten Eigentümerbefugnissen** überlagert. Die Zuordnung der Maßnahme kann daher Schwierigkeiten bereiten. Nach der **Rechtsprechung** soll es in derartigen Fällen auf den **Zweck des Besuchs** des vom Hausverbot Betroffenen ankommen: Hält sich ein Besucher zur Wahrnehmung öffentlicher Angelegenheiten im Gebäude auf und erfolgt das Hausverbot in diesem Zusammenhang, so soll es öffentlich-rechtlich sein. Wird das Hausverbot umgekehrt gegenüber Personen ausgesprochen, die das Gebäude außerhalb der Zweckbestimmung aufsuchen (etwa der Obdachlose zum Aufwärmen), wird ein privatrechtlich zu qualifizierendes Hausverbot bejaht.[149] **143**

In der **Literatur** wird demgegenüber darauf abgestellt, dass die Ausübung des Hausrechts dazu dient, die öffentlich-rechtliche Aufgabenstellung der Verwaltung zu sichern. Die Anknüpfung an die vom Besucher verfolgten Zwecke helfe nicht weiter, wenn dieser keine Zwecke verfolge bzw. sowohl öffentlich-rechtliche als auch private Zwecke verfolgen wolle. Ein möglicherweise öffentlich-rechtlich bestehendes Zugangsrecht könne zudem nicht durch ein privatrechtliches Verbot wegfallen.[150] **144**

Neuerdings hat das Bundessozialgericht ein von einer (privatrechtlichen) Arbeitsgemeinschaft nach § 44b SGB II gegenüber einem Arbeitsuchenden ausgesprochenes Hausverbot als eine in die Zuständigkeit der Sozialgerichte fallende öffentlich-rechtliche Streitigkeit qualifiziert, weil das Hausverbot im Rahmen oder aus Anlass eines zwischen den Beteiligten geführten Verwaltungsverfahrens nach dem SGB X ausgesprochen worden war und daher ein Sachzusammenhang zu den Angelegenheiten der Grundsicherung für Arbeitsuchende zu bejahen sei.[151] **145**

dd) Zulassung zu öffentlich-rechtlichen Einrichtungen. Oftmals betreiben die Kommunen öffentliche Einrichtungen, die unterschiedlichen Zwecken der Daseinsvorsorge dienen, privatrechtlich. In diesem Fall unterliegt zwar das konkrete Benutzungsverhältnis privatrechtlichen Bestimmungen. Auch bei privatrechtlicher Ausgestaltung des Nutzungsverhältnisses bleibt aber die Frage des „**Ob**" des Zugangs zu der Einrichtung (im Gegensatz zur Frage des „**Wie**" der Benutzung) eine öffentlich-rechtliche Streitigkeit, für die der Verwaltungsrechtsweg nach § 40 Abs. 1 Satz 1 VwGO eröffnet ist (sog. **Zwei-Stufen-Theorie**).[152] In der Praxis besonders bedeutsam sind in diesem Fall die sog. **Stadthallen-Fälle**, bei denen einer extremistischen Partei der Zugang hierzu – meist erfolglos[153] – unter Berufung auf ihr Parteiprogramm verweigert wird. Auch die **Vergabe von Standplätzen auf Märkten** oder Jahrmärkten stellt eine häufige Konstella- **146**

---

147 Kopp/Schenke, VwGO, § 40 Rdnr. 28.
148 VGH Mannheim, Beschluss vom 28. Mai 2013 – 5 S 595/13 –, Juris.
149 Bosch/Schmidt/Vondung, Rdnr. 243; vgl. auch OVG Berlin-Brandenburg, Urteil vom 26. Oktober 2010 – OVG 10 B 2.10 –, Juris.
150 Ehlers, JURA 2008, 193.
151 BSG, Beschluss vom 1. April 2009 – B 14 SF 1.08 R – Juris (anders z. B. noch OVG Münster, Beschluss vom 11. Februar 1998 – 25 E 960/97 – Juris).
152 BVerwG, Beschluss vom 21. Juli 1989 – 7 B 184.88 – Juris.
153 Z. B. OVG Weimar, Beschluss vom 26. Oktober 2004 – 2 EO 1377.04 –, anders aber z. B. bei Kapazitätserschöpfung: VGH München, Beschluss vom 13. Juni 2008 – 4 CE 08.726 – jeweils Juris.

3. Kapitel Verfahrensgrundsätze, Rechtsweg, Zuständigkeit

tion in dieser Fallgruppe dar, bei der das eigentliche Benutzungsverhältnis privatrechtlich ausgestaltet wird. Der Verwaltungsrechtsweg ist aber nicht eröffnet, wenn sich die Klage auf Zutritt zu einer gemeindlichen Einrichtung gegen eine mit dem Betrieb der Einrichtung beauftragte juristische Person des Privatrechts richtet.[154]

> **Formulierungsbeispiel** (bei bejahtem Rechtsweg nach § 40 Abs. 1 VwGO):
> *„Der Antrag ist zulässig. Insbesondere ist der Rechtsweg zu den Verwaltungsgerichten eröffnet. Nach § 40 Abs. 1 Satz 1 VwGO ist dies in allen öffentlich-rechtlichen Streitigkeiten nichtverfassungsrechtlicher Art der Fall, soweit die Streitigkeiten nicht durch Bundesgesetz einem anderen Gericht ausdrücklich zugewiesen sind. Diese Voraussetzungen sind hier erfüllt. Maßgeblich für die Frage des Rechtsweges ist, ob der dem Klagebegehren zu Grunde liegende Sachverhalt nach öffentlich-rechtlichen oder privatrechtlichen Vorschriften zu beurteilen ist. Ist die streitentscheidende Norm dem öffentlichen Recht zuzuordnen, liegt eine öffentlich-rechtliche Streitigkeit vor. Das ist hier zu bejahen. Die Antragstellerin begehrt als politische Partei vorliegend einstweiligen Rechtsschutz gegen die Entscheidung des Antragsgegners, ihr seine Stadthalle nicht für ihren Landesparteitag am 5. und 6. Mai 2013 zur Verfügung zu stellen. Auch wenn das eigentliche Benutzungsverhältnis privatrechtlich ausgestaltet wird, streiten die Beteiligten hier auf der ersten Stufe, nämlich über die Frage, ob der Antragstellerin überhaupt der Zugang zu einer öffentlichen Einrichtung ermöglicht wird. Damit handelt es sich um einen öffentlich-rechtlichen Anspruch auf Zugang."*

4. Streitigkeit nichtverfassungsrechtlicher Art

147 § 40 Abs. 1 Satz 1 VwGO setzt ferner das Vorliegen einer Streitigkeit **nichtverfassungsrechtlicher Art** voraus. Dies ist nicht schon der Fall, wenn die Beteiligten über Verfassungsrecht streiten.[155] Nach dem sog. **Grundsatz der doppelten Verfassungsunmittelbarkeit** sind verfassungsrechtliche Streitigkeiten solche, bei denen Verfassungsorgane um Verfassungsrechte streiten.[156] Das bedeutet, dass die Streitigkeit zum einen unmittelbar am Verfassungsleben Beteiligte betreffen und sich zum anderen auf Rechte und Pflichten beziehen muss, die unmittelbar in der Verfassung geregelt sind. Damit ist von einer verfassungsrechtlichen Streitigkeit nur dann auszugehen, wenn es um die Rechtsbeziehungen zwischen Verfassungsorganen oder am Verfassungsleben beteiligten Organen untereinander geht. Rechtsbeziehungen zwischen Bürger und Staat sind daher grundsätzlich nicht als verfassungsrechtliche Streitigkeiten zu qualifizieren.[157]

> **Merke:**
> Liegt eine verfassungsrechtliche Streitigkeit vor, kann das Verwaltungsgericht den Rechtsstreit nicht an das BVerfG (bzw. das entsprechende Gericht des Landes) verweisen, sondern muss die Klage als unzulässig abweisen, weil die §§ 17 ff. GVG von einer konkurrierenden Rechtswegzuständigkeit ausgehen.[158]

5. Abdrängende Sonderzuweisungen

148 Nach § 40 Abs. 1 Satz 1 VwGO darf die Streitigkeit schließlich nicht durch Bundesgesetz einem **anderen Gericht** ausdrücklich **zugewiesen** sein. Nach Satz 2 der Vorschrift

---

154 OVG Lüneburg, Beschluss vom 24. Oktober 2007 – 10 OB 231/07 – Juris.
155 Vgl. Ehlers, JURA 2008, 186.
156 Kritisch dazu aber Ehlers, JURA 2008, 187, der meint, diese Abgrenzung versage bisweilen.
157 Bosch/Schmidt/Vondung, Rdnr. 249.
158 OVG Lüneburg, Beschluss vom 21. Mai 1997 – 11 M 2469/97 – Juris; Kopp/Schenke, VwGO, Anh § 41 Rdnr. 2.

können öffentlich-rechtliche Streitigkeiten auf dem Gebiet des Landesrechts einem anderen Gericht auch durch Landesrecht zugewiesen werden. Demgemäß ist eine Reihe öffentlich-rechtlicher Streitigkeiten durch Sonderzuweisungen ausdrücklich anderen Gerichten zugewiesen.

Den **ordentlichen Gerichten** sind insbesondere Streitigkeiten über die Höhe der **Enteignungsentschädigung** nach Art. 14 Abs. 3 Satz 4 GG zugewiesen. Dies schließt den Streit darüber, ob überhaupt eine Entschädigung zu zahlen ist, ein. Ansprüche wegen enteignenden oder enteignungsgleichen Eingriffen fallen nicht unter die Verfassungsvorschrift.[159] Ferner sieht § 40 Abs. 2 Satz 1 VwGO vor, dass für vermögensrechtliche Ansprüche aus Aufopferung für das gemeine Wohl und aus öffentlich-rechtlicher Verwahrung sowie für Schadensersatzansprüche aus der Verletzung öffentlich-rechtlicher Pflichten, die nicht auf einem öffentlich-rechtlichen Vertrag beruhen, der ordentliche Rechtsweg gegeben ist. Von praktisch größter Bedeutung dürften hier die in der 3. Alt. der Vorschrift genannten **Amtshaftungsansprüche** (Art. 34 GG i. V. m. § 839 Abs. 1 BGB) sein. Zu den Amtshaftungsansprüchen zählen auch Ansprüche aus enteignenden, enteignungsgleichen und aufopferungsgleichen Eingriffen.[160]

149

Auch die Überprüfung **freiheitsentziehender Maßnahmen** unterliegt nicht der Verwaltungsgerichtsbarkeit. Vielmehr ist zumeist eine Zuständigkeit der ordentlichen Gerichte gegeben. So sieht § 3 des Freiheitsentziehungsverfahrensgesetzes (FreihEntzG) vor, dass nur das Amtsgericht eine Freiheitsentziehung auf Antrag der zuständigen Verwaltungsbehörde anordnen kann. Das Gesetz gilt nach § 1 für Freiheitsentziehungen, die auf Grund von Bundesrecht angeordnet werden. Dazu zählt insbesondere die **Abschiebungshaft** nach § 62 AufenthG.[161] Auch die Überprüfung von Freiheitsentziehungen zu **präventiv-polizeilichen Zwecken** nach den **Polizeigesetzen** der Länder ist Sache der ordentlichen Gerichte. Nach Beendigung der Maßnahme soll die nachträgliche Feststellung der Rechtswidrigkeit der Freiheitsentziehung aber zumeist wieder in die Zuständigkeit der Verwaltungsgerichte fallen.[162]

150

Nach § 23 EGGVG entscheiden über die Rechtmäßigkeit der Anordnungen, Verfügungen oder sonstigen Maßnahmen, die von den Justizbehörden zur Regelung einzelner Angelegenheiten auf den Gebieten des bürgerlichen Rechts einschließlich des Handelsrechts, des Zivilprozesses, der freiwilligen Gerichtsbarkeit und der Strafrechtspflege getroffen werden, auf Antrag die ordentlichen Gerichte. Die von der Vorschrift erfassten **Justizverwaltungsakte** sind nicht nur Verwaltungsakte im Sinne von § 35 Satz 1 VwVfG; vielmehr ist auch schlicht-hoheitliches Handeln erfasst. Wird die **Polizei** im Rahmen der Strafverfolgung tätig, ist ihr Vorgehen von § 23 EGGVG erfasst. Demgegenüber fällt präventiv-polizeiliches Handeln nicht in den Anwendungsbereich der Norm. Eine Abgrenzung beider Zielrichtungen kann gelegentlich Schwierigkeiten bereiten. Bei Maßnahmen, die eine **Doppelnatur** aufweisen, soll nach herrschender Ansicht der **Schwerpunkt** der polizeilichen Tätigkeit den Ausschlag für den Rechtsweg geben. Denn es liege zumeist ein einheitlicher Lebenssachverhalt vor, der nicht künstlich aufgespalten werden dürfe.[163] Demgegenüber wird auch vertreten, dass in einem solchen Fall zwei Maßnahmen vorlägen, die jeweils gesondert im zulässigen Rechtsweg gerichtlich überprüft werden können.[164]

151

---

159 Ehlers, JURA 2008, 360.
160 Ehlers, JURA 2008, 361.
161 Vgl. z. B. OVG Lüneburg, Beschluss vom 25. März 2009 – 7 LA 142/07 – NVwZ-RR 2009, 583.
162 Kopp/Schenke, VwGO, § 40 Rdnr. 49b.
163 Bosch/Schmidt/Vondung, Rdnr. 279.
164 Zum Streitstand Ehlers, JURA 2008, 363 m. w. N.; er meint, dass das angerufene Gericht den Rechtsstreit ohnehin nach § 17 Abs. 2 Satz 1 GVG umfassend zu prüfen habe.

> **Beachte:**
> Die Abgrenzung zwischen präventivem und repressivem polizeilichen Handeln stellt sich häufig in **polizeirechtlichen Klausuren**. Dies gilt insbesondere in Klausuren, deren Gegenstand die erkennungsdienstliche Behandlung oder die Freiheitsentziehung einer Person betrifft. In diesem Fall sollte § 23 EGGVG immer angesprochen werden.[165]

152 Weitere Sonderzuweisungen öffentlich-rechtlicher Streitigkeiten ergeben sich für sozialgerichtliche Streitigkeiten aus § 51 Abs. 1 SGG an die **Sozialgerichte** und für Abgabenangelegenheiten aus § 33 FGO an die **Finanzgerichte**.

6. Aufrechnung mit rechtswegfremder Forderung

153 Nach § 173 Satz 1 VwGO i. V. m. § 17 Abs. 2 Satz 1 GVG entscheidet das Gericht des zulässigen Rechtsweges den Rechtsstreit **unter allen in Betracht kommenden rechtlichen Gesichtspunkten**. Diese Bestimmung eröffnet eine rechtswegüberschreitende Sachkompetenz, sofern der beschrittene Rechtsweg zu dem angerufenen Gericht für einen Klagegrund zulässig ist. Das angerufene Gericht ist demnach verpflichtet, in Fällen, in denen die Klagforderung auf mehrere, an sich verschiedenen Rechtswegen zugeordneten Anspruchsgrundlagen gestützt werden kann, über sämtliche Klagegründe zu entscheiden, sofern der beschrittene Rechtsweg für einen von ihnen gegeben ist.[166] Die Bestimmung findet also nur Anwendung, wenn für **denselben** prozessualen **Anspruch** hilfsweise eine **andere Begründung** gegeben wird.

154 Die Vorschrift ist **nicht anwendbar**, wenn mehrere prozessuale Ansprüche im Wege der **Klagehäufung** (§ 44 VwGO) geltend gemacht werden oder eine **Widerklage** (§ 89 VwGO) erhoben wird.[167] Werden mehrere Ansprüche im Haupt- und Hilfsverhältnis geltend gemacht, ist für den Rechtsweg zunächst der Hauptantrag maßgeblich; Hilfsanträge, für die der Rechtsweg zum Verwaltungsgericht ausscheidet, können und müssen erst nach einer (negativen) Entscheidung über den Hauptantrag verwiesen werden.[168]

155 Nach st. Rspr.[169] ist die **Aufrechnung** mit einer rechtswegfremden Forderung ohne weiteres **möglich**, wenn diese bereits **bestandskräftig** oder **rechtskräftig** festgestellt oder unbestritten ist. Da in diesen Fällen keine Prüfung der Forderung erfolgt, kann die Prüfungskompetenz der dem eigentlich einschlägigen Rechtsweg zugehörigen Gerichte nicht unterlaufen werden.[170] Hängt die Entscheidung des Verwaltungsrechtsstreits aber von dem Bestehen oder Nichtbestehen eines Rechtsverhältnisses ab, das nur von dem Gericht eines anderen Rechtsweges festgestellt werden kann, so ist in entsprechender Anwendung des § 94 VwGO das Verfahren unter Fristsetzung auszusetzen bzw. gemäß § 173 VwGO i. V. m. § 302 ZPO durch Vorbehaltsurteil zu entscheiden.[171] Die Ausweitung des Prüfungsumfanges erstreckt sich dann nicht auf den Fall der Aufrechnung mit einer rechtswegfremden Gegenforderung.[172] Denn die zur Aufrechnung gestellte rechtswegfremde Forderung stellt keinen rechtlichen Gesichts-

---

165 Vgl. hierzu am Beispiel des § 81b StPO Waszczynski, JA 2013, 60.
166 BGH, Urteil vom 28. Februar 1991 – III ZR 53/90 – Juris.
167 Kopp/Schenke, VwGO, Anh. § 41 Rdnr. 5.
168 OVG Lüneburg, Beschluss vom 17. März 2008 – 13 OB 31/08 – NVwZ-RR 2008, 850, sowie Ehlers, JURA 2008, 364 m. w. N.
169 BVerwG, Beschluss vom 31. März 1993 – 7 B 5.93 – Juris.
170 Kruse, JuS 2007, 1104.
171 Vgl. VG Bremen, Urteil vom 1. Oktober 2008 – 5 K 3144/07 – Juris.
172 OVG Saarlouis, Beschluss vom 29. Juli 2008 – 3 E 270/08 – Juris

punkt im Sinne des § 17 Abs. 2 GVG dar. Es handelt sich vielmehr um ein **selbständiges Gegenrecht**, das dem durch die Klage bestimmten Streitgegenstand einen weiteren selbständigen Gegenstand hinzufügt.

7. Prüfung des Rechtswegs durch das Verwaltungsgericht

Ist der Rechtsweg **unzulässig**, stellt dies das **Verwaltungsgericht** von Amts wegen fest und **verweist den Rechtsstreit** nach § 17a Abs. 2 Satz 1 GVG an das zuständige Gericht des zulässigen Rechtswegs. Vor dieser Entscheidung sind die Parteien zu hören. Die Entscheidung über die Verweisung ist für das Gericht, an das die Sache verwiesen wird, hinsichtlich des Rechtsweges grundsätzlich[173] **bindend**. Die **Verweisung** hat also nicht nur abdrängende, sondern auch aufdrängende Wirkung. Diese **erstreckt** sich aber nur auf den **Rechtsweg** und nicht auf die sachliche oder örtliche Zuständigkeit. In diesen Fällen kann das Adressatgericht innerhalb seiner Gerichtsbarkeit weiterverweisen. Für diese Weiterverweisung sind gem. § 83 Satz 1 VwGO die §§ 17a und 17b GVG entsprechend anwendbar, was insbesondere die bindende Wirkung der Verweisung zur Folge hat. Daher kann die Beschwerde gegen einen Beschluss, in dem der beschrittene Rechtsweg für unzulässig erklärt wird, nur darauf gestützt werden, dass der Rechtsweg vom verweisenden Gericht unrichtig beurteilt worden ist, nicht aber darauf, dass der Rechtsstreit an ein anderes (örtlich zuständiges) Gericht des Rechtswegs hätte verwiesen werden müssen.[174]

156

Ist der Rechtsweg demgegenüber **zulässig, kann** das Gericht hierüber **vorab** entscheiden (§ 17a Abs. 3 Satz 1 GVG). Wenn eine Partei die Zulässigkeit des Rechtswegs **rügt, muss** das Gericht diese nach Satz 2 der Vorschrift vorab feststellen. Nach der Gesetzessystematik soll die Frage der Rechtswegzuständigkeit also abschließend geklärt sein, bevor eine Entscheidung in der Hauptsache ergeht. Die Entscheidung über die Zulässigkeit des Rechtswegs erfolgt durch **Beschluss**, der zu **begründen** ist (§ 17a Abs. 4 Satz 1 und 2 GVG). Versäumt das Verwaltungsgericht hingegen trotz entsprechender Rüge, vorab über die Zulässigkeit des Rechtsmittels zu entscheiden, so ist das Berufungsgericht nach § 17a Abs. 5 GVG nicht gebunden, sondern kann über die Zulässigkeit des Rechtswegs entscheiden.[175] Die **Wirkungen der Rechtshängigkeit** werden durch die Verweisung nicht berührt (§ 17b Abs. 1 Satz 2 GVG). Das bedeutet vor allem, dass die bei einem unzuständigen Gericht eingereichte Klage fristgemäß erhoben sein kann, auch wenn die Sache erst nach Fristablauf beim Verwaltungsgericht eingeht.[176]

157

Wird die Zulässigkeit des Rechtswegs von den Beteiligten nicht in Frage gestellt und bejaht auch das Verwaltungsgericht den Verwaltungsrechtsweg in irriger Weise, kann die in der Sache ergangene Entscheidung nicht mehr mit der Begründung angefochten werden, der Rechtsweg sei nicht gegeben. In diesem Fall muss das zuständige Gericht die volle Rechtsschutzfunktion übernehmen, das einschlägige materielle Recht anwenden und, wenn ihm mehrere Klage- oder Verfahrensarten nach seiner Prozessordnung zur Verfügung stehen, in derjenigen Verfahrensart entscheiden, die am meisten dem Rechtsschutzbegehren des Klägers entspricht.[177]

158

Nach § 17b Abs. 2 Satz 1 VwGO fallen durch das Verweisungsverfahren keine gesonderten Kosten an. Die Kostenentscheidung bleibt vielmehr dem Gericht vorbehalten

159

---

173 Bei krassen Verstößen soll keine Bindung eintreten, vgl. Ehlers, JURA 2008, 364 m. w. N.
174 VGH Mannheim, Beschluss vom 18. Mai 2006 – 12 S 664/06 – Juris.
175 Kopp/Schenke, VwGO, Anh. § 41 Rdnr. 32; OVG Lüneburg, Beschluss vom 21. Mai 1997 – 11 M 2469/97 – Juris.
176 Vgl. hierzu auch Rdnr. 15.
177 BVerwG, Urteil vom 23. November 2005 – 6 C 2.05 – NJW 2006, 1225 zu § 81b StPO.

3. Kapitel Verfahrensgrundsätze, Rechtsweg, Zuständigkeit

an das der Rechtsstreit verwiesen wird. Sowohl gegen die positive Vorabentscheidung als auch gegen den Verweisungsbeschluss ist die **Beschwerde** nach § 146 VwGO gegeben. Über die Kosten des Rechtsmittels ist dann nach allgemeinen Grundsätzen zu entscheiden. Ob die Vorschriften der §§ 17 bis 17b GVG im vorläufigen Rechtsschutzverfahren entsprechend anzuwenden sind, ist umstritten.[178]

III. Sachliche, örtliche und instanzielle Zuständigkeiten

1. Sachliche Zuständigkeit

160 § 45 VwGO regelt die **sachliche Zuständigkeit** der Verwaltungsgerichte. Sie sind danach für alle Streitigkeiten zuständig, für die der Verwaltungsrechtsweg eröffnet ist. Damit sind die Verwaltungsgerichte allgemein für alle Streitigkeiten zuständig, die nicht durch Sonderzuweisungen dem Oberverwaltungsgericht oder dem Bundesverwaltungsgericht zugewiesen sind. Solche Sonderzuweisungen finden sich für das Oberverwaltungsgericht in §§ 47 und 48 VwGO, für das Bundesverwaltungsgericht in § 50 VwGO. Soweit das Verwaltungsgericht in erster Instanz entscheidet, ist es auch Vollstreckungsgericht (§ 167 Abs. 1 Satz 2 VwGO). Die Zuständigkeit steht **nicht** zur **Disposition** der **Beteiligten**.

161 Nach § 83 Satz 1 VwGO gelten die §§ 17 bis 17b GVG für die sachliche und die örtliche Zuständigkeit entsprechend. Der **Tenor** eines **Verweisungsbeschlusses** wegen der sachlichen Unzuständigkeit eines Verwaltungsgerichts lautet wie folgt:

> Formulierungsbeispiel:
> „Das Verwaltungsgericht Köln erklärt sich für sachlich unzuständig und verweist den Rechtsstreit gemäß § 83 Satz 1 VwGO in Verbindung mit § 17a Abs. 2 GVG an das nach § 50 Abs. 1 Nr. 1 VwGO erstinstanzlich zuständige Bundesverwaltungsgericht.
> Die Entscheidung über die Kosten bleibt der Endentscheidung vorbehalten (§ 83 Satz 1 VwGO in Verbindung mit § 17b Abs. 2 GVG)."

2. Örtliche Zuständigkeit

162 Die örtliche Zuständigkeit der Verwaltungsgerichte, also die Frage, welches Gericht innerhalb derselben Instanz zu entscheiden hat, richtet sich nach **§ 52 VwGO**. Die Vorschrift unterscheidet zwischen **besonderen** Gerichtsständen (Nrn. 1 – 4) und dem **allgemeinen Gerichtsstand** als Auffangregelung (Nr. 5).
- § 52 Nr. 1 VwGO betrifft die Zuständigkeit wegen der **Belegenheit der Sache**. Die Streitigkeit muss sich auf unbewegliches Vermögen oder ein ortsgebundenes Recht oder Rechtsverhältnis beziehen. Ortsgebundene Rechte sind solche, die zu einem bestimmten Territorium in besonderer Beziehung stehen.[179] Zuständig ist das Verwaltungsgericht, in dessen Zuständigkeitsbereich sich die Sache befindet.
- § 52 Nr. 2 VwGO bezieht sich auf **Anfechtungs- und Verpflichtungsklagen** im Bereich der **Bundesverwaltung**. Maßgebend ist, wo diese Behörde ihren Sitz hat, wobei bei mehreren Dienstsitzen ausschlaggebend ist, wo die Verwaltung geführt wird. Ferner enthält die Vorschrift eine Zuständigkeitsregelung für Streitigkeiten nach dem Asylverfahrensgesetz.

---

178 Bejahend: OVG Magdeburg, Beschluss vom 2. März 2000 – 2 M 105/99 – Juris m. w. N.; a. A. Kopp/Schenke, VwGO, Anh. § 41 Rdnr. 2a; Redeker/v.Oertzen, VwGO, § 41 Rdnr. 5.
179 BVerwG, Beschluss vom 10. Dezember 1996 – 7 AV 11.96 u. a. – Juris.

- § 52 Nr. 3 VwGO befasst sich mit der örtlichen Zuständigkeit im Fall **sonstiger Anfechtungs- und Verpflichtungsklagen**. Maßgeblich ist hier grundsätzlich der Ort, an dem der Verwaltungsakt erlassen worden ist bzw. werden soll.
- In § 52 Nr. 4 VwGO geht es um die örtliche Zuständigkeit für **Beamtenklagen**. Hier kommt es auf den sog. dienstlichen Wohnsitz an.
- § 52 Nr. 5 VwGO regelt schließlich die Zuständigkeit **in allen anderen Sachen** danach, wo der Beklagte seinen Sitz oder Wohnsitz bzw. Aufenthalt hat.

Die örtliche Zuständigkeit des Verwaltungsgerichts bestimmt sich im Falle von Haupt- und Hilfsantrag für die gesamte Klage nach dem Hauptantrag, solange dieser rechtshängig ist.[180]

163

Der Tenor eines **Verweisungsbeschlusses** wegen der **örtlichen Unzuständigkeit** eines Verwaltungsgerichts lautet wie folgt:

164

> Formulierungsbeispiel:
> „Das angerufene Verwaltungsgericht Gelsenkirchen erklärt sich für örtlich unzuständig und verweist den Rechtsstreit gemäß § 83 Satz 1 VwGO i. V. m. § 17a Abs. 2 Satz 1 GVG an das örtlich zuständige Verwaltungsgericht Düsseldorf. Die Entscheidung über die Kosten bleibt der Endentscheidung vorbehalten (§ 83 Satz 1 VwGO in Verbindung mit § 17b Abs. 2 GVG)."

3. Instanzielle Zuständigkeit

Die **instanzielle Zuständigkeit** ist schließlich in den §§ 46 und 49 VwGO geregelt. Sie betrifft die Frage, welches Gericht in einer bestimmten Instanz zuständig ist, d. h. insbesondere, welches Gericht über die Berufung oder Revision in Bezug auf eine konkrete Ausgangsentscheidung zuständig ist. Das **Oberverwaltungsgericht** entscheidet nach **§ 46 VwGO** über das Rechtsmittel der Berufung gegen Urteile des Verwaltungsgerichts und der Beschwerde gegen andere Entscheidungen des Verwaltungsgerichts. Demgegenüber entscheidet das **Bundesverwaltungsgericht** nach § 49 VwGO über das Rechtsmittel der Revision gegen Urteile des Oberverwaltungsgerichts nach § 132 VwGO, der Revision gegen Urteile des Verwaltungsgerichts nach §§ 134 und 135 VwGO und schließlich der Beschwerde nach § 99 Abs. 2 und § 133 Abs. 1 VwGO sowie nach § 17a Abs. 4 Satz 4 GVG.

165

4. Kapitel Klagebefugnis, Rechtsschutzbedürfnis

Literatur:
Appel/Singer, Verfahrensvorschriften als subjektive Rechte, JuS 2007, 913; *Ehlers*, Allgemeine Sachentscheidungsvoraussetzungen verwaltungsgerichtlicher Rechtsschutzanträge, JURA 2008, 506; *Ramsauer*, Die Dogmatik des subjektiv-öffentlichen Rechts, JuS 2012, 769; *Scherzberg*, Das subjektiv-öffentliche Recht – Grundfragen und Fälle, JURA 2006, 839; *Voßkuhle/Kaiser*: Grundwissen – Öffentliches Recht: Das subjektiv-öffentliche Recht, JuS 2009, 16.

I. Allgemeines

Art. 19 Abs. 4 GG eröffnet den Rechtsweg nur, wenn jemand durch die öffentliche Gewalt in **seinen Rechten** verletzt ist. Entsprechend ist auch das Verwaltungsprozessrecht von dem Grundgedanken geprägt, **Rechtsschutz** zwar umfassend und effektiv, zugleich aber nur **individuell** zu gewähren. Dem entspricht das Konzept des subjekti-

166

---
180 VG Koblenz, Beschluss vom 1. Februar 2005 – 7 K 200/05 – NVwZ-RR 2005, 661.

4. Kapitel Klagebefugnis, Rechtsschutzbedürfnis

ven Rechts.[181] Klagebefugnis und Rechtsschutzbedürfnis sind damit **Filter** zur Gewährleistung effektiven Rechtsschutzes. Anderenfalls bestünde die Gefahr der Überlastung der Verwaltungsgerichte, weil sie von jedermann angerufen werden könnten, ohne dass eine individuelle Betroffenheit oder Beschwer vorliegt. Auch von vornherein sinn- oder nutzlose Begehren werden so ausgeschieden. Schließlich beschränkt § 44a VwGO die Klagemöglichkeiten gegen behördliche Verfahrenshandlungen.

167 Klagebefugnis und Rechtsschutzbedürfnis sind **Sachurteilsvoraussetzungen**. Sie sind **von Amts wegen** zu prüfen, weshalb das Verwaltungsgericht nicht gebunden ist, wenn die Widerspruchsbehörde die Widerspruchsbefugnis entsprechend § 42 Abs. 2 VwGO bejaht, der Kläger aber tatsächlich keine Verletzung eigener Rechte geltend machen kann.[182] Beide Voraussetzungen müssen daher spätestens im **Zeitpunkt** der **gerichtlichen Entscheidung** vorliegen.[183] Ursprünglich zulässige Klagen können durch eine Änderung der Umstände während des Prozesses – also auch im Berufungs- oder Revisionsverfahren – unzulässig werden.

168 Beruht die Klagebefugnis auf einer Eigentumsposition, ist umstritten, ob § 265 ZPO, wonach die **Veräußerung** des Grundstücks auf den Prozess keinen Einfluss hat, über § 173 VwGO auch im Verwaltungsprozess Anwendung findet. Dies soll nach einer in der Rechtsprechung vertretenen Ansicht der Fall sein.[184] Demgegenüber verliert der Kläger nach anderer Auffassung in der Regel seine Klagebefugnis mit der Veräußerung der streitbefangenen Sache an den Erwerber der Sache. In dieser Situation soll (wiederum über § 173 VwGO) § 239 ZPO greifen, wonach das Verfahren bis zur Aufnahme durch den Rechtsnachfolger unterbrochen ist. Dabei muss der **Rechtsnachfolger** alle bis dahin eingetretenen Beschränkungen (Fristablauf, Präklusion, Rechtskraft) gegen sich gelten lassen.[185] Dies gilt aber nicht, wenn der Verwaltungsakt **höchstpersönlichen Charakter** hat (z. B. Ablehnung einer Nebentätigkeitsgenehmigung für einen Beamten). Hier scheidet eine Klagebefugnis des Rechtsnachfolgers (also etwa des Erben) aus, weil es an der Nachfolgefähigkeit fehlt.

169 Klagebefugnis und **Rechtsschutzbedürfnis** sind streng gegeneinander **abzugrenzen**,[186] auch wenn sie teilweise Berührungspunkte aufweisen. § 42 Abs. 2 VwGO ist gegenüber dem allgemeinen Rechtsschutzbedürfnis spezieller.[187]

II. Klagebefugnis

1. Sinn und Zweck der Klagebefugnis

170 Der Zweck der Klagebefugnis besteht nach allgemeiner Ansicht darin, **Popularklagen auszuschließen**.[188] Außerdem soll der Beklagte vor einer ungerechtfertigten Inanspruchnahme geschützt werden.[189] Nicht jedermann, sondern nur derjenige, der von einem Verwaltungsakt **qualifiziert betroffen** ist bzw. sich auf eine individuell geschützte **subjektive Rechtsposition** berufen kann, soll die Möglichkeit zur Klageerhebung haben. Eine gerichtliche Sachprüfung soll also in den Fällen unterbleiben, in

---

181 Vgl. Voßkuhle/Kaiser, JuS 2009, 17; Scherzberg, JURA 2006, 839.
182 Vgl. VG Berlin, Urteil vom 10. Januar 2012 – 20 K 408.09 – Juris.
183 BVerwG, Urteile vom 21. August 2003 – 3 C 15.03 – Juris; vom 25. Februar 2009 – 6 C 25.08 – Juris.
184 Gesetzliche Prozessstandschaft, vgl. BVerwG, Urteil vom 7. September 1984 – 4 C 19.83 – NJW 1985, 281; OVG Berlin, Urteil vom 24. November 1992 – 2 B 29/90 – LKV 1993, 233 (Fällgenehmigung).
185 OVG Koblenz, Urteil vom 25. Februar 1987 – 8 A 27/86 – AS RP-SL 21, 147.
186 Ehlers, JURA 2008, 511.
187 Kopp/Schenke, VwGO, vor § 40 Rdnr. 32.
188 Kritisch hierzu allerdings: Klenke, NWVBl. 2005, 125.
189 Kopp/Schenke, VwGO, § 42 Rdnr. 59.

denen sich jemand zum bloßen Sachwalter eines öffentlichen Interesses oder von Individualrechten Dritter aufschwingt, ohne selbst betroffen zu sein. In der Praxis kommt es – insbesondere im Bereich des Umwelt-, Planungs- oder Immissionsschutzrechts – freilich nicht selten vor, dass hinter der Klage eines einzelnen (klagebefugten) Betroffenen Interessengruppen stehen, die dessen Verfahren unterstützen oder gar erst ermöglichen.

2. Anwendungsbereich

§ 42 Abs. 2 VwGO gilt unmittelbar für das verwaltungsgerichtliche Klageverfahren. Die Norm findet aber auch im **Widerspruchsverfahren** analoge Anwendung. Die Widerspruchsbefugnis entspricht der in § 42 Abs. 2 VwGO geregelten Klagebefugnis.[190] Schließlich beansprucht die Vorschrift in entsprechender Anwendung auch in den Verfahren auf **vorläufigen Rechtsschutz** (§§ 80 Abs. 5, 123 VwGO) Geltung.[191] Im Verfahren des § 80 Abs. 5 VwGO ist also nur derjenige antragsbefugt, der hinsichtlich des Verwaltungsakts im Hauptsacheverfahren gemäß § 42 Abs. 2 VwGO klagebefugt ist.[192]

171

Ganz überwiegend anerkannt ist eine **entsprechende Anwendung** von § 42 Abs. 2 VwGO auch bei anderen Klagearten. Der Gedanke, Popularklagen auch hier auszuschließen, greift in diesen Fällen gleichermaßen durch. So ist die Klagebefugnis auch bei der **Fortsetzungsfeststellungsklage** und der **allgemeinen Leistungsklage**[193] notwendige Zulässigkeitsvoraussetzung.

172

Ob die **Klagebefugnis** auch bei der **Feststellungsklage** gefordert werden darf, ist in Literatur und Rechtsprechung allerdings **umstritten**. Nach der überwiegenden Rechtsprechung erfordern auch die auf die Feststellung des Bestehens oder Nichtbestehens eines Rechtsverhältnisses gerichteten Klagen gemäß § 43 Abs. 1 VwGO das Vorliegen einer Klagebefugnis. Danach muss es dem Kläger auch dabei um die Verwirklichung seiner Rechte gehen,[194] weil auch die Feststellungsklage keine Interessenten-, sondern eine Verletztenklage sei.[195] Demgegenüber verweisen einige Stimmen in der Literatur darauf, dass die Feststellungsklage einen anderen Streitgegenstand habe und es daher an einer analogiefähigen Lücke fehle.[196] Zudem seien die sonst bei der Klagebefugnis zu thematisierenden Fragen durch das Erfordernis eines konkreten Rechtsverhältnisses zwischen den Beteiligten sowie das Feststellungsinteresse abgedeckt. Im Regelfall der Feststellungsklage, in dem ein Rechtsverhältnis zwischen Kläger und Beklagtem im Streit steht, dürfte das Erfordernis einer Klagebefugnis allerdings keine besondere Rolle spielen bzw. unproblematisch erfüllt sein.

173

3. Voraussetzungen

a) **Ausgangslage.** Nach § 42 Abs. 2 VwGO ist die Klage, soweit gesetzlich nichts anderes bestimmt ist, nur zulässig, wenn der Kläger **geltend macht**, durch den Verwaltungsakt oder seine Ablehnung oder Unterlassung **in seinen Rechten verletzt** zu sein. Die Klagebefugnis ist nach gefestigter Rechtsprechung allerdings nur zu verneinen, wenn die geltend gemachten Rechte unter Zugrundelegung des Klagevorbringens offensichtlich und eindeutig nach keiner Betrachtungsweise bestehen oder den Klägern zustehen könnten, eine Verletzung subjektiver Rechte also nicht in Betracht kommt (sog. Mög-

174

---

190 BVerwG, Beschluss vom 15. Juni 1994 – 3 B 34.94 – Juris.
191 Schlette, JURA 2004, 90.
192 Kopp/Schenke, VwGO, § 80 Rdnr. 134.
193 BVerwG, Beschluss vom 5. Februar 1992 – 7 B 15.92 – NVwZ-RR 1992, 371.
194 BVerwG, Urteil vom 29. Juni 1995 – 2 C 32.94 – BVerwGE 99, 64.
195 Vgl. OVG Berlin-Brandenburg, Urteil vom 15. Juni 2009 – 4 B 52.08 – Juris.
196 Schlette, JURA 2004, 90; Kopp/Schenke, VwGO, § 42 Rdnr. 63.

4. Kapitel Klagebefugnis, Rechtsschutzbedürfnis 175–179

lichkeitstheorie).[197] Die bloße Behauptung einer rechtlichen Betroffenheit genügt demgegenüber nicht. Ob die Rechtsverletzung tatsächlich zu bejahen ist, ist eine Frage der Begründetheit der Klage. Nicht selten finden sich in der Praxis allerdings Entscheidungen, in denen die Ausführungen zur Klagebefugnis einer Prüfung in der Sache nahekommen.[198]

175 § 42 Abs. 2 VwGO spricht von **Rechten**, deren Verletzung möglich sein muss. Rechte sind alle rechtlich von der Rechtsordnung geschützten Interessen. Diese Rechte folgen in erster Linie aus **einfachgesetzlichen Vorschriften**, die eine subjektive Rechtsposition verleihen. In erster Linie auf **Abwehr** gerichtet Rechte können aber auch **unmittelbar aus Grundrechten** abgeleitet werden, wobei praktisch insbesondere Artt. 2 Abs. 1 und 2, 3 Abs. 1, 4 Abs. 1 und 2, 6, 8, 12 und 14 GG bedeutsam sind. In der Regel gewähren Grundrechte aber keine unmittelbaren Leistungsansprüche.[199]

176 Ob die persönliche Rechtsphäre der Kläger „durch den Verwaltungsakt" berührt ist, ist nach dem jeweiligen Grundrecht zu beurteilen. Kann das Grundrecht nach dem, was der Kläger geltend macht, durch die getroffene Regelung adäquat kausal verletzt sein, so ist der Tatbestand „durch den Verwaltungsakt" erfüllt. Abzugrenzen ist die Rechtsverletzung „durch den Verwaltungsakt" vor allem zu den bloß tatsächlichen, **faktischen, reflexartigen Wirkungen** des Verwaltungsakts.[200] Es fehlt dann an einer Kausalität zwischen dem Verwaltungsakt und der Rechtsverletzung. Um eine bloße faktische, reflexartige Wirkung des Verwaltungsakts geht es insbesondere dort, wo die durch den Verwaltungsakt getroffene Regelung für die Kläger keinerlei rechtliche Bindungswirkung auslöst.

177 Dient der Erwerb eines Grundstücks – etwa durch eine Bürgerinitiative – allerdings allein dem Zweck, um eine Interessentenklage im Gewand einer Verletztenklage zu erheben, fehlt es an der erforderlichen Klagebefugnis. In diesem Fall ist dem Kläger der Einwand der **unzulässigen Rechtsausübung** entgegen zu halten.[201]

178 b) **Klagebefugnis bei der Anfechtungsklage. – aa) Kläger als Adressat eines Verwaltungsakts.** Die Klagebefugnis ist ohne weiteres anzunehmen, wenn der Kläger Adressat eines belastenden Verwaltungsakts geworden ist (**Adressatentheorie**).[202] Aus Art. 2 Abs. 1 GG (allgemeine Handlungsfreiheit) folgt, dass jeder staatliche Befehl an einen Bürger zumindest einen Eingriff in die allgemeine Handlungsfreiheit darstellt. Die mögliche Verletzung dieses Grundrechts spricht für die Klagebefugnis des von einem belastenden Verwaltungsakt Betroffenen. Die Adressatentheorie hat also nur Bedeutung im Zusammenhang mit der **Anfechtungsklage**[203].

179 Die Adressatentheorie greift möglicherweise zu kurz, wenn derjenige, an den ein Bescheid gesandt wird, nicht mit demjenigen übereinstimmt, an den er gerichtet ist bzw. sein soll. Daher muss genau danach unterschieden werden, ob der Kläger tatsächlich auch der **Inhalts-** und nicht nur **Bekanntgabeadressat** ist. Der materielle Adressat (In-

---

197 BVerwG, Urteil vom 28. November 2007 – 6 C 42.06 – Juris.
198 Vgl. etwa OVG Saarlouis, Beschluss vom 22. November 2007 – 2 B 181/07 – Juris.
199 Zur – in der Examensklausur eher seltenen – Frage, unter welchen Voraussetzungen das Europäische Gemeinschaftsrecht subjektive Rechte vermittelt, vgl. Kopp/Schenke, VwGO, § 42 Rdnr. 152 sowie Scherzberg, JURA 2006, 841 m. w. N. und Ramsauer, JuS 2012, 769, 773. Hierzu auch BVerwG, Beschluss vom 26. August 2013 – 8 C 45/12 – Juris, zum Fortsetzungsfeststellungsinteresse.
200 BVerwG, Urteil vom 26. März 1976 – 4 C 7.74 – Juris.
201 BVerwG, Urteil vom 25. Januar 2012 – 9 A 6.10 – Juris.
202 Vgl. ausführlich: Ramsauer, JuS 2012, 769, 773.
203 Das wird von den Vertretern der sog. **Antragstheorie** anders gesehen: Danach soll die Klagebefugnis aus der Ablehnung des beantragten Verwaltungsakts und der darin liegenden Beeinträchtigung folgen, vgl. Schlette, JURA 2004, 95, Fn. 79. Differenzierend: Ramsauer, JuS 2012, 769, 774. Ablehnend z. B. VGH München, Urteil vom 23. Juli 2009 – 8 B 08.3282 – Juris.

haltsadressat) eines Verwaltungsakts ist derjenige, der durch die hoheitliche Regelung verpflichtet oder berechtigt werden soll. Dieser ist zwar in der Regel auch der Bekanntgabeadressat. Inhalts- und Bekanntgabeadressat können aber auch auseinanderfallen, da die Behörde befugt ist, Verwaltungsakte auch gegenüber Vertretern, Bevollmächtigten, Empfangsbevollmächtigten oder Empfangsboten bekannt zu geben. Im **Zweifel** ist durch **Auslegung** zu ermitteln, ob der im Anschriftenfeld des Verwaltungsakts Genannte nicht nur der Bekanntgabe-, sondern auch der Inhaltsadressat des Verwaltungsakts ist. Dabei ist die Sicht eines verständigen Empfängers maßgebend.[204]

> **Klausurhinweis:**
> Ist der Kläger Adressat eines belastenden Verwaltungsakts, so ist die Klagebefugnis unproblematisch. Es verbietet sich daher in der Examensklausur jeglicher Hinweis auf die Klagebefugnis, die ohnehin nur mit einem Satz begründet werden würde. Die Heranziehung der „**Adressatentheorie**" ist in dieser Konstellation unangemessen. „**Ein-Satz-Begründungen**" sind also nach Möglichkeit zu vermeiden.

bb) Verwaltungsakte mit Drittwirkung. Verwaltungsakte können auch in die Rechte von Personen eingreifen, die nicht Adressaten desselben sind. In diesem Fall muss der Dritte zumindest „**Inhaltsadressat**" des streitgegenständlichen Verwaltungsakts sein, damit die Voraussetzungen von § 42 Abs. 2 VwGO bejaht werden können. Typischerweise geht es hierbei um **Verwaltungsakte mit Drittwirkung**. In dieser Konstellation wird der Antragsteller – also etwa der Bauherr im bauordnungsrechtlichen Verfahren – von der behördlichen Entscheidung (der Baugenehmigung) begünstigt, während sich diese auf den Dritten (den Nachbarn) negativ auswirken kann.

In diesem Fall steht einem Dritten, der von einem Bescheid betroffen ist, **ohne** dessen **Adressat** zu sein, ein Recht zur Anfechtung, wenn er sich auf eine öffentlich-rechtliche Norm stützen kann, die ihm eine eigene schutzfähige Rechtsposition einräumt. **Drittschutz** vermitteln jedoch nur solche Vorschriften, die nach dem in ihnen enthaltenen, durch Auslegung zu ermittelnden Entscheidungsprogramm für die Behörde auch der Rücksichtnahme auf Interessen eines **individualisierbaren**, d. h. sich von der Allgemeinheit unterscheidenden **Personenkreises** dienen.[205]

Die **Rechtsnorm**, aus der der Kläger den behaupteten Anspruch auf Erlass eines bestimmten Verwaltungsakts herleitet, muss ausschließlich oder – ggf. neben anderen Zwecken – zumindest **auch** dem **Schutz** seiner **eigenen Rechte** dienen (sog. **Schutznormtheorie**).[206] Letzteres wiederum kann nur dann angenommen werden, wenn in der betreffenden Norm das individuell geschützte private Interesse, die Art seiner Verletzung und der Kreis der unmittelbar geschützten Personen hinreichend **deutlich** klargestellt und **abgegrenzt** wird, mit der Norm mithin gerade auch der Zweck verfolgt wird, dass bestimmte Träger von Individualinteressen deren Einhaltung verlangen können. Es reicht nicht aus, wenn ein bestimmtes Rechtsgut lediglich beiläufig als Nebenfolge oder Reflex betroffen ist.

Ob dies jeweils der Fall ist, kann im Einzelnen ausgesprochen schwierig sein. Typischerweise deuten **bestimmte Formulierungen** darauf hin, ob eine Norm, die Grundlage einer Begünstigung eines Dritten ist, drittschützender Natur sein soll oder nicht.

---

204 OVG Lüneburg, Urteil vom 19. Dezember 2002 – 8 L 1823/99 – Juris; zum Adressaten bei juristischen Personen vgl. OVG Münster, Urteil vom 20. September 2005 – 15 A 1415/03 – NVwZ 2006, 521 und OVG Schleswig, Urteil vom 23. April 2008 – 2 LB 37/07 – NVwZ-RR 2009, 142.
205 BVerwG, Urteil vom 3. August 2000 – 3 C 30.99 – NJW 2001, 909.
206 st. Rspr., z. B. BVerwG, Urteil vom 30. März 1995 – 3 C 8.94 – NVwZ 1995, 1200.

4. Kapitel Klagebefugnis, Rechtsschutzbedürfnis 184, 185

Fehlt es an jeglichem Hinweis auf ein individuelles Interesse, spricht dies gegen einen Drittschutz. Auf einen **eingrenzbaren Personenkreis** können folgende gesetzlichen Formulierungen hindeuten: „Nachbarn", „Nachbarschaft", „Wohnbevölkerung", „im Einzelfall", „individuell" „Schutz vor Lärm und Abgasen". Typische Formulierungen für einen fehlenden Drittschutz sind demgegenüber z. B. „Allgemeinheit", „Naturhaushalt" oder „öffentliches Interesse".

184 In folgenden **Fällen** hat die Rechtsprechung die **Klagebefugnis** eines Drittbetroffenen für die **Anfechtungsklage bejaht:**
- Anfechtung einer denkmalrechtlichen Ausnahmegenehmigung, die einem Dritten erteilt worden ist, durch den Eigentümer des denkmalgeschützten Gebäudes (Klagebefugnis aus Art. 14 GG).[207]
- Anfechtung eines Verkehrszeichens durch Verkehrsteilnehmer.[208]

185 In folgenden **Fällen** hat die Rechtsprechung die **Klagebefugnis** eines Dritten für die **Anfechtungsklage verneint:**
- Anfechtungsklage gegen die einem anderen Unternehmen erteilte Personenbeförderungserlaubnis, wenn kein eigener Antrag gestellt worden ist[209]
- Anfechtungsklage gegen atomrechtliche Genehmigung für Castor-Transporte[210]
- Anfechtung der einem Wettbewerber erteilten Frequenzzuteilung durch den Konkurrenten, wenn der Kläger selbst eine Frequenz zugeteilt wissen will (Klagebefugnis aus § 55 Abs. 1 Satz 3 TKG)[211]
- Anfechtungsklage gegen die einem Dritten erteilte Fällgenehmigung nach einer Baumschutzsatzung[212]
- Anfechtung der dem Nachbarn erteilten Baugenehmigung durch die Mieter eines Hauses,[213] sowie des Eigentümers gegen eine seinem Mieter erteilte Baugenehmigung[214]
- Anfechtung des Verbots einer Vereinigung durch eines ihrer Mitglieder (nur die verbotene Vereinigung selbst ist hierzu befugt)[215]
- Anfechtung der einem anderen Apotheker erteilten Versandhandelserlaubnis[216]

> **Klausurhinweis:**
> Liegt der Examensklausur ein Fall zugrunde, in dem ein Dritter die dem Begünstigten erteilte Genehmigung aufgrund einer drittschützenden Norm anficht, beschränkt sich die Überprüfung des Gerichts bei der Begründetheit auf die Verletzung drittschützender Normen. Eine objektive Rechtsprüfung findet in diesem Fall nicht statt. Dies ist in der Einleitung der Begründetheitsprüfung klarzustellen.[217]

---

207 BVerwG, Urteil vom 21. April 2009 – 4 C 3.08 – Juris. Differenzierend jetzt: BVerwG, Beschluss vom 10. Juni 2013 – 4 B 6.13 – Juris.
208 Grundlegend und lesenswert: BVerwG, Urteil vom 21. August 2003 – 3 C 15.03 – NJW 2004, 698; zustimmend: Kettler, NZV 2004, 541.
209 VG Gießen, Urteil vom 8. Mai 2008 – 6 K 30/08.GI – Juris.
210 BVerwG, Urteil vom 14. März 2013 – 7 C 34.11 – Juris.
211 BVerwG, Urteil vom 10. Oktober 2012 – 6 C 36.11 – Juris.
212 VG Düsseldorf, Beschluss vom 14. April 2004 – 4 L 1168/04 – Juris.
213 VGH Mannheim, Urteil vom 27. Juni 2006 – 8 S 997/06 – VBlBW 2006, 394.
214 Vgl. Schübel-Pfister, JuS 2007, 28 zu VGH München, Beschluss vom 6. Juni 2005 – 25 ZB 04.924 – Juris.
215 BVerwG, Beschluss vom 2. März 2001 – 6 VR 1.01 – Juris.
216 BVerwG, Urteil vom 15. Dezember 2011 – 3 C 41.10 – Juris.
217 Vertretbar ist aber auch, zunächst die objektive Rechtslage zu prüfen und die Frage dann bei der subjektiven Rechtsverletzung abzuhandeln, vgl. etwa OVG Schleswig, Urteil vom 28. Oktober 1993 – 1 L 95/92 – Juris. Siehe dazu auch Rdnr. 686 f.

> Formulierungsbeispiel:
> „Die Klage ist unbegründet. Der angefochtene Bescheid ist, soweit der Kläger dies als Drittbetroffener nur rügen kann, rechtmäßig und verletzt den Kläger nicht in seinen Rechten (§ 113 Abs. 1 Satz 1 VwGO). (Es folgt die einschlägige Norm, die Rechtsgrundlage für die angefochtene Begünstigung ist).

c) **Klagebefugnis bei der Verpflichtungsklage.** Voraussetzung für die Klagebefugnis bei der Verpflichtungsklage ist, dass dem Kläger ein subjektiv-öffentliches Recht auf den Erlass des begehrten Verwaltungsakts, mindestens aber eine ermessensfehlerfreie Entscheidung hierüber zusteht.[218] Daher muss auch in der Verpflichtungskonstellation geprüft werden, ob die von Kläger herangezogene einfachgesetzliche Norm eine **subjektive Rechtsposition** vermittelt, aus der sich der geltend gemachte **Anspruch** ergeben könnte. Auch hier ist ggf. durch Auslegung unter Heranziehung der **Schutznormtheorie** zu ermitteln, ob die angeführte Norm gerade auch den Schutz des Einzelnen bezweckt. Insoweit kann auf die vorgenannten Ausführungen verwiesen werden.[219]

Bei **einfachgesetzlichen Normen**, die ausdrücklich einen **Anspruch** des Begünstigten vermitteln sollen, ist dies unproblematisch und bedarf auf der Zulässigkeitsebene keiner Vertiefung. Typischerweise ist danach z. B. eine Genehmigung zu erteilen, wenn bestimmte Voraussetzungen erfüllt sind. Dies genügt im Regelfall, um eine Klagebefugnis des Normadressaten zu bejahen. Zu weit geht es daher, die Klagebefugnis mit der Begründung zu verneinen, die Möglichkeit der Rechtsverletzung sei ausgeschlossen, weil ein Mitbewerber über eine entsprechende bestandskräftige Erlaubnis verfüge, die der Kläger nicht angefochten habe.[220] Steht die Erteilung einer Genehmigung im **Ermessen**, kann hieraus jedenfalls ein Anspruch des Einzelnen auf **ermessensfehlerfreie Entscheidung** folgen. Eine Klagebefugnis ist auch in diesem Fall zu bejahen, soweit die Norm Drittschutz vermittelt.[221]

Schwieriger ist die Frage der Klagebefugnis bei Normen zu bewerten, die ein **behördliches Einschreiten** gegenüber **Dritten** ermöglichen. So ist z. B. § 45 Abs. 1 StVO, der die Straßenverkehrsbehörden ermächtigt, aus Gründen der Sicherheit und Ordnung des Straßenverkehrs verkehrsbeschränkende Maßnahmen anzuordnen, zwar grundsätzlich auf den Schutz der Allgemeinheit und nicht auf die Wahrung der Interessen Einzelner gerichtet; der Einzelne kann allerdings dann hieraus einen – auf ermessensfehlerfreie Entscheidung der Behörde begrenzten – Anspruch auf verkehrsregelndes Einschreiten haben, wenn die Verletzung seiner geschützten Individualinteressen in Betracht kommt.[222] Das Schutzgut der öffentlichen Sicherheit und Ordnung i. S. d. § 45 Abs. 1 StVO, insbesondere soweit Abs. 1 Satz 2 Nr. 3 dieser Vorschrift den Schutz der Wohnbevölkerung vor Lärm und Abgasen herausstellt, umfasst nicht nur die Grundrechte wie körperliche Unversehrtheit (Art. 2 Abs. 2 GG) und Eigentum (Art. 14 Abs. 1 GG). Dazu gehört auch im Vorfeld der Grundrechte der Schutz vor Einwirkungen des Straßenverkehrs, die das nach allgemeiner Anschauung zumutbare Maß übersteigen.[223] Auch dient

---

218 Schlette, JURA 2004, 95. Die prozessualen Vorschriften über den Erlass eines Widerspruchsbescheides begründen kein subjektives Recht, vgl. OVG Lüneburg, Beschluss vom 24. April 2009 – 4 PA 276/08 – NVwZ-RR 2009, 663.
219 Vertiefend: Scherzberg, JURA 2006, 839, 841.
220 So aber bei einer Klage auf Erteilung einer Sondernutzungserlaubnis VGH München, Urteil vom 23. Juli 2009 – 8 B 08.3282 Juris (allenfalls könnte dies eine Frage des Rechtsschutzbedürfnisses sein; die langen Ausführungen zur Zulässigkeit sind in der Sache Begründetheitserwägungen).
221 Kopp/Schenke, VwGO, § 42, Rdnr. 93.
222 BVerwG, Urteil vom 4. Juni 1986 – 7 C 76.84 – BVerwGE 74, 234: **häufige Klausurkonstellation!**
223 VGH Mannheim, Urteil vom 29. Januar 2009 – 5 S 149/08 – Juris.

4. Kapitel Klagebefugnis, Rechtsschutzbedürfnis

§ 2 Abs. 3 Bundesbodenschutzgesetz, wonach schädliche Bodenveränderungen im Sinne dieses Gesetzes Beeinträchtigungen der Bodenfunktion sind, die geeignet sind, Gefahren, erhebliche Nachteile oder erhebliche Belästigungen für den Einzelnen oder die Allgemeinheit herbeizuführen, dem Schutz des Dritten und kann einen Anspruch auf behördliches Einschreiten rechtfertigen.[224]

189 Gleiches gilt für die **polizeiliche Generalklausel** in den Polizei- und Ordnungsgesetzen der Länder. Danach können die Ordnungsbehörden und die Polizei die notwendigen Maßnahmen treffen, um eine im einzelnen Falle bestehende Gefahr für die öffentliche Sicherheit oder Ordnung abzuwehren, soweit nichts anderes für die sog. Standardmaßnahmen geregelt ist. Zu den **Schutzgütern** der öffentlichen Sicherheit zählen auch **Individualrechtsgüter**. Daher folgt aus der polizeilichen Handlungspflicht als Korrelat grundsätzlich immer dann ein Anspruch auf polizeiliches Handeln, soweit eine individuell geschützte Rechtsposition betroffen ist.[225] Gleiches gilt für § 15 Abs. 1 VersG, der einem qualifiziert Betroffenen unter bestimmten Voraussetzungen einen Anspruch auf ein versammlungsbehördliches Einschreiten der Versammlungsbehörde gegen die **Versammlung** geben kann.

190 Andererseits sollen z. B. die Gesetze über **gefährliche Hunde** der Länder lediglich einen objektiv-rechtlichen Auftrag des Gesetzgebers an die zuständigen Behörden enthalten, bei entsprechenden Verdachtsmomenten zur vorbeugenden Abwehr von Gefahren für die öffentliche Sicherheit tätig zu werden, mit dem nicht zugleich auch ein subjektiver Rechtsanspruch eines Dritten auf ein entsprechendes behördliches Tätigwerden korrespondiert. Denn insoweit fehlt es an einem bestimmten und gegenüber der Allgemeinheit hinreichend deutlich abgrenzbaren, d. h. individualisierbaren und nicht übermäßig weiten Personenkreis.[226] Auch die beamtenrechtlichen Regelungen über eine gebotene Versagung einer **Nebentätigkeitsgenehmigung** sind nicht individualrechtsschützend.[227]

191 | **Formulierungsbeispiel** für eine wegen fehlender Klagebefugnis unzulässige Klage:
„Die Klage ist unzulässig. Die Klägerin ist nicht klagebefugt im Sinne des § 42 Abs. 2 VwGO. Danach ist die Verpflichtungsklage nur zulässig, wenn der Kläger geltend macht, durch seine Ablehnung oder Unterlassung in seinen Rechten verletzt zu sein. Daran fehlt es hier. Nach § 15 Abs. 3 Nr. 1 GastG, auf den sich die Klägerin allein stützt, kann eine Gaststättenerlaubnis u.a. dann widerrufen werden, wenn der Gewerbetreibende die Betriebsart, für welche die Erlaubnis erteilt ist, unbefugt ändert. Dritte können aus dieser Norm jedoch nur dann Ansprüche herleiten, wenn sie (auch) einen Drittschutz vermitteln würde. Dies ist jedoch nicht der Fall. Einer Norm kommt dann drittschützender Charakter zu, wenn sie nicht nur öffentlichen Interessen, sondern auch Individualinteressen Dritter zu dienen bestimmt ist und sich aus den Tatbestandsmerkmalen der anzuwendenden Norm ein Personenkreis bestimmen lässt, der sich von der Allgemeinheit unterscheidet. Dies kann dem Wortlaut des § 15 Abs. 3 Nr. 1 GastG nicht entnommen werden. Anders als § 4 Abs. 1 Nr. 3, 1. Alt. GastG, dem ein drittschützender Charakter zugesprochen wird, weil er auf das Bundes-Immissionsschutzgesetz Bezug nimmt, dessen § 3 Abs. 1 ausdrücklich die Nachbarschaft in den Schutz einbezieht, trifft dies auf § 15 Abs. 3 Nr. 1 GastG gerade nicht zu. Denn die Einhaltung der genehmigten Betriebsart dient grundsätzlich nur dem öffentlichen Interesse.

---

224 VG Würzburg, Urteil vom 8. November 2005 – W 4 K 03.1056 – Juris.
225 VGH Mannheim, Beschluss vom 20. Januar 1987 – 1 S 2718/86 – NVwZ 1987, 1101.
226 VG Osnabrück, Urteil vom 6. Juni 2008 – 6 A 25/07 – Juris.
227 BVerwG, Urteil vom 29. Juni 1995 – 2 C 32.94 – BVerwGE 99, 64.

d) Klagebefugnis bei den sonstigen Klagearten. Bei den übrigen Klagearten gelten **keine Besonderheiten**. Sowohl bei der Leistungs- als auch der Feststellungsklage muss der Kläger in entsprechender Anwendung des § 42 Abs. 2 VwGO geltend machen, dass ihm möglicherweise ein **Recht auf Leistung** bzw. **Feststellung** des geltend gemachten Anspruchs zusteht.[228] Eine mögliche Verletzung eigener Rechte ist auch hier auszuschließen, wenn die von ihm behaupteten Rechte offensichtlich nicht bestehen oder ihm nicht zustehen können. Klagen auf Feststellung des Bestehens oder Nichtbestehens eines Rechtsverhältnisses sind nur zulässig, wenn der Kläger geltend machen kann, in seinen Rechten verletzt zu sein, entweder weil er an dem festzustellenden Rechtsverhältnis selbst beteiligt ist oder weil von dem Rechtsverhältnis eigene Rechte abhängen.[229]

192

Fälle zur Klagebefugnis bei der **Feststellungsklage**:
- **bejaht** bei Antrag auf Feststellung der Rechtswidrigkeit der Zuweisung eines Verfahrens durch das Präsidium eines Gerichts durch den hiervon betroffenen Richter (aus vgl. Art. 97 Abs. 2 GG, §§ 21e ff. GVG und §§ 25 ff. DRiG);[230]
- **verneint** bei Klage eines Urnenherstellers auf Feststellung der Rechtswidrigkeit der Vorschriften eines landesrechtlichen Bestattungsgesetzes;[231]
- ebenso **verneint** bei einer auf die Feststellung der Unwirksamkeit eines kommunalen Mietspiegels gerichteten Klage.[232]

193

Fälle zur Klagebefugnis bei der **Leistungsklage**:
- **bejaht** bei Klage auf Annahme eines Vertragsangebots zum Abschluss eines öffentlich-rechtlichen Vertrags;[233]
- **verneint** bei Klage einer Frauenbeauftragten auf Wiederholung einer Ausschreibung wegen der Verletzung von Vorschriften eines Landesgleichstellungsgesetzes.[234]

194

e) Verfahrensrechte als subjektive Rechte. Problematisch ist, ob neben materiellen Rechten auch **Verfahrensrechte** subjektive Rechtspositionen vermitteln. Nach der Rechtsprechung bezwecken Verfahrensrechte grundsätzlich allein den Schutz des dahinter stehenden materiellen Rechts. Fehlt dem Dritten ein derartiges drittschützendes Recht, lässt sich grundsätzlich auch aus seinen Verfahrensrechten keine Klagebefugnis begründen.[235] Die Korrektur des Verfahrensfehlers kann ausschließlich über die Anfechtung der Entscheidung selbst erreicht werden, es sei denn, die §§ 45 und 46 VwVfG führen zur Heilung oder zur Unbeachtlichkeit des Fehlers. Ausnahmsweise kann dies aber anders sein. Voraussetzung hierfür ist, dass das Verfahrensrecht dem Einzelnen über das materielle Recht hinaus eine spezifische, selbständig durchsetzbare Rechtsstellung einräumen will (sog. **absolutes Verfahrensrecht**).[236] Nur wenn die betreffende Norm das Verfahrensrecht auf dem Weg zur anschließenden Sachentscheidung um seiner selbst willen schützt, begründet bereits die mögliche Verletzung der Verfahrensvorschrift eine Klagebefugnis des Betroffenen im Hinblick auf die Sachentscheidung. Hier findet § 46 VwVfG keine Anwendung.[237] So führt bereits die Missachtung des gesetzlich gewährleisteten Rechts der **Gemeinde** auf Einvernehmen nach

195

---

228 Für die Leistungsklage vgl. nur VGH Kassel, Beschluss vom 29. August 2008 – 4 UZ 1048/07 – Juris.
229 BVerwG, Urteil vom 26. Januar 1996 – 8 C 19.94 – BVerwGE 100, 262.
230 OVG Münster, Urteil vom 23. April 2008 – 1 A 1703/07 – Juris.
231 OVG Bautzen, Urteil vom 18. Juni 2008 – 3 B 287/07 – Juris.
232 BVerwG, Urteil vom 26. Januar 1996 – 8 C 19.94 – NJW 1996, 2046.
233 VGH München, Urteil vom 19. Januar 2004 – 21 B 00.2569 – Juris.
234 OVG Saarlouis, Urteil vom 19. September 2003 – 1 R 21/02 – Juris.
235 Voßkuhle/Kaiser, JuS 2009, 18. Weitere Einzelheiten hierzu bei Appel/Singer, JuS 2007, 913.
236 Bosch/Schmidt/Vondung, Rdnr. 576.
237 Kopp/Schenke, VwGO, § 42 Rdnr. 95.

4. Kapitel Klagebefugnis, Rechtsschutzbedürfnis

§ 36 BauGB zur Aufhebung der Baugenehmigung; einer materiell-rechtlichen Überprüfung der Rechtslage bedarf es nicht.[238]

4. Ausnahmen

196 § 42 Abs. 2 VwGO fordert die Geltendmachung einer eigenen Rechtsverletzung nur, **soweit nichts anderes bestimmt** ist. Bundes- oder landesrechtlich kann also vorgesehen werden, dass Klagen unter bestimmten Voraussetzungen auch ohne eigene Rechtsbetroffenheit zulässig sein sollen. Die Abweichung kann ausdrücklich bestimmt sein oder sich aus Sinn und Zweck der gesetzlichen Regelung ergeben.

197 a) **Verbandsklage.** Eine wichtige gesetzliche Abweichung von § 42 Abs. 2 VwGO stellt die **naturschutzrechtliche Verbandsklage** dar. Nach § 64 Abs. 1 BNatSchG kann ein **anerkannter Verein**, ohne in seinen Rechten verletzt zu sein, Rechtsbehelfe nach Maßgabe der Verwaltungsgerichtsordnung einlegen, und zwar u. a. gegen Befreiungen von Verboten und Geboten zum Schutz von Naturschutzgebieten, Nationalparken und sonstigen Schutzgebieten, sowie bestimmte, näher bezeichnete Planfeststellungsbeschlüsse. Damit gewährt die naturschutzrechtliche Verbandsklage anerkannten Naturschutzverbänden über ein Beteiligungsrecht hinaus die Möglichkeit, die Verletzung objektiven Rechts geltend zu machen, und zwar auch, wenn die Behörde ein beteiligungspflichtiges Verfahren nicht durchführt und durch tatsächliches Handeln vollendete Tatsachen schafft.[239] Die Möglichkeit ist allerdings auf den Rahmen beschränkt, den die §§ 63 und 64 BNatSchG vorgeben.[240]

198 b) **Prozessstandschaft.** Differenziert ist demgegenüber der Fall der **Prozessstandschaft** zu betrachten. Prozessstandschaft ist die Befugnis, im eigenen Namen einen Prozess über ein fremdes Recht zu führen. Dabei wird unterschieden zwischen **gesetzlicher** und **gewillkürter** Prozessstandschaft. Während eine gesetzliche Prozessstandschaft unmittelbar auf einer gesetzlichen Regelung beruht, die eine bestimmte Person ermächtigt, ein fremdes Recht im eigenen Namen geltend zu machen, liegt eine gewillkürte Prozessstandschaft vor, wenn die Prozessführungsbefugnis durch Rechtsgeschäft vom Rechtsträger auf die Partei des Prozesses übertragen wird. Nach der Rechtsprechung des Bundesverwaltungsgerichts ist eine **gewillkürte Prozessstandschaft** im Verwaltungsprozess **ausgeschlossen**.[241] Dies gilt aber nicht für die **gesetzliche Prozessstandschaft**, z. B. für den Insolvenzverwalter oder den Testamentsvollstrecker.[242]

III. Rechtsschutzbedürfnis

1. Allgemeines

199 Alle **Klagearten** setzen voraus, dass dem Kläger ein **Rechtsschutzbedürfnis** für sein Begehren zukommt. Entsprechendes gilt für Verfahren des vorläufigen Rechtsschutzes und das behördliche Verfahren selbst. Fehlt es am allgemeinen Rechtsschutzbedürfnis, ist die Klage, das Eilverfahren bzw. der behördlich gestellte Antrag unzulässig. Dem Rechtsschutzbedürfnis im verwaltungsgerichtlichen Verfahren entspricht im **Verwaltungsverfahren** das **Sachbescheidungsinteresse**. Als ungeschriebene Prozessvorausset-

---

238 BVerwG, Beschluss vom 11. August 2008 – 4 B 25.08 – Juris. In *Berlin* sind die Bezirksämter keine „Gemeinde" in diesem Sinn und daher nicht klagebefugt: BVerwG, Urteil vom 10. Oktober 2012 – 9 A 10.11 – Juris.
239 OVG Lüneburg, Urteil vom 15. Dezember 2008 – 4 ME 315/08 – NVwZ-RR 2009, 412.
240 Kopp/Schenke, VwGO, § 42 Rdnr. 180.
241 Urteil vom 26. Oktober 1995 – 3 C 27.94 – NVwZ-RR 1996, 537 (Anfechtungsklage) und Urteil vom 26. Oktober 1999 – 1 C 17.98 – NVwZ 2000, 442 (Verpflichtungsklage). Siehe auch VGH München, Urteil vom 30. Juli 2007 – 22 BV 05.3270 – BayVBl. 2008, 149.
242 Vgl. im Übrigen oben Fn. 184.

III. Rechtsschutzbedürfnis

zung folgt das Erfordernis aus dem auch im öffentlichen Recht anwendbaren Grundsatz von Treu und Glauben.[243] Damit soll der Missbrauch prozessualer Rechte verhindert werden.

Zu den einzelnen möglichen Konstellationen hat sich eine umfangreiche **Kasuistik** entwickelt.[244] Ob im Einzelfall ein Rechtsschutzbedürfnis gegeben ist, hängt ferner von der jeweiligen Klageart ab und muss hierauf bezogen sorgfältig geprüft werden. Generell lassen sich aber folgende **Fallgruppen** bilden, in denen das **Rechtsschutzbedürfnis** zu **verneinen** ist: **200**

– Das begehrte Ziel kann **einfacher** und schneller **auf andere Weise** erreicht werden. Dies ist insbesondere der Fall, wenn es an einem zuvor bei der Behörde gestellten **Antrag fehlt**. **201**

Diese Zulässigkeitsvoraussetzung folgt aus § 68 Abs. 2, § 75 Satz 1 VwGO („Antrag auf Vornahme") und zusätzlich aus dem Grundsatz der Gewaltenteilung, nach dem es zunächst Sache der Verwaltung ist, sich mit Ansprüchen zu befassen, die an sie gerichtet werden. Sie gilt grundsätzlich unabhängig davon, ob der erstrebte Verwaltungsakt auf Antrag oder von Amts wegen zu erlassen ist.[245] **202**

Allerdings kann auch hiervon u.U. zur Gewährleistung effektiven Rechtsschutzes eine Ausnahme geboten sein, wenn von vornherein klar ist, dass die Behörde den gestellten Antrag ohnehin ablehnen wird. **203**

– Der Kläger kann mit der Klage eine **Verbesserung seiner Rechtsstellung** nicht erreichen, die **Klage** ist also **nutzlos**.[246] **204**

Dies soll z. B. der Fall sein, wenn die begehrte Gaststättenerlaubnis offensichtlich nicht genutzt werden kann, weil der Einrichtung des Lokals nicht ausräumbare baurechtliche Hindernisse entgegenstehen,[247] oder aber wenn der Kläger auch bei einem Obsiegen nichts mit dem Urteil anfangen kann, weil er zur Ausübung seines Rechts noch eines zivilrechtlichen Einverständnisses bedarf.[248] **205**

– Aus der angegriffenen Entscheidung der Behörde folgen **keine negativen Rechtswirkungen** bzw. es handelt sich lediglich um einen unverbindlichen Hinweis. **206**

So löst die Mitteilung der Straßenverkehrsbehörde über die Eintragungen im Verkehrszentralregister („Flensburg") keine unmittelbaren Rechtsfolgen für den Verkehrsteilnehmer aus. Mit der Erfassung und Sammlung der einzutragenden Entscheidungen der Verwaltungsbehörden und Gerichte wird lediglich eine Tatsachengrundlage zur Vorbereitung von Entscheidungen der zuständigen Stellen geschaffen. Rechtsfolgen können sich erst aus den Entscheidungen ergeben, die diese Stellen, wenn auch möglicherweise gestützt auf das Ergebnis der eingeholten Auskünfte, in eigener Verantwortung treffen.[249] **207**

– Die Inanspruchnahme des Gerichts ist **rechtsmissbräuchlich**.[250] **208**

---

243 Kopp/Schenke, VwGO, vor § 40 Rdnr. 30.
244 Einen guten Überblick bietet Kopp/Schenke, VwGO, vor § 40 Rdnr. 30 f.
245 BVerwG, Urteil vom 28. November 2007 – 6 C 42.06 – Juris.
246 BVerwG, Urteil vom 8. Juli 2009 – 8 C 4.09 – Juris.
247 BVerwG, Urteil vom 27. März 1990 – 1 C 47.88 – NVwZ 1990, 760.
248 VGH Mannheim, Urteil vom 5. März 2009 – 5 S 2398/07 – Juris; zu streng!
249 BVerwG, Beschluss vom 15. Dezember 2006 – 3 B 49.06 – NJW 2007, 1299.
250 Kopp/Schenke, VwGO, vor § 40, Rdnr. 52.

4. Kapitel Klagebefugnis, Rechtsschutzbedürfnis

209 Klagen dürfen nicht allein mit dem Ziel erhoben werden, dem Gegner zu schaden oder ihn zu schikanieren. Ob dies der Fall ist, richtet sich nach der objektiven Sachlage, nicht nach den subjektiven Absichten des Klägers. Die Annahme, dass mit der Klage missbilligenswerte Ziele verfolgt werden, kommt aber nur in Ausnahmefällen in Betracht.[251]

210 – Der Kläger hat das **Interesse** an einer **Rechtsverfolgung** verloren.

211 Meldet sich der Kläger nach geraumer Zeit nicht mehr und dokumentiert dadurch, dass er an dem Verfahren kein Interesse mehr hat, führt dies gleichwohl nicht zum Ausschluss des Rechtsschutzbedürfnisses. Vielmehr hat der Gesetzgeber durch die **Betreibensaufforderung** (§ 92 Abs. 2 VwGO) ein Instrument eingeführt, mit dem allein einem etwaigen Desinteresse am Fortgang des Verfahrens und damit einer Sachentscheidung begegnet werden kann. Erst bei Vorliegen der strengen Voraussetzungen der Norm kann das Verfahren wegen Nichtbetreibens eingestellt werden.[252]

212 – Es wird **verfrüht** um Rechtsschutz nachgesucht.

213 Grundsätzlich geht die VwGO von einem nachträglichen Rechtsschutz aus. Daher setzt ein Antrag auf **vorbeugenden Rechtsschutz** ein **qualifiziertes Rechtsschutzbedürfnis** voraus. Dem Betroffenen muss nicht zugemutet werden können, die beabsichtigte Maßnahme abzuwarten, weil schon eine nur kurzfristige Hinnahme der befürchteten Maßnahme geeignet wäre, ihn in besonders schwerwiegender, womöglich nicht wieder gutzumachender Weise in seinen Rechten zu beeinträchtigen.[253] Dies ist z. B. der Fall, wenn ein zukünftiger Verwaltungsakt nicht mehr aufgehoben werden könnte oder durch die behördliche Entscheidung **vollendete Tatsachen** geschaffen würden oder **irreparable Schäden** drohen.

214 **Formulierungsbeispiel** für eine zulässige Klage bei angenommenem Rechtsschutzbedürfnis:[254]

„Die Klage ist zulässig. Sie scheitert entgegen der Ansicht der Beklagten nicht am allgemeinen Rechtsschutzbedürfnis der Klägerin. Diese ungeschriebene Prozessvoraussetzung dient dazu, den Missbrauch prozessualer Rechte zu verhindern. Damit sollen aber nur solche Verfahren ausgeschlossen werden, in denen der Kläger mit der Klage eine Verbesserung seiner Rechtsstellung nicht erreichen kann. Dies ist u. a. gegeben, wenn die Klage zurzeit nutzlos ist. Dies ist hier nicht der Fall. Zwar ist im Hinblick auf das Insolvenzverfahren die Wahrscheinlichkeit, dass die Klägerin ihre Geschäftstätigkeit fortsetzen kann, eher gering; es ist aber nicht völlig auszuschließen, dass sich aus einer Aufhebung der angefochtenen Bescheide weitere für die Klägerin positive Folgewirkungen ergeben. Das reicht für die Annahme des allgemeinen Rechtsschutzinteresses aus."

2. In-Sich-Prozess

215 Der In-Sich-Prozess ist ein Verwaltungsstreitverfahren, das eine Behörde führt, um die Rechtmäßigkeit der Entscheidung einer anderen Behörde desselben Rechtsträgers überprüfen zu lassen.[255] Ein In-Sich-Prozess ist keine negative Sachurteilsvorausset-

---
251 Ehlers, JURA 2008, 513.
252 Vgl. hierzu Rdnr. 351 f.
253 BVerwG, Beschluss vom 28. Mai 2008 – 1 WDS-VR 8.08 – Juris (Wehrdienstrecht).
254 Der Entscheidung des BVerwG vom 8. Juli 2009 – 8 C 4.09 – Juris nachgebildet.
255 Redeker/v. Oertzen, VwGO, § 63 Rdnr. 8.

zung; ein solcher Prozess wird um seiner selbst willen vom Verwaltungsprozessrecht weder zugelassen noch ausgeschlossen. Maßgebend ist allein, ob die allgemeinen und besonderen Sachurteilsvoraussetzungen erfüllt sind. Nach der Rechtsprechung des Bundesverwaltungsgerichts fehlt es am Rechtsschutzbedürfnis für einen In-Sich-Prozess, wenn der **Streit mit behördlichen Mitteln** hätte **beigelegt** werden können. Das ist insbesondere der Fall, wenn beide am Verwaltungsstreitverfahren Beteiligte einer gemeinsamen Verwaltungsspitze unterstehen, die für sie verbindliche Entscheidungen im Aufsichtswege treffen kann.[256]

IV. § 44a VwGO

1. Allgemeines

Nach § 44a VwGO können Rechtsbehelfe gegen behördliche Verfahrenshandlungen nur gleichzeitig mit den gegen die Sachentscheidung zulässigen Rechtsbehelfen geltend gemacht werden. Anträge, die die Rechtmäßigkeit einer solchen behördlichen Handlung **isoliert in Frage stellen**, sind also von vornherein **unzulässig**. Auch wenn diese Vorschrift Berührungspunkte mit dem allgemeinen Rechtsschutzbedürfnis aufweist, handelt es sich um eine eigenständige Zulässigkeitsvoraussetzung. Die Bestimmung gilt für alle Verfahrensarten, ist also nicht auf die Anfechtungs- oder Verpflichtungsklage beschränkt.[257] Der Sinn der Vorschrift liegt darin, den Rechtsschutz auf die eigentliche **Sachentscheidung** zu **konzentrieren**. Wäre anderenfalls jede Maßnahme angreifbar, die die Behörde auf dem Weg zur abschließenden Entscheidung trifft, könnte dies zu ungewollten Verzögerungen des Verwaltungsverfahrens führen. Gegen die Bestimmung wird allerdings vorgebracht, dass Verfahrensfehler auf diese Weise sanktionslos bleiben, wenn der Fehler nach den §§ 45 und 46 VwVfG geheilt werden kann oder unbeachtlich ist.

> **Beispiel:**
> Der anwaltlich vertretene Kläger begehrt seine Einbürgerung. Der Rechtsanwalt beantragt vor der Entscheidung eine Übersendung der Verwaltungsvorgänge in seine Kanzlei, die die Behörde ablehnt. Ein isolierter Eilantrag auf Übersendung ist wegen § 44a VwGO unzulässig. Die etwaige Beschneidung seiner Rechte kann allein im Rahmen der Klage gegen die spätere, die Einbürgerung ablehnende Entscheidung geltend gemacht werden.[258]

2. Begriff der Verfahrenshandlung

Behördliche Verfahrenshandlung ist jede **Maßnahme einer Behörde**, die im Laufe eines Verwaltungsverfahrens ergeht und zu dessen Förderung geeignet ist, **ohne** das **Verfahren** jedoch selbst **abzuschließen**. Erfüllt eine behördliche Maßnahme die Merkmale eines Verwaltungsakts nach § 35 Satz 1 VwVfG, schließt dies die Anwendung von § 44a Satz 1 VwGO nicht grundsätzlich aus.[259] § 44a VwGO schließt auch behördliche Verfahrenshandlungen ein, die von einer **anderen Behörde** vorgenommen worden sind als derjenigen, die die spätere Sachentscheidung erlässt. Demgegenüber fallen materielle Sachentscheidungen (z. B. eine Zusicherung nach § 38 VwVfG) oder Entscheidungen über die vom Betroffenen geltend gemachten materiell eigenständigen

---

256 BVerwG, Urteil vom 28. März 1996 – 7 C 35.95 –, sowie Urteil vom 22. Juni 1995 – 7 C 49.93 –, jeweils Juris.
257 BVerwG, Urteil vom 30. Januar 2002 – 9 A 20.01 – Juris
258 Nach VG München, Beschluss vom 28. Februar 2013 – M 25 E 13.356 – Juris.
259 BVerwG, Urteil vom 1. September 2009 – 6 C 4.09 – Juris.

Ansprüche nicht in den Anwendungsbereich des § 44a VwGO, da sie keine abschließende Entscheidung vorbereiten.

3. Ausnahmen

218 Nach § 44a Satz 2 VwGO gilt Satz 1 **nicht**, wenn behördliche **Verfahrenshandlungen vollstreckt** werden können oder **gegen** einen **Nichtbeteiligten** ergehen. Eine Verfahrenshandlung ist vollstreckbar, wenn sie den Betroffenen zu einem Handeln, Dulden oder Unterlassen verpflichtet, das auch gegen dessen Willen durchgesetzt werden kann und soll. Die Anwendbarkeit beschränkt sich nicht auf Vollstreckungshandlungen im Sinne des Verwaltungsvollstreckungsrechts, sondern erfasst alle Fälle, in denen die Behörde zwangsweise gegen den Betroffenen vorgeht.[260] Dem Grundgedanken nach soll Rechtsschutz hier möglich sein, weil ein nachträglicher Rechtsschutz für den Betroffenen unzureichend wäre. Dies gilt aber wiederum nicht, wenn sich Vollstreckungsmaßnahme bereits erledigt hat.[261] **Nichtbeteiligte**, die nach § 44a Satz 2 VwGO gegen Verfahrenshandlungen selbständig vorgehen sollen, sind solche, die nicht von § 13 VwVfG erfasst sind. In der Regel wird es sich hierbei also um Zeugen, Sachverständige oder Bevollmächtigte handeln.[262]

5. Kapitel Klagefrist, Wiedereinsetzung

Literatur:
Haentjens, Die Disposition über die gesetzliche Klagefrist gem. § 74 I 1, II VwGO, LKV 2008, 448; *Roth*, Wiedereinsetzung nach Fristversäumung wegen Belegung des Telefaxempfangsgerätes des Gerichts, NJW 2008, 785; *Schenke*, Die Neujustierung der Fortsetzungsfeststellungsklage, JuS 2007, 697.

I. Klagefrist

1. Allgemeines und Anwendbarkeit

219 Für Anfechtungs- und Verpflichtungsklagen sieht § 74 Abs. 1 und 2 VwGO eine **Klagefrist** von **einem Monat** vor. Die Erhebung der Klage nach Ablauf der Frist führt zu ihrer Unzulässigkeit. Dies wiederum zieht die **Bestandskraft** des Verwaltungsakts nach sich, die immer dann eintritt, wenn ein Verwaltungsakt nicht mehr angefochten werden kann. Das Institut der Bestandskraft dient der **Rechtssicherheit**. Weil die Rechtssicherheit ein wesentliches Element des Rechtsstaatsprinzips ist, verstößt § 74 VwGO nicht gegen Art. 19 Abs. 4 GG. Die Einhaltung der Klagefrist ist zwingende Sachurteilsvoraussetzung. Sie steht nicht zur Disposition der Beteiligten und kann – von der Frage der Wiedereinsetzung abgesehen – auch weder durch die Behörde noch durch das Gericht verlängert oder verkürzt werden.[263]

220 Richtet sich eine Anfechtungsklage gegen einen **nichtigen Verwaltungsakt**, so gilt auch hierfür die Klagefrist des § 74 Abs. 1 VwGO.[264] Daneben besteht allerdings weiterhin die Möglichkeit der Nichtigkeitsfeststellungsklage. Für die **Feststellungsklage** sieht die VwGO aber keine Klagefristen vor; gleiches gilt für die **allgemeine Leistungsklage**.

---

260 Redeker/v. Oertzen, VwGO, § 44a Rdnr. 5.
261 BVerwG, Urteil vom 30. Januar 2002 – 9 A 20/01 – NVwZ 2002, 985.
262 Redeker/v. Oertzen, VwGO, § 44a Rdnr. 5.
263 Vgl. z. B. VG Ansbach, Urteil vom 31. Juli 2008 – AN 14 K 07.02077 – Juris; Haentjes schlägt in bestimmten Fällen Abweichungen hiervon vor, vgl. LKV 2008, 448.
264 OVG Koblenz, Beschluss vom 12. Mai 1998 – 12 A 12501/97 – NVwZ 1999, 198.

Eine verfristete Klage gegen einen erledigten Verwaltungsakt kann wegen § 43 Abs. 2 VwGO (Subsidiarität) aber nicht als Feststellungsklage fortgeführt werden.[265]

Für **Fortsetzungsfeststellungsklagen** nach § 113 Abs. 1 Satz 4 VwGO gilt § 74 VwGO nach einhelliger Auffassung, soweit sich der **Verwaltungsakt nach** Ablauf der **Klagefrist erledigt** hat. Ein bestandskräftiger Verwaltungsakt kann nämlich nicht im Rahmen einer Fortsetzungsfeststellungsklage zur Disposition gestellt werden.[266] Hat sich ein Verwaltungsakt aber vor Eintritt der Bestandskraft erledigt, so ist eine Klage, die auf Feststellung seiner Rechtswidrigkeit gerichtet ist, nicht an die Fristen der §§ 74 Abs. 1 bzw. 58 Abs. 2 VwGO gebunden.[267] In diesem Fall ist es nicht gerechtfertigt, dem Verwaltungsakt eine im Hinblick auf den Lauf von Klagefristen fortdauernde Wirkung beizumessen, obwohl die Verbindlichkeit der Regelung durch die Erledigung beendet ist. Allerdings wird diese Auffassung des BVerwG nicht durchgehend von Literatur und Rechtsprechung geteilt.[268] Nach anderer Ansicht soll § 74 Abs. 1 VwGO in diesem Fall analog gelten.

221

2. Die Frist des § 74 VwGO

Die Anfechtungsklage muss nach § 74 Abs. 1 Satz 1 VwGO innerhalb eines Monats nach **Zustellung** des **Widerspruchsbescheids** erhoben werden.[269] Ist nach § 68 VwGO ein Widerspruchsbescheid nicht erforderlich, so muss die Klage nach Satz 2 innerhalb eines Monats nach **Bekanntgabe** des Verwaltungsakts erhoben werden. Für die Verpflichtungsklage gilt Absatz 1 entsprechend, wenn der Antrag auf Vornahme des Verwaltungsakts abgelehnt worden ist (§ 74 Abs. 2 VwGO).

222

> **Beachte:**
> Unter **Bekanntgabe** versteht man die wissentliche und willentliche Eröffnung eines Verwaltungsakts durch die Behörde gegenüber dem Adressaten oder gegenüber dem von ihm Betroffenen; eine zufällige Kenntnisnahme reicht nicht aus. **Zustellung** ist eine besondere Form der Bekanntgabe nach Maßgabe der hierfür vorgesehenen Rechtsvorschriften (vor allem des **VwZG**).

Fristwahrend ist nur die Erhebung der **Klage bei Gericht**.[270] Dienstaufsichtsbeschwerden oder eine nochmalige Remonstration gegenüber der Ausgangs- oder Widerspruchsbehörde stellen ebenso wenig wie die dortige Einreichung der Klage eine Klageerhebung dar. Die Bezeichnung als Klage ist aber nicht zwingend erforderlich, soweit sich dem bei Gericht anhängig gemachten Begehren insgesamt ein Wille zur Klageerhebung entnehmen lässt.[271]

223

> **Klausurhinweis:**
> Das Eingangsdatum der Klage folgt in der Examensklausur aus dem Eingangsstempel des Gerichts. Das Datum des Klageschriftsatzes selbst ist hierfür unerheblich und sollte daher unerwähnt bleiben.

---

265 BVerwG, Urteil vom 14. Juli 1999 – 6 C 7.98 – NVwZ 2000, 63.
266 Vgl. Rdnr. 756.
267 BVerwG, Urteil vom 14. Juli 1999 – 6 C 7.98 – NVwZ 2000, 63.
268 Vgl. Eyermann-Rennert, VwGO, § 74, Rdnr. 2; VGH Mannheim, Urteil vom 15. Oktober 1997 – 1 S 2555/96 – DVBl. 1998, 835; VG München, Urteil vom 21. Februar 2008 – M 12 K 07.3819 – Juris. Kritisch auch Schenke, JuS 2007, 700.
269 Zu den Anforderungen an eine ordnungsgemäße Klageerhebung vgl. Rdnr. 2 f.
270 Zur Frage, unter welchen Voraussetzungen die Erhebung der Klage beim unzuständigen Gericht die Klagefrist wahren kann, vgl. Rdnr. 15.
271 BVerwG, Urteil vom 27. April 1990 – 8 C 70.88 – NJW 1991, 508.

5. Kapitel Klagefrist, Wiedereinsetzung

224 Die Notwendigkeit, die Klagefrist einzuhalten, entfällt nicht deshalb, weil das Begehren im Wege der **Klageänderung** in einen bereits anhängigen Rechtsstreit eingeführt wird. Die Fristbestimmung des § 74 VwGO wird in einem solchen Fall nicht durch die Vorschriften über die Klageänderung (§ 91 VwGO) verdrängt.[272] Da die Klagefrist eine gesetzliche **Frist** ist, steht sie **nicht zur Disposition der Behörde**; diese kann die Frist daher nicht auf Antrag des Adressaten verlängern.[273]

225 a) **Fristbeginn.** Die Klagefrist beginnt **mit der Zustellung** des Widerspruchsbescheides. Ist nach § 68 ein Widerspruchsbescheid nicht erforderlich, beginnt die Frist mit der **Bekanntgabe** des Bescheides. Nur bei **ordnungsgemäßer** Zustellung bzw. Bekanntgabe beginnt die Frist zu laufen. Ist dies nicht der Fall, so liegt allein in der Verwirkung eine zeitliche Grenze für die Zulässigkeit der Klage.[274] Eine Klageerhebung vor Zustellung bzw. Bekanntgabe ist – ebenso wie ein Widerspruch „auf Vorrat"[275] – nicht zulässig. Die Frist beginnt mit der ersten wirksamen Bekanntgabe bzw. Zustellung; durch weitere Zustellungen bzw. Bekanntgabe wird keine neue Frist in Gang gesetzt.[276]

226 Die **Berechnung** der **Klagefrist** richtet sich nach §§ 56 Abs. 2 bzw. 57 Abs. 2 VwGO i. V. m. § 222 Abs. 1 ZPO und §§ 187 Abs. 1, 188 Abs. 2 BGB. Der Tag der Zustellung bzw. der Bekanntgabe wird nach § 187 Abs. 1 BGB bei der Fristberechnung jedoch nicht mitgerechnet.[277]

227 aa) **Zustellung.** Außer der in § 73 Abs. 3 Satz 1 VwGO vorgeschriebenen Verpflichtung zur **Zustellung des Widerspruchsbescheides** können **Spezialgesetze** die förmliche Zustellung sonstiger Bescheide vorsehen, so z. B. § 31 Abs. 1 Satz 2 AsylVfG.

228 Ansonsten gibt es **keine** behördliche **Pflicht** zur **Zustellung** von Bescheiden. Wählt die Behörde jedoch, obwohl sie das Gesetz dazu nicht verpflichtet, die Zustellung als Bekanntgabeform, so ist sie auch den einschlägigen Zustellungserfordernissen unterworfen (vgl. § 1 Abs. 2 VwZG). Erfolgt in diesem Fall die vom Gesetz nicht vorgeschriebene Zustellung fehlerhaft, so wird die Klagefrist aufgrund dieser **Selbstbindung** der Verwaltung nicht in Lauf gesetzt.[278]

229 Zustellung ist nach § 2 Abs. 1 VwZG die Bekanntgabe eines schriftlichen oder elektronischen Dokuments in der in diesem Gesetz vorgeschriebenen Form. Das VwZG kennt verschiedene **Arten der Zustellung:**

230 – Zustellung durch die **Post:**
  – Zustellung mit Zustellungsurkunde, § 3 VwZG:
    Die Behörde übergibt der Post den Zustellungsauftrag, das zuzustellende Dokument in einem verschlossenen Umschlag und einen vorbereiteten Vordruck einer Zustellungsurkunde.
  – Zustellung mittels Einschreiben, § 4 VwZG:
    Hier kommt nur eine Zustellung durch Einschreiben mit Rückschein in Betracht. Eine Zustellung mittels Einwurf-Einschreiben ist nach dem VwZG unzulässig.[279]

---

272 BVerwG, Urteil vom 30. Oktober 1997 – 3 C 35.96 – BVerwGE 105, 288.
273 VG Göttingen, Urteil vom 10. Juni 2013 – 2 A 587/13 – Juris.
274 Vgl. dazu sogleich Rdnr. 272.
275 Vgl. OVG Greifswald, Beschluss vom 9. Mai 2012 – 2 L 330/11 – Juris, m. w. N.
276 Bosch/Schmidt/Vondung, Rdnr. 769, sowie OVG Bautzen, Beschluss vom 14. August 2013 – 1 B 365/12 – Juris.
277 Vgl. im Übrigen zur Fristberechnung Rdnr. 296 f.
278 Kopp/Schenke, VwGO, § 74 Rdnr. 4; OVG Lüneburg, Beschluss vom 13. März 2009 – 11 PA 157/09 –, NJW 2009, 1834.
279 Engelhardt/App/Schlatmann, § 4 VwZG, Rdnr. 2, unter Hinweis auf die amtliche Begründung, BT-Drucks. 15/5216 S. 12.

I. Klagefrist

– Zustellung durch die **Behörde** selbst: **231**
  – Zustellung durch Empfangsbestätigung, § 5 VwZG:
    Der zustellende Bedienstete der Behörde händigt das Dokument dem Empfänger in einem verschlossenen Umschlag aus. Der Empfänger hat ein mit dem Datum der Aushändigung versehenes Empfangsbekenntnis zu unterschreiben.
    Beachte: Nach Abs. 4 der Vorschrift kann die Zustellung bei besonders vertrauenswürdigen Personen durch Rücksendung des Empfangsbekenntnisses erfolgen (in der Praxis häufig!).
  – Zustellung im Ausland, § 9 VwZG.
  – Öffentliche Zustellung, § 10 VwZG.

Wem zuzustellen ist, richtet sich – sofern die Zustellung nicht an den geschäftsfähigen und auch sonst nicht vertretenen Adressaten selbst erfolgt – nach **232**
– § 6 VwZG (Zustellung an gesetzliche Vertreter).
– § 7 VwZG (Zustellung an Bevollmächtigte).

Nach § 7 Abs. 1 Satz 2 VwZG sind Zustellungen an den **Bevollmächtigten** zu richten, **233**
wenn er **schriftliche Vollmacht** vorgelegt hat. Diese Vorschrift ist – anders als bei der einfachen Bekanntgabe[280] – zwingend.

> **Beachte:**
> In der Examensklausur ist daher gründlich zu prüfen, ob ein Bevollmächtigter eine Vollmacht vorgelegt hat. Ist dies nicht der Fall, musste eine Zustellung an ihn nicht erfolgen, auch wenn er sich gegenüber der Behörde durch einen Schriftsatz gemeldet hat.

> **Beachte aber:**
> Nach § 7 Abs. 1 Satz 1 VwZG besteht diese **Möglichkeit** auch ohne Vollmachtsvorlage. Sie hält sich insbesondere dann im Rahmen des behördlichen Ermessens, wenn kein beachtlicher Grund besteht, an der anwaltlich versicherten Bevollmächtigung zu zweifeln.[281]

Bei festgestellten Zustellungsmängeln ist stets die Möglichkeit einer **Heilung** nach § 8 **234**
Abs. 1 Satz 2 VwZG zu prüfen. Nach dieser Vorschrift gilt ein Dokument, dessen formgerechte Zustellung sich nicht nachweisen lässt oder das unter Verletzung zwingender Zustellungsvorschriften zugegangen ist, als in dem Zeitpunkt zugestellt, in dem es dem Empfangsberechtigten tatsächlich zugegangen ist. Die Anwendung des § 8 VwZG setzt voraus, dass die Behörde den Willen hatte, eine Zustellung vorzunehmen.[282]

bb) **Bekanntgabe.** Ist eine Zustellung nicht vorgeschrieben, gibt die Behörde den Verwaltungsakt dem Beteiligten bekannt (§ 41 Abs. 1 Satz 1 VwVfG). **Bekanntgabe** ist **235**
jede von der Behörde veranlasste Eröffnung des Bescheides an den Adressaten oder den hiervon Betroffenen. Bei schriftlichen Verwaltungsakten ist dies der Zeitpunkt, in dem das Schriftstück in den Machtbereich des Empfängers gelangt und in dem bei üblichem Verlauf und normalen Verhältnissen mit einer Kenntnisnahme auch zu rechnen ist. Die Bekanntgabe setzt einen Bekanntgabewillen bei der den Bescheid erlassenden Behörde voraus.

---

280 Vgl. dazu sogleich Rdnr. 235.
281 VGH München, Beschluss vom 9. September 2008 – 4 C 08.1072 – Juris.
282 BVerwG, Beschluss vom 31. Mai 2006 – 6 B 65.05 – NVwZ 2006, 943.

5. Kapitel Klagefrist, Wiedereinsetzung

236 Nach § 41 VwVfG ist zwischen drei Bekanntgabearten zu unterscheiden:

237 – Regelfall ist die **Bekanntgabe des schriftlichen Verwaltungsakts** bei Übermittlung durch die Post im Inland. Der Verwaltungsakt gilt am dritten Tage nach der Absendung als bekannt gegeben (§ 41 Abs. 2 Satz 1 VwVfG). Allerdings tritt die Bekanntgabefiktion nicht ein, wenn der Verwaltungsakt nicht oder zu einem späteren Zeitpunkt zugegangen ist; die Beweislast liegt bei der Behörde (§ 41 Abs. 2 Satz 2 VwVfG). § 41 Abs. 2 Satz 2 VwVfG vermutet aber **unwiderlegbar**, dass der VA **nicht vor Ablauf** der **Drei-Tages-Frist** zugegangen ist. Der Behörde steht kein Gegenbeweis früheren Zugangs zu, so dass eine Abkürzung zu Ungunsten des Empfängers ausgeschlossen ist.[283]

238 Das schlichte **Bestreiten** des Betroffenen, der Verwaltungsakt sei ihm **nicht zugegangen**, reicht regelmäßig[284] aber nicht aus, um die Zugangsvermutung zu entkräften. Vielmehr muss der Adressat sein Vorbringen nach Lage des Einzelfalls derart substantiieren, dass zumindest ernsthaft Zweifel am Zugang begründet werden.[285]

> In der **Examensklausur** dürfte die Bekanntgabe des schriftlichen Verwaltungsakts der häufigste Fall sein. Hier ist besonderes Augenmerk auf den (hand-schriftlichen) sog. „Ab-Vermerk" zu richten. Er gibt das Aufgabedatum wieder.

239 – Entsprechendes gilt für die Bekanntgabe des **elektronischen Verwaltungsakts**, der nach derselben Bestimmung ebenfalls am dritten Tag nach Absendung als bekanntgegeben gilt; allerdings beschränkt sich die Regelung nicht nur auf das **Inland**.

240 – Ein Verwaltungsakt kann nach § 41 Abs. 3 auch **öffentlich bekannt gemacht** werden. Allerdings muss dies durch Rechtsvorschrift zugelassen sein. Der praktisch häufigste und damit auch im Examen relevanteste Fall dürfte die öffentliche Bekanntgabe von **Verkehrsschildern** sein.[286]

241 Der Verwaltungsakt wird gegenüber demjenigen, für den er **bestimmt** ist oder der von ihm **betroffen** wird, in dem Zeitpunkt wirksam, in dem er ihm bekanntgegeben wird (§ 43 Abs. 1 Satz 1 VwVfG). Daraus folgt, dass ein Verwaltungsakt auch bei **mehreren Beteiligten** bzw. Betroffenen für den Adressaten mit der Bekanntgabe an ihn wirksam wird und für die anderen Personen jeweils mit der Bekanntgabe an diese. Die Unanfechtbarkeit tritt **für jeden** von ihnen **selbständig** ein, je nach dem einzelnen Zeitpunkt der Bekanntgabe und des Endes des Fristlaufes.[287] Entsprechendes gilt bei der Zustellung an mehrere Adressaten.

242 Grundsätzlich ist der Verwaltungsakt dem Beteiligten bekanntzugeben, für den er bestimmt ist oder der von ihm betroffen wird (§ 41 Abs. 1 Satz 1 VwVfG). Für den Fall, dass ein **Bevollmächtigter** bestellt ist, **kann** die Behörde die Bekanntgabe auch diesem gegenüber vornehmen (§ 41 Abs. 1 Satz 2 VwVfG).[288]

243 § 74 Abs. 1 Satz 2 VwGO verweist pauschal auf § 68 VwGO und damit auch auf den Fall, dass der Widerspruchsbescheid **erstmalig** eine **Beschwer** enthält (Abs. 1 Nr. 2).

---

283 Stelkens/Bonk/Sachs, VwVfG, § 41 Rdnr. 121.
284 Nicht aber, wenn sich kein „Ab"-Vermerk in den Akten befindet, vgl. VG Hamburg, Urteil vom 30. November 2000 – 4 VG 2857/2000 – Juris.
285 OVG Lüneburg, Beschluss vom 15. März 2007 – 5 LA 136/06 m. w. N. – Juris.
286 Vgl. BVerwG, Urteil vom 23. September 2010 – 3 C 37.09 m. w. N. – Juris; VGH Mannheim, Beschluss vom 2. März 2009 – 5 S 3047/08 – Juris, m. w. N.
287 BVerwG, Beschluss vom 30. September 1997 – 1 B 190.97 – Juris.
288 Dies ist anders als bei der zwingend vorgeschriebenen Zustellung, siehe oben Rdnr. 227.

Problematisch ist, ob dieser Verweis auch den Fall der erstmaligen Beschwer eines Dritten erfasst, so dass die Klagefrist bereits mit der Bekanntgabe an ihn begönne. Spricht der Wortlaut hierfür, gebieten Gründe des effektiven Rechtsschutzes hier möglicherweise eine teleologische Reduzierung der Vorschrift.[289]

> **Klausurhinweis:**
> Im Tatbestand der Examensklausur sollte grundsätzlich das Zustellungs- (bzw. Bekanntgabe-)datum des angefochtenen Bescheides bzw. Widerspruchsbescheides wiedergegeben werden. Damit wird der Abgleich mit dem im nachfolgenden Absatz dargestellten Datum der Klageerhebung erleichtert. Liegt zwischen Zustellung oder Bekanntgabe und Klageerhebung mehr als ein Monat, muss ein Fristproblem erörtert werden.

cc) Ordnungsgemäße Rechtsmittelbelehrung.

> **Klausurhinweis:**
> Zwischen der ordnungsgemäßen Zustellung bzw. Bekanntgabe eines Bescheides und der Frage der richtigen Rechtsmittelbelehrung nach § 58 Abs. 1 VwGO muss streng unterschieden werden. Dies wird häufig verwechselt!

244 Ist der Bescheid ordnungsgemäß zugestellt bzw. bekanntgegeben worden, ist zu prüfen, ob hierdurch die – regelmäßig anzunehmende – Monatsfrist in Gang gesetzt worden ist oder aber ob ausnahmsweise eine längere Frist greift. Dies kann beim **Fehlen** einer **ordnungsgemäßen Rechtsmittelbelehrung** der Fall sein. Denn nach § 58 Abs. 1 **VwGO** beginnt die Frist für ein Rechtsmittel oder einen anderen Rechtsbehelf nur zu laufen, wenn der Beteiligte über den Rechtsbehelf, die Verwaltungsbehörde oder das Gericht, bei denen der Rechtsbehelf anzubringen ist, den Sitz und die einzuhaltende Frist schriftlich oder elektronisch belehrt worden ist. Ist die Belehrung unterblieben oder unrichtig erteilt, so ist die Einlegung des Rechtsbehelfs grundsätzlich **nur innerhalb eines Jahres** seit Zustellung, Eröffnung oder Verkündung zulässig (§ 58 Abs. 2 VwGO). Ist die Rechtsmittelbelehrung unrichtig, führt dies nicht zu einer formellen Rechtswidrigkeit des Bescheides. Derartige Fehler wirken sich nur auf die Klagefrist aus.[290]

245 Der Hinweis, die Klage könne schriftlich oder zur Niederschrift des Urkundsbeamten der Geschäftsstelle des VG erhoben werden, ist von Rechts wegen **nicht notwendig**, um die Klagefrist in Lauf zu setzen. Auch Angaben über die jeweils zu wahrende Form des Rechtsbehelfs fordert das Gesetz nicht. Ebenso wenig verlangt § 58 Abs. 1 VwGO eine Erläuterung des Beginns der Klagefrist. Schließlich ist der gesetzlich nicht vorgeschriebene Zusatz, die „Bekanntgabe" des Widerspruchsbescheides setze die Klagefrist in Lauf, bei einer Zustellung des Bescheides unschädlich.[291]

246 Zu den **zwingenden Erfordernissen** der Rechtsmittelbelehrung zählt demgegenüber die Angabe des sachlich und örtlich **zuständigen Gerichts**; wird ein örtlich unzuständiges Gericht angegeben, setzt dies die Klagefrist des § 74 Abs. 1 VwGO nicht in Lauf.[292] Eine Rechtsbehelfsbelehrung ist aber nicht nur dann unrichtig im Sinne von § 58

---

289 So Winkler, BayVBl. 2000, 235.
290 Schübel-Pfister, JuS 2009, 1003.
291 BVerwG, Urteil vom 27. April 1990 – 8 C 70.88 – NJW 1991, 508, und Beschluss vom 31. Mai 2006 – 6 B 65.05 – NVwZ 2006, 943; anders OVG Münster, Beschluss vom 4. März 2009 – 5 A 924/07 – NJW 2009, 1832.
292 BVerwG, Beschluss vom 18. Mai 2009 – 5 B 2.09 – Juris.

5. Kapitel Klagefrist, Wiedereinsetzung

Abs. 2 VwGO, wenn sie die in § 58 Abs. 1 VwGO zwingend geforderten Angaben nicht enthält. Vielmehr ist sie auch dann nicht ordnungsgemäß, wenn sie über die in § 58 Abs. 1 VwGO zwingend vorgeschriebenen Angaben hinausgehende – fehlerhafte – Zusätze enthält, wenn diese **generell geeignet** sind, die ordnungsgemäße **Einlegung des Rechtsbehelfs zu erschweren**.[293] Dies kann bei einer falschen Bezeichnung des Beklagten der Fall sein, auch wenn die Angabe des richtigen Beklagten nicht nach § 58 Abs. 1 VwGO zwingend in der Rechtsmittelbelehrung erforderlich ist.[294] Schreibfehler oder ähnliche offenbare Unrichtigkeiten machen die Rechtsmittelbelehrung demgegenüber nicht fehlerhaft.[295] **Neuerdings** ist **streitig**, ob die Rechtsbehelfsbelehrung fehlerhaft ist, wenn sie keinen **Hinweis** auf die Möglichkeit der **Klageerhebung in elektronischer Form** enthält.[296]

> **Formulierungsbeispiel** für eine zulässige Klage bei **unrichtiger Rechtsmittelbelehrung:**
>
> „Die Klage ist zulässig. Sie ist fristgerecht erhoben worden. Zwar ist die Klagefrist des § 74 Abs. 1 Satz 1 VwGO, wonach eine Anfechtungsklage innerhalb eines Monats nach der Zustellung des Widerspruchsbescheides erhoben werden muss, nicht gewahrt. Nachdem der Widerspruchsbescheid der Klägerin hier nämlich am 7. Januar 2014 zugestellt worden war, hätte sie hiergegen zwar grundsätzlich binnen eines Monats klagen müssen. Diese Erfordernisse hält die erst am 10. Februar 2014 eingegangene Klage nicht ein. Darauf kommt es indes nicht an. Nach § 58 Abs. 2 Satz 1 VwGO ist die Einlegung des Rechtsbehelfs innerhalb eines Jahres seit Zustellung zulässig, wenn die Belehrung unterblieben oder unrichtig erteilt worden ist. Dies war hier der Fall. Die Belehrung war unrichtig. Eine Rechtsbehelfsbelehrung ist nicht nur dann fehlerhaft, wenn sie die in § 58 Abs. 1 VwGO zwingend geforderten Angaben nicht enthält, sondern auch dann, wenn ihr ein unrichtiger oder irreführender Zusatz beigefügt ist, der objektiv geeignet ist, beim Betroffenen einen Irrtum über die formellen oder materiellen Voraussetzungen des in Betracht kommenden Rechtsbehelfs hervorzurufen und ihn dadurch abzuhalten, den Rechtsbehelf überhaupt, rechtzeitig oder in der richtigen Form einzulegen. So ist es hier. Der der Klägerin in der Rechtsbehelfsbelehrung erteilte Hinweis, dass die Klage beim erkennenden Gericht schriftlich oder zur Niederschrift des Urkundsbeamten der Geschäftsstelle zu erheben ist, ist irreführend. Denn er ist nach dem objektiven Empfängerhorizont geeignet, den Eindruck zu erwecken, dass die Klage nicht in elektronischer Form erhoben werden kann, obwohl seit dem 1. Mai 2007 die Möglichkeit besteht, die Klage bei dem erkennenden Gericht auch in elektronischer Form mit einer qualifizierten elektronischen Signatur im Sinne des Signaturgesetzes zu erheben."

> **Klausurhinweis:**
>
> Üblicherweise wird der angefochtene Bescheid bzw. Widerspruchsbescheid im Examen ohne Rechtsmittelbelehrung wiedergegeben. Sollte dies ausnahmsweise doch einmal der Fall sein, kann dies ein **Indiz** dafür sein, dass die Belehrung fehlerhaft war. In diesem Fall muss die Rechtsmittelbelehrung genau untersucht werden.[297]

---

[293] st. Rspr., z. B. BVerwG, Urteil vom 21. März 2002 – 4 C 2.01 – BayVBl. 2002, 678, m. w. N.
[294] VGH München, Urteil vom 3. September 2009 – 4 BV 08.696 Juris. Wegen weiterer Einzelheiten zur ordnungsgemäßen Rechtsmittelbelehrung siehe Rdnr. 291 f.
[295] OVG Greifswald, Beschluss vom 2. April 2008 – 2 L 256/07 – Juris.
[296] Dafür OVG Berlin-Brandenburg, Beschluss vom 22. April 2010 – 2 S 12.10 – Juris, m. w. N.; dagegen OVG Bremen, Urteil vom 8. August 2012 – 2 A 53/12.A – Juris.
[297] Schübel-Pfister, JuS 2009, 1003.

b) Fristende. Die **Klagefrist endet** nach § 188 Abs. 2 BGB mit demjenigen Tag des nächsten Monats, der seiner Zahl nach dem Tag der Zustellung bzw. der Bekanntgabe entspricht bzw. am letzten Tag des nächsten Monats (§ 188 Abs. 3 BGB). Fällt das Ende der Klagefrist auf einen Samstag, einen Sonntag oder einen Feiertag, so endet die Frist mit Ablauf des nächsten Werktages (§ 222 Abs. 2 ZPO). 247

> **Formulierungsbeispiel** für eine zulässige Klage bei Fristende an einem Sonntag: 248
>
> *„Die Klage ist zulässig. Der Kläger hat mit der am 17. Februar 2014, einem Montag, erhobenen Klage die Klagefrist des § 74 Abs. 1 VwGO eingehalten. Danach muss die Anfechtungsklage innerhalb eines Monats nach Zustellung des Widerspruchsbescheids erhoben werden. Der Widerspruchsbescheid wurde dem Kläger am 16. Januar 2014 zugestellt. Fristbeginn und –ende richten sich nach den §§ 56 Abs. 2 bzw. 57 Abs. 2 VwGO i. V. m. § 222 ZPO und §§ 187 Abs. 1, 188 Abs. 2 BGB. Eine nach Monaten bestimmte Frist endigt danach mit dem Ablauf desjenigen Tages des letzten Monats, welcher durch seine Benennung oder seine Zahl dem Tage entspricht, mithin am 16. Februar 2014. Da es sich bei diesem Tag aber um einen Sonntag handelte, endete die Frist hier nach § 222 Abs. 2 ZPO mit dem Ablauf des nächsten Werktages."*

II. Wiedereinsetzung in den vorigen Stand

1. Allgemeines

Ist die Klagefrist versäumt worden, muss deshalb die Klage nicht zwingend unzulässig sein. Liegen die Voraussetzungen des § 60 VwGO vor, ist unter Umständen Wiedereinsetzung in der vorigen Stand zu gewähren. Nach Abs. 1 dieser Vorschrift ist das der Fall, wenn jemand ohne Verschulden verhindert war, eine gesetzliche Frist einzuhalten. Die Vorschrift bewegt sich im Spannungsfeld von Rechtssicherheit und materieller Gerechtigkeit. Sie gilt für **alle gesetzlichen Fristen**, ist aber nicht – auch nicht analog – auf richterliche Fristen anwendbar.[298] Diese können allerdings auf Antrag verlängert werden. 249

2. Fristversäumung

Die anzuwendende Frist muss **tatsächlich versäumt** worden sein. Das Gericht hat dies von Amts wegen zu prüfen. In diesem Zusammenhang ist besonderes Augenmerk auf die oben unter Rdnr. 225 f. behandelte Frage des Beginns des Fristenlaufs zu richten. Wird der Fristenlauf nicht in Gang gesetzt, bedarf es einer Wiedereinsetzung nicht. 250

3. Unverschuldete Verhinderung

Der Betroffene muss **gehindert** gewesen sein, eine **Frist einzuhalten**. Ein Hinderungsgrund ist ein Ereignis oder ein Umstand, welches die Fristwahrung für den Betroffenen entweder unmöglich gemacht oder unzumutbar erschwert hat. Dies können objektive wie subjektive Gründe sein. Kein Hinderungsgrund liegt vor, wenn der Betroffene die Einlegung eines Rechtsmittels in der irrigen Annahme unterlässt, dieses werde ohnehin keinen Erfolg haben.[299] Die Fristversäumung muss **kausal** auf das Hindernis zurückzuführen sein. Daran fehlt es also z. B., wenn der Betroffene erkrankt, aber rechtzeitig vor Fristablauf wieder genesen ist. 251

---

298 OVG Magdeburg, Beschluss vom 12. Dezember 2008 – 3 M 591/08 – Juris.
299 OVG Lüneburg, Beschluss vom 20. November 2007 – 2 LA 626/07 – NVwZ-RR 2008, 356.

5. Kapitel Klagefrist, Wiedereinsetzung

252 Der Schwerpunkt der Prüfung, ob Wiedereinsetzung zu gewähren ist, liegt regelmäßig in der Frage des Verschuldens. Ein **Verschulden** ist anzunehmen, wenn der Beteiligte hinsichtlich der Wahrung der Frist diejenige **Sorgfalt außer Acht** lässt, die für einen gewissenhaften und seine Rechte und Pflichten sachgemäß wahrnehmenden Prozessführenden (objektiv) geboten ist und die ihm nach den gesamten Umständen des konkreten Falls (subjektiv) zuzumuten war. Je nach Einzelfall und der (etwaigen juristischen) Vorbildung des Betroffenen kann die Bewertung der Fristversäumung bei äußerlich gleichen Umständen unterschiedlich ausfallen.

253 In diesem Zusammenhang hat sich eine umfangreiche **Kasuistik** entwickelt.

254 a) **Verschulden eines Beteiligten.** Fristen dürfen grundsätzlich bis zum letzten Tag **ausgenutzt** werden. Tritt die Verhinderung daher am letzten Tag vor Fristablauf ein, liegt hierin allein kein Verschulden. Nutzt ein Rechtsanwalt eine Rechtsmittelfrist allerdings voll aus, trifft ihn während wegen des damit erfahrungsgemäß verbundenen Risikos eine erhöhte Sorgfaltspflicht, um die Einhaltung der Frist sicherzustellen. Bei lediglich vorübergehender **Abwesenheit** von der ständigen Wohnung wegen Urlaubs müssen grundsätzlich keine besonderen Vorkehrungen getroffen werden, um Zustellungen auch zu erhalten.[300] Musste der Beteiligte mit der baldigen Zustellung einer Entscheidung jedoch rechnen, hat er aber auch bei nur kurzer Abwesenheit dafür Sorge zu tragen, dass er von der Zustellung Kenntnis erhält. Mangelnde **Rechtskenntnisse**, etwa eine unrichtige Beurteilung der Erfolgsaussichten eines Rechtsbehelfs, entschuldigen ein Fristversäumnis nicht.

255 Eine **Krankheit** greift nur dann als Grund für eine nicht verschuldete Versäumung einer Rechtsmittelfrist durch, wenn sie so schwer war, dass der von ihr betroffene Verfahrensbeteiligte nicht bloß unfähig war selbst zu handeln, sondern auch außerstande war, einen Bevollmächtigten mit der Wahrnehmung seiner Interessen zu beauftragen und im gebotenen Umfange zu informieren.[301]

256 b) **Verschulden eines Prozessbevollmächtigten.** Der Kläger muss sich ein **Verschulden** seines **Prozessbevollmächtigten zurechnen** lassen (§ 173 VwGO i. V. m. § 85 Abs. 2 ZPO). Die Vorschrift des § 85 Abs. 2 ZPO, wonach das Verschulden des Prozessbevollmächtigten dem Verschulden der Partei gleichsteht, ist auch im Verwaltungsstreitverfahren anzuwenden.[302]

257 Ein **eigenes Verschulden** des Rechtsanwalts kann z. B. darin liegen, dass er nicht über die erforderlichen Rechtskenntnisse verfügt. So kann sich ein Rechtsanwalt nicht darauf berufen, die fehlende Möglichkeit einer Fristverlängerung erschließe sich dem „unbefangenen Leser" der Verwaltungsgerichtsordnung nicht.[303] Auch kann sich aus der **bloßen Arbeitsüberlastung** eines Prozessvertreters ohne Hinzutreten besonderer Umstände **kein Grund** für eine **Wiedereinsetzung** ergeben. Übernimmt ein Rechtsanwalt die Vertretung in einem gerichtlichen Verfahren, so ist die Wahrung der prozessualen Fristen eine seiner wesentlichen Aufgaben, der er besondere Sorgfalt widmen muss. Ist die Erfüllung dieser Verpflichtung wegen anderweitiger Aufgaben nicht möglich, so muss er die Übernahme des Mandats ablehnen oder es an einen vertretungsbereiten Rechtsanwalt weiterleiten.[304]

---

300 BVerwG, Urteil vom 9. Juni 1989 – 6 C 49.87 – NVwZ-RR 1990, 86.
301 BVerwG, Beschluss vom 22. Juli 2008 – 5 B 50.08 – Juris.
302 BVerwG, Beschluss vom 28. August 2008 – 6 B 22.08 – Juris, m. w. N.
303 OVG Bautzen, Beschluss vom 7. August 2009 – 4 A 6/09 – Juris.
304 VGH München, Beschluss vom 1. April 2009 – 7 B 08.3215 – Juris.

Ein Verschulden des Rechtsanwalts kann aber auch in einer **mangelhaften Büroorganisation** liegen. Das kann vorliegen, wenn er die **Hilfsperson** nicht mit der erforderlichen **Sorgfalt** ausgewählt, angeleitet oder **überwacht** hat. Verschulden liegt nicht vor bei einer zweckmäßigen Büroorganisation, insbesondere wenn der Anwalt hinsichtlich der Fristen, der Terminüberwachung und der Ausgangskontrolle das Erforderliche zur Vermeidung von Fristversäumnissen getan hat. Grundsätzlich darf ein Rechtsanwalt einfache Verrichtungen, die keine besonderen juristischen Kenntnisse erfordern und routinemäßig bearbeitet werden können, auf **Büropersonal** übertragen, wenn und solange dieses sorgfältig ausgewählt und gut ausgebildet, erprobt und überwacht wird.[305] Dabei darf er grundsätzlich darauf vertrauen, dass von ihm erteilte – generelle oder im Einzelfall getroffene – Weisungen auch befolgt werden.[306] Auch die Bearbeitung einfacher, regelmäßig behandelter prozessualer Fristen kann er bewährtem und überwachtem Büropersonal überlassen.[307]

258

Beruht ein Fristversäumnis auf dem Verschulden eines sonst zuverlässigen Büroangestellten, ohne dass ein **Organisationsmangel** mit ursächlich war, handelt der Rechtsanwalt ohne Schuld.[308] Der Anwalt muss aber durch organisatorische Vorkehrungen sicherstellen, dass sofort mit dem Eingang eines fristauslösenden Schriftstücks Beginn und Ende der Frist in das Fristenbuch oder den Fristenkalender eingetragen werden und bei aufwändigen Schriftsätzen zudem eine **Vorfrist** vermerkt wird. Danach gehört es zu den Sorgfaltspflichten eines Rechtsanwalts in Fristensachen, den Betrieb seiner Anwaltskanzlei so zu organisieren, dass fristwahrende Schriftsätze rechtzeitig hergestellt werden und vor Fristablauf beim zuständigen Gericht eingehen. Der Rechtsanwalt muss Vorkehrungen treffen, die gewährleisten, dass **Fristen richtig berechnet** werden und der Fristenlauf zuverlässig überwacht wird. Hierfür muss er sicherstellen, dass der Zeitpunkt des Fristablaufs in einem Fristenkalender notiert und dies in der Handakte vermerkt wird.[309]

259

c) **Sorgfaltspflichten bei Verwendung von Telefax.** Eine umfangreiche Kasuistik betrifft Probleme bei der Verwendung von Telefaxgeräten. Auch nach der VwGO dürfen fristwahrende Schriftsätze per Telefax übermittelt werden. Schlägt die Übermittlung aber fehl oder verzögert sie sich, wird die Frage nach dem Verschulden der Fristversäumung grundsätzlich differenziert danach zu beurteilen sein, in wessen **Risikosphäre** der Fehler fehlt.

260

Die Übermittlung eines fristgebundenen Schriftsatzes per Fax an das Gericht darf ein Rechtsanwalt einer hinreichend geschulten und überwachten Bürokraft überlassen.[310] Der Anwalt ist aber gehalten, Fehlerquellen bei der Behandlung von Fristsachen soweit wie möglich auszuschließen. Entscheidend ist, ob die vom Anwalt allgemein oder im konkreten Fall gegebenen Anweisungen nach Maßgabe der im Verkehr erforderlichen Sorgfalt ausreichen, den rechtzeitigen Zugang des Schriftstücks beim Empfänger sicherzustellen. Ein Rechtsanwalt hat seine Verpflichtung, für eine genaue Ausgangskontrolle zu sorgen, bei Einsatz eines Faxgerätes dann erfüllt, wenn er seinen dafür zuständigen Mitarbeitern die Weisung erteilt, sich bei der Übermittlung eines Schriftsatzes einen **Einzelnachweis ausdrucken** zu lassen, auf dieser Grundlage die Vollständigkeit der Übermittlung zu **überprüfen** und die Notfrist erst nach der **Kontrolle des Sendeberichtes** zu löschen. Hat ein Rechtsanwalt eine solche Weisung zur Ausgangskontrolle

261

---

305 BVerwG, Urteil vom 26. April 1988 – 9 C 271.86 – NJW 1988, 2814.
306 BGH, Beschluss vom 22. Juni 2004 – VI ZB 14/04 – NJW 2004, 3492.
307 BVerwG, Beschluss vom 5. März 1982 – 8 C 159.81 – NJW 1982, 2458.
308 BVerwG, Urteil vom 26. April 1988 – 9 C 271.86 – NJW 1988, 2814.
309 BVerwG, Beschluss vom 21. Februar 2008 – 2 B 6.08 – Juris.
310 BVerwG, Urteil vom 26. April 1988 – 9 C 271.86 – NJW 1988, 2814.

5. Kapitel Klagefrist, Wiedereinsetzung

verfügt, darf er sich bei Angestellten, die sich über längere Zeit hinweg als zuverlässig erwiesen haben, darauf verlassen, dass seine allgemein erteilten Anweisungen im Einzelfall befolgt werden.[311]

262 Bei **Störungen** des **Empfangsgeräts** des Gerichts, aber auch bei Störungen der Übertragungsleitungen, über welche die Daten zu dem Empfangsgerät gelangen, wird das Risiko aber nicht zu Lasten des Klägers gehen dürfen. Mit der Wahl eines anerkannten Übermittlungsmediums, der ordnungsgemäßen Nutzung eines funktionsfähigen Sendegeräts und der korrekten Eingabe der Empfängernummer hat der Nutzer das seinerseits Erforderliche zur Fristwahrung getan, wenn er so rechtzeitig mit der Übermittlung beginnt, dass unter normalen Umständen mit ihrem Abschluss bis zum Ablauf der Frist zu rechnen ist.[312] Dies wird auch dann gelten, wenn der fristwahrende Klageschriftsatz zwar rechtzeitig abgesandt wurde, aber eine Übermittlung vor Fristablauf daran scheitert, dass das **empfangende Telefaxgerät** durch andere eingehende Sendungen **belegt ist**.[313]

263 Die vorgenannten Grundsätze dürften zukünftig an Relevanz noch zunehmen, wenn eine Fristversäumung im Rahmen der nach § 55a VwGO zulässigen **elektronischen Kommunikation** im Raum steht.[314] Auch hier wird die Frage des Verschuldens danach zu beurteilen sein, in wessen **Risikosphäre** die Fristversäumung fällt.

264 d) **Prozesskostenhilfeantrag.** Die Fristversäumung ist auch unverschuldet, wenn sie allein darauf beruht, dass der Kläger zunächst abwarten wollte, dass über seinen innerhalb der Klagefrist gestellten **Antrag auf Prozesskostenhilfe** entschieden wird.[315] Dies gilt allerdings nicht in Fällen eines gerichtskostenfreien Verfahrens, weil die Klageerhebung ohne finanzielles Risiko möglich ist.[316] Das der Klageerhebung entgegenstehende Hindernis der Mittellosigkeit wird mit der Zustellung des Prozesskostenhilfebeschlusses beseitigt, so dass die Zwei-Wochen-Frist ab diesem Zeitpunkt läuft. Eine zusätzliche Überlegungsfrist gibt es nicht.[317]

265 e) **Verschulden bei verspätetem Eingang eines Rechtsmittels.** War ein Verfahren beim Verwaltungsgericht anhängig und reicht ein Beteiligter fristgebundene Schriftsätze fälschlicherweise dort statt beim Oberverwaltungsgericht ein, ist das Ausgangsgericht im Rahmen nachwirkender Fürsorgepflichten und wegen des Gebotes eines fairen Verfahrens aufgrund fortwirkender Fürsorgepflicht gehalten, diese im ordentlichen Geschäftsgang an das zuständige Rechtsmittelgericht weiterzuleiten. Ein die Wiedereinsetzung grundsätzlich ausschließende **Verschulden wirkt sich** daher aufgrund einer überholenden Verletzung der gerichtlichen Fürsorgepflicht auf die Fristversäumnis **nicht mehr aus**, wenn der Schriftsatz so rechtzeitig bei dem Verwaltungsgericht eingegangen war, dass er im ordentlichen Geschäftsgang noch fristgerecht an das Oberverwaltungsgericht hätte weitergeleitet werden können oder der Beteiligte bei einem entsprechenden Hinweis durch das Verwaltungsgericht ohne Weiteres in der Lage gewesen wäre, die Antragsbegründung erneut und fristgerecht bei dem zuständigen Gericht einzureichen.[318]

---

311 BVerwG, Beschluss vom 28. April 2008 – 4 B 48.07 – Juris.
312 OVG Münster, Beschluss vom 19. August 2008 – 13 A 3248/06 – NJW 2009, 315.
313 So zutreffend Roth, NJW 2008, 785 unter kritischer Würdigung der teilweise anderslautenden Rechtsprechung, etwa OVG Lüneburg, Beschluss vom 23. November 2006 – 12 LA 265/05 – NJW 2007, 1080.
314 Vgl. hierzu Rdnr. 10.
315 Vgl. hierzu Rdnr. 25 f.
316 So etwa im Fall OVG Bautzen, Beschluss vom 4. August 2011 – 1 D 209/10 – Juris. Ferner OVG Lüneburg, Beschluss vom 15. Februar 2013 – 4 PA 25/1 – Juris.
317 OVG Lüneburg, Beschluss vom 10. Februar 2012 – 4 LA 6/12 -Juris.
318 OVG Lüneburg, Beschluss vom 8. Januar 2014 – 11 LA 229/13 – Juris, m. w. N.

4. Antrag, Frist und Ausschluss

266 Wiedereinsetzung wird nach § 60 Abs. 1 VwGO grundsätzlich **auf Antrag** gewährt.[319] Nach § 60 Abs. 2 VwGO ist der Antrag **binnen zwei Wochen** nach Wegfall des Hindernisses zu stellen; bei Versäumung der Frist zur Begründung der Berufung, des Antrags auf Zulassung der Berufung, der Revision, der Nichtzulassungsbeschwerde oder der Beschwerde beträgt die Frist einen Monat. Die Tatsachen zur Begründung des Antrags sind bei der Antragstellung oder im Verfahren über den Antrag **glaubhaft** zu **machen** (Satz 2). **Innerhalb** der **Antragsfrist** müssen grundsätzlich sämtliche **Umstände**, die für die Frage von Bedeutung sind, auf welche Weise und durch wessen Verschulden es zur Fristversäumnis gekommen ist, **dargelegt** werden.[320] Erforderlich ist eine rechtzeitige substantiierte und schlüssige Darstellung der für die Wiedereinsetzung wesentlichen Tatsachen und weitere Wiedereinsetzungsgründe in tatsächlicher Hinsicht können nach Ablauf der Frist nicht mehr vorgetragen werden.[321] Bloße Ergänzungen und Erläuterungen bleiben aber auch danach zulässig.

267 Versäumt der Kläger die Frist für die Wiedereinsetzung, kommt u.U. auch eine **Wiedereinsetzung in die Wiedereinsetzungsfrist** in Betracht, wenn auch insoweit die Voraussetzungen gegeben sind. Es kommt dann zu einer **doppelten Prüfung** des § 60 VwGO. Voraussetzung hierfür ist aber ebenfalls, dass die Versäumung der Wiedereinsetzungsfrist unverschuldet war. Daran fehlt es, wenn der Bevollmächtigte es über einen längeren Zeitraum unterlässt, bei Gericht nachzufragen, ob die Klage überhaupt eingegangen ist, wenn keine Eingangsbestätigung innerhalb der ortsüblichen Frist erfolgt ist.[322]

268 Nach **einem Jahr** seit dem **Ende der versäumten Frist** ist der Antrag **unzulässig**, außer wenn er vor Ablauf der Jahresfrist infolge **höherer Gewalt** unmöglich war (§ 60 Abs. 3 VwGO). Unter diesem Begriff ist ein außergewöhnliches Ereignis zu verstehen, das unter den gegebenen Umständen auch durch die größte, nach den Umständen des gegebenen Falles vernünftigerweise von dem Betroffenen unter Anlegung subjektiver Maßstäbe – also unter Berücksichtigung seiner Lage, Erfahrung und Bildung – zu erwartende und zumutbare Sorgfalt nicht abgewendet werden konnte.[323] Der Begriff der höheren Gewalt ist danach enger als der Begriff „ohne Verschulden" in § 60 Abs. 1 VwGO.

5. Nachholung der versäumten Rechtshandlung

269 Nach § 60 Abs. 2 Satz 3 VwGO ist die **versäumte Rechtshandlung** innerhalb der Antragsfrist **nachzuholen**. Allein im Wiedereinsetzungsantrag kann die Nachholung nicht gesehen werden. Es muss allerdings geprüft werden, ob ein Wiedereinsetzungsantrag als Nachholung der versäumten Rechtshandlung ausgelegt werden muss.[324] Wird die versäumte Rechtshandlung ausdrücklich nachgeholt, so kann die Wiedereinsetzung auch **ohne Antrag** gewährt werden (Satz 4). Denn der Säumige bringt durch Nachholen der versäumten Rechtshandlung nicht nur zum Ausdruck, dass er das Verfahren fortsetzen, sondern auch, dass prozessuale Nachteile aus der Fristversäumung beseitigt wissen will.[325]

6. Wiedereinsetzung in der Examensklausur

270 Beantragt der Kläger wegen der Fristversäumung Wiedereinsetzung in den vorigen Stand, ist über diesen Antrag **nicht gesondert** zu entscheiden. Ebenso wenig wird das

---

319   Beachte aber sogleich Rdnr. 265.
320   BVerwG, Beschluss vom 6. Dezember 2000 – 2 B 57.00 – Buchholz 310 § 60 VwGO Nr. 236.
321   BVerwG, Beschluss vom 19. August 1997 – 7 B 261.97 – Buchholz 310 § 133 n.F. VwGO Nr. 26.
322   VG Bremen, Beschluss vom 2. November 2011 – 5 V 1595/11 – Juris.
323   BVerwG, Urteil vom 11. Mai 1979 – 6 C 70.78 – BVerwGE 58, 100.
324   BVerfG, Beschluss vom 2. März 1993 – 1 BvR 249/92 – NJW 1993, 1695.
325   Vgl. OVG Berlin-Brandenburg, Beschluss vom 2. Juni 2006 – OVG 10 S 23.05 – Juris.

5. Kapitel Klagefrist, Wiedereinsetzung

Ergebnis der Wiedereinsetzungsprüfung gesondert tenoriert. Die Prüfung erfolgt vielmehr **im Rahmen der Zulässigkeitsprüfung**. Ist Wiedereinsetzung zu gewähren (und ist die Klage auch im Übrigen zulässig), wird die Begründetheit geprüft. Kommt eine **Wiedereinsetzung nicht** in Betracht, ist die **Klage unzulässig**.

271 Formulierungsbeispiel für eine unbegründete Wiedereinsetzung (Anwaltsverschulden):
„*Die Klage ist unzulässig. Der Kläger hat die Klagefrist versäumt. Nach § 74 Abs. 1 Satz 1 i.V.m Abs. 2 VwGO muss die Verpflichtungsklage innerhalb eines Monats nach Zustellung des Widerspruchsbescheids erhoben werden. Dies ist hier nicht erfolgt. Nach Zustellung des Widerspruchsbescheides am 30. März 2007 hätte die Klage spätestens am 30. April 2007, einem Montag, erhoben werden müssen. Dies war mit der erst am 9. Mai 2007 eingegangenen Klage nicht der Fall.*
Dem Kläger ist auch nicht Wiedereinsetzung in den vorigen Stand zu gewähren. Nach § 60 Abs. 1 VwGO ist auf Antrag Wiedereinsetzung in den vorigen Stand zu gewähren, wenn jemand ohne Verschulden verhindert war, eine gesetzliche Frist einzuhalten. Nach Absatz 2 der Vorschrift ist der Antrag binnen zwei Wochen nach Wegfall des Hindernisses zu stellen; die Tatsachen zur Begründung des Antrags sind bei der Antragstellung oder im Verfahren über den Antrag glaubhaft zu machen. Diese Voraussetzungen sind – auch wenn der Antrag entsprechend Absatz 2 der Vorschrift zwei Wochen nach Wegfall des Hindernisses gestellt wurde – vorliegend nicht erfüllt.
Zwar hat der Kläger die Versäumung der Klagefrist nicht selbst verschuldet. Dem Verschulden eines Beteiligten steht das Verschulden seines Bevollmächtigten aber gleich (§ 85 Abs. 2 ZPO, § 173 VwGO) und wird dem Beteiligten ohne Exkulpationsmöglichkeit zugerechnet. Eine Fristversäumnis ist verschuldet, wenn dem jeweiligen Betroffenen nach den Umständen des Einzelfalls ein Vorwurf hinsichtlich der Säumnis trifft; dies ist der Fall, wenn er gegen eine individuelle Sorgfaltspflicht verstoßen hat. Ein Verschulden von Hilfspersonal ist demgegenüber weder dem Bevollmächtigten noch dem Mandanten selbst zuzurechnen, es sei denn, der Bevollmächtigte hat – wie hier – Mängel in der Organisation der Büroabläufe zu vertreten. (...)"

Beachte:
Kosten, die durch einen Antrag auf Wiedereinsetzung in den vorigen Stand entstehen, fallen nach § 155 Abs. 3 VwGO dem Antragsteller zur Last. Gewinnt der Kläger also sein Verfahren, müssen die **Wiedereinsetzungskosten gesondert tenoriert** und begründet werden.

III. Verwirkung

272 Ausnahmsweise kann die verwaltungsgerichtliche Klage auch aus ungeschriebenen Gründen unzulässig sein. Dies ist insbesondere der Fall, wenn sich die Klageerhebung im Einzelfall als Verstoß gegen Treu und Glauben darstellt. Der Grundsatz ist auch im öffentlichen Recht anwendbar.[326] Die **Verwirkung** als **Hauptanwendungsfall** des venire contra factum proprium (Verbot widersprüchlichen Verhaltens) bedeutet, dass ein Recht nicht mehr ausgeübt werden darf, wenn seit der Möglichkeit der Geltendmachung längere Zeit verstrichen ist und besondere Umstände hinzutreten, die die **verspätete Geltendmachung** als **Verstoß gegen Treu und Glauben** erscheinen lassen. Das

---

326 Vgl. OVG Weimar, Beschluss vom 25. November 2008 – 4 ZKO 462/01 – Juris m.w.N.

ist zu bejahen, wenn ein Berechtigter unter Verhältnissen untätig bleibt, unter denen jedermann vernünftigerweise etwas zur Wahrung des Rechts unternommen hätte; dies ist insbesondere der Fall, wenn der Verpflichtete infolge eines bestimmten Verhaltens des Berechtigten darauf vertrauen durfte, dass dieser das Recht nach so langer Zeit nicht mehr geltend machen würde (**Vertrauensgrundlage**), der Verpflichtete ferner tatsächlich darauf vertraut hat, dass das Recht nicht mehr ausgeübt würde (**Vertrauenstatbestand**) und sich infolgedessen in seinen Vorkehrungen und Maßnahmen so eingerichtet hat, dass ihm durch die verspätete Durchsetzung des Rechts ein unzumutbarer Nachteil entstehen würde.[327]

Die Verwirkung des Klagerechts setzt den **Vorwurf** gegenüber dem Betroffenen voraus, er handele **wider Treu und Glauben**, wenn er sich darauf berufe, dass die Frist für die Klage entweder gar nicht oder aber nach § 58 Abs. 2 VwGO ein Jahr lang laufe. Häufigster praktischer – und damit der examsensrelevanteste – Anwendungsfall der Verwirkung ist der **Baunachbarstreit**, bei dem der Nachbar zwar keine Kenntnis von der Baugenehmigung erhält, das Baugeschehen aber unmittelbar selbst verfolgen kann oder hätte können. Im Regelfall nimmt die Rechtsprechung hier an, dass die Jahresfrist des § 58 Abs. 2 VwGO heranzuziehen ist, nach deren Ablauf keine Klage mehr möglich sein soll. Im Einzelfall kann das Klagerecht aber auch schon zu einem früheren Zeitpunkt verwirkt sein. Voraussetzung ist immer, dass der Nachbar auch die volle Tragweite des Vorhabens erfassen konnte.[328] Für die **klausurmäßige** Bearbeitung des Problems im **Examen** kann folgendes

Formulierungsbeispiel dienen:[329]
„Die Klage ist auch nicht wegen Verwirkung unzulässig. Eine Verwirkung des Klagerechts tritt ein, wenn die späte Klageerhebung gegen Treu und Glauben und das öffentliche Interesse am Rechtsfrieden verstößt. Dies ist der Fall, wenn der Kläger eine Klage, obwohl er von der für die Klageerhebung maßgeblichen Sachverhalt bereits längere Zeit Kenntnis hatte oder hätte haben müssen, erst zu einem Zeitpunkt erhebt, zu dem der Beklagte oder ein anderer Beteiligter nicht mehr mit einer Klage rechnen musste, d.h. darauf vertrauen durfte, dass keine Klage mehr erhoben wird. Die Verwirkung setzt demnach eine Kenntnis des Klägers von dem von ihm anzugreifenden Verwaltungsakt und ein in Kenntnis des Verwaltungsakts gezeigtes Verhalten voraus, durch das der Kläger beim Beklagten und bei sonst einem durch den Verwaltungsakt Begünstigten eine Vertrauensgrundlage dafür geschaffen hat, dass mit einer Klage von ihm nicht mehr zu rechnen sei. Dies ist hier nicht der Fall. Die Baugenehmigung ist dem Kläger nicht im Jahre 2012 bekanntgegeben worden. Ihm wurde weder eine Durchschrift der Genehmigung übergeben noch wurde er damals auf andere Weise von dem Erlass der Baugenehmigung unterrichtet. Der Kläger hätte zu dieser Zeit auch keine Kenntnis von der Baugenehmigung haben müssen. Das Kennenmüssen einer Baugenehmigung ist in der Regel dann gegeben, wenn sich dem Nachbarn der Erlass einer Genehmigung förmlich aufdrängen muss und er sich durch etwaige Nachfragen beim Bauamt oder beim Bauherrn Gewissheit verschaffen kann. Das ist regelmäßig dann der Fall, wenn für einen Nachbarn aufgrund von Bauarbeiten oder sonstigen Verhaltensweisen des von der Genehmigung Begünstigten deutlich wird, dass dieser von einer ihm erteilten Genehmigung Gebrauch macht. Für den Kläger war ein solches Gebrauchmachen von der Baugenehmigung jedoch nicht deutlich erkennbar. Zwar wurde das Wohnhaus – entsprechend der Baugenehmigung – als Sozialgebäude und die Freifläche als Lagerplatz

---

327 BVerwG, Urteil vom 10. August 2000 – 4 A 11.99 – NVwZ 2001, 206.
328 Vgl. zum Ganzen VGH Mannheim, Urteil vom 14. Mai 2012 – 10 S 2693/09 – Juris.
329 Am Beispiel des Urteils des VG Minden vom 19. August 2008 – 1 K 1671/07 – Juris, gebildet.

> genutzt. Aus dieser Nutzungsänderung war für den Kläger jedoch nicht zwingend der Rückschluss zu ziehen, dass eine die Nutzungsänderungen gestattende Baugenehmigung vorlag. Denn bereits vor der Erteilung hatte die Beigeladene das Wohngebäude als Sozialgebäude und die Freifläche als Lagerplatz genutzt. Auf Grund dieser vorherigen illegalen Nutzungen musste sich dem Kläger eine spätere Legalisierung durch eine Baugenehmigung nicht aufdrängen."

IV. Verzicht

275 Eine Klage kann schließlich dann unzulässig sein, wenn der Kläger **wirksam** auf sein Klagerecht oder auf die Einlegung von Rechtsmitteln **verzichtet** hat.[330] Klageverzicht bedeutet die eindeutige, auch konkludent mögliche Erklärung des Klägers, auf die gerichtliche Geltendmachung eines ihm zustehenden Rechts verzichten zu wollen. Ein den Erlass eines Sachurteils ausschließender Klageverzicht muss **unzweifelhaft** und **unmissverständlich** sein.[331] Ein rechtsgeschäftlich vereinbarter Verzicht auf Rechtsschutz ist statthaft.[332] Eine entsprechende Erklärung darf aber nicht durch Täuschung, Drohung oder sonstige unzulässige Beeinflussung seitens des Klagegegners herbeigeführt worden sein.[333] Verzichtet der Kläger hingegen auf den vom Klageverzicht zu unterscheidenden materiell-rechtlichen Anspruch, so führt dies zur Unbegründetheit der Klage.

6. Kapitel   Ordnungsgemäßes Vorverfahren

Literatur:
Engst, Das Widerspruchsverfahren als ein- oder zweistufiges Verwaltungsverfahren, JURA 2006, 166; *Geiger,* Die Neuregelung des Widerspruchsverfahrens durch das AGVwGO, BayVBl. 2008, 161; *Geis/Hinterseh,* Grundfälle zum Widerspruchsverfahren, JuS 2001, 1074; 1176; JuS 2002, 34; *Holzner,* Die Abschaffung des Widerspruchsverfahrens, DÖV 2008, 217; *Hufen,* Entbehrlichkeit des Widerspruchsverfahrens, JuS 2012, 276; *Meister,* Die reformatio in peius im Widerspruchsverfahren, JA 2002, 567; *Rüssel,* Zukunft des Widerspruchsverfahrens NVwZ 2006, 523.

I. Allgemeines

276 Nach § 68 Abs. 1 Satz 1 VwGO sind vor Erhebung der Anfechtungsklage Rechtmäßigkeit und Zweckmäßigkeit des Verwaltungsakts in einem Vorverfahren nachzuprüfen. Entsprechendes gilt nach Abs. 2 der Vorschrift für die Verpflichtungsklage. Ein Widerspruchsverfahren ist also nicht in allen öffentlich-rechtlichen Streitigkeiten notwendig bzw. statthaft, sondern nach § 68 VwGO nur dann, wenn ein Verwaltungsakt im Sinne von § 35 VwVfG Streitgegenstand ist. Dabei muss **objektiv** ein Verwaltungsakt **vorliegen,** weshalb die bloße Behauptung des Widerspruchsführers, ein behördliches Handeln erfülle diese Voraussetzungen, nicht genügt. Ausnahmsweise ist ein Widerspruch erforderlich, wenn ein Gesetz etwas anderes bestimmt. Hierzu zählt § 126 Abs. 3 BRRG bzw. § 54 BeamtStG, wonach bei allen beamtenrechtlichen Streitigkeiten die Durchführung eines Vorverfahrens vorgeschrieben wird, also auch, wenn es um

---

330   Kopp/Schenke, VwGO, § 74 VwGO, Rdnr. 21 m. w. N.
331   BVerwG, Urteil vom 28. April 1978 – VII C 50.75 – BVerwGE 55, 355.
332   VGH München, Urteil vom 22. April 2008 – 1 B 04.3320 – Juris. Vertiefend hierzu: Abel, BayVBl. 2008, 711.
333   VG Düsseldorf, Urteil vom 27. September 2006 – 20 K 4603/05 – Juris.

(beamtenrechtliche) Leistungs- und Feststellungsklagen geht.[334] Konsequenterweise spricht Nummer 1 der Vorschrift daher auch von „Maßnahmen". In allen sonstigen öffentlich-rechtlichen Streitigkeiten ist ein Widerspruch nicht vorgesehen und damit unzulässig.

Unter „Vorverfahren" ist die nochmalige Überprüfung der Verwaltungsentscheidung in einem **förmlichen Verfahren** zu verstehen.[335] Vorverfahren ist **allein** das **Widerspruchsverfahren**.[336] Die sog. Untätigkeitsklage nach § 75 VwGO[337] schließt bereits begrifflich ein Vorverfahren in diesem Sinne aus.[338] Kein Vorverfahren im Sinne des § 68 VwGO stellt das sog. Remonstrationsverfahren dar.

277

II. Zweck des Vorverfahrens

Das Vorverfahren hat drei Funktionen: Zum einen dient das Widerspruchsverfahren dem **Rechtsschutz** der vom staatlichen Handeln betroffenen Person. Dieser unterscheidet sich insoweit vom gerichtlichen Rechtsschutz, als sowohl die Recht- als auch die Zweckmäßigkeit der behördlichen Entscheidung überprüft wird. Damit wird intern sichergestellt, dass sich die Behörde an Recht und Gesetz hält (Art. 20 Abs. 3 GG).

278

Das Widerspruchsverfahren dient ferner der **Selbstkontrolle der Verwaltung**. So soll eine objektiv richtige Entscheidung herbeigeführt werden. Im Streitfall überprüfen sowohl die Ausgangsbehörde (als Abhilfebehörde nach § 72 VwGO) als auch die Widerspruchsbehörde unabhängig voneinander die rechtlichen und tatsächlichen Entscheidungsgrundlagen.

279

Schließlich bezweckt das Vorverfahren die **Entlastung der Gerichte**. Werden Streitigkeiten durch ein sorgfältiges Widerspruchsverfahren möglichst schon außergerichtlich geklärt, wird eine nachfolgende Klage entbehrlich.

280

Die Durchführung des Vorverfahrens ist eine **Sachurteilsvoraussetzung für die Klage**;[339] daher findet sich die Regelung in der VwGO, obwohl in der Sache Verwaltungsverfahrensrecht geregelt wird. Aus diesem Grund wird auch von der **Doppelnatur des Widerspruchsverfahrens** gesprochen.[340] Ergänzend zu den §§ 68 – 73 VwGO ist deshalb auf die einschlägigen Vorschriften des VwVfG zurückzugreifen.[341] Zentrale Vorschrift ist § 79 VwVfG. Danach gilt für förmliche Rechtsbehelfe gegen Verwaltungsakte die Verwaltungsgerichtsordnung und die zu ihrer Ausführung ergangenen Rechtsvorschriften, soweit nicht durch Gesetz etwas anderes bestimmt ist.

281

Sachurteilsvoraussetzungen müssen grundsätzlich im **Zeitpunkt der Entscheidung des Gerichts** vorliegen. Damit muss auch das Vorverfahren jedenfalls bis zu diesem Zeitpunkt durchgeführt worden sein. Eine Nachholung nach Klageerhebung ist also denkbar, allerdings wird in den meisten Fällen die Widerspruchsfrist verstrichen sein. Unter Umständen kann das Gericht das Klageverfahren entsprechend § 75 Satz 3 VwGO aussetzen, wenn die Nachholung noch möglich ist.

282

---

334 Zu den im Beamtenrecht vorkommenden Konstellationen im Einzelnen vgl.: Wittern/Baßlsperger, Rdnr. 499 – 505.
335 Redeker/v. Oertzen, VwGO, § 68 Rdnr. 2.
336 OVG Münster, Beschluss vom 13. April 2007 – 6 E 292/07 – Juris.
337 Siehe hierzu im Einzelnen noch Rdnr. 323 f.
338 OVG Lüneburg, Beschluss vom 8. Januar 2007 – 1 OB 81/07 – NVwZ-RR 2007, 430 f.; OVG Münster, Beschluss vom 13. April 2007 – 6 E 292/07 – Juris.
339 A.A.: Redeker/v. Oertzen, VwGO, § 68 Rdnr. 6.
340 Schübel-Pfister, JuS 2009, 999.
341 Zu den im Einzelnen anwendbaren Bestimmungen vgl. Geis/Hintersch, JuS 2001, 1075.

6. Kapitel Ordnungsgemäßes Vorverfahren

III. Anforderungen an das Vorverfahren

1. Beginn des Vorverfahrens

283 Nach § 69 VwGO **beginnt** das **Vorverfahren** mit der **Erhebung des Widerspruchs**. Dies ist nur möglich, wenn ein Verwaltungsakt dem hiervon Betroffenen tatsächlich **bekanntgegeben** worden ist. Ein vor Erlass eines (befürchteten) Verwaltungsakts eingelegter Widerspruch ist unzulässig. Ein vorher eingelegter Widerspruch wird auch nicht nachträglich dadurch zulässig, dass der Verwaltungsakt später tatsächlich ergeht.[342] Davon zu unterscheiden ist der Fall, dass gegen einen zustellungsbedürftigen Verwaltungsakt Widerspruch zu einem Zeitpunkt eingelegt wird, zu dem er unter Verstoß gegen Zustellungsvorschriften nur einfach bekannt gegeben worden ist.[343] Hiergegen ist der Widerspruch möglich.

284 Auch gegen einen **nichtigen Verwaltungsakt** ist der Widerspruch statthaft. Zwar müsste der Betroffene dagegen dogmatisch konsequent die Nichtigkeitsfeststellungsklage nach § 43 Abs. 1 1. Alt. VwGO erheben. Da es aber für den Rechtssuchenden unzumutbar ist, selbst vorab die – oft schwierige – Rechtsfrage zu klären, ob ein Verwaltungsakt nichtig im Sinne der §§ 44 Abs. 1 und 2 VwVfG oder „nur" rechtswidrig ist, hält die ganz h.M. dagegen einen Anfechtungswiderspruch für statthaft (Meistbegünstigungsprinzip).[344] Ein gesonderter Nichtigkeitsfeststellungswiderspruch ist dem Gesetz fremd.

285 Der **Widerspruch** ist erst erhoben, wenn er der § 70 Abs. 1 Satz 1 VwGO genannten **Behörde**, die den **Verwaltungsakt erlassen hat**, zugeht, also bei ihr eingegangen ist. Dafür genügt es, dass er mit Wissen und Wollen des Widerspruchsführers tatsächlich in den Verfügungsbereich der Behörde gelangt ist.[345] Nur der Widerspruch setzt das Vorverfahren in Gang; eine Klageerhebung ist keine konkludente Widerspruchseinlegung.[346] In der Erhebung der Klage selbst ist also kein gleichzeitig eingelegter Widerspruch zu sehen.[347] Ebenso wenig kann ein Antrag auf Gewährung des vorläufigen Rechtsschutzes als Widerspruch gegen den ursprünglichen Bescheid angesehen werden.[348]

2. Ordnungsgemäßes Vorverfahren

286 § 68 VwGO fordert die Durchführung eines **ordnungsgemäßen** Vorverfahrens. Daraus folgt, dass das Gericht die Zulässigkeitsvoraussetzungen des Widerspruchs von Amts wegen zu prüfen hat.

> **Beachte:**
> In der Klausur sollte daher genau formuliert werden: *„Der Kläger hat auch das erforderliche Vorverfahren ordnungsgemäß durchgeführt."* Derartige Ausführungen bieten sich aber nur an, wenn hier ein Problem der Klausur liegt.

287 a) **Form des Widerspruchs.** Grundsätzlich ist der Widerspruch **schriftlich** zu erheben. Nach § 70 Abs. 1 Satz 1 VwGO ist auch eine Niederschrift bei der Behörde möglich. Ein Widerspruch ist aber nicht wirksam „zur Niederschrift" erhoben, wenn der Be-

---

[342] OVG Münster, Beschluss vom 5. Mai 1995 – 10 B 894/95 – NVwZ-RR 1996, 184.
[343] BVerwG, Urteil vom 31. August 1966 – V C 42.65 – BVerwGE 25, 20.
[344] Geis/Hinterseh, Grundfälle zum Widerspruchsverfahren, JuS 2001, 1076.
[345] BVerwG, Urteil vom 18. Dezember 1992 – 7 C 16.92 – BVerwGE 91, 334.
[346] A.A. wohl BVerwG, Beschluss vom 26. September 1989 – 8 B 39.89 – Juris.
[347] OVG Lüneburg, Beschluss vom 8. November 2011 – 4 LB 156/11 – Juris.
[348] OVG Münster, Beschluss vom 11. März 2004 – 18 B 1238/03 – Juris.

troffene bei der Behörde anruft oder persönlich vorspricht und darauf vertraut, dass darüber bei der Behörde ein Aktenvermerk gefertigt werde.[349] Die VwGO enthält keine Bestimmungen über den Mindestinhalt eines Widerspruchs. Der Widerspruch muss vom Bürger nicht als solcher bezeichnet werden. Ebenso wenig muss er einen bestimmten Antrag enthalten. Es genügt, dass sich aus den Umständen der Widerspruchseinlegung ergibt, dass und ggf. in welchem Umfang[350] sich der Betroffene gegen den Ausgangsverwaltungsakt wenden will. Die Bezeichnung als „Einspruch" ist daher unschädlich. Zur Auslegung von Widerspruchsbegehren sind im Zweifel die §§ 133, 157 BGB entsprechend heranzuziehen. Im Zweifel ist davon auszugehen, dass der Ausgangsbescheid in vollem Umfang angefochten sein soll.

288 Es kommt nicht auf den inneren Willen der erklärenden Partei, sondern darauf an, wie die Erklärung aus der Sicht des Empfängers bei **objektiver Betrachtungsweise** zu verstehen ist. Dabei tritt der Wortlaut hinter Sinn und Zweck der Erklärung zurück. Maßgebend ist der geäußerte Wille des Erklärenden, wie er aus der Erklärung und sonstigen Umständen für den Erklärungsempfänger erkennbar wird.[351] Maßgeblich für den Inhalt eines Antrages oder Rechtsbehelfs ist daher, wie die Behörde ihn unter Berücksichtigung aller ihr erkennbaren Umstände nach Treu und Glauben zu verstehen hat.[352] Bei der Ermittlung des wirklichen Willens ist nach anerkannter Auslegungsregel zugunsten des Bürgers davon auszugehen, dass er denjenigen Rechtsbehelf einlegen will, der nach Lage der Sache seinen Belangen entspricht und eingelegt werden muss, um den erkennbar angestrebten Erfolg zu erreichen.[353] So liegt ein **Widerspruch** vor, wenn die **Behörde erkennen kann**, dass sich derjenige, der ein Schreiben einreicht, damit auch gegen eine bestimmte Verwaltungsmaßnahme wendet, die er beseitigt oder geändert haben möchte. In dem Schreiben muss nicht ausdrücklich von einem Widerspruch gesprochen oder dieses als Widerspruchsschrift bezeichnet werden. Es genügt vielmehr, dass sich aus dem **Inhalt des Schreibens** der **Wille** des **Absenders** ergibt, sich mit der Verwaltungsmaßnahme nicht zufrieden zu geben und zugleich deren Änderung oder Beseitigung im Wege eines förmlichen Rechtsbehelfs zu erstreben.

289 Die wirksame Einlegung eines **elektronischen Widerspruchs** setzt voraus, dass die Behörde sowohl den Zugang für die Übermittlung elektronischer Dokumente nach § 3a Abs. 1 VwVfG als auch nach § 3a Abs. 2 VwVfG eröffnet hat und der Widerspruch vom Absender mit einer qualifizierten elektronischen Signatur versehen ist. Dies ist bislang noch wenig verbreitet.[354] Dem per einfacher E-Mail eingelegten Widerspruch kommt daher keinerlei Rechtswirkung zu. Er kann als unzulässig zurückgewiesen werden.

290 Die **Grundsätze des Prozessrechts**, nach denen die Einlegung eines Rechtsmittels, die Rücknahme einer Klage oder eines Antrags grundsätzlich nicht an den Eintritt einer Bedingung geknüpft werden dürfen, haben **auch** für das **Widerspruchsverfahren** als förmlich ausgestaltetes Rechtsbehelfsverfahren **Gültigkeit**. Einlegung und Rücknahme des Widerspruchs sind im Interesse der Rechtssicherheit einer Bedingung oder einer Anfechtung wegen Willensmängeln grundsätzlich nicht zugänglich.[355]

291 b) **Widerspruchsfrist.** Nach § 70 Abs. 1 Satz 1 VwGO ist der Widerspruch **innerhalb eines Monats**, nachdem der Verwaltungsakt dem Beschwerten bekanntgegeben wor-

---

349 VG Neustadt a.d.W., Urteil vom 11. Februar 2008 – 4 K 1537/07 – Juris.
350 Siehe hierzu noch sogleich Rdnr. 302.
351 BVerwG, Urteil vom 27. April 1990 – 8 C 76.88 – Juris.
352 BVerwG, Urteil vom 15. November 2000 – 8 C 28.99 – Juris.
353 OVG Weimar, Beschluss vom 26. Juli 2002 – 4 EO 331/02 – NVwZ-RR 2003, 232.
354 Vgl. Kintz, NVwZ 2009, 1434.
355 BVerwG, Urteil vom 16. August 1995 – 11 C 2.95 – DVBl. 1996, 105 f.

6. Kapitel Ordnungsgemäßes Vorverfahren

den ist, zu erheben. Anderenfalls wird der Verwaltungsakt bestandskräftig und ist somit unanfechtbar. Voraussetzung für den Lauf der Monatsfrist ist allerdings, dass der Bescheid mit einer **ordnungsgemäßen Rechtsmittelbelehrung** versehen worden ist. Fehlt es an einer Rechtsmittelbelehrung oder ist die Rechtsmittelbelehrung fehlerhaft, so beginnt die Monatsfrist nach § 58 Abs. 1 VwGO nicht zu laufen.

292 Die **Rechtsmittelbelehrung** ist **fehlerhaft**, wenn etwa
- es an der **genauen Adresse** der Behörde fehlt, an die der Widerspruch gerichtet werden muss,
- eine Widerspruchsfrist von „vier Wochen" angegeben wird,
- wenn der Hinweis auf eine **Einlegung** des Widerspruchs **zur Niederschrift** fehlt, oder
- sie einen Hinweis enthält, wonach der **Widerspruch begründet** werden müsse.

293 Die **Rechtsmittelbelehrung** ist demgegenüber **nicht fehlerhaft**, wenn etwa
- ein besonderer Hinweis zur Dauer der Monatsfrist beim **Monat Februar** fehlt,
- ein Hinweis enthalten ist, dass die Widerspruchsschrift in **dreifacher Ausfertigung** eingereicht werden soll,
- der Hinweis, dass der Widerspruch schriftlich „bzw." (statt „oder") zur Niederschrift eingelegt werden kann.

> **Klausurhinweis:**
> Die Rechtsmittelbelehrungen in Bescheid und Widerspruchsbescheid werden in der Examensklausur üblicherweise nicht mitabgedruckt. Sollte dies einmal anders sein, ist dies ein *Indiz* dafür, dass die Belehrung *fehlerhaft* war.

294 Als Folge der unterbliebenen oder unrichtigen Rechtsmittelbelehrung sieht § 58 Abs. 2 VwGO (lediglich) vor, dass die Einlegung des Rechtsbehelfs nur **innerhalb eines Jahres** seit Zustellung, Eröffnung oder Verkündung zulässig ist. Das Fehlen bzw. die Unrichtigkeit der Belehrung führt aber **nicht** zur **formellen Rechtswidrigkeit** des Bescheides. Die Jahresfrist stellt eine absolute zeitliche Grenze für die Einlegung von Rechtsmitteln dar, weil der Gesetzgeber es für zumutbar hält, dass sich der Betroffene innerhalb dieser Frist über mögliche Rechtsbehelfe informieren kann.

295 Der Fristenlauf des § 70 Abs. 1 Satz 1 VwGO setzt ferner die **Bekanntgabe** des Verwaltungsakts voraus. Bekanntgabe ist jede von der Behörde veranlasste Eröffnung des Bescheides an den Adressaten. Im Einzelnen gelten die Bestimmungen des § 41 VwVfG.[356] Abweichend hiervon kann sich die Notwendigkeit der Zustellung eines Ausgangsbescheides aus speziellen Fachgesetzen[357] ergeben. Die erneute Bekanntgabe eines ordnungsgemäß bekannt gemachten Bescheides setzt keine neue Widerspruchsfrist in Gang,[358] auch wenn die Behörde irrig von einer vorangegangenen fehlgeschlagenen Zustellung ausgegangen ist. Die Bekanntgabe muss bei einem Verwaltungsakt, der sich an **mehrere Beteiligte** richtet, **jeweils gesondert** erfolgen. Daraus folgt, dass auch die Fristberechnung bei mehreren Beteiligten je nach Bekanntgabezeitpunkt unterschiedlich ausfallen kann.

296 Bei der **Fristberechnung** gelten die Vorschriften der §§ 186 ff. BGB, und zwar entweder über § 57 Abs. 2 VwGO i. V. m. § 222 Abs. 1 ZPO,[359] oder aber über §§ 79 Hs. 2 i. V. m.

---

[356] Zu den Fallgruppen des § 41 VwVfG vgl. im Einzelnen: Geis/Hinterseh, JuS 2001, 1178 f.
[357] Z. B. aus § 74 Abs. 1 AsylVfG.
[358] VGH Kassel, Beschluss vom 15. Juni 1998 – 13 TZ 4026/97 – NVwZ 1998, 1313.
[359] Sog. verwaltungsprozessuale Lösung, so z. B. Kopp/Schenke, VwGO, § 70 Rdnr. 8.

31 VwVfG.[360] Nach § 187 Abs. 1 BGB wird, wenn für den Anfang einer Frist ein Ereignis oder ein in den Lauf eines Tages fallender Zeitpunkt maßgebend ist, der Tag bei der Berechnung der Frist nicht mitgerechnet, in welchen das Ereignis oder der Zeitpunkt fällt. Das bedeutet für den **Fristbeginn**, dass der Tag der Bekanntgabe – hierin liegt ein Ereignis im Sinne der Vorschrift – bei der Berechnung der Monats- bzw. Jahresfrist nicht mitzählt (so auch § 31 Abs. 2 VwVfG). Die **Frist endet** nach § 188 Abs. 2 BGB mit dem Ablauf desjenigen Tages des Monats, welcher durch seine Benennung oder seine Zahl dem Tag entspricht, in den das Ereignis – also die Bekanntgabe – fällt.

Beispiel:
Der Widerspruch gegen einen am 15. Mai 2009 (Freitag) mit ordnungsgemäßer Rechtsmittelbelehrung versehenen und ordnungsgemäß bekannt gemachten Bescheid ist bis zum Ablauf des 15. Juni 2009 (Montag) zulässig.

Ist der Bescheid mit einer unrichtigen Rechtsmittelbelehrung versehen oder fehlt diese, beträgt die **Fristdauer** in Abweichung zu § 70 Abs. 1 Satz 1 VwGO nach § 58 Abs. 2 VwGO ein Jahr.

Beispiel:
Im vorgenannten Beispiel verlängert sich der Fristablauf genau um ein Jahr, also auf den 15. Mai 2010. Es wird also nicht nochmals ein Monat angehängt!

Für den Fall, dass das Ende einer Frist auf einen Sonn- oder Feiertag oder einen Sonnabend fällt, sieht § 193 BGB ebenso wie § 31 Abs. 3 Satz 1 VwVfG vor, dass die Frist mit dem Ablauf des nächsten auf einen solchen Tag folgenden Werktag endet.

Beispiel:
Ist der Bescheid im ersten Beispiel bereits am 14. Mai 2009 bekanntgegeben worden, tritt Fristablauf nicht am 14. Juni 2009 (Sonntag), sondern am (Ende des) 15. Juni 2009 (Montag) ein.

Hat der Betroffene die Widerspruchsfrist unverschuldet versäumt, kommt unter den Voraussetzungen des § 70 Abs. 2 VwGO, der § 60 Abs. 1 bis 4 VwGO für entsprechend anwendbar erklärt, **Wiedereinsetzung in den vorigen Stand** in Betracht.[361] Die Widerspruchsbehörde muss die Wiedereinsetzung gewähren, wenn die dort genannten Voraussetzungen vorliegen. Eine Wiedereinsetzung in die Widerspruchsfrist kommt regelmäßig nicht in Betracht, wenn der Widerspruchsführer über die Form des Widerspruchs korrekt belehrt worden ist. Ein eventuelles Mitverschulden der Behörde scheidet jedenfalls dann aus, wenn der Widerspruchsführer innerhalb der Widerspruchsfrist auf den Formmangel hingewiesen worden ist.[362]

In diesem Zusammenhang sind in der **Examensklausur drei Fallkonstellationen** denkbar:
- Die Widerspruchsbehörde gewährt die **Wiedereinsetzung zu Recht.**
  - In diesem Fall stellen sich in der Klausur keine besonderen Fragen.
- Die Widerspruchsbehörde weist den **Widerspruch zu Unrecht als unzulässig** zurück, obwohl die Wiedereinsetzungsvoraussetzungen vorlagen.
  - In diesem Fall ist im Rahmen der Zulässigkeit der Klage die Durchführung eines ordnungsgemäßen Vorverfahrens zu bejahen und zu begründen, warum Wiedereinsetzung hätte gewährt werden müssen.

---

360 Sog. verwaltungsverfahrensrechtliche Lösung, so z. B. Redeker/v. Oertzen, VwGO, § 70 Rdnr. 2; der Theorienstreit ist rein theoretischer Natur und hat keine praktischen Auswirkungen, so auch Geis/Hintersch, JuS 2001, 1178.
361 Zu weiteren Einzelheiten s. Rdnr. 249 f.
362 VG Neustadt a.d.W., Urteil vom 11. Februar 2008 – 4 K 1537/07 – Juris.

6. Kapitel Ordnungsgemäßes Vorverfahren

- Die Widerspruchsbehörde gewährt die **Wiedereinsetzung zu Unrecht**.
- In diesem Fall stellt sich die – umstrittene – Frage, ob das Gericht an die Entscheidung gebunden ist.[363]

301 **c) Widerspruchsbefugnis und Rechtsschutzbedürfnis.** Die Zulässigkeit des Widerspruchs ist nach allgemeiner Ansicht an die Erfüllung der übrigen Voraussetzungen geknüpft, die zugleich Voraussetzung der späteren Anfechtungs- oder Verpflichtungsklage sind.[364] Insbesondere müssen daher **Widerspruchsbefugnis** und **Rechtsschutzbedürfnis** des Widerspruchsführers zu bejahen sein. Wie bei der Klage auch soll ein „Popularwiderspruch" ausgeschlossen sein. Die Widerspruchsbefugnis ist mit dem Begriff der Klagebefugnis identisch. Zudem darf Rechtsschutz nicht anderweitig leichter, schneller, besser und billiger erreicht werden. Das Rechtsschutzbedürfnis fehlt ferner, wenn die beantragte Sachentscheidung für den Widerspruchsführer offenbar nutzlos ist oder wenn er die Behörde missbräuchlich in Anspruch nimmt. Zu den hiermit verbundenen Einzelfragen s. wegen der Parallelität der Probleme Rdnr. 170 f.

> **Klausurhinweis:**
> Weist die Widerspruchsbehörde in der **Examensklausur** einen Widerspruch zu Unrecht mangels Widerspruchsbefugnis als unzulässig zurück, so muss im Rahmen der Prüfung des § 68 VwGO das Vorliegen eines ordnungsgemäßen Vorverfahrens bejaht werden. In diesem Rahmen wird begründet, warum der Kläger widerspruchsbefugt war. Hinsichtlich des ebenfalls anzusprechenden § 42 Abs. 2 VwGO kann dann anschließend nach oben verwiesen werden.

302 **d) Umfang der Widerspruchseinlegung.** Der Widerspruchsführer kann seinen **Widerspruch** auf einen Teil des belastenden Verwaltungsakts **beschränken**, wenn dieser inhaltlich teilbar ist; die Grundsätze zur isolierten Anfechtbarkeit von Nebenbestimmungen vor Gericht gelten entsprechend. Eine Teilbarkeit ist zu verneinen, wenn der angefochtene Teil des Verwaltungsakts mit den übrigen Teilen in einem untrennbaren Zusammenhang steht.[365] Eine Teilanfechtung kommt vor allem bei abtrennbaren Nebenbestimmungen (Auflagen und Auflagenvorbehalte, § 36 Abs. 2 Nr. 4 und 5 VwVfG) oder bei Kostenentscheidungen in Betracht.[366] Der nicht angefochtene Teil des Verwaltungsakts wird dann bestandskräftig.

303 Hat der Widerspruchsführer den Widerspruch zulässigerweise auf Teile des Ausgangsverwaltungsakts **beschränkt**, so darf die Widerspruchsbehörde bei ihrer Entscheidung auch **nur** diesen **Teilaspekt** überprüfen; eine darüber hinausgehende Änderung des Bescheides ist ihr verwehrt. Allerdings können derartige Befugnisse unter Umständen nach den §§ 48 oder 49 VwVfG (Rücknahme und Widerruf) bestehen.[367]

3. Wirkungen des Widerspruchs

304 **a) Suspensiveffekt.** Die wichtigste Folge eines ordnungsgemäß eingelegten Widerspruchs besteht im **Suspensiveffekt** nach § 80 Abs. 1 VwGO. Der Widerspruch hat – ebenso wie die Klage – aufschiebende Wirkung. Die Behörde darf also keine Konsequenzen aus dem belastenden Verwaltungsakt ziehen, solange dieser entweder nicht

---

363 Siehe dazu Rdnr. 311 f.
364 Kopp/Schenke, VwGO, § 69 Rdnr. 4.
365 BVerwG, Urteil vom 25. Juni 1985 – 8 C 72.83 – NVwZ 1985, 902.
366 Geis/Hintersch, JuS 2001, 1076.
367 Für die Examensklausur könnte eine solche Fallkonstellation Anlass geben, sich mit Fragen der *Umdeutung* zu befassen.

bestandskräftig ist oder nicht dessen sofortige Vollziehung angeordnet wurde. Dadurch wird der Betroffene vorerst so gestellt, als sei der Verwaltungsakt nicht ergangen. Die Behörde ist allerdings nichts gehindert, einen Verwaltungsakt zu erlassen, dem die in einem angefochtenen Ausgangsbescheid enthaltenen Feststellungen zugrunde gelegt werden.[368]

Die **aufschiebende Wirkung entfällt** nicht schon mit Erlass des Widerspruchsbescheids, sondern erst mit dem **Eintritt** der **Unanfechtbarkeit** des Verwaltungsakts (vgl. § 80b Abs. 1 1. Hs. VwGO) in der Form des Widerspruchsbescheids, d. h. wenn die Klagefrist nach § 74 Abs. 1 bzw. § 58 Abs. 2 VwGO abgelaufen ist. Der Widerspruch eines durch den Verwaltungsakt belasteten Dritten hat ebenfalls aufschiebende Wirkung (§ 80 Abs. 1 Satz 2 VwGO). **305**

b) **Devolutiveffekt.** Handelt es sich bei der Ausgangs- und der Widerspruchsbehörde um zwei verschiedene Stellen, tritt der **Devolutiveffekt** ein, d. h. die Entscheidung über den Widerspruch ist nunmehr der nächsthöheren Stelle zugewiesen. Die Widerspruchsbehörde erlangt somit die volle Kompetenz über die Sachentscheidung. Es fällt also in ihre Zuständigkeit, Recht- und Zweckmäßigkeit der mit dem Widerspruch angegriffenen Entscheidung vollumfänglich zu überprüfen. In Selbstverwaltungsangelegenheiten kann die Kompetenz allerdings auf die Rechtskontrolle beschränkt sein.[369] **306**

Hinsichtlich der Kompetenz, eine **Abhilfeentscheidung** zu treffen, verbleibt aber eine konkurrierende Zuständigkeit bei der Ausgangsbehörde. Trifft die Ausgangsbehörde eine abhelfende Sachentscheidung, bevor die Widerspruchsbehörde über den Widerspruch entschieden hat, ist das Widerspruchsverfahren hierdurch beendet. Eine Aufhebung der Abhilfeentscheidung kommt dann ebenso wenig in Betracht wie eine abweichende Widerspruchsentscheidung.[370] **307**

4. Abschluss des Vorverfahrens

a) **Rücknahme des Widerspruchs.** Das Widerspruchsverfahren kann durch die Rücknahme des Widerspruchs beendet werden. In diesem Fall ergeht eine **Einstellungsentscheidung** derjenigen Behörde, bei der der Widerspruch im Zeitpunkt der Rücknahme anhängig ist. Die Rücknahme ist allerdings nur bis zur Bekanntgabe des Widerspruchsbescheids möglich.[371] **308**

b) **Abhilfeentscheidung.** Das **Widerspruchsverfahren** kann ferner mit einer Abhilfeentscheidung enden. Die **Ausgangsbehörde** hilft dem Widerspruch nach § 72 VwGO ab, wenn sie ihn für begründet hält, und entscheidet über die Kosten. Maßstab für die Kostenentscheidung ist § 80 Abs. 1 Satz 1 VwVfG, wonach die Behörde dem Widerspruchsführer die zur Rechtsverteidigung notwendigen Aufwendungen zu erstatten hat. Im Rahmen der Abhilfeentscheidung darf die Abhilfebehörde die Ausgangsentscheidung **nicht verbösern**; § 72 VwGO berührt aber nicht ihre Befugnis, den Bescheid unter den Voraussetzungen der §§ 48 f. VwVfG nachträglich aufzuheben. In diesem Fall handelt es sich um einen **Zweitbescheid**.[372] **309**

c) **Widerspruchsbescheid.** Ansonsten endet das Vorverfahren mit dem **Erlass eines Widerspruchsbescheides** durch die Widerspruchsbehörde (§ 73 VwGO). Nach Abs. 3 **310**

---

368 So dürfte eine Bauordnungsbehörde eine Abrissverfügung wegen formeller Illegalität mit dem Hinweis auf eine – noch nicht bestandskräftige – Ablehnung einer Baugenehmigung erlassen. Im Einzelnen str., hier stehen sich die sog. *Wirksamkeitstheorie* und die sog. *Vollziehbarkeitstheorie* gegenüber.
369 Redeker/v. Oertzen, VwGO, § 73 Rdnr. 13.
370 Wittern/Baßlsperger, Rdnr. 465.
371 Geis/Hinterseh, JuS 2002, 36.
372 Kopp/Schenke, VwGO, § 72 Rdnrn. 3 und 8.

6. Kapitel Ordnungsgemäßes Vorverfahren

Satz 1 der Vorschrift ist der Widerspruchsbescheid zu begründen, mit einer Rechtsmittelbelehrung zu versehen und zuzustellen. Der Widerspruchsbescheid bestimmt auch, wer die Kosten des Verfahrens trägt (§ 73 Abs. 3 Satz 3 VwGO). Maßgeblicher Entscheidungszeitpunkt für den Widerspruchsbescheid ist stets die zum Zeitpunkt seines Erlasses geltende Sach- und Rechtslage.

> **Beachte:**
> Sollte die Aufgabe in der **Examensklausur** darin bestehen, einen **Widerspruchsbescheid** zu erlassen, gilt als Faustregel, dass der angefochtene Bescheid tatsächlich – mindestens teilweise – fehlerhaft sein wird. Aufgabe des Bearbeiters ist es, den Fehler unter Auseinandersetzung mit dem Widerspruchsvorbringen zu korrigieren; ggf. kommt auch eine reformatio in peius in Betracht.[373] Der wichtigste **Unterschied** zur **Urteilsklausur** besteht darin, dass die Widerspruchsbehörde ein eigenes Ermessen ausüben und sich daher nicht auf die Überprüfung der Ermessenserwägungen der Ausgangsbehörde beschränken darf.

311   aa) **Sachentscheidung bei unzulässigem Widerspruch (Fristversäumung).** Die Vorschriften der Verwaltungsgerichtsordnung über das Vorverfahren ermöglichen es der Widerspruchsbehörde nicht, den angegriffenen Verwaltungsakt aufzuheben oder abzuändern, wenn der Widerspruch mangels Widerspruchsbefugnis unzulässig ist.[374] Lässt sich die Widerspruchsbehörde aber trotz Unzulässigkeit des Widerspruchs **wegen Versäumung der Widerspruchfrist** in der Sache auf den Widerspruch ein, sind die hieraus zu ziehenden Folgen umstritten:[375]

312   – Nach der ständigen **Rechtsprechung** des BVerwG soll die Widerspruchsbehörde auch bei Unanfechtbarkeit des Verwaltungsakts befugt sein, in der Sache zu entscheiden. Danach ist die Einhaltung der Widerspruchsfrist keine vom Verwaltungsgericht von Amts wegen zu prüfende Sachurteilsvoraussetzung. In einem Widerspruchsverfahren, das (nur) das Verhältnis zwischen der Behörde und dem durch den Verwaltungsakt Betroffenen berührt, dürfe die Widerspruchsbehörde daher auch über einen verspäteten Widerspruch sachlich entscheiden und damit den Weg zur verwaltungsgerichtlichen Sachprüfung eröffnen.[376]

313   – In der **Literatur** stößt diese Ansicht nahezu einhellig auf Ablehnung. Die eingetretene formelle Bestandskraft des angegriffenen Verwaltungsakts stehe nicht zur Disposition der Behörde, da § 70 Abs. 1 VwGO eine gesetzliche Frist betreffe; zudem sei der Wortlaut der Bestimmung eindeutig. Schließlich sei die gegenteilige Ansicht mit Sinn und Zweck der Regelung nicht vereinbar.[377]

> In der **Examensklausur** empfiehlt es sich in der beschriebenen Konstellation, der Ansicht der – in der Tat wenig überzeugenden – Rechtsprechung zu folgen. Hat die Widerspruchsbehörde den Widerspruch also trotz Fristversäumung in der Sache beschieden, ist das Gericht hieran gebunden. Ansonsten müsste die Klage als unzulässig abgewiesen werden; die Begründetheit der Klage wäre sonst in – schwieriger zu verfassenden – hilfsweisen Entscheidungsgründen abzufassen.

---

373   Siehe dazu sogleich Rdnr. 316.
374   BVerwG, Beschluss vom 15. Juni 1994 – 3 B 34.94 – Juris.
375   Vgl. Kopp/Schenke, VwGO, § 70 Rdnr. 9.
376   Z. B. Urteil vom 20. Juni 1988 – 6 C 24.87 – NVwZ-RR 1989, 85 f.
377   Kopp/Schenke, VwGO, § 70, Rdnr. 9 m. w. N.

> Formulierungsbeispiel: **314**
> „Die Anfechtungsklage ist zulässig. Nach § 68 Abs. 1 VwGO sind vor Erhebung der Anfechtungsklage Rechtmäßigkeit und Zweckmäßigkeit des Verwaltungsakts in einem Vorverfahren nachzuprüfen. Dieses Vorverfahren beginnt nach § 69 VwGO mit der Erhebung des Widerspruches, der gemäß § 70 Abs. 1 Satz 1 VwGO innerhalb eines Monates, nachdem der Verwaltungsakt dem Beschwerten bekannt gegeben worden ist, schriftlich oder zur Niederschrift bei der Behörde zu erheben ist, die den Verwaltungsakt erlassen hat. Der Kläger hat dieses vor Erhebung der Klage erforderliche Vorverfahren zwar nicht fristgerecht durchgeführt. Der Bescheid vom 22. Juli 2013 ist ihm nämlich bereits am 23. Juli 2013 durch Einwurf in seinen Briefkasten bekanntgegeben worden. Damit endete die einmonatige Frist zur Einlegung eines Widerspruches nach § 57 Abs. 2 VwGO i. V. m. § 222 Abs. 1 ZPO und § 188 Abs. 1 BGB am 23. August 2013 und war am 29. Januar 2014, dem Zeitpunkt des Einganges des Widerspruches abgelaufen. Allerdings darf die Widerspruchsbehörde nach ständiger Rechtsprechung auch über einen verspäteten Widerspruch sachlich entscheiden und damit den Weg zur verwaltungsgerichtlichen Sachprüfung eröffnen; eine sich über die Fristversäumung hinwegsetzende Sachentscheidung der Widerspruchsbehörde schließt für das spätere gerichtliche Verfahren die Beachtlichkeit der Verspätung des Widerspruchs aus. So liegt der Fall hier, weil die Widerspruchsbehörde in Kenntnis der Verfristung eine Entscheidung in der Sache getroffen hat."

315 Ungeachtet des vorgenannten Meinungsstreits herrscht aber Einigkeit darüber, dass die **Grenze** der Heilungskompetenz verfristeter Widersprüche dann erreicht ist, wenn es um einen **Verwaltungsakt mit Drittwirkung** geht. In diesen Fällen sichert der Fristablauf und die damit eintretende Bestandskraft nicht nur den Schutz der Widerspruchsbehörde vor unnötiger Belastung, sondern dient auch oder gerade den Interessen des Dritten, die durch die Bestandskraft gesicherte Rechtsposition erhalten zu können. Einer gleichwohl ergehenden Sachentscheidung der Widerspruchsbehörde kommt in diesem Fall für ein gerichtliches Verfahren keine das Fristversäumnis heilende Wirkung zu.[378]

316 **bb) Reformatio in peius.** Eine **reformatio in peius** (Verböserung) liegt vor, wenn der Entscheidungsausspruch der Widerspruchsbehörde im Vergleich zur angegriffenen Ausgangsentscheidung zum Nachteil des Widerspruchsführers geändert wurde.[379] Die reformatio in peius ist in der VwGO nicht geregelt, ihre **Zulässigkeit** ist aber in Literatur und Rechtsprechung **anerkannt**.[380] Zur Frage, auf welche Rechtsgrundlage sie gestützt werden kann, bestehen allerdings unterschiedliche Ansichten.[381] Die Widerspruchsbehörde tritt in dem durch den zulässigen Widerspruch abgesteckten Rahmen in vollem Umfang an die Stelle der Erstbehörde und überprüft den angegriffenen Verwaltungsakt sowohl auf seine Rechtmäßigkeit als auch auf seine Zweckmäßigkeit. Sie hat damit grundsätzlich die volle Entscheidungskompetenz der Erstbehörde, d. h. die gleiche Entscheidungskompetenz, die die Erstbehörde hätte, wenn sie erst im Zeitpunkt der Widerspruchsentscheidung den Verwaltungsakt erlassen würde. Daraus folgt, dass, sofern gesetzlich nichts anderes bestimmt ist, die Verböserung im Widerspruchsverfahren nicht an die Voraussetzungen gebunden ist, die für den Widerruf

---

378 Kopp/Schenke, VwGO, § 70, Rdnr. 9 m. w. N.
379 Meister, JA 2002, 567; vgl. auch Kopp/Schenke, VwGO, § 68 Rdnr. 10 f.
380 Redeker/v. Oertzen, VwGO, § 73 Rdnr. 20; BVerwG, Beschluss vom 19. Oktober 2010 – 9 B 21.10 – Juris.
381 Vgl. hierzu im Einzelnen Leichsenring, BayVBl. 2009, 263 f.

6. Kapitel Ordnungsgemäßes Vorverfahren

und die Rücknahme begünstigender Verwaltungsakte gelten.[382] Allerdings muss der Widerspruchsführer vor der Verböserung **angehört** werden.

317 In **prozessualer Hinsicht** kann die reformatio in peius Fragen bezüglich der richtigen **Klageart** und des **Klagegegenstand**es aufwerfen. Insbesondere wird sich die Frage stellen, ob dem Kläger u.U. schon damit gedient ist, nur die Verböserung anzugreifen. Klagegegenstand wäre in diesem Fall nach § 79 Abs. 2 Satz 1 VwGO allein der Widerspruchsbescheid.[383]

> **Klausurhinweis:**
> Auf **materiell-rechtlicher Seite** empfiehlt sich für die Darstellung der reformatio in peius in der **Examensklausur**, allein von der Rechtsgrundlage auszugehen, die die (zusätzliche) Belastung enthält und *innerhalb* der Prüfung als ersten Prüfungspunkt die Zulässigkeit der Verböserung anzusprechen. Vorteil dieser Lösung ist, dass das übliche Prüfungsschema[384] hierzu nicht verlassen werden muss. Erster Prüfungspunkt ist hier die ordnungsgemäße **Anhörung** zur Verböserung.

IV. Entbehrlichkeit des Vorverfahrens

318 In bestimmten Fällen ist die Durchführung eines Vorverfahrens entbehrlich. Dabei handelt es sich zum einen um gesetzlich geregelte Fallgruppen, zum anderen um in der Rechtsprechung entwickelte Konstellationen, die freilich nicht alle unumstritten sind. Der gesetzliche Ausschluss eines Widerspruchsverfahrens rechtfertigt sich entweder aus der Kompliziertheit der Materie, mit der sich eine Widerspruchsbehörde nicht nochmals befassen soll, oder aus Gründen der **Verfahrensbeschleunigung**.

1. Bestimmung durch Bundes- oder Landesgesetz

319 Nach § 68 Abs. 1 Satz 2 Nr. 1 VwGO bedarf es einer Nachprüfung im Vorverfahren nicht, wenn ein **Gesetz** dies bestimmt. Ein Vorverfahren ist damit nicht zulässig. Einem gleichwohl eingelegten Widerspruch kommt also keine aufschiebende Wirkung zu. Zu den Rechtsgebieten, in denen der Bundesgesetzgeber ein Vorverfahren gesetzlich ausgeschlossen hat, zählen u. a. das Planungsrecht und das Asylverfahrensrecht. Zudem ist in einzelnen Bundesländern der Widerspruch durch Landesrecht ausgeschlossen.

320 Die Tendenz zum gesetzlichen **Ausschluss** bzw. zur **Modifikation des Widerspruchsverfahrens auf Landesebene** ist steigend.[385] So sieht etwa Art. 15 BayAGVwGO vor, dass der Betroffene gegen einen nur an ihn gerichteten Verwaltungsakt u. a. im Bereich des Kommunalabgabenrechts, des Landwirtschaftsrechts, des Schulrechts, des Ausbildungs- und Studienförderungsrechts, in Angelegenheiten der Beamten sowie bei personenbezogenen Prüfungsentscheidungen entweder Widerspruch einlegen oder unmittelbar Klage erheben kann. Im Hinblick auf das dem Betroffenen zustehende Wahlrecht stellt sich eine Vielzahl neuer Fragen, die hier im Einzelnen nicht vertieft werden können.[386]

---

382 OVG Koblenz, Urteil vom 2. Oktober 1991 – 2 A 10038/91 – NVwZ 1992, 386-387. A.A. aber wohl BVerwG, Beschluss vom 17. Juni 1996 – 1 B 100.96 – NVwZ-RR 1997, 26.
383 Vertiefend hierzu: Meister, JA 2002, 567, 568.
384 Vgl. hierzu Rdnrn. 530 f.
385 Vgl. Rüssel, NVwZ 2006, 523, der auf abweichende Regelungen in Baden-Württemberg, Berlin, Hessen, Hamburg, Sachsen und Sachsen-Anhalt verweist. Vgl. zu den Entwicklungen auch Schönbroicher, NVwZ 2008, 1144. Zum Thema siehe auch Kopp/Schenke, VwGO, § 68 Rdnr. 17a, sowie Redeker/v. Oertzen, VwGO § 68 Rdnr. 11.
386 Instruktiv hierzu: Geiger, BayVBl. 2006, 161.

2. Verwaltungsakt einer obersten Bundes- oder Landesbehörde

321 Der Widerspruch findet ferner nicht statt, wenn der Verwaltungsakt von einer obersten Bundesbehörde oder von einer obersten Landesbehörde erlassen worden ist, außer wenn ein Gesetz die Nachprüfung vorschreibt (§ 68 Abs. 1 Satz 2 Nr. 1 VwGO). In Betracht kommen hier vor allem Entscheidungen der Bundes- oder Landesministerien.

3. Erstmalige Beschwer im Abhilfe- oder Widerspruchsbescheid

322 Nach § 68 Abs. 1 Nr. 2 VwGO bedarf es eines Vorverfahrens ferner nicht, wenn der Abhilfebescheid oder der Widerspruchsbescheid erstmalig eine Beschwer enthält. Hauptanwendungsfälle der Bestimmung sind die reformatio in peius und der Verwaltungsakt mit Doppelwirkung.

Beispiel:
Auf den Widerspruch des Nachbarn hebt die Bauordnungsbehörde die erteilte Baugenehmigung auf. Der ursprünglich begünstigte Bauherr muss gegen die Aufhebung nicht seinerseits noch einmal Widerspruch einlegen.

4. Sonstige Fälle

323 a) § 75 VwGO. Ist über einen Widerspruch oder über einen Antrag auf Vornahme eines Verwaltungsakts ohne zureichenden Grund in angemessener Frist sachlich nicht entschieden worden, so ist die Klage nach § 75 Satz 1 VwGO abweichend von § 68 VwGO zulässig. Die häufig anzutreffende Bezeichnung der Vorschrift als **Untätigkeitsklage** ist griffig, aber unzutreffend. § 75 VwGO regelt **keine eigene Klageart**, sondern bestimmt für die Anfechtungs- und die Verpflichtungsklage Ausnahmen vom grundsätzlichen Erfordernis des Vorverfahrens. Die wichtigste Voraussetzung von § 75 Satz 1 VwGO ist das Nichtvorliegen eines **zureichenden Grundes** für die eingetretene Verzögerung der behördlichen Entscheidung.

324 Als **zureichenden Grund** hat die Rechtsprechung z. B. anerkannt:
- Die zu treffende behördliche Entscheidung wirft besondere Schwierigkeiten, insbesondere im Bereich der Sachverhaltsermittlung, auf, die die Einholung von Stellungnahmen anderer Behörden und Sachverständigen verlangen.[387]
- Der Fall ist durch besondere rechtliche Schwierigkeit gekennzeichnet.
- Die Behörde ist aufgrund einer Gesetzesänderung oder nach einer Umorganisation vorübergehend überlastet.

325 **Nicht ausreichend** ist dem gegenüber etwa:
- wenn die Behörde durch immer neue Anhörungsschreiben oder Telefonate, in denen dem Antragsteller Stellungnahmefristen verlängert oder neu eingeräumt werden, oder durch Anfragen, ob der Widerspruch zurückgenommen werden soll, selbst Hindernisse schafft, die einer Bescheidung eines Widerspruchs entgegenstehen;[388]
- organisatorisch vermeidbare Bearbeitungsengpässe etwa aufgrund urlaubs- oder krankheitsbedingter Abwesenheiten.

326 Weiterhin muss ein **zeitliches Element** hinzukommen: Die Klage kann nach § 75 Satz 2 VwGO nicht vor Ablauf von **drei Monaten** seit der Einlegung des Widerspruchs oder seit dem Antrag auf Vornahme des Verwaltungsakts erhoben werden, außer wenn wegen besonderer Umstände des Falles eine kürzere Frist geboten ist. Liegt ein zureichender Grund dafür vor, dass über den Widerspruch noch nicht entschieden oder der beantragte Verwaltungsakt noch nicht erlassen ist, **setzt das Gericht** das **Verfahren** bis

---

387 VGH Mannheim, Beschluss vom 17. Dezember 2007 – 10 S 690/07 – Juris.
388 OVG Greifswald, Beschluss vom 17. April 2008 – 1 O 39/08 – Juris.

6. Kapitel Ordnungsgemäßes Vorverfahren

zum Ablauf einer von ihm bestimmten Frist, die verlängert werden kann, **aus** (§ 75 Satz 3 VwGO). Wird dem Widerspruch innerhalb der vom Gericht gesetzten Frist stattgegeben oder der Verwaltungsakt innerhalb dieser Frist erlassen, so ist die Hauptsache nach Satz 4 der Vorschrift für erledigt zu erklären. Eine nach drei Monaten erhobene Klage ist und bleibt auch zulässig, wenn das Gericht zwar einen zureichenden Grund für einen nach Ablauf der Dreimonatsfrist ergehenden Bescheid anerkennt, aber das Klageverfahren nicht zugleich aussetzt und eine Frist zur Bescheidung bestimmt.[389] Unterbleibt die förmliche Aussetzung und Fristsetzung und bescheidet die Behörde den Antragsteller nach Ablauf der Dreimonatsfrist, so bleibt die Klage zulässig und ein Widerspruchsverfahren ist entbehrlich.

> **Klausurhinweis:**
> In der Examensklausur sollte grundsätzlich davon ausgegangen werden, dass der von der Beklagtenseite angegebene Grund für die eingetretene Verzögerung nicht „zureichend" ist. Anderenfalls müsste das Gericht die Entscheidung aussetzen, ohne dass es zu der eigentlich gewollten Sachentscheidung kommt.

327 Formulierungsbeispiel für eine zulässige „Untätigkeitsklage":

„Die am 4. Februar 2014 erhobene Klage ist zulässig. Zwar ist nach § 68 Abs. 1 Satz 1 VwGO vor Erhebung der Anfechtungsklage Rechtmäßigkeit und Zweckmäßigkeit des Verwaltungsakts in einem Vorverfahren nachzuprüfen. Die Durchführung eines Vorverfahrens war hier aber ausnahmsweise nach § 75 Abs. 1 Satz 1 VwGO entbehrlich. Danach ist die Klage abweichend von § 68 zulässig, wenn über einen Widerspruch oder über einen Antrag auf Vornahme eines Verwaltungsakts ohne zureichenden Grund in angemessener Frist sachlich nicht entschieden worden ist. Dies war hier der Fall. Der Kläger hat gegen den ihm am 3. September 2013 bekanntgegebenen Bescheid am 19. September 2013 Widerspruch eingelegt, über den die Beklagte nicht entschieden hat. Sie kann sich hierfür auch nicht darauf berufen, seit geraumer Zeit über zu wenig Personal zu verfügen. Hierin liegt indes kein zureichender Grund im Sinne des § 75 Abs. 1 Satz 3 VwGO. Ein solcher Grund liegt nur dann vor, wenn ausnahmsweise besondere Gründe eine weitere Entscheidung verzögern, also etwa bei Vorgreiflichkeit eines anderen Verfahrens oder besonders komplexer Sachverhaltserforschung, nicht aber in einer personellen Unterausstattung, wie sie hier gegeben ist. Der Kläger hat auch die Drei-Monatsfrist des § 75 Abs. 1 Satz 2 eingehalten."

328 **b) Entbehrlichkeit aus Gründen der Prozessökonomie.** In bestimmten Fällen ist anerkannt, dass es aus **Gründen der Prozessökonomie** geboten sein kann, vom Erfordernis der Durchführung eines Vorverfahrens abzuweichen. Hintergrund dieser Konstellation ist die Überlegung, dass ein (nochmaliges) Vorverfahren bloße Förmelei wäre, weil die Entscheidung der Widerspruchsbehörde von vornherein feststeht bzw. diese sich endgültig auf die Ablehnung des Rechtsschutzbegehrens festgelegt hat.[390] Dies ist insbesondere der Fall, wenn dem Zweck des Widerspruchsverfahrens bereits Rechnung getragen ist oder aber dieser nicht mehr erreicht werden kann; das gilt jedenfalls, wenn die Ausgangs- und die Widerspruchsbehörde identisch sind.[391] Das BVerwG hat dies etwa für den Fall bejaht, dass Eheleute aus demselben Rechtsgrund inhaltlich übereinstimmend in Anspruch genommen wurden und auch sonst erkennbar kein Umstand

---
389 BVerwG, Urteil vom 4. Juni 1991 – 1 C 42.88 – NVwZ 1992, 180.
390 BVerwG, Urteil vom 30. Oktober 2013 – 2 C 23.12 – Juris.
391 BVerwG, Urteil vom 15. September 2010 – 8 C 21.09 – Juris.

IV. Entbehrlichkeit des Vorverfahrens

gegeben ist, der zu einer unterschiedlichen Beurteilung führen könnte.[392] Im Einzelnen lassen sich folgende **Fallgruppen** zusammenfassen:

aa) Identität des Widerspruchsgegenstandes. Die Durchführung eines Vorverfahrens soll dann **entbehrlich** sein, wenn zwar ein **neuer Verwaltungsakt** beantragt wird, dieser aber **auf im Wesentlichen denselben** tatsächlichen und rechtlichen **Voraussetzungen** beruht wie der Verwaltungsakt, der bereits Gegenstand eines Vorverfahrens war. Da in einem solchen Fall eine anderslautende Entscheidung der Behörde nicht erwartet werden könne, dürfe der Betroffene aus Gründen der Verfahrens- und Prozessökonomie – auch schon vor behördlicher Entscheidung über den neuen Antrag – ohne Durchführung eines Widerspruchsverfahrens sofort (Verpflichtungs-)klage erheben.[393]

329

Der angefochtene Bescheid darf einen anderen bereits erlassenen Verwaltungsakt, bei dem das Vorverfahren ordnungsgemäß durchgeführt wurde, lediglich **abändern, ersetzen** oder **wiederholen**. Voraussetzung hierfür ist, dass beide Verwaltungsakte einen (zumindest teilweise) identischen Regelungsbereich haben;[394] in diesem Fall kann der zweite Bescheid ohne nochmaliges Widerspruchsverfahren in die Klage einbezogen werden. Eine automatische Erstreckung der Klage ist in der VwGO aber nicht vorgesehen.[395] Die **Abgrenzung** zum – selbständig anzugreifenden – **Zweitbescheid** kann aber im Einzelfall problematisch sein.

330

bb) Rügelose Einlassung. Nach st. Rspr. des BVerwG ist die Durchführung eines förmlichen Vorverfahrens aus Gründen der Prozessökonomie ferner entbehrlich, wenn sich der Beklagte **auf die Klage eingelassen** und deren Abweisung beantragt hat.[396] Der Sinn des Widerspruchsverfahrens bestehe darin, der Behörde Gelegenheit zu geben, den angefochtenen Verwaltungsakt selbst zu überprüfen und dem Widerspruch abzuhelfen, falls sie die Einwendungen für berechtigt ansehe. Diesem Zweck soll danach Genüge getan sein, wenn die Behörde anstelle eines förmlichen Widerspruchsbescheids im verwaltungsgerichtlichen Verfahren unmissverständlich zum Ausdruck bringt, dass sie den Einwendungen nicht abhelfen will. Auch in dieser Konstellation habe sich die Behörde mit der Sache befasst und darüber entschieden, sodass der Zweck des Vorverfahrens erfüllt sei.[397] Entscheidend ist, ob dem Zweck des Vorverfahrens bereits Rechnung getragen ist oder sich sein Zweck ohnehin nicht mehr erreichen lässt.[398]

331

Ob die Entbehrlichkeit des Vorverfahrens auch dann angenommen werden kann, wenn sich der Beklagte auf das Fehlen der Vorverfahren ausdrücklich berufen und zur Sache nur **hilfsweise** eingelassen hat, wird dagegen auch in der Rspr. unterschiedlich gesehen.[399] In der Literatur wird die Auffassung, die fehlende Durchführung eines Vorverfahrens könne bereits durch die hilfsweise Einlassung zur Sache geheilt und die Berufung auf die fehlenden Zulässigkeitsvoraussetzungen damit unbeachtlich werden, abgelehnt.[400]

332

---

392 Urteil vom 13. Februar 1976 – IV C 44.74 – Juris.
393 VG München, Urteil vom 13. März 2006 – M 15 K 04.5500 – Juris; Kopp/Schenke, VwGO, § 68 Rdnr. 23.
394 OVG Bautzen, Beschluss vom 28. Mai 1998 – 1 S 149/98 – NVwZ-RR 1999, 101.
395 VGH Mannheim, Urteil vom 19. Juli 2005 – 9 S 2278/03 – NVwZ-RR 2006, 154.
396 Zuletzt etwa BVerwG, Urteil vom 19. Februar 2009 – 2 C 56.07 – NVwZ 2009, 924.
397 BVerwG, Urteil vom 2. September 1983 – 7 C 97.81 – NVwZ 1984, 507.
398 BVerwG, Urteil vom 4. August 1993 – 11 C 15.92 – NVwZ 1995, 76.
399 Dafür: BVerwG, Urteil vom 23. Oktober 1980 – 2 A 4.78 –, DVBl. 1981, 502; Urteil vom 9. Mai 1985 – 2 C 16.83 – NVwZ 1986, 374. Dagegen aber: BVerwG, Urteil vom 22. Juli 1999 – 2 C 14.98 – DVBl. 2000, 485, sowie OVG Münster, Urteil vom 18. April 2013 – 1 A 155.11 – Juris.
400 Kopp/Schenke, VwGO, § 68 Rdnr. 28 m. w. N.

7. Kapitel Verfahrensbeendigung ohne Urteil

333 cc) **Rechtsnachfolge.** Ein zusätzliches Widerspruchsverfahren ist schließlich entbehrlich, wenn der die Beschwer und damit die Klagebefugnis vermittelnde **Gegenstand** vom Widerspruchsführer an den Kläger **veräußert** worden ist. In einer solchen Situation entspricht es der **Verfahrensökonomie** und dem Gebot effektiven Rechtsschutzes, dass der Erwerber des die Klagebefugnis vermittelnden Gegenstandes auch in die darauf bezogene Verfahrensposition des bisherigen Eigentümers eintritt. Der Erwerber kann sich im Falle der Klageerhebung darauf berufen, dass die auf den Verkaufsgegenstand bezogene Beschwer bereits Gegenstand eines Widerspruchs seines Rechtsvorgängers war. Insoweit rückt er in dessen Verfahrensposition ein.[401]

334 c) **Fortsetzungsfeststellungswiderspruch.** Ob vor Erhebung einer Fortsetzungsfeststellungsklage nach § 113 Abs. 1 Satz 4 VwGO ein Widerspruchsverfahren nach § 68 VwGO durchzuführen ist, hängt davon ab, ob die Erledigung vor oder nach Eintritt der Bestandskraft eingetreten ist:

335 – Bei einer **Erledigung vor Bestandskraft** ist die Durchführung eines Vorverfahrens nicht nur nicht erforderlich, sondern überwiegender Ansicht nach nicht (mehr) statthaft[402]. Ein Fortsetzungsfeststellungswiderspruch ist nach der überwiegend hierzu vertretenen Meinung nicht in der VwGO vorgesehen.[403] Eine Mindermeinung hält einen „Fortsetzungsfeststellungswiderspruch" für statthaft, weil er durch geringeres Kostenrisiko und kürzere Verfahrensdauer effektiveren Rechtsschutz verschaffe.[404]

336 – Tritt **Erledigung** des Verwaltungsakts nach **Klageerhebung** ein, so bleibt ein ordnungsgemäß durchgeführtes Widerspruchsverfahren Zulässigkeitsvoraussetzung, weil es sich bis zur Erledigung um eine normale Anfechtungsklage handelt. Dies ist der gesetzlich vorgesehene Regelfall der Fortsetzungsfeststellungsklage, die im Einzelnen im 15. Kapitel behandelt wird.

7. Kapitel Verfahrensbeendigung ohne Urteil

Literatur:
Deckenbrock/Dötsch, Die Erledigung in der Hauptsache im Verwaltungsprozess JuS 2004, 489, 589, 689; *Exner*, Die Erledigungserklärung im Verwaltungsprozess, JuS 2012, 607; *Kintz*, Aus der Praxis: Anfechtungsklage und teilweise übereinstimmende Erledigungserklärung im Verwaltungsprozess, JuS 2003, 1017.

I. Einführung

337 In der verwaltungsgerichtlichen Praxis wird bei Weitem nicht jeder Rechtsstreit mit einer streitigen Entscheidung des Gerichts (Urteil oder Beschluss) abgeschlossen. Vielmehr endet eine **Vielzahl von Verfahren** durch anderweitige **unstreitige Erledigung**.

338 Verwaltungsgerichte geben im Hinblick auf den Untersuchungsgrundsatz (§ 86 Abs. 1 VwGO) öfter als Zivilgerichte im Vorfeld einer Entscheidung **Hinweise an die Beteiligten** zur Rechtslage und damit zum voraussichtlichen Erfolg einer Klage bzw. eines Antrags auf vorläufigen Rechtsschutz. Das Gericht wird dann entweder dem Kläger nahelegen, die Klage – auch aus Kostengründen – zurückzunehmen, oder aber es regt bei der Behörde die Aufhebung der angegriffenen belastenden Entscheidung bzw. die

---
401 BVerwG, Beschluss vom 12. Juni 2006 – 3 B 181.05 – Juris.
402 Fechner, NVwZ 2000, 124.
403 A.A. aber Kopp/Schenke, VwGO, vor § 68 Rdnr. 2.
404 Z. B. Kopp/Schenke, VwGO, § 68 Rdnr. 34.

Bewilligung der mit der Klage begehrten Begünstigung an. Als Ausdruck der Dispositionsmaxime darf der Kläger die Klage jederzeit zurücknehmen oder aber den Rechtsstreit für erledigt erklären. Welcher dieser Fälle vorliegt, kann im Einzelfall eine Frage der Auslegung sein.

Da bei einer vollständigen Klagerücknahme bzw. einer übereinstimmenden Erledigungserklärung lediglich ein (deklaratorischer) Einstellungs- bzw. Kostenbeschluss ergeht, dürfte **klausurrelevant** in diesem Zusammenhang vor allem die **teilweise** Klage- bzw. Antragsrücknahme sowie die übereinstimmende **teilweise** Hauptsacheerledigung sein.[405]

339

II. Klagerücknahme

1. Voraussetzungen

Nach § 92 Abs. 1 Satz 1 kann der Kläger die Klage bis zur Rechtskraft des Urteils zurücknehmen. Die Klagerücknahme ist die Erklärung des Klägers, sein Klagebegehren nicht weiter zu verfolgen. Die **Klagerücknahme** ist als **Prozesshandlung bedingungsfeindlich** und unterliegt wegen ihrer prozessualen Gestaltungswirkung im Interesse der Rechtssicherheit ausschließlich den strengen Regeln des Prozessrechts; sie ist daher grundsätzlich **weder** wegen Willensmängeln entsprechend §§ 119 ff. BGB **anfechtbar noch widerrufbar**. Sie ist allerdings unwirksam, wenn der Erklärende zum Zeitpunkt der Erklärung (vorübergehend) prozessunfähig war.[406] Gleiches gilt, wenn die Prozesserklärung für das Gericht und für den Prozessgegner sogleich als Versehen offenbar gewesen und deshalb nach Treu und Glauben als unwirksam zu behandeln ist.[407]

340

Eine **Ausnahme** von der grundsätzlichen Unwiderruflichkeit von Prozesshandlungen besteht nur dann, wenn entweder ein Restitutionsgrund nach § 153 VwGO i. V. m. § 580 ZPO vorliegt oder wenn es mit dem auch im Verwaltungs- und Verwaltungsprozessrecht geltenden Grundsatz von Treu und Glauben unvereinbar wäre, einen Beteiligten an der von ihm vorgenommenen Prozesshandlung festzuhalten.[408] Dies kann ausnahmsweise dann in Betracht kommen, wenn diese durch Drohung, sittenwidrige Täuschung, unzulässigen Druck oder unzutreffende richterliche Belehrung bzw. Empfehlung herbeigeführt wurde.[409] Dies gilt entsprechend für Verfahren nach den § 80 Abs. 5 VwGO und § 123 Abs. 1 VwGO.

341

Grundsätzlich muss die Erklärung der Klagerücknahme in **schriftlicher Form**, zu Protokoll des Urkundsbeamten der Geschäftsstelle oder aber in der mündlichen Verhandlung erklärt werden. Im letzten Fall wird die Rücknahme gerichtlich protokolliert. **Ausnahmsweise** kann die Rücknahme einer Klage mit prozessualer Wirksamkeit auch konkludent erklärt werden. Dies kommt aber nur in Betracht, wenn ohne Zweifel von einem entsprechenden Willen des Klägers ausgegangen werden kann. Richtet sich eine Klage z. B. ausdrücklich gegen mehrere Auflagen, die Begründung der Klage dagegen nur gegen eine Auflage, so kann darin eine Klagerücknahme im Übrigen liegen.[410]

342

Bis zur Stellung der Anträge in der **mündlichen Verhandlung** kann der Kläger über die Rücknahme selbst entscheiden. Nach diesem **Zeitpunkt** sieht § 92 Abs. 1 Satz 2 VwGO das Erfordernis der Einwilligung des Beklagten (und ggf. des Vertreters des

343

---

405 Siehe dazu unten Rdnr. 367 f. Zur einseitigen Erledigungserklärung vgl. das 15. Kapitel.
406 VGH München, Beschluss vom 17. März 2009 – 3 ZB 07.2220 – Juris.
407 BVerwG, Urteil vom 15. Juni 2005 – 9 C 8.04 – Juris.
408 BVerwG, Beschluss vom 27. März 2006 – 6 C 27.05 – NVwZ 2006, 834.
409 VGH München, Urteil vom 29. Januar 2009 – 13 A 08.1688 – Juris.
410 VG Köln, Beschluss vom 5. Juli 2006 – 18 K 4813.05 – Juris.

7. Kapitel Verfahrensbeendigung ohne Urteil

öffentlichen Interesses) voraus. In diesem späten Stadium soll der Kläger den Gegenstand des Verfahrens nicht mehr ohne weiteres der gerichtlichen Klärung entziehen dürfen; insoweit wird seine **Dispositionsbefugnis** eingeschränkt. Allerdings sieht § 92 Abs. 1 Satz 3 VwGO eine Einwilligungsfiktion vor; die Einwilligung gilt danach als erteilt, wenn der Klagerücknahme nicht innerhalb von zwei Wochen seit Zustellung des die Rücknahme enthaltenden Schriftsatzes widersprochen wird; das Gericht hat auf diese Folge hinzuweisen. Die **Rücknahme** ist **bis zur Rechtskraft des Urteils** möglich, also auch noch im Rechtsmittelverfahren.

2. Umfang

344 Der Kläger kann die Klage ganz oder zum Teil zurücknehmen. Eine **teilweise Klagerücknahme** kann sowohl in Bezug auf den geltend gemachten Anspruch wie auch auf die Person des Beklagten erklärt werden, wenn sich die Klage gegen mehrere Beteiligte richtete.[411]

345 Im Fall der teilweisen Klagerücknahme muss das Gericht **im Rahmen des Urteils** auch über die **Kosten** des zurückgenommenen Teils entscheiden. Es ergeht also kein gesonderter Einstellungsbeschluss.[412]

346 Im **Tenor** des Urteils wird bei der Kostenentscheidung eine Kostenquote gebildet. Gelegentlich werden in diesem Fall die Kosten des zurückgenommenen Teils dem ansonsten obsiegenden Kläger gesondert auferlegt, während der Beklagte die übrigen Kosten des Verfahrens trägt. Die sich hieraus ergebende Quote muss dann der Kostenbeamte festsetzen. Bei der Begründung dieser **Nebenentscheidung** werden die §§ 154 Abs. 1 und 155 Abs. 2 VwGO nebeneinander genannt.

3. Folgen der Klagerücknahme

347 a) **Beendigung des Verfahrens.** Mit der Klagerücknahme ist das **Verfahren beendet**. Die **Rechtshängigkeit** der Klage **entfällt** nachträglich. Der Kläger ist aber hierdurch nicht gehindert, die Klage nochmals zu erheben, vorausgesetzt, die etwa einzuhaltende Klagefrist ist zu diesem Zeitpunkt nicht verstrichen. Hierdurch unterscheidet sich die Klagerücknahme vom Verzicht, der die nochmalige Geltendmachung eines Anspruchs ausschließt.

348 Die Beendigung des Verfahrens erfolgt unmittelbar durch Erklärung. Daher ist der nur noch zu erlassende **Einstellungsbeschluss** nur **deklaratorischer** Natur (§ 92 Abs. 3 Satz 1 VwGO). Er ist nach Satz 2 der Bestimmung unanfechtbar.

349 Wird die Klage **im Berufungs- oder Revisionsverfahren** zurückgenommen, spricht das Gericht zusätzlich die **Wirkungslosigkeit** des ergangenen Urteils aus (§ 173 Satz 1 VwGO i. V. m. § 269 Abs. 3 Satz 1 ZPO). Wird **nur das Rechtsmittel** zurückgenommen, erwächst das vorangegangene Urteil in Rechtskraft.[413]

350 b) **Kostenentscheidung.** Als gesetzliche Folge der Klagerücknahme muss das Gericht zudem über die **Kosten** entscheiden. Grundsätzlich wird der Kläger nach § **155 Abs. 2** VwGO diese Kosten zu tragen haben. Das schließt indes nicht aus, dass im Einzelfall auch der Gegenseite die Kosten aufgrund des § 155 Abs. 4 VwGO ganz oder teilweise auferlegt werden können. Diese – § 155 Abs. 2 VwGO vorrangige – Bestimmung greift, wenn Kosten durch das Verschulden eines Beteiligten entstanden sind. Dies kann etwa der Fall sein, wenn die Behörde den Kläger durch eine unrichtige Rechtsmittelbelehrung veranlasst hat, gegen einen Bescheid zu klagen, oder wenn die Rück-

---

411   Kopp/Schenke, VwGO, § 92 Rdnr. 8.
412   Es sei denn, das erledigte Verfahren wird nach § 93 VwGO abgetrennt.
413   Kopp/Schenke, VwGO, § 126 Rdnr. 1.

nahme nur deshalb erfolgte, weil die Behörde dies zur Voraussetzung für den Erlass eines Verwaltungsakts gemacht hat, auf den ein Anspruch bestand.[414]

4. Betreibensaufforderung

Nach § 92 Abs. 2 Satz 1 VwGO **gilt die Klage als zurückgenommen**, wenn der Kläger das Verfahren trotz Aufforderung des Gerichts länger als zwei Monate **nicht betreibt**. Das Instrument der Betreibensaufforderung hat der Gesetzgeber in Anlehnung an § 81 AsylVfG in die VwGO übernommen; hier beträgt die Frist aber lediglich einen Monat.

351

Die fiktive Klagerücknahme setzt voraus, dass im Zeitpunkt der **Betreibensaufforderung** sachlich begründete Anhaltspunkte für einen **Wegfall des Rechtsschutzinteresses** bestehen.[415] So kann sich aus dem fallbezogenen Verhalten des Klägers, z. B. aus der Verletzung prozessualer Mitwirkungspflichten (z. B. § 86 Abs. 1 Satz 1 VwGO), ein Desinteresse an der weiteren Verfolgung seines Begehrens und damit der Wegfall des Rechtsschutzinteresses ableiten lassen. Dabei gilt ein strenger Maßstab.[416] Die Anforderungen an die prozessuale Mitwirkung des Klägers dürfen nicht überspannt werden. So kann allein aus der fehlenden Reaktion auf eine gerichtliche Anfrage oder Aufforderung nicht ohne weiteres geschlossen werden, der Kläger habe kein Interesse an der Fortführung des Verfahrens. Ein **Schweigen** des Klägers rechtfertigt nur dann Rückschlüsse auf sein Interesse am Fortgang des Verfahrens, wenn ein **berechtigter Anlass** für die Verfügung des Gerichts bestand und von dem Kläger erwartet werden konnte, auf diese Verfügung zur Förderung des Verfahrens zu reagieren.[417] Die Vorschrift darf nicht als Sanktion für einen Verstoß gegen prozessuale Mitwirkungspflichten oder unkooperatives Verhalten eines Beteiligten gedeutet oder eingesetzt werden.[418] Der Wegfall des Interesses an einer weiteren Rechtsverfolgung kann unter Umständen auch aus einer unterlassenen Klagebegründung hergeleitet werden, insbesondere dann, wenn diese zuvor ausdrücklich angekündigt worden war.

352

Sieht das Gericht die Voraussetzungen für den Erlass der Betreibensaufforderung als gegeben an, so stellt es die Aufforderung förmlich zu. Die Zwei-Monats-Frist beginnt mit der **Zustellung** der **Verfügung**. Der Kläger ist hierin nach § 92 Abs. 2 Satz 3 VwGO auf die Folgen des Nichtbetreibens hinzuweisen. Das Gericht stellt das Verfahren nach Ablauf der Frist bei Nichtbetreiben ebenfalls ein (§ 92 Abs. 3 VwGO).

353

5. Streit über wirksame Klagerücknahme

Entsteht über die **Wirksamkeit** der ausgesprochenen **Klagerücknahme** oder über das Vorliegen der Voraussetzungen der gesetzlichen **Rücknahmefiktion** Streit, so hat das Gericht das **Verfahren fortzusetzen** und über die Frage der Beendigung des Verfahrens aufgrund mündlicher Verhandlung durch Urteil zu entscheiden, wenn ein Beteiligter dies beantragt.[419]

354

Kommt das Gericht nach einem Antrag auf Fortsetzung des Verfahrens zu dem Ergebnis, dass die **Rücknahme wirksam erklärt** wurde bzw. die Voraussetzungen für die Rücknahmefiktion vorgelegen haben, so stellt es dies durch Feststellungsurteil im

355

---

414 Vgl. VG Berlin, Beschluss vom 9. November 2007 – 14 V 70.06 – Juris.
415 BVerwG, Beschluss vom 7. Juli 2005 – 10 BN 1.05 – Juris.
416 Instruktiv zum Nichtvorliegen der Voraussetzungen für eine Betreibensaufforderung: OVG Lüneburg, Beschluss vom 6. Februar 2001 – 4 O 4442/00 – Juris.
417 Vgl. OVG Berlin-Brandenburg, Urteil vom 26. Oktober 2010 – OVG 10 B 2.10 – Juris.
418 BVerfG, Beschluss vom 17. September 2012 – 1 BvR 2254/11 – Juris.
419 Kopp/Schenke, VwGO, § 92 Rdnr. 28 m. w. N.; VG München, Urteil vom 11. Januar 2008 – M 6b K 07.714 – Juris.

7. Kapitel Verfahrensbeendigung ohne Urteil

Sinne einer die Sachentscheidungsvoraussetzungen verneinenden Prozessentscheidung fest. Tenoriert wird also:
„Die Klage ist zurückgenommen."

356 Falls das Gericht zur Erkenntnis kommt, dass die **Rücknahme nicht wirksam** war, ergeht entweder ein **Zwischenurteil** über die Zulässigkeit der Klage (vgl. § 109 VwGO), **oder** aber es entscheidet hierüber im Rahmen des **Endurteils**, das zugleich eine Entscheidung in der Sache selbst beinhaltet.

> **Beachte:**
> In der **Examensklausur** dürfte der Streit um die Wirksamkeit einer Rücknahme nur in der letztgenannten Konstellation auftauchen, etwa weil die Erklärung formunwirksam war oder auf relevanten Willensmängeln beruhte. Die Entscheidungsgründe würden dann – nach einem zusammenfassenden Obersatz (*„Die Klage hat [keinen] Erfolg"*) – wie folgt aufgebaut:
> – Wirksamkeit der Rücknahme (im konkreten Fall: *„Auf den Antrag des Klägers war das Verfahren fortzusetzen. Soweit das Gericht das Verfahren nämlich auf der Grundlage seiner per E-Mail eingegangenen Erklärung vom 2. Mai 2014 mit Beschluss vom 7. Mai 2014 eingestellt hat, war dies unwirksam. Denn die Rücknahmeerklärung entsprach nicht dem Schriftformerfordernis. (...)"*)
> – Zulässigkeit der Klage
> – Begründetheit der Klage

III. Übereinstimmende Hauptsachenerledigung

1. Voraussetzungen

357 Verändert sich nach Klageerhebung die Sach- oder Rechtslage und wird hierdurch das **Klagebegehren gegenstandslos**, muss der Kläger auf die veränderte Situation reagieren. Anderenfalls müsste seine Klage aufgrund fehlenden Rechtsschutzbedürfnisses abgewiesen werden; die Kosten müsste er nach § 154 Abs. 1 VwGO tragen. Liegen die Voraussetzungen einer Fortsetzungsfeststellungsklage nach § 113 Abs. 1 Satz 4 VwGO nicht vor, bleibt ihm – will er die Auferlegung von Kosten vermeiden – nur die Möglichkeit, den Rechtsstreit in der **Hauptsache für erledigt** zu **erklären**.

358 Eine Erledigung des Rechtsstreits kann in jedem Verfahrensstadium eintreten. Gesetzlich geregelte Fälle der Erledigung sind die in § 43 Abs. 2 VwVfG genannten Konstellationen der Aufhebung eines Bescheides oder auch Zeitablauf. Diese Fälle sind indes keinesfalls abschließend; vielmehr ist eine Fülle von Fallgestaltungen denkbar, bei denen die Verfolgung des ursprünglichen Klageantrags keinen Sinn mehr macht. So kann Erledigung vorliegen, wenn das Gebäude, dessen Abriss dem Kläger aufgegeben worden war, bis auf die Grundmauern abbrennt, wenn also der eigentliche Gegenstand des Bescheides untergeht. Zusammengefasst tritt in Anfechtungskonstellationen also **Erledigung mit dem Wegfall jeglicher Beschwer** ein, die von dem belastenden Verwaltungsakt herrührte.

359 Liegt eine **übereinstimmende Erledigungserklärung** der Beteiligten vor, so kommt es nicht darauf an, ob tatsächlich Erledigung eingetreten ist. Auch die Zulässigkeit und die Begründetheit der ursprünglichen Klage spielen in diesem Zusammenhang keine Rolle. Das Gericht überprüft diese Fragen nicht mehr, weil die Beteiligten durch ihre im Rahmen der Dispositionsmaxime erfolgte Erklärung darauf verzichten, dies noch gerichtlich klären zu lassen.

III. Übereinstimmende Hauptsachenerledigung

Die **Erledigungserklärung** ist als Prozesshandlung **bedingungsfeindlich**; der Kläger kann sie allerdings mit der Folge der Rückkehr zum ursprünglichen Klageantrag zurücknehmen bzw. widerrufen, bis die Gegenseite eine entsprechende Erklärung abgegeben hat. Maßgebend ist der Eingang des Zustimmungsschriftsatzes bei Gericht. **360**

Einer solchen Erklärung des Beklagten bedarf es aber nicht immer. Nach § 161 Abs. 2 Satz 2 VwGO ist der Rechtsstreit nämlich auch dann in der Hauptsache erledigt, wenn der Beklagte der Erledigungserklärung des Klägers nicht innerhalb von zwei Wochen seit **Zustellung** des die Erledigungserklärung enthaltenden Schriftsatzes widerspricht und er vom Gericht auf diese Folge hingewiesen worden ist. Nach Eintritt der Wirkung der übereinstimmenden Erledigungserklärungen ist es dem Kläger verfahrensrechtlich verwehrt, zu einer Feststellungsklage gemäß § 113 Abs. 1 Satz 4 VwGO überzugehen.[420] **361**

2. Folgen

Mit dem Vorliegen einer übereinstimmenden Erledigungserklärung **entfällt** die **Rechtshängigkeit** der ursprünglichen Klage. Das Gericht stellt das Verfahren deklaratorisch ein und trifft eine **Kostenentscheidung** durch unanfechtbaren Beschluss auf der Grundlage des § 161 Abs. 2 Satz 1 VwGO. Danach hat das Gericht nach **billigem Ermessen** unter Berücksichtigung des bisherigen Sach- und Streitstands über die Kosten zu entscheiden. **362**

Billigem Ermessen entspricht es damit in der Regel, dem Beteiligten die Kosten aufzuerlegen, der voraussichtlich ohne Eintritt des erledigenden Ereignisses im Prozess unterlegen wäre. Das Gericht prüft also – zumeist kursorisch – **Zulässigkeit und Begründetheit der ursprünglichen Klage**.[421] Schwierige tatsächliche und rechtliche Fragen sollen im Rahmen der Entscheidung, die in der Regel nach § 87a Abs. 1 Nr. 3 VwGO der Berichterstatter trifft, nicht geklärt werden. Auch eine weitere Sachaufklärung findet in diesem Stadium nicht mehr statt; maßgebend ist die **Erkenntnislage im Zeitpunkt der Erledigung**. Bei offenem Prozessausgang entspricht es der Billigkeit, die Kosten hälftig zwischen den Beteiligten zu teilen (vgl. Rechtsgedanke des § 155 Abs. 1 VwGO). Unter Umständen können auch die Rechtsgedanken aus anderen Kostenregelungen herangezogen werden, etwa geringfügige Unterliegensbeträge nach § 155 Abs. 1 Satz 3 VwGO behandelt oder entsprechend § 155 Abs. 4 VwGO schuldhaft verursachte Mehrkosten dem Verursacher auferlegt werden.[422] **363**

Häufig entspricht es schließlich der Billigkeit, demjenigen die Kosten aufzuerlegen, aus dessen **Sphäre** das erledigende Ereignis stammt. Wenn etwa der Erledigungserklärung des Klägers eigentlich keine echte Erledigung zugrunde liegt, sondern seine Erklärung vielmehr als sog. **Flucht in die Erledigung**, tatsächlich also als **verdeckte Klagerücknahme** anzusehen ist, wird man die Kosten daher dem Kläger auferlegen. Insoweit spielt die Prüfung der tatsächlichen Erledigung ausnahmsweise doch eine Rolle. **364**

Nach der gesetzlichen Sonderregel des § 161 Abs. 3 VwGO fallen in den Fällen des § 75 VwGO, also der sog. **Untätigkeitsklage**, die Kosten stets dem Beklagten zur Last, wenn der Kläger mit seiner Bescheidung vor Klageerhebung rechnen durfte. Diese Kostenregel gilt nur, wenn der Beklagte über den Antrag bzw. den Widerspruch des Klägers vor einer gerichtlichen Entscheidung entscheidet und der mit dem Ergebnis einverstandene Kläger hierauf unverzüglich Erledigung erklärt. Führt der Kläger die Klage weiter, ergeht eine streitige Entscheidung, bei der § 161 Abs. 3 VwGO unan- **365**

---

420 BVerwG, Beschluss vom 30. November 1999 – 5 B 214.99 – Juris.
421 Exner, JuS 2012, 607.
422 Vgl. Deckenbrock/Dötsch, JuS 2004, 589.

wendbar wird. Die gilt auch, wenn der Kläger die Klage zurücknimmt; in diesem Fall geht § 155 Abs. 2 VwGO vor.[423]

366 Über die Frage, ob **tatsächlich** eine **übereinstimmende Erledigungserklärung** vorliegt, kann ebenso wie bei der Frage der Wirksamkeit der Klagerücknahme Streit entstehen. Daher gelten die obigen Ausführungen[424] hier entsprechend.[425]

3. Übereinstimmende Teilerledigung

367 Erklären die Beteiligten den Rechtsstreit nur hinsichtlich eines Teils übereinstimmend für erledigt, muss das Gericht nur insoweit nach den vorgenannten Grundsätzen über die Kosten entscheiden. Bleibt der Rechtsstreit im Übrigen anhängig und wird hierüber streitig entschieden, ergeht eine **einheitliche Kostenentscheidung**. Dabei ist es üblich geworden, statt einer – zumeist schwer auszurechnenden – Kostenquote die Kosten in diejenigen des entschiedenen und des erledigten Teils aufzuteilen.

> **Klausurhinweis:**
> Die Konstellation der übereinstimmenden **Teilerledigung** ist für Klausuren besonders reizvoll. Sind zwei Streitgegenstände betroffen und erledigt sich der Rechtsstreit hinsichtlich des einen übereinstimmend, spricht aus klausurtaktischen Gründen einiges dafür, dass die rechtliche Bewertung unterschiedlich ausfallen sollte, weil nur in diesem Fall eine gespaltene Kostenentscheidung ergehen kann.

IV. Gerichtlicher Vergleich

368 Nach § 106 VwGO können die Beteiligten zur vollständigen oder teilweisen Erledigung des Rechtsstreits zur Niederschrift des Gerichts oder des beauftragten oder ersuchten Richters einen Vergleich schließen, soweit sie über den Gegenstand des Vergleichs verfügen können. Ein **gerichtlicher Vergleich** kann nach Satz 2 der Bestimmung auch dadurch geschlossen werden, dass die Beteiligten einen in der Form eines Beschlusses ergangenen Vorschlag des Gerichts, des Vorsitzenden oder des Berichterstatters schriftlich gegenüber dem Gericht annehmen. Während die Vorschrift in der Praxis durchaus Bedeutung hat, dürfte **im Zweiten Staatsexamen** kaum zu erwarten sein, dass die Abfassung eines Beschlussvergleichs nach § 106 Satz 2 VwGO gefordert wird.[426]

369 Der gerichtliche Vergleich beendet im Gegensatz zum außergerichtlichen Vergleich, der als öffentlich-rechtlicher Vertrag anzusehen ist, den Rechtsstreit unmittelbar. Der Prozessvergleich nach § 106 VwGO ist nach h. M. sowohl eine **Prozesshandlung**, deren Wirksamkeit sich nach den Grundsätzen des Prozessrechts richtet, als auch ein **öffentlich-rechtlicher Vertrag**, für den die Rechtsregeln des materiellen Rechts gelten. Prozesshandlung und Rechtsgeschäft bilden eine Einheit, die sich darin äußert, dass zwischen dem prozessualen und dem materiell-rechtlichen Teil ein Abhängigkeitsverhältnis besteht. Als Prozesshandlung führt er zur Prozess-, als materiellrechtlicher Vertrag zur Streitbeendigung.[427]

370 Während der Streit um die (ursprüngliche) Wirksamkeit eines Vergleichs – und damit auch um seine prozessbeendende Wirkung – im ursprünglichen Prozess auszutragen

---

423 BVerwG, Beschluss vom 23. Juli 1991 – 3 C 56.90 – NVwZ 1991, 1180
424 Rdnr. 354.
425 Instruktiv zum Ganzen OVG Lüneburg, Beschluss vom 11. Mai 2009 – 7 LB 185.06 – NVwZ-RR 2009, 788.
426 Zum Thema allgemein: Budach/Johlen, JuS 2002, 371.
427 BVerwG, Beschluss vom 27. Oktober 1993 – 4 B 175.93 – NJW 1994, 2306.

ist, müssen die Fragen, die sich im Streit um den Fortbestand eines zunächst wirksam geschlossenen Vergleichs entzünden, in einem neuen Verfahren ausgetragen werden.[428]

V. Ausgewählte Klausurprobleme und Formulierungsvorschläge

1. Teilrücknahme und Teilerledigung

Bei Teilrücknahme und Teilerledigung gilt in der **Examensklausur**:
- Im **Tenor** zu 1. kann darauf verwiesen werden, dass nur noch über den anhängigen Teil des Verfahrens entschieden wird.

> Formulierungsbeispiel:
> „Die Klage wird abgewiesen, soweit der Kläger die Klage nicht zurückgenommen hat" bzw.
> „…, soweit die Beteiligten den Rechtsstreit nicht übereinstimmend für erledigt erklärt haben."

- Im **Tatbestand** ist darauf hinzuweisen, dass der Kläger ursprünglich ein anderes Begehren verfolgt hat als zum Zeitpunkt der gerichtlichen Entscheidung, das nunmehr nicht mehr weiterverfolgt wird.

> Formulierungsbeispiel:
> „Nachdem der Kläger sich ursprünglich gegen die Sicherstellung seiner beiden Pitbull-Terrier gewandt hat, hat er die Klage hinsichtlich des Rüden Rambo nach dessen Tod zurückgenommen." bzw.
> „…. haben die Beteiligten den Rechtsstreit hinsichtlich des Rüden Rambo nach dessen Tod übereinstimmend für erledigt erklärt."
> sodann jeweils
> „Der Kläger beantragt nunmehr nur noch, …"

- In den **Entscheidungsgründen** kann am Anfang klargestellt werden, dass über den zurückgenommenen bzw. den übereinstimmend erledigten Teil nicht mehr entschieden wird.

> Formulierungsbeispiel:
> „Soweit der Kläger die Klage hinsichtlich des inzwischen verstorbenen Rüden Rambo zurückgenommen hat, …"
> oder
> „Soweit die Beteiligten den Rechtsstreit hinsichtlich des inzwischen verstorbenen Rüden Rambo übereinstimmend für erledigt erklärt haben,…"
> im Folgenden jeweils sodann:
> „…war das Verfahren einzustellen."

- In der **Kostenentscheidung** müssen die § 155 Abs. 2 VwGO und § 161 Abs. 2 VwGO neben § 154 Abs. 1 VwGO genannt werden. Die Billigkeitsentscheidung muss gesondert begründet werden.

---

428 BVerwG, Beschluss vom 27. Oktober 1993 – 4 B 175.93 – NJW 1994, 2306.

7. Kapitel Verfahrensbeendigung ohne Urteil

378
> Formulierungsbeispiel:
> „Die Kostenentscheidung hinsichtlich des streitig entschiedenen Teils beruht auf § 154 Abs. 1 VwGO. Wegen des übereinstimmend für erledigt erklärten Teils beruht sie auf § 161 Abs. 2 VwGO. Es entsprach billigem Ermessen, die Kosten insoweit dem Beklagten aufzuerlegen, weil die angegriffene Verfügung ohne das erledigende Ereignis voraussichtlich vom Gericht hätte aufgehoben werden müssen..." (Es folgen kursorische Ausführungen zur Rechtmäßigkeit der Verfügung)...

379 **2. Streit über die Wirksamkeit der (fiktiven) Klagerücknahme**

Ist der Kläger der Ansicht, dass er die Klage nicht wirksam zurückgenommen habe bzw. die Voraussetzungen für die Einstellung nach Betreibensaufforderung nicht vorgelegen hätten, muss das Verfahren fortgesetzt werden. Sollte eine solche Konstellation Gegenstand einer Examensklausur sein, gilt Folgendes:

380 – Der **Tenor** lautet im Fall der wirksamen Klagerücknahme:

> „Die Klage ist zurückgenommen. Der Einstellungsbeschluss vom ... (Datum) ist wirksam.
> Der Kläger trägt auch die Kosten des fortgesetzten Verfahrens."

381 Anderenfalls ergeht die Entscheidung entweder **in der Sache oder** als Feststellung, dass das Verfahren nicht durch die Rücknahme bzw. Rücknahmefiktion beendet worden ist (im Wege eines **Zwischenurteils** nach § 109 VwGO).

382 – Der **Tatbestand** weist an sich keine Besonderheiten auf; es muss allerdings aus ihm deutlich werden, dass das Verfahren, dessen Fortsetzung begehrt wird, formal durch einen gerichtlichen Einstellungsbeschluss beendet worden ist. Die Darstellung des Geschehens dieses Verfahrens erfolgt dann im Plusquamperfekt. Ergeht eine Entscheidung in der Sache, so muss der Tatbestand wesentlich ausführlicher sein als bei einem bloßen Kostenbeschluss.

383
> Formulierungsbeispiel
> „Der Kläger begehrt die Fortsetzung des eingestellten Klageverfahrens VG 7 K 22.12. In jenem Verfahren hatte der Kläger die Erteilung einer Baugenehmigung für die Errichtung eines Einfamilienhauses erstrebt. Nachdem der Kläger trotz entsprechender Ankündigung und wiederholter gerichtlicher Bitte die am 5. Februar 2012 erhobene Klage nicht begründet hatte, erließ die Kammer mit Verfügung vom 7. Juli 2012 gegenüber dem Kläger eine Betreibensaufforderung, die ihm am 10. Juli 2012 zugestellt wurde. Nachdem der Kläger hierauf nicht reagiert hatte, stellte die Kammer das Verfahren mit Beschluss vom 28. September 2012 ein."

384 – In den **Entscheidungsgründen** muss dargelegt werden, warum die Voraussetzungen für die Verfahrenseinstellung vorgelegen haben bzw. dies nicht der Fall war. Bejaht der Bearbeiter dies, so beschränken sich die Erwägungen hierauf. Ist dies nicht der Fall – und das ist im **Examen** deutlich wahrscheinlicher –, so ist die Frage vorab im Rahmen der Zulässigkeit zu klären.

385
> Formulierungsbeispiel:
> „Die Klage ist zulässig. Der auf der Grundlage des § 92 Abs. 2 Satz 4 VwGO ergangene Beschluss der Kammer vom 28. September 2013, mit dem das Ver-

> *fahren eingestellt worden ist, steht dem nicht entgegen. Die Voraussetzungen für eine Einstellung des Verfahrens haben nicht vorgelegen. Denn die Klage gilt nicht nach § 92 Abs. 2 Satz 1 VwGO als zurückgenommen. Nach dieser Bestimmung ist dies der Fall, wenn der Kläger das Verfahren länger als zwei Monate nicht betreibt. Dies war hier nicht der Fall. Die Vorschrift setzt voraus, dass im Zeitpunkt des Erlasses der Betreibensaufforderung bestimmte, sachlich begründete Anhaltspunkte für einen Wegfall des Rechtsschutzinteresses des Klägers bestanden haben. Daran hat es indes zur Zeit der Betreibensaufforderung gefehlt. Denn ...*
> *Die Klage ist auch/aber nicht begründet. ..."*

– Die **Kostenentscheidung** kann je nach Konstellation neben § 154 Abs. 1 VwGO auch auf § 155 Abs. 2 VwGO beruhen. **386**

8. Kapitel   Besetzung des Gerichts und Entscheidungsformen

Literatur:
Fischer, Der Gerichtsbescheid in der Finanz-, Sozial- und Verwaltungsgerichtsbarkeit, JuS 2013, 611; *Geiger*, Der Einzelrichter im Verwaltungsprozess, BayVBl. 2007, 225.

I. Allgemeines

In jeder gerichtlichen Klausur stellt sich die Frage der **Besetzung des Gerichts** und der **Entscheidungsform**. Hinweise hierzu können zum einen aus dem Bearbeitervermerk folgen; dann wird üblicherweise ausdrücklich mitgeteilt, dass die Entscheidung in einer bestimmten Form durch namentlich genannte Richter zu ergehen hat. Gelegentlich sind die Namen der Richter auch zu fingieren. Wenn der Klausurtext mit dem Abdruck des Protokolls einer mündlichen Verhandlung endet, ergeben sich die Namen der Richter aus der Sitzungsniederschrift selbst. Aus dem Protokoll wird auch zu schließen sein, in welcher Form die zu treffende Entscheidung ergeht. **387**

II. Besetzung des Gerichts

1. Gesetzlicher Richter

Nach Art. 101 Abs. 1 Satz 2 GG darf niemand seinem gesetzlichen Richter entzogen werden. Die Garantie des **gesetzlichen Richters** ist damit eine verfassungsrechtliche Vorgabe, die in der VwGO in verschiedenen Vorschriften umgesetzt wird. Ausgangspunkt ist § 5 Abs. 1 VwGO. Danach besteht das Verwaltungsgericht aus dem Präsidenten und aus den Vorsitzenden Richtern und weiteren Richtern in erforderlicher Anzahl. Entsprechendes gilt für das OVG (§ 9 VwGO) und das BVerwG (§ 10 VwGO). Beim **Verwaltungsgericht** werden **Kammern** gebildet (§ 5 Abs. 2 VwGO); beim **OVG** und beim **BVerwG** heißen die Spruchkörper **Senate** (§§ 9 Abs. 2 und 10 Abs. 2 VwGO). Neben den Berufsrichtern wirken beim Verwaltungsgericht und beim OVG auch **ehrenamtliche Richter** bei der Entscheidungsfindung mit. Zu den ehrenamtlichen Richtern enthalten die §§ 19 – 34 VwGO detaillierte Regelungen. In der Praxis nimmt die Bedeutung der ehrenamtlichen Richter ab, nachdem die Verwaltungsgerichte zunehmend von der Möglichkeit Gebrauch machen, den Rechtsstreit auf den Einzelrichter zu übertragen. **388**

8. Kapitel Besetzung des Gerichts und Entscheidungsformen 389–394

389 Über die **personelle Besetzung** der Kammern bzw. Senate und über die Verteilung der richterlichen Geschäfte entscheidet nach § 4 VwGO i. V. m. §§ 21a und 21e GVG das **Präsidium**.

390 Der gerichtliche **Geschäftsverteilungsplan** muss durch abstrakt-generelle Regelung erfolgen, möglichst eindeutig sein und alle zu erwartenden Verfahren erfassen.[429] In der Praxis wird für unvorhergesehene Fälle stets einer Kammer die sog. Auffangzuständigkeit zugewiesen. Der gerichtliche Geschäftsverteilungsplan muss im Voraus feststehen, um den Vorgaben des Art. 101 Abs. 1 GG zu genügen; er darf im Laufe des Geschäftsjahres nur unter engen Voraussetzungen geändert werden, nämlich wenn dies wegen Überlastung oder ungenügender Auslastung eines Richters oder Spruchkörpers oder infolge Wechsels oder dauernder Verhinderung einzelner Richter nötig wird (§ 51e Abs. 3 GVG). Allerdings kann sich ein Richter bei einer ihn betreffenden Änderung der Geschäftsverteilung im Laufe des Geschäftsjahres nicht darauf berufen, dass die in § 21e GVG genannten Voraussetzungen nicht vorgelegen hätten; nur die Prozessbeteiligten können so durch Entziehung des gesetzlichen Richters in eigenen Rechten verletzt sein.[430] Die Verteilung der Geschäfte **innerhalb der Kammer** erfolgt durch Beschluss der der Kammer angehörenden **Berufsrichter** (§ 21g Abs. 1 GVG).

391 Sind **Auslegung und Anwendung des Geschäftsverteilungsplans unrichtig** oder ist der **Plan selbst fehlerhaft** und hat das zur Folge, dass das Gericht nicht vorschriftsmäßig besetzt ist, können die davon Betroffenen dies als Verfahrensmangel beanstanden.[431] Das Gericht ist auch dann nicht vorschriftsmäßig besetzt, wenn an der Entscheidung mehr als ein Richter auf Probe oder ein Richter kraft Auftrags oder ein abgeordneter Richter mitwirkt (§ 29 Satz 1 DRiG). Daher müssen diese Richter als solche im Geschäftsverteilungsplan kenntlich gemacht werden.[432] Der Anspruch auf den gesetzlichen Richter kann auch verletzt sein, wenn das Gericht seiner Pflicht zur Anrufung des EuGH im Wege des Vorabentscheidungsverfahrens nicht nachkommt.[433]

392 Die nicht vorschriftsmäßige Besetzung des Gerichts stellt nach § 138 Nr. 1 VwGO einen absoluten Revisionsgrund dar; es wird also unwiderleglich vermutet, dass das angegriffene Urteil auf der Rechtsverletzung beruht. Allerdings muss derjenige, der sich darauf beruft, das Gericht sei wegen eines in der mündlichen Verhandlung **eingeschlafenen Richters** nicht ordnungsgemäß besetzt gewesen, konkrete Tatsachen vortragen, welche eine Konzentration des Richters auf die wesentlichen Vorgänge in der Verhandlung ausschließen.[434] Dabei sind der Zeitpunkt, die Dauer und die Einzelheiten des Verhaltens des Richters genau anzugeben sowie darzulegen, was während dieser Zeit in der mündlichen Verhandlung geschehen ist.

393 Die Mitwirkung eines Richters, der von der Ausübung des Richteramtes kraft Gesetzes ausgeschlossen oder mit Erfolg **wegen Befangenheit abgelehnt** worden war, stellt ebenfalls einen absoluten Revisionsgrund dar (§ 138 Nr. 2 VwGO). Wegen der **Ausschließung und Ablehnung von Gerichtspersonen** verweist § 54 Abs. 1 VwGO auf die entsprechenden Vorschriften der ZPO (dort §§ 41–49).

394 – **Ausgeschlossen** ist ein Richter von der Ausübung des Richteramtes kraft Gesetzes, wenn er selbst oder ein naher Angehöriger am Rechtsstreit beteiligt ist, wenn auch nur als Zeuge oder Sachverständiger (vgl. im Einzelnen § 41 Nr. 1–6 ZPO).

---

429 Vgl. Bosch/Schmidt/Vondung, Rdnr. 90.
430 OVG Koblenz, Beschluss vom 3. Dezember 2007 – 10 B 11104/07 – Juris.
431 OVG Berlin, Beschluss vom 12. November 1998 – 8 SN 49-98; 8 M 30-98 – NJW 1999, 594.
432 Das ist auch der Grund, warum die genaue Amtsbezeichnung im Rubrum (der Klausur) korrekt sein muss.
433 BVerfG, Beschluss vom 27. Juli 2004 – 1 BvR 1270.04 – NVwZ 2004, 1346.
434 BVerwG, Beschluss vom 13. Juni 2001 – 5 B 105.00 – NJW 2001.

- **Befangenheit** besteht, wenn ein Grund vorliegt, der geeignet ist, Misstrauen gegen die Unparteilichkeit eines Richters zu rechtfertigen (§ 42 Abs. 2 ZPO). **395**

Die **Ablehnung** wegen Besorgnis der Befangenheit setzt nicht voraus, dass der Richter tatsächlich befangen, voreingenommen oder parteiisch ist. Auch kommt es nicht darauf an, ob die übrigen Mitglieder des Spruchkörpers den Richter für befangen halten. Es **genügt**, wenn vom Standpunkt der Beteiligten aus gesehen hinreichende **objektive Gründe** vorliegen, die bei vernünftiger Würdigung aller Umstände Anlass geben, an seiner Unparteilichkeit zu zweifeln. Die rein subjektive Besorgnis, für die bei Würdigung der Tatsachen vernünftigerweise kein Grund ersichtlich ist, reicht dagegen zur Ablehnung nicht aus.[435] Dass ein abgelehnter Richter bei der Würdigung des maßgeblichen Sachverhalts oder bei dessen rechtlicher Beurteilung eine andere Rechtsauffassung vertritt als ein Beteiligter, reicht regelmäßig nicht aus, um eine Besorgnis der Befangenheit zu begründen; das gilt selbst für irrige Ansichten, solange sie nicht offensichtlich willkürlich sind.[436] **396**

> Klausurhinweis:
> In der Klausur kann regelmäßig davon ausgegangen werden, dass das Gericht ordnungsgemäß besetzt ist und die Geschäftsverteilung den verfassungsrechtlichen Vorgaben genügt. Allenfalls in Anwaltsklausuren könnte sich die Frage der Ablehnung eines Richters wegen der Besorgnis der Befangenheit einmal stellen, die in der Regel negativ zu beantworten sein dürfte. Im begleitenden Schreiben ist dem Mandanten die Begründung mit einfachen Worten zu erläutern und ggf. auch auf die mit einer Ablehnung eintretende Verfahrensverzögerung hinzuweisen.

2. Entscheidung durch die Kammer

Der Spruchkörper des Verwaltungsgerichts ist die **Kammer** (§ 5 Abs. 2 VwGO). Die Kammer ist grundsätzlich mit drei **Berufsrichtern** und zwei **ehrenamtlichen Richtern** besetzt. Sie entscheidet in dieser Besetzung, soweit nicht etwas anderes geregelt ist (§ 5 Abs. 3 Satz 1 VwGO). **397**

Einer der drei Berufsrichter ist der Vorsitzende Richter am Verwaltungsgericht, es sei denn, er ist vorübergehend[437] verhindert, an der Entscheidung mitzuwirken; dann wird er durch das geschäftsverteilungsmäßig vorgesehene Mitglied der Kammer vertreten (§ 21f Abs. 2 GVG). Die Vertretung ist nur für eine kurze Übergangszeit zulässig, ohne dass sich die Dauer der Übergangszeit allgemein fristmäßig bestimmen lässt.[438] **398**

Ehrenamtliche Richter wirken nach § 19 VwGO bei der mündlichen Verhandlung und der Urteilsfindung mit gleichen Rechten wie die Berufsrichter mit. Ihnen steht das Fragerecht nach § 104 Abs. 2 VwGO zu. Sie sind bei der Entscheidungsfindung ebenfalls unabhängig und haben das volle Stimmrecht. Die Entscheidung wird aber nur von den Berufsrichtern unterschrieben (§ 117 Abs. 1 Satz 4 VwGO). **399**

3. Entscheidung durch die Kammer ohne ehrenamtliche Richter

Nach § 5 Abs. 3 Satz 2 VwGO wirken die ehrenamtlichen Richter bei **Beschlüssen außerhalb der mündlichen Verhandlung** und bei **Gerichtsbescheiden nicht** mit. Damit ist in den in der Praxis bedeutsamen Verfahren des vorläufigen Rechtsschutzes grund- **400**

---

435 BVerwG, Beschluss vom 11. Dezember 2007 – 4 A 3001.07 – Juris.
436 BVerwG, Beschluss vom 23. Oktober 2007 – 9 A 50.07 u. a. – Juris.
437 Das ist bei einer mehr als sechsmonatigen Abwesenheit des Vorsitzenden Richters nicht der Fall, vgl. BSG, Beschluss vom 29. November 2006 – B 6 KA 34.06 B – Juris.
438 BVerwG, Urteil vom 25. Juli 1985 – 3 C 4.85 – NJW 1986, 1366.

8. Kapitel Besetzung des Gerichts und Entscheidungsformen 401–404

sätzlich kein Raum für die Mitwirkung von ehrenamtlichen Richtern. Hier entscheiden allein die Berufsrichter, es sei denn, es findet – ausnahmsweise – eine mündliche Verhandlung statt. Einen Aussetzungs- und Vorlagebeschluss gemäß Art. 100 Abs. 1 GG kann das Gericht aber nur in derjenigen Besetzung fassen, in der es die Entscheidung, für die die Vorlagefrage erheblich ist, selbst hätte treffen müssen[439]. Wird die Sache lediglich nach § 87 Abs. 1 Satz 2 Nr. 1 VwGO erörtert, stellt dies keine mündliche Verhandlung dar; dieser Termin ist nicht öffentlich.

4. Entscheidung durch den Einzelrichter

401 a) **Zweck und Anwendungsbereich.** Nach § 6 Abs. 1 Satz 1 VwGO soll die Kammer den Rechtsstreit **in der Regel** einem ihrer Mitglieder als **Einzelrichter** zur Entscheidung **übertragen,** wenn die Sache keine besonderen Schwierigkeiten tatsächlicher oder rechtlicher Art aufweist und die Rechtssache keine grundsätzliche Bedeutung hat. Die Vorschrift dient der **Beschleunigung** der Verfahren in der ersten Instanz; auf Verfahren vor dem OVG und dem BVerwG findet sie hingegen keine Anwendung.

402 In der **erstinstanzlichen Praxis** hat die Übertragung auf dem Einzelrichter **große Bedeutung.** Sie erfolgt durch Beschluss der Kammer, der nach § 6 Abs. 4 Satz 1 VwGO unanfechtbar ist und daher keiner Begründung bedarf (§ 122 Abs. 1 Satz 1 VwGO), auch wenn einer der Beteiligten der Übertragung widersprochen hat.[440] Ein Richter auf Probe darf nach § 6 Abs. 1 Satz 2 VwGO im ersten Jahr nach seiner Ernennung nicht Einzelrichter sein.

> **Klausurhinweis:**
> Der Übertragungsbeschluss findet sich in der Klausur entweder im Klausurtext oder im Bearbeitervermerk. Keinesfalls wird von Bearbeitern die Abfassung eines Übertragungs- oder Rückübertragungsbeschlusses gefordert.

403 b) **Anhörung vor Übertragung.** Vor der Übertragung auf den Einzelrichter sind die Beteiligten zur beabsichtigten Übertragung **anzuhören,** es sei denn, sie haben vorab ihr Einverständnis mit dieser Vorgehensweise erklärt. Diese Verpflichtung folgt zwar nicht unmittelbar aus dem Gesetz, zumal sich gerade aus § 6 Abs. 3 Satz 1 VwGO, der eine Anhörungspflicht (nur) bei einer Rückübertragung auf die Kammer normiert, gerade der Umkehrschluss ergeben könnte. Die Anhörungspflicht folgt vielmehr aus dem allgemeinen Grundsatz des **rechtlichen Gehörs.**[441]

404 Ein etwaiger **Anhörungsmangel** ist heilbar, und zwar entweder durch rügelose Einlassung oder wenn ein Beteiligter der Übertragung widerspricht. In diesem Fall bietet § 6 Abs. 3 Satz 1 VwGO die Möglichkeit, den Gehörsverstoß zu korrigieren. Grundsätzlich kann eine **Rückübertragung** nach dieser Vorschrift nur bei einer **wesentlichen Änderung der Prozesslage,** also einer objektiven Änderung der Sach- oder Rechtslage erfolgen. Geht es jedoch um die Korrektur eines Gehörsverstoßes, so gebietet eine verfassungskonforme Auslegung eine die Zurückübertragung berechtigende Änderung der Prozesslage, wenn der Einzelrichter aufgrund der nachgeholten Anhörung zum Ergebnis gelangt, dass die Rechtssache entgegen der ursprünglichen Annahme der Kammer doch grundsätzliche Bedeutung hat oder besondere Schwierigkeiten aufweist[442]. Bei einer Rückübertragung auf die Kammer ist eine **erneute Übertragung auf den Einzelrichter ausgeschlossen** (§ 6 Abs. 3 Satz 2 VwGO). Im Übrigen darf der

---

439 BVerfG, Beschluss 15. April 2005 – 1 BvL 6.03 u. a. – NVwZ 2005, 801.
440 Redeker/v.Oertzen, VwGO, § 6 Rdnr. 7.
441 BVerwG, Urteil vom 10. November 1999 – 6 C 30.98 – NVwZ 2000, 1290.
442 Ebenda.

Rechtsstreit dem Einzelrichter nach § 6 Abs. 2 VwGO nicht mehr übertragen werden, wenn bereits vor der Kammer mündlich verhandelt worden ist.

c) Voraussetzungen der Übertragung. Die Übertragung auf den Einzelrichter setzt voraus, dass die Sache **405**

- **keine besonderen Schwierigkeiten tatsächlicher** oder **rechtlicher Art** aufweist; **406**
dies wird zu bejahen sein, wenn die Streitsache in tatsächlicher und rechtlicher Hinsicht aller Voraussicht nach keine größeren, d. h. überdurchschnittlichen, das normale Maß nicht unerheblich übersteigende Schwierigkeiten verursachen wird. Dass die Bearbeitung eines Falles mit einem erhöhten Zeitaufwand verbunden ist, genügt nicht, um diese Voraussetzung zu verneinen. Der Begriff entspricht den Voraussetzungen für den Erlass eines Gerichtsbescheides nach § 84 VwGO;[443]

- und die Rechtssache **keine grundsätzliche Bedeutung** hat. **407**
grundsätzliche Bedeutung kann der Rechtsstreit haben, wenn die Entscheidung über den Einzelfall hinauswirkt oder von der Rspr. der in § 132 Abs. 2 Nr. 2 VwGO genannten Gerichte oder anderen oberen und obersten Gerichten abweicht.[444] Die früher in diesem Zusammenhang diskutierte Rechtsfrage, ob die vom Einzelrichter zugelassene Berufung das Berufungsgericht bindet, ist zwischenzeitlich höchstrichterlich geklärt.[445] Danach entfällt die Bindung an die Zulassung durch den Einzelrichter nicht deshalb, weil die Übertragung des Rechtsstreits auf ihn voraussetzt, dass die Sache keine grundsätzliche Bedeutung hat, obwohl die Berufungszulassung dies nach § 124 Abs. 2 Nr. 2 VwGO gerade erfordert.

Liegen die tatbestandlichen Voraussetzungen für eine Einzelrichterübertragung vor, so **soll** diese **in der Regel** auch erfolgen. Damit steht die Entscheidung grundsätzlich im Ermessen des Gerichts, wobei das Ermessen durch die Formulierung „Soll" eingeschränkt ist. Daraus folgt, dass die Kammer eine Abweichung hiervon nur bei Vorliegen atypischer Fallkonstellationen vornehmen soll.[446] **408**

Eine **fehlerhafte Übertragung des Rechtsstreits** auf den Einzelrichter bzw. die Rückübertragung auf die Kammer stellen daher keinen Zulassungsgrund i. S. d. § 124 Abs. 2 Nr. 5 VwGO dar.[447] Denn nach § 512 ZPO i. V. m. § 173 VwGO unterliegen diejenigen Entscheidungen, die dem Endurteil vorausgegangen sind, dann nicht der Beurteilung des Berufungsgerichts, wenn sie ihrerseits auf Grund eines gesetzlichen Rechtsmittelausschlusses unanfechtbar sind. **409**

5. Entscheidung durch den Vorsitzenden bzw. den Berichterstatter

Ausnahmsweise kann eine Entscheidung durch einen einzelnen Richter ergehen, ohne dass die Kammer ihm den Rechtsstreit zur Entscheidung überträgt. In der Praxis ist dies allerdings selten. Nach § 87a Abs. 2 VwGO kann **im Einverständnis der Beteiligten** der Vorsitzende anstelle der Kammer oder des Senats entscheiden; ist ein Berichterstatter bestellt, so entscheidet dieser anstelle des Vorsitzenden (Abs. 3), sog. **konsentierter Einzelrichter.** Dies kann unter Umständen auch der Proberichter im ersten Jahr nach seiner Ernennung sein, der nach § 6 Abs. 1 Satz 2 VwGO nicht als Einzelrichter tätig sein darf. **410**

---

443 Vgl. dazu Rdnr. 421 f.
444 Vgl. §§ 124 Abs. 2 Nr. 3, 132 Abs. 2 Nr. 1 VwGO.
445 BVerwG, Urteil vom 9. März 2005 – 6 C 8.04 – NVwZ 2005, 821; Seibert, NVwZ 2004, 821. A.A. noch VGH Mannheim, Beschluss vom 15. Oktober 2003 – 7 S 558/03 – NVwZ 2004, 893.
446 Vgl. zu den Fallgruppen Kopp/Schenke, VwGO, § 6 Rdnr. 11.
447 Niesler, JuS 2007, 728, 731.

8. Kapitel Besetzung des Gerichts und Entscheidungsformen

411 Das **Einverständnis** ist schriftlich, zur Niederschrift des Urkundsbeamten der Geschäftsstelle oder in der mündlichen Verhandlung zu Protokoll zu erklären. Erforderlich ist das Einverständnis sämtlicher Beteiligter (§ 63 VwGO). Als Prozesshandlung ist das Einverständnis bedingungsfeindlich und unwiderruflich.[448]

412 In Verfahren des vorläufigen Rechtsschutzes sieht schließlich § 80 Abs. 8 VwGO vor, dass in dringenden Fällen der **Vorsitzende allein** entscheiden kann.

III. Entscheidungsformen

1. Urteile und andere Hauptsacheentscheidungen

413 Nach § 107 VwGO wird über die Klage, soweit nichts anderes bestimmt ist, durch Urteil entschieden.

414 a) **Urteil nach mündlicher Verhandlung.** Nach § 101 Abs. 1 Satz 1 VwGO entscheidet das Gericht, soweit nichts anderes bestimmt ist, auf Grund mündlicher Verhandlung (**Mündlichkeitsprinzip**). Zu dieser Verhandlung sind die Beteiligten nach § 102 Abs. 1 Satz 1 VwGO mit einer Ladungsfrist von mindestens zwei Wochen zu laden, sobald der Termin zur mündlichen Verhandlung bestimmt ist. Beim BVerwG beträgt die Frist mindestens vier Wochen. In dringenden Fällen kann der Vorsitzende die Frist abkürzen (Satz 2). Nach § 102 Abs. 2 VwGO ist bei der Ladung darauf hinzuweisen, dass beim Ausbleiben eines Beteiligten auch ohne ihn verhandelt und entschieden werden kann.

415 b) **Urteil ohne mündliche Verhandlung.** Nach § 101 Abs. 2 VwGO kann das Gericht mit Einverständnis der Beteiligten auch **ohne mündliche Verhandlung** entscheiden. Damit müssen **alle Beteiligten** auf die mündliche Verhandlung verzichtet haben, bei einer Beiladung also auch die Beigeladenen. Das Einverständnis ist schriftlich, zur Niederschrift des Urkundsbeamten der Geschäftsstelle oder in der mündlichen Verhandlung zu Protokoll zu erklären. Ein wirksamer Verzicht auf mündliche Verhandlung muss klar, eindeutig und vorbehaltlos erklärt werden.[449] Die Erklärung, mit der Entscheidung ohne mündliche Verhandlung im Rahmen eines Gerichtsbescheides einverstanden zu sein, ist kein wirksames Einverständnis zu einer Entscheidung ohne mündliche Verhandlung.[450] Allerdings ist das Gericht nicht an das Einverständnis der Beteiligten gebunden; hält es eine mündliche Verhandlung für angezeigt, kann es diese durchführen. Die **Einverständniserklärung** ist im Interesse der Rechtssicherheit **grundsätzlich unwiderruflich**.[451] Gleichwohl ist die Bindung des Verzichts zu Lasten der Beteiligten nicht zeitlich unbegrenzt. Beruft sich ein Beteiligter auf eine **wesentliche Änderung der Prozesslage** und beantragt daher die Durchführung der mündlichen Verhandlung, ist der Verzicht verbraucht; unter dem Gesichtspunkt des rechtlichen Gehörs ist in diesem Fall eine mündliche Verhandlung durchzuführen.[452]

416 Wird im Urteilsverfahren trotz **fehlenden Einverständnisses** der Beteiligten ohne Durchführung einer mündlichen Verhandlung entschieden, liegt neben dem Verstoß gegen § 101 Abs. 1 VwGO eine **Gehörsverletzung** i. S. d. § 138 Nr. 3 VwGO vor, weil den Beteiligten die Möglichkeit weiteren Vorbringens abgeschnitten wird.[453]

---

448 BVerwG, Beschluss vom 27. Februar 2001 – 3 B 155/00 – Juris.
449 BVerwG, Urteil vom 22. Juni 1982 – BVerwG 2 C 78.81 – Buchholz 310 § 101 VwGO Nr. 13.
450 BVerwG, Beschluss vom 8. November 2005 – 10 B 45.05 – Juris.
451 BVerwG, Beschluss vom 29. November 1995 – 9 B 199.95 – Buchholz 310 § 101 VwGO Nr. 21.
452 Ortloff/Riese in Schoch/Schneider/Bier, VwGO, § 101, Rdnr. 12.
453 BVerwG, Urteil vom 15. September 2008 – 1 C 12.08 – NVwZ 2009, 59.

III. Entscheidungsformen

Für die Entscheidungsfindung beim Urteil ohne mündliche Verhandlung beraumt der Vorsitzende bei Kammersachen einen **Beratungstermin** an, bei dem die Sache mit den ehrenamtlichen Richtern entschieden wird. Üblicherweise werden solche Termine vor bzw. im Anschluss an eine ohnehin stattfindende Sitzung der Kammer durchgeführt. Nach Beratung der Sache wird das Ergebnis in einem Protokoll festgehalten, das den Beteiligten übersandt werden muss. Ist die Sache auf ihn übertragen, entscheidet der Einzelrichter allein. Im Urteil kommt die Entscheidungsform im Rubrum (*„hat ...im Wege schriftlicher Entscheidung nach § 101 Abs. 2 VwGO..."*) und zu Beginn der Entscheidungsgründe zum Ausdruck.[454]

417

> **Klausurhinweis:**
> In der Urteilsklausur ergibt sich das Einverständnis mit einer Entscheidung ohne mündliche Verhandlung entweder aus den Schriftsätzen der Beteiligten oder aus einem entsprechenden Hinweis im Bearbeitervermerk.

c) **Gerichtsbescheid.** Nach § 84 Abs. 1 S. 1 VwGO kann das Gericht ohne mündliche Verhandlung durch **Gerichtsbescheid** entscheiden, wenn die Sache keine besonderen Schwierigkeiten tatsächlicher oder rechtlicher Art aufweist und der Sachverhalt geklärt ist. Die Vorschrift gilt für **alle Klagen** in der **ersten Instanz**, also auch für das OVG und das BVerwG, wenn eine erstinstanzliche Zuständigkeit besteht.

418

Im Gegensatz zum Urteil ohne mündliche Verhandlung bedarf es für den Erlass des Gerichtbescheides **keines** ausdrücklichen **Einverständnisses** der Beteiligten. Allerdings sind sie vorher zu hören (§ 84 Abs. 1 Satz 2 VwGO).[455] Das Anhörungsschreiben muss vom Vorsitzenden bzw. dem Berichterstatter unterschrieben sein und ist den Beteiligten nach § 56 Abs. 1 VwGO zuzustellen. Den Beteiligten muss zudem eine ausreichend lange Rückäußerungsfrist eingeräumt werden.[456]

419

Nach Satz 3 gelten die Vorschriften über **Urteile entsprechend**. Äußerlich unterscheidet sich der Gerichtsbescheid also nicht wesentlich vom Urteil. **Unterschiede** ergeben sich allerdings
– in der ausdrücklichen **Bezeichnung** als **Gerichtsbescheid**,
– im Rubrum: dort heißt es: *„hat entschieden"* (statt *„für Recht erkannt"*),
– in der Kostenentscheidung: „Der **Gerichtsbescheid** ist wegen der Kosten ...",
– in der Begründung zu **Beginn** der **Entscheidungsgründe**, wo das Gericht die Entscheidungsform begründet,[457]
– in der **Rechtsmittelbelehrung** (nicht klausurrelevant).

420

Tatbestandlich setzt der Erlass des Gerichtsbescheides voraus, dass
– die Sache **keine besonderen Schwierigkeiten tatsächlicher** oder **rechtlicher** Art aufweist;

421

insofern entsprechen die Voraussetzungen denjenigen, die gesetzlich auch für die Entscheidung durch den Einzelrichter vorgesehen sind (vgl. Rdnr. 406);
– **und** der **Sachverhalt** geklärt ist;

422

der Sachverhalt ist geklärt, wenn aufgrund des klägerischen Vortrags und des Inhalts der beigezogenen Akten Zweifel hinsichtlich des Sachverhalts vernünftiger-

423

---
454 Zur Formulierung vgl. Rdnr. 506.
455 Zu den Einzelheiten vgl. Burkiczak, BayVBl. 2008, 556.
456 In den in der Praxis üblichen Formularen ist eine Monatsfrist vorgesehen.
457 Zur Formulierung vgl. Rdnr. 506.

8. Kapitel Besetzung des Gerichts und Entscheidungsformen

weise ausgeschlossen erscheinen und keine Anhaltspunkte dafür sprechen, dass eine mündliche Verhandlung neue Gesichtspunkte ergeben könnte.[458]

424 Liegen die Voraussetzungen vor, so steht es im **Ermessen** des Gerichts, ob ein Gerichtsbescheid erlassen werden soll. Das Gericht entscheidet mit einfacher Mehrheit. **Im Regelfall** wird ein Gerichtsbescheid wegen der annähernden Parallelität der diesbezüglichen Voraussetzungen durch den **Einzelrichter** erlassen werden. In der Praxis wird hiervon eine Abweichung in Betracht kommen, wenn der als Berichterstatter in Betracht kommende Einzelrichter sich noch als Proberichter im ersten Jahr seiner Ernennung befindet.

> **Beachte:**
> Anders als § 6 Abs. 1 VwGO steht der Entscheidung nach § 84 Abs. 1 VwGO nicht entgegen, dass die Sache grundsätzliche Bedeutung hat. In der Praxis eignen sich Fälle grundsätzlicher Natur aber nicht für eine Entscheidung durch Gerichtsbescheid.[459]

425 Die mit der Einführung des Gerichtsbescheides bestehende Möglichkeit, ohne mündliche Verhandlung zu entscheiden, ist **rechtspolitisch nicht unproblematisch**. Insbesondere sind Bedenken laut geworden, ob § 84 VwGO gegen das in Art. 6 EMRK festgelegte Recht auf faires Verfahren verstoßen könnte.[460] Als Ausgleich für das Fehlen einer mündlichen Verhandlung hat der Gesetzgeber in Abs. 2 der Vorschrift daher jedenfalls vorgesehen, dass die Beteiligten innerhalb eines Monats nach Zustellung des Gerichtsbescheids auch mündliche Verhandlung beantragen können (Nrn. 2 und 5). Geschieht dies rechtzeitig, so gilt der ansonsten als Urteil wirkende Gerichtsbescheid als nicht ergangen (§ 84 Abs. 3 VwGO).

> **Beachte:**
> Hat das **Verwaltungsgericht** durch **Gerichtsbescheid** entschieden, können die Beteiligten zwar nach § 84 Abs. 2 Nr. 4 VwGO **wählen**, ob sie Nichtzulassungsbeschwerde einlegen oder mündliche Verhandlung beantragen. Entscheiden sie sich für eine Nichtzulassungsbeschwerde, müssen sie sich aber auf die vom Verwaltungsgericht festgestellte Tatsachengrundlage einlassen. Sie können mit der Nichtzulassungsbeschwerde keine Verfahrensrügen erheben, die sich gegen die Richtigkeit der festgestellten Tatsachen richten. Stattdessen muss gem. § 84 Abs. 2 Nr. 4 VwGO mündliche Verhandlung beantragt werden, wenn gerügt werden soll, dass über die Streitsache nicht durch Gerichtsbescheid, sondern nur auf Grund mündlicher Verhandlung hätte entschieden werden dürfen.[461]

2. Beschlüsse

426 Neben den genannten Entscheidungen stehen gerichtliche Beschlüsse. Die VwGO kennt unterschiedliche Arten von Beschlüssen mit jeweils unterschiedlichen prozessualen Funktionen. Zu ihnen zählen

427 – **Beschlüsse**, die das **Verfahren abschließen**:

---

458 Kopp/Schenke, VwGO, § 84 Rdnr. 9.
459 Kopp/Schenke, VwGO, § 84 Rdnr. 15-17.
460 Roth, NVwZ 1997, 656.
461 BVerwG, Beschluss vom 11. Januar 2006 – 7 B 70.05 – Juris.

III. Entscheidungsformen

Hierher gehören in erster Linie die Beschlüsse in Verfahren des vorläufigen Rechtsschutzes nach §§ 80 Abs. 5 und 7 sowie § 123 Abs. 4 VwGO. Diese sind besonders examensrelevant und werden gesondert im 17.–19. Kapitel behandelt. **428**

Ferner fallen auch Einstellungs- und Kostenbeschlüsse nach Klagerücknahme und nach übereinstimmender beidseitiger Erledigungserklärung der Beteiligten in diese Kategorie (§ 92 Abs. 3 und § 161 Abs. 2 VwGO). **429**

– Beschlüsse, die das **Verfahren nicht abschließen**: **430**

Diese Beschlüsse betreffen eine im Vorfeld der eigentlichen Entscheidung zu treffende prozessuale Frage. Zu nennen sind hier beispielsweise § 65 Abs. 4 VwGO (Beschluss über die Beiladung), § 86 Abs. 2 VwGO (Beschluss über die Ablehnung eines in der mündlichen Verhandlung gestellten Beweisantrages), § 93 VwGO (Beschluss über Verbindung oder Trennung von Verfahren) und Aussetzungsbeschlüsse nach §§ 93a Abs. 1, 94 VwGO. **431**

> Beachte:
> In der **Examensklausur** sind derartige, das Verfahren nicht beendende Beschlüsse nicht zu treffen. Ist etwa eine Beiladung nicht erfolgt, muss der Fall auf dieser prozessualen Grundlage gelöst werden, auch wenn der Bearbeiter diese für erforderlich hält. **Ausnahmsweise** könnte aber einmal ein das Verfahren ebenfalls nicht insgesamt abschließender Beschluss über die Bewilligung von **Prozesskostenhilfe** nach § 166 VwGO i. V. m. §§ 114 ZPO gefordert sein.

Nach § 101 Abs. 3 VwGO können Entscheidungen des Gerichts, die nicht Urteile sind, **ohne mündliche Verhandlung** ergehen, soweit nichts anderes bestimmt ist. In der Praxis ist es ausgesprochen selten, dass in Verfahren des vorläufigen Rechtsschutzes mündlich verhandelt wird. Ausgeschlossen ist dies aber nicht. In diesem Fall wirken die ehrenamtlichen Richter an der Entscheidung mit (§ 5 Abs. 3 Satz 2 VwGO). **432**

Nach § 122 Abs. 1 VwGO gelten bestimmte Vorschriften der VwGO für **Beschlüsse** ausdrücklich **entsprechend**. Dies gilt für die Auslegung von Anträgen (§ 88), den gerichtlichen Überzeugungsmaßstab (108 Abs. 1 Satz 1) sowie die Regelungen zu Berichtigung und Ergänzung (§§ 118, 119 und 120). Die Vorschrift ist aber nicht abschließend.[462] Andere Vorschriften der VwGO werden überdies in entsprechender Anwendung bei Beschlüssen herangezogen, z. B. die §§ 42 Abs. 2, 81 und 82 VwGO. Auch der für die Abfassung von Urteilen bedeutsame § 117 VwGO enthält teilweise ebenfalls auf Beschlüsse anwendbare Regelungen. **433**

> Beachte aber:
> Beschlüsse ergehen nicht „Im Namen des Volkes".

Beschlüsse sind nach § 122 Abs. 2 Satz 1 VwGO zu **begründen**, wenn sie durch Rechtsmittel angefochten werden können oder über einen Rechtsbehelf entscheiden. **Für die examensrelevanten Beschlüsse** über die Aussetzung der Vollziehung (§§ 80, 80a VwGO) und über einstweilige Anordnungen (§ 123 VwGO) sowie Beschlüsse nach Erledigung des Rechtsstreits in der Hauptsache (§ 161 Abs. 2 VwGO) schreibt Satz 2 der Vorschrift dies ausdrücklich vor. **434**

---

462 Vgl. VGH München, Beschluss vom 15. Februar 1991 – 12 CE 90.3327 – NVwZ 1991, 896.

9. Kapitel Das Urteil: Rubrum, Tenor und Tatbestand

Literatur:
Jansen/Wesseling, Das Urteil im Verwaltungsprozess, JuS 2009, 32; *Kment*, Grundfälle zur Tenorierung im verwaltungsgerichtlichen Verfahren, JuS 2005, 420, 517, 608; *Wahrendorf/Huschens*, Grundfragen beim Abfassen verwaltungsgerichtlicher Urteile, NWVBl. 2005, 197.

I. Allgemeines

435 Nach § 116 Abs. 1 VwGO wird das **Urteil**, wenn eine mündliche Verhandlung stattgefunden hat, in der Regel in dem Termin, in dem die mündliche Verhandlung geschlossen wird, **verkündet**. In besonderen Fällen ist die Anberaumung eines Verkündungstermins zulässig, der nicht über zwei Wochen hinaus angesetzt werden soll. Statt der Verkündung ist nach Abs. 2 der Vorschrift auch die **Zustellung** des Urteils zulässig; dann ist das Urteil binnen zwei Wochen nach der mündlichen Verhandlung der Geschäftsstelle zu übermitteln.

436 Ein Urteil gilt als „nicht mit Gründen versehen", wenn es im Falle der Ersetzung der Verkündung durch Zustellung nicht binnen fünf Monaten nach der mündlichen Verhandlung nach § 116 Abs. 2 VwGO vollständig abgefasst und zugestellt wird.[463] Dies stellt einen absoluten Revisionsgrund nach § 138 Nr. 6 VwGO dar.

437 Zentrale Vorschrift zu den formellen Anforderungen des verwaltungsgerichtlichen Urteils ist **§ 117 VwGO**. Insbesondere Abs. 2 der Vorschrift enthält genaue **Vorgaben** zum **Inhalt** des Urteils. Auf Gerichtsbescheide ist die Vorschrift nach § 84 Abs. 1 Satz 3 VwGO entsprechend anzuwenden. Nach § 122 VwGO gilt § 117 VwGO zwar ausdrücklich nicht für Beschlüsse. Das Gericht ist damit theoretisch bei der Ausgestaltung von Beschlüssen freier. In der Praxis und noch mehr in der Examensklausur weisen beide Entscheidungsformen formal zahlreiche Parallelen auf.

II. Rubrum

1. Aktenzeichen

438 Am Anfang des Rubrums steht das **Aktenzeichen** des Verfahrens. **In der Klausur** ergibt sich das Aktenzeichen entweder aus dem ersten Schriftsatz, der der Klageerhebung folgt, denn das Aktenzeichen wird erst mit Eingang der Sache bei Gericht vergeben. Zuweilen findet sich der Hinweis auf das Aktenzeichen aber auch erst aus dem Bearbeitervermerk.

> **Beachte:**
> Der in der Praxis üblicherweise oben rechts angebrachte Verkündungsvermerk im Rubrum muss in der Klausur nicht beigefügt werden.

2. Bezeichnung als Urteil

439 Im Einklang mit der Vorgabe des § 117 Abs. 1 Satz 1 VwGO ergeht das Urteil „Im Namen des Volkes". Diese Reihenfolge nimmt das Urteilsrubrum auf; im Beschluss fehlt dieser Hinweis hingegen. Selten ergehen im Verwaltungsprozess andere Urteile als Endurteile (vgl. § 107 VwGO). Diese werden aber stets als „Urteil" bezeichnet. Auch andere Bezeichnungen sind denkbar: § 109 VwGO lässt in Fällen, in denen über die Zulässigkeit der Klage gestritten wird, vorab den Erlass eines **Zwischenurteils** zu.

---

463 BVerwG, Beschluss vom 18. August 1999 – 8 B 124.99 – Juris.

§ 110 VwGO benennt ausdrücklich das **Teilurteil** für den Fall, dass nur ein Teil des Streitgegenstands zur Entscheidung reif ist. Schließlich kann das Gericht nach § 111 VwGO im Fall einer Leistungsklage, bei der ein Anspruch nach Grund und Betrag streitig ist, ein **Zwischenurteil** erlassen.

Kommen diese Fälle allerdings schon in der Praxis kaum vor, dürfte **in der Examensklausur** hiermit kaum zu rechnen sein. Dies gilt auch für das **Anerkenntnisurteil** (vgl. § 307 ZPO), dessen Zulässigkeit im Verwaltungsprozess höchstrichterlich anerkannt ist.[464] Das Fehlen der Bezeichnung des Urteils als solches ist für den Bestand und die Rechtmäßigkeit des Urteils allerdings unerheblich.[465] Ergeht ein **Gerichtsbescheid** nach § 84 VwGO, ist er im Rubrum als solcher zu bezeichnen. **440**

3. Bezeichnung der Beteiligten

Das Urteil enthält nach § 117 Abs. 2 Nr. 1 VwGO die **Bezeichnung der Beteiligten**, ihrer gesetzlichen Vertreter und der Bevollmächtigten nach Namen, Beruf, Wohnort und ihrer Stellung im Verfahren. Die Beteiligten ergeben sich **in der Examensklausur** aus den Schriftsätzen der Beteiligten, ggf. auch erst aus dem Protokoll der mündlichen Verhandlung. Mit der Stellung im Verfahren ist die Rolle als Kläger oder Beklagter gemeint. Der Name des im Termin erschienenen Behördenvertreters gehört nicht in das Rubrum. Auch wenn die Bezeichnung des Berufs des Klägers gesetzlich vorgeschrieben ist, wird die Vorschrift in der Praxis zunehmend weniger beachtet. Der Beigeladene wird nach dem Beklagten aufgeführt, ggf. auch dessen Prozessvertreter. **441**

Eine Bezeichnung des **Klagegegenstandes** ist gesetzlich nicht vorgesehen. Gleichwohl ist diese Angabe in einigen Bundesländern üblich. Die Formulierung lautet dann z. B.
– *„wegen Entziehung der Fahrerlaubnis"* oder
– *„wegen versagter Sondernutzungsgenehmigung"*.
Es empfiehlt sich, sich nach der dahingehenden Praxis im Zuständigkeitsbereich seines Juristischen Prüfungsamtes zu erkundigen. **442**

4. Besetzung des Gerichts

§ 117 Abs. 2 Nr. 2 VwGO schreibt ferner die **Bezeichnung des Gerichts** und die **Namen** der **Mitglieder**, die bei der Entscheidung mitgewirkt haben, vor. Gemeint sind damit das erkennende Gericht und der Spruchkörper, der die Sache entscheidet. Die Namen und die genaue Amtsbezeichnung der mitwirkenden Richter ergeben sich entweder aus dem Protokoll der mündlichen Verhandlung oder dem Bearbeitervermerk. **443**

Haben ehrenamtliche Richter mitgewirkt, sind auch sie aufzuführen; allerdings unterschreiben nur die Berufsrichter das Urteil (vgl. § 117 Abs. 1 Satz 4 VwGO). **444**

Sofern eine mündliche Verhandlung stattgefunden hat, heißt es
„aufgrund der mündlichen Verhandlung vom 3. Juni 2008". **445**

Entscheidet das Gericht im schriftlichen Verfahren nach § 101 Abs. 2 VwGO, lautet die Formulierung:
„im Wege schriftlicher Entscheidung nach Beratung am 3. Juni 2008". **446**

Im Anschluss hieran folgt jeweils die Formulierung *„für Recht erkannt"*. **447**

Beim **Gerichtsbescheid** heißt es lediglich *„hat ... entschieden"*. **448**

---

464 BVerwG, Gerichtsbescheid vom 7. Januar 1997 – 4 A 20.95 – NVwZ 1997, 576. Vgl. im Übrigen oben Rdnr. 97.
465 Vgl. Kopp/Schenke, VwGO, § 117 Rdnr. 7.

9. Kapitel Das Urteil: Rubrum, Tenor und Tatbestand

449 Hat die Kammer den Rechtsstreit nach § 6 VwGO auf den Einzelrichter übertragen, so steht unter dem Namen dieses Richters *„als Einzelrichter"*.

450 Schließlich ist unter den Voraussetzungen des § 87a Abs. 2 und 3 VwGO eine Entscheidung durch den Berichterstatter denkbar.

> **Klausurhinweis:**
> - Bei dem **Präsidenten des Verwaltungsgerichts** handelt es sich um eine Amtsbezeichnung, die so in das Rubrum übernommen werden muss, auch wenn er in der Verhandlung funktional als Vorsitzender aufgetreten ist.
> - Nimmt ein Richter am Verwaltungsgericht in der Sitzung der Kammer den **Vorsitz** wahr, wird er hierdurch nicht zum Vorsitzenden Richter.
> - Der **Richter auf Probe** hat hingegen noch keine Amtsbezeichnung, weil er noch kein abstrakt-funktionales Amt innehat. Seine Bezeichnung lautet schlicht „Richter". Die genaue Bezeichnung ist wegen der grundsätzlichen Unzulässigkeit der Mitwirkung zweier Proberichter[466] an einer Entscheidung und der Unzulässigkeit des Tätigwerdens des Proberichters als Einzelrichter im ersten Jahr seiner Ernennung[467] von Bedeutung.

III. Tenor

451 Der Tenor des verwaltungsgerichtlichen Urteils setzt sich in der Regel aus **drei Teilen** zusammen:
- dem Ausspruch in der Hauptsache,
- der Kostenentscheidung (ggf. einschließlich der Entscheidung zur Notwendigkeit der Hinzuziehung des Bevollmächtigten im Vorverfahren) und
- dem Ausspruch zur vorläufigen Vollstreckbarkeit und ggf. der Abwendungsbefugnis.

452 Nach § 124 Abs. 1 VwGO steht den Beteiligten gegen erstinstanzliche Urteile die Berufung zu, wenn sie von dem Verwaltungsgericht oder dem Oberverwaltungsgericht zugelassen wird. Sofern der Sachverhalt hierfür Anhaltspunkte bietet, muss die Berufung zugelassen werden. Der vierte Punkt der Tenorierung lautet dann:
„*Die Berufung wird zugelassen.*"

453 In der **Klausur** wird dieser Fall allerdings höchst selten vorkommen. Sofern die Voraussetzungen für die Berufungszulassung nicht vorliegen, wird die Nichtzulassung im Tenor nicht erwähnt (§ 124a Abs. 1 Satz 3 VwGO).

> **Beachte:**
> Der im Beschluss nach § 80 Abs. 5 bzw. § 123 VwGO übliche Beschluss über den Wert des Streitgegenstandes gehört nicht in den Tenor des Urteils. Hierzu ergeht in der Praxis ein gesonderter Beschluss, der im **Examen** üblicherweise nicht verlangt wird.

454 Die Besonderheiten hinsichtlich der Tenorierung des ersten Teils des Tenors werden im Einzelnen bei den Klagearten im 12. – 15. Kapitel abgehandelt. Zur Tenorierung

---

466 Vgl. BVerwG, Urteil vom 23. August 1996 – 8 C 19.95 – NJW 1997, 674.
467 Vgl. § 6 Abs. 1 Satz 2 VwGO.

der Kostenentscheidung und dem Ausspruch zur vorläufigen Vollstreckbarkeit vgl. das 11. Kapitel.

IV. Tatbestand

1. Allgemeines

455 Nach § 117 Abs. 3 Satz 1 VwGO ist im Tatbestand der **Sach- und Streitstand** seinem **wesentlichen Inhalt** nach gedrängt darzustellen. Die gestellten **Anträge** sollen **hervorgehoben** werden, was durch Einrücken kenntlich gemacht wird. Nach Satz 2 der Bestimmung soll wegen der Einzelheiten auf Schriftsätze, Protokolle und andere Unterlagen verwiesen werden, soweit sich aus ihnen der Sach- und Streitstand ausreichend ergibt. In der Praxis hat die letztgenannte Bestimmung zwar große Bedeutung; am Ende des Tatbestandes findet sich stets die sogenannte salvatorische Klausel. **In der Klausur** sollte ein solcher Hinweis angesichts des zumeist überschaubaren Sach- und Streitstandes aber unterbleiben; allenfalls **Verweise** auf Gutachten, Skizzen oder Karten können gelegentlich angezeigt sein.

456 Die Bestimmung findet auf Beschlüsse nach § 80 Abs. 5 VwGO und nach § 123 Abs. 1 VwGO entsprechende Anwendung, allerdings wird der Tatbestand im Beschluss üblicherweise mit „I." überschrieben. Der Tatbestand hat sowohl **Informations-** als auch **Beurkundungsfunktion** (§ 173 VwGO i. V. m. § 314 ZPO).[468]

457 Zwar verlangen weder § 117 Abs. 2 Nr. 4 VwGO noch § 117 Abs. 3 Satz 1 VwGO eine strikte äußere **Trennung** von **Tatbestand** und **Entscheidungsgründen**. Von der Beurkundungsfunktion des Tatbestands erfasst kann auch solcher Prozessstoff werden, der als solcher erkennbar in den Entscheidungsgründen wiedergegeben ist.[469] Für die **Examensklausur** empfiehlt sich indes eine solche Trennung.

458 **Klausurbearbeiter** werden sich vor die Frage gestellt sehen, in welcher **Reihenfolge** sie bei einer Examensarbeit Tatbestand und Entscheidungsgründe verfassen sollen. Letztlich ist dies eine Geschmacksfrage:

- **459** **Wer zunächst den Tatbestand formuliert,** kann das Vorbringen der Beteiligten strukturiert und ohne Wertung darstellen; in den Entscheidungsgründen können die so aufbereiteten Argumente dann nach und nach abgearbeitet werden. Grundsätzlich gilt nämlich bei **Klausuren**, dass jeder von den Beteiligten vorgebrachte Aspekt mit gutem Grund im Aufgabentext enthalten ist und deshalb verwertet werden sollte (sog. „**Zutatentheorie**")[470]; gleichwohl muss völlig unerhebliches Vorbringen aber aussortiert werden.

- **460** **Die umgekehrte Vorgehensweise** birgt demgegenüber die Gefahr in sich, dass Beteiligtenvorbringen, das rechtlich nicht zum Tragen kommt, möglicherweise im nachträglich verfassten Tatbestand unerwähnt bleibt. Die Beteiligten wollen aber bereits aus dem Tatbestand erfahren, dass das Gericht ihr Vorbringen zur Kenntnis genommen hat.

> **Klausurhinweis:**
> - In jedem Fall muss das Rahmengerüst der Entscheidungsgründe als Skizze stehen, **bevor** der Tatbestand geschrieben wird.

---

468   Vgl. Wahrendorf/Huschens, NWVBl. 2005, 197, 199.
469   BVerwG, Beschluss vom 19. August 2008 – 4 A 1025.06 – Juris.
470   Vgl. hierzu noch Rdnr. 954.

9. Kapitel Das Urteil: Rubrum, Tenor und Tatbestand

> – Im Verhältnis zu den Entscheidungsgründen sollte für das Abfassen des Tatbestandes **nicht zu viel Zeit** verwendet werden. Erfahrungsgemäß bemühen sich Referendare häufig um eine (zu) gründliche Aufbereitung des Sachverhalts, während für die Entscheidungsgründe oft zu wenig Zeit bleibt. Darunter leidet zwangsläufig die Argumentationstiefe.

2. Einleitungssatz

461 Der – als solcher zu bezeichnende – Tatbestand sollte i. d. R. mit einem **Einleitungssatz** beginnen.[471] Diese Vorgehensweise hat mehrere Vorzüge: Zum einen wird der Leser gleich zu Beginn des Falles darüber informiert, worum es im Wesentlichen geht; dadurch wird das Verständnis für die anschließenden Ausführungen deutlich erhöht. Zum anderen verhilft dies dem Verfasser der Arbeit zur Möglichkeit der Selbstkontrolle. Es ist mittlerweile üblich, die verschiedenen Klagearten mit **typischen Einleitungssätzen** zu kennzeichnen, und zwar
– bei der **Anfechtungsklage**: „Der Kläger **wendet/wehrt sich** gegen ..."
– bei der **Verpflichtungs-** und der **Leistungsklage**: *„Der Kläger begehrt ..."*
– bei der **Feststellungsklage**: „Die Beteiligten **streiten um** ..." oder auch „Der Kläger **begehrt die Feststellung** ..."

462 Spätestens bei der Formulierung des Klageantrags und der Einleitung der Entscheidungsgründe, wo § 113 Abs. 1 Satz 1, Satz 4 oder Abs. 5 VwGO zitiert werden muss, kann der Verfasser dann kontrollieren, ob der von ihm eingeschlagene Lösungsweg stimmig ist. Wer etwa in der Einleitung *„wendet sich gegen"* formuliert, kann schlechterdings nicht später § 113 Abs. 5 VwGO zitieren.

463 Nur wenn eine **Klausuraufgabe** einmal außergewöhnlich **komplex** ist oder die Beteiligten auch um die richtige Klageart streiten, sollte daher entweder auf den Einleitungssatz verzichtet oder aber *„die Beteiligten streiten um..."* formuliert werden. Bearbeiter sollten darauf achten, den Einleitungssatz möglichst **knapp und prägnant** zu formulieren. So sind etwa Angaben zu Bescheiddaten oder Nebenregelungen einer angefochtenen Verfügung an dieser Stelle des Tatbestandes unangebracht.

3. Unstreitiger Sachverhalt

464 Die Sachverhaltsschilderung beginnt mit der **Darstellung der „Ist-Situation"**. Damit werden die gegenwärtigen Verhältnisse geschildert, die für die rechtliche Bewertung des Falles von Bedeutung sind. Hierzu kann der Beruf des Klägers gehören, aber auch z. B. die Tatsache, dass er Eigentümer oder Mieter eines Gegenstandes ist, um den gestritten wird. Die Darstellung der „Ist-Situation" erfolgt im **Präsens**.

> **Klausurhinweis:**
> In **baurechtlichen Klausuren** gehört zur „Ist-Situation" z. B. die bauplanungsrechtliche Grundlage des Begehrens oder die sonstige Lagebeschreibung. Häufig ergibt sich dieser Umstand erst aus den Ausführungen im angefochtenen Bescheid oder im Widerspruchsbescheid.

4. Ablauf des Verwaltungsverfahrens

465 Im Anschluss hieran folgt die chronologische Wiedergabe des Verwaltungsverfahrens. Zeitform ist hier das **Imperfekt**. Das Verfahren wird üblicherweise nach § 22 VwVfG entweder durch einen Antrag bei der Behörde (bei einer Begünstigung) oder von Amts

---

471 A.A. Preusche, JuS 2000, 170.

wegen (bei einer Belastung) eingeleitet. Ist Letzteres der Fall, ist ggf. noch zu schildern, wie die Behörde von einer ihr Einschreiten veranlassenden Sachlage erfahren hat.

466 Steht ein **belastender Verwaltungsakt** im Raum, ist auch aufzunehmen, dass – wenn das der Fall ist – der Kläger zuvor angehört worden ist und wie er sich hierzu geäußert hat. Sodann folgt die Information über den Erlass des Bescheides durch die Behörde, die entweder die Belastung ausspricht oder aber die beantragte Begünstigung verweigert. Hierbei ist insbesondere auf Folgendes zu achten:
- **Aktivstil** (also nicht: „*...wurde der Kläger aufgefordert...*")
- **Konkrete Bezeichnung der handelnden Behörde** (also: „*...lehnte das Bundesamt für Migration und Flüchtlinge...*" statt „*die Beklagte*")
- **Vollständige Wiedergabe aller Regelungen des Bescheides**
- **Wiedergabe der den Bescheid tragenden Argumente**
- **Wiedergabe des Zustellungsdatums**
(es sei denn, die Frist ist eindeutig eingehalten)

467
> Formulierungsbeispiel:
> „*Mit Bescheid vom 11. Juni 2013, dem Kläger zugestellt am 13. Juni 2013, widerrief der Polizeipräsident in Berlin die dem Kläger erteilte Waffenbesitzkarte Nr. 343/08. Zugleich forderte die Behörde den Kläger zur unverzüglichen Rückgabe der Erlaubnisurkunde auf sowie dazu, die Pistole Walther PPK 9 mm und die dazugehörige Munition binnen eines Monats nach Bestandskraft der Verfügung dauerhaft unbrauchbar zu machen oder einem Berechtigten zu überlassen. Zur Begründung führte die Behörde aus, ...*"

468 **Entsprechendes** gilt für die Darstellung des nachfolgenden **Widerspruchsverfahrens**. Wiederholt die Widerspruchsbehörde die Argumente des Ausgangsbescheides, muss darauf in der Wiedergabe des Bescheidinhalts lediglich Bezug genommen werden. Nur die **neuen Argumente** werden referiert.

469
> Formulierungsbeispiel:
> „*Mit Widerspruchsbescheid vom 23. Juni 2013, zugestellt am 25. Juni 2013, wies das Regierungspräsidiums Stuttgart den Widerspruch unter Bezugnahme auf die Gründe des Ausgangsbescheides zurück. Ergänzend führte die Behörde aus, (...).*"

470 Das Vorbringen der Beteiligten soll auch im Vorverfahren stets an der Stelle wiedergegeben werden, an der es in der **Chronologie** zuerst auftaucht. Keinesfalls genügt es, die Argumente erst im Klageverfahren zusammenzufassen und dort anzuhäufen. Abgesehen davon, dass hierunter das Verständnis leidet, kann es u.U. gerade darauf ankommen, zu welchem Zeitpunkt etwa die Behörde ein Argument in das Verfahren eingeführt hat (Problematik des Nachschiebens von Gründen).

> **Beachte:**
> Vereinfacht gesagt sollte man sich merken: „Bringe die Argumente im Tatbestand dort, wo (bzw. wann) sie auch von den Beteiligten gebracht werden!"
> **Absätze** im Tatbestand sollten einen inhaltlichen Sinn ergeben. Nicht jeder Gedanke ist zugleich ein neuer Absatz. Fassen Sie gedanklich Zusammenhängendes zusammen!

471 Es empfiehlt sich zudem, **Monate namentlich zu bezeichnen**, weil aus einem „3.4." leicht ein „4.3." werden kann, während diese Gefahr bei der Benennung der Monate nicht besteht. Der nur minimal höhere Zeitaufwand lohnt!

9. Kapitel Das Urteil: Rubrum, Tenor und Tatbestand

472 Zurückhaltung ist bei der genauen **Wiedergabe von Normen** im Tatbestand geboten. Nur wenn ausdrücklich um die Auslegung eines Tatbestandsmerkmals gestritten wird, hat dies Sinn; ansonsten genügt die inhaltliche Wiedergabe der Tatbestandsmerkmale (z. B. *„Zur Begründung der Abrissverfügung führte die Behörde aus, das Vorhaben des Klägers stehe nicht in Einklang mit öffentlich-rechtlichen Vorschriften. Es sei schon planungsrechtlich unzulässig. [...])"*.

5. Klageerhebung und Vorbringen der Beteiligten

473 Dieser Teil des Tatbestandes beginnt mit der Mitteilung, dass und wann (und ggf. wo) der Kläger **Klage erhoben** hat. Entscheidend ist hierbei das Datum des **Eingangs** des Schriftsatzes **bei Gericht**, das sich zumeist aus dem Eingangsstempel auf dem Klageschriftsatz ergibt. Demgegenüber ist das Datum des Klageschriftsatzes (ebenso wie die Daten der sonstigen an das Gericht adressierten Schreiben) völlig belanglos und sollte daher nicht mitgeteilt werden.

474 Die Zeitform ist das **Perfekt** (*„...hat Klage erhoben..."*), während die Darstellung des Vorbringens der Beteiligten im **Präsens** erfolgt (*„Der Kläger meint,..."*).

475 Die Wiedergabe des Beteiligtenvorbringens erfolgt in **indirekter Rede** und damit im **Konjunktiv**. Üblicherweise streiten die Beteiligen im Verwaltungsprozess um Rechtsansichten. Daher ist die Verwendung der im Zivilprozess üblichen Formulierung *„Der Kläger behauptet"* im Verwaltungsprozess unüblich; allenfalls kann dies einmal angezeigt sein, wenn die Beteiligten um Tatsachen streiten; dies ist aber wegen des Untersuchungsgrundsatzes (§ 86 Abs. 1 VwGO) äußerst selten.

476 Die **üblichen Formulierungen** lauten daher *„Der Kläger meint"*, *„Der Beklagte trägt vor"* etc. Dabei sollte diese Einleitung nicht jedem Argument erneut vorgeschaltet werden; vielmehr genügt es – da es ersichtlich um das Vorbringen der jeweiligen Beteiligten geht – zu formulieren:

477 Formulierungsbeispiel:

„Der Kläger meint, das Vorhaben sei mit den planungsrechtlichen Vorgaben vereinbar. Ferner sei die Verfügung auch unverhältnismäßig. Denn sie sei schon nicht geeignet, (...)."

478 Die **Argumente** des Klägers sollten im Klagevorbringen bereits nach Zulässigkeit und Begründetheit **gegliedert** werden. Ferner empfiehlt es sich, das inhaltliche Vorbringen an dem späteren **Prüfungsaufbau** in den Entscheidungsgründen zu orientieren. Stehen also zwei Regelungen eines belastenden Verwaltungsakts im Streit, sollten zunächst alle die erste Regelung betreffenden Argumente – nach Tatbestand und Rechtsfolge sortiert – vollständig vorgetragen werden, anschließend werden die übrigen Aspekte dem zweiten Teil des Bescheides zugeordnet. Es kommt nicht darauf an, in welchem Zeitpunkt des Verfahrens die Rechtsansichten zu einzelnen Punkten geäußert werden. Daher sind auch **Repliken** ausgesprochen selten; sie sollten vermieden werden.

Beachte:
Ein häufiger Mangel in der Darstellung besteht im Beteiligtenvortrag darin, jedes Argument erneut auf den Kläger beziehen.
Beispiel:
„Der Kläger trägt vor, er sei nicht für die Bodenverunreinigung verantwortlich. Denn der Kläger habe zu keinem Zeitpunkt Zugriff auf das kontaminierte Grundstück gehabt. Vielmehr sei die Mutter des Klägers allein zutrittsberechtigt gewesen."

> Dies ist deshalb überflüssig, weil klar ist, dass sich die Argumente von ihm stammen, auch wenn der dahingehende Vortrag von seinem Prozessvertreter herrührt. Hier muss also in der Klausur vereinfacht werden.

Trägt eine Seite eine **Tatsache** vor, die als solche unstreitig zwischen den Beteiligten ist, aus der aber nach der Ansicht des Vortragenden eine bestimmte **Rechtsfolge abzuleiten** ist, bereitet dies in der Darstellung gelegentlich Schwierigkeiten. Häufig führt dies dazu, dass die Tatsache im unstreitigen Teil gebracht wird, dort aber vom Leser nicht eingeordnet werden kann. Dann muss der unstreitige Umstand später wiederholt wiedergegeben werden, was überflüssig ist. Es empfiehlt sich daher wie folgt zu formulieren: **479**

> Formulierungsbeispiel: **480**
>
> „*Die – unstreitige – Tatsache, dass er am 7. Januar 2014 das Bundesverdienstkreuz erhalten habe, widerlege die Vermutung seiner waffenrechtlichen Unzuverlässigkeit.*"
> oder aber – ausnahmsweise – substantivisch:
> „*Wegen der – unstreitig – am 7. Januar 2014 erfolgten Verleihung des Bundesverdienstkreuzes an ihn sei die Vermutung seiner waffenrechtlichen Unzuverlässigkeit widerlegt.*"

Ändert sich der **Streitgegenstand** im Laufe des Verwaltungsprozesses, so muss dies vor den gestellten Anträgen mitgeteilt werden. Liegt der Grund in der Änderung tatsächlicher Verhältnisse, darf der ansonsten streng einzuhaltende Grundsatz der chronologischen Darstellung ausnahmsweise durchbrochen werden, wenn es die Lesbarkeit der Darstellung erhöht. **481**

> Formulierungsbeispiel: **482**
>
> „*Nachdem die Garage des Klägers am 6. März 2014 abgebrannt ist, hat er die gegen die diesbezügliche Abrissverfügung gerichtete Klage zurückgenommen; er beantragt nunmehr nur noch,...*"
> oder
> „*Nachdem der Pitbull-Rüde am 7. Januar 2014 verstorben ist, beantragt der Kläger nunmehr, ...*" (Umstellung von einer Anfechtungs- in eine Feststellungsklage).

6. Anträge

Nach § 86 Abs. 3 VwGO hat der Vorsitzende u. a. darauf hinzuwirken, dass unklare Anträge erläutert und sachdienliche Anträge gestellt werden. Das Gericht darf nach § 88 VwGO über das Klagebegehren nicht hinausgehen, ist aber an die Fassung der Anträge nicht gebunden. Diese Bestimmungen bilden den Rahmen für die Wiedergabe der Anträge im Tatbestand des Urteils und damit auch in der Klausur. Die **Anträge** sind im Tatbestand **hervorzuheben**, dies erfolgt durch **Einrücken**. Dies hat in der Praxis den Vorteil, dass bei einer Teilstattgabe durch Gegenüberstellung mit dem Tenor einfacher abgeglichen werden kann, inwieweit der Kläger obsiegt hat bzw. unterlegen ist. **483**

Maßgebend für den **Umfang des Klagebegehrens** ist das aus dem gesamten Parteivorbringen, insbesondere der Klagebegründung, zu entnehmende **wirkliche Rechtsschutzziel**. Insoweit sind die für die Auslegung von Willenserklärungen geltenden Grundsätze (§§ 133, 157 BGB) anzuwenden. Wesentlich ist der **geäußerte Parteiwille**, wie er sich **484**

9. Kapitel Das Urteil: Rubrum, Tenor und Tatbestand

aus der prozessualen Erklärung und sonstigen Umständen ergibt; der Wortlaut der Erklärung tritt hinter deren **Sinn und Zweck** zurück. Neben dem Klageantrag und der Klagebegründung ist auch die Interessenlage des Klägers zu berücksichtigen, soweit sie sich aus dem Parteivortrag und sonstigen für das Gericht und den Beklagten als Empfänger der Prozesserklärung erkennbaren Umständen ergibt.[472]

485 Grundsätzlich gilt, dass der in der **mündlichen Verhandlung gestellte** und protokollierte **Antrag** derjenige ist, den das Gericht bei seiner Entscheidung **verbindlich** zugrunde zu legen hat. Es ist in diesem Fall nämlich davon auszugehen, dass in der mündlichen Verhandlung ein Rechtsgespräch stattgefunden hat, bei dem das Gericht gemäß § 86 Abs. 3 VwGO auf die Stellung des richtigen Antrags hingewirkt hat. Damit sind sie einer **Auslegung nicht mehr zugänglich**.

486 **In der Examensklausur** weicht der im Protokoll der Verhandlung wiedergegebene Antrag gelegentlich in seiner Formulierung leicht vom in der Klageschrift angekündigten Antrag ab. Die Aufgabenstellung zielt dann darauf ab zu prüfen, ob dem Bearbeiter bekannt ist, dass der **letztgestellte Antrag maßgebend** ist.

487 Gelegentlich müssen gestellte Anträge aber ausgelegt werden, wozu § 88 VwGO das Gericht ausdrücklich berechtigt. Eine **Auslegung** ist aber nur dann zulässig, wenn keine protokollierten Anträge vorliegen. Dies ist typischerweise der Fall, wenn die Beteiligten sich mit einer schriftlichen Entscheidung nach § 101 Abs. 2 VwGO einverstanden erklärt haben oder aber ein Gerichtsbescheid nach § 84 Abs. 1 VwGO ergeht.

> **Beachte:**
> Ist eine Auslegung angezeigt, wird der **Klausurtext** in der Regel entsprechende Hinweise enthalten:
> – So könnte ein Kläger etwa seine Unsicherheit über die von ihm gewählte Formulierung gegenüber dem Gericht zum Ausdruck bringen.
> – Ein Rechtsanwalt bittet ausdrücklich um sachdienliche Auslegung.
> – Manchmal existiert aber auch ein Protokoll, bei dem die Anträge bewusst fehlen.
> – Denkbar ist aber auch, dass im Laufe des Verwaltungsprozesses ergangene Bescheide in das Verfahren einbezogen werden müssen.

488 In sämtlichen Fällen stellt sich die Frage, welche Anträge dem Tatbestand zugrunde gelegt werden sollen. **In der Praxis** ist die Frage leicht beantwortet: Hier wird üblicherweise der vom Gericht ausgelegte Antrag wiedergegeben, zumeist mit der **Formulierung**:
„Der Kläger beantragt *sinngemäß*, ..."

489 **In der Klausur** ist diese Vorgehensweise nicht falsch. Sie birgt allerdings das Risiko in sich, dass dem Verfasser bereits hier ein Fehler unterläuft und damit schon der Tatbestand mängelbehaftet ist. Daher wird hierzu nur in den Fällen geraten, in denen sich der Bearbeiter seiner Sache sehr sicher ist. Alternativ wird empfohlen, den Antrag seinem Wortlaut nach wiederzugeben und ausdrücklich darauf hinzuweisen, dass es sich hierbei um den wörtlich gestellten handelt. Damit zeigt der Kandidat an dieser Stelle, dass er weiß, dass hier noch eine Auslegung vorzunehmen ist.

---

472 BVerwG, Beschluss vom 13. Januar 2012 – 9 B 56.11 – Juris.

In jedem Fall muss in beiden Fällen gleich zu Beginn der Entscheidungsgründe, spätestens aber bei der statthaften Klageart, die Auslegung unter Heranziehung von § 88 VwGO begründet werden. **490**

Der Kostenantrag wird im Tatbestand nicht wiedergegeben. Hierüber entscheidet das Gericht von Amts wegen. Wohl aber ist der Antrag, die **Hinzuziehung eines Bevollmächtigten** für das Vorverfahren für notwendig zu erklären (§ 162 Abs. 2 VwGO), zu erwähnen. **491**

Hat das Gericht einen oder mehrere weitere Beteiligte **beigeladen**, so sind auch deren Anträge in den Tatbestand aufzunehmen, und zwar im Anschluss an das Vorbringen des Beklagten. Schließt sich der Beigeladene der einen oder anderen Seite an, darf auch formuliert werden: **492**
„*Der Kläger und die Beigeladene beantragen, …*".
Das Vorbringen des Beigeladenen wird in jedem Fall nach dem Beklagtenvorbringen erwähnt. Die Mitteilung, dass Anträge gestellt werden oder ob dies nicht der Fall war, ist bedeutsam für die Frage, ob dem Beigeladenen Kosten auferlegt werden können bzw. ob er seine Kosten von dem unterlegenen Teil erstattet bekommt.

7. Prozessgeschichte

Der Tatbestand wird mit den Ausführungen zur **Prozessgeschichte** abgeschlossen. Die Darstellung erfolgt im **Perfekt**. **493**

a) **Beweisaufnahme.** Typischerweise gehört die Durchführung einer Beweisaufnahme zu den Konstellationen, die auch in der Examensklausur von Bedeutung sein können; wegen der Einzelheiten darf hierbei auf ein dazu angefertigtes Sitzungsprotokoll verwiesen werden. **494**

Formulierungsbeispiel: **495**

„*Wegen der Einzelheiten des Zustandekommens der zwischen dem Kläger und der Frau X. geschlossenen Ehe hat das Gericht durch die Vernehmung der Frau X. Beweis erhoben. Wegen der Einzelheiten ihrer Aussage wird auf das Sitzungsprotokoll vom 8. Juli 2013 verwiesen.*"

---

b) **Weitere wichtige Konstellationen.** Weitere Beispiele sind das Einverständnis der Beteiligten mit einer schriftlichen Entscheidung nach § 101 Abs. 2 VwGO oder auch die Übertragung des Rechtsstreits auf den Einzelrichter nach § 6 VwGO, ggf. auch die Rückübertragung auf die Kammer. **496**

Formulierungsbeispiel: **497**

„*Die Beteiligten haben sich mit einer Entscheidung ohne mündliche Verhandlung einverstanden erklärt*".

Vertretbar ist es aber auch, das Einverständnis mit schriftlicher Entscheidung und Einzelrichterübertragung zu Beginn der Entscheidungsgründe anzuführen. Formulierungsbeispiele finden sich in Rdnr. 506. **498**

9. Kapitel Das Urteil: Rubrum, Tenor und Tatbestand

V. Muster Urteilsrubrum und Tenor
1. Urteil durch Kammer

<u>VG 12 K 18.12</u>

VERWALTUNGSGERICHT BERLIN
URTEIL
IM NAMEN DES VOLKES

In der Verwaltungsstreitsache

des Schülers Marko Merz,
Baerwaldstraße 27, 10999 Berlin,

Klägers,

gesetzlich vertreten durch die Eltern:
Michael und Marianne Merz,
Baerwaldstraße 27, 10999 Berlin,

<u>Prozessbevollmächtigter:</u>
Rechtsanwalt Hugo Nassau,
Berliner Straße 12, 12134 Berlin,

g e g e n

das Land Berlin,
vertreten durch Bezirksamt
Friedrichshain-Kreuzberg von Berlin,
Rechtsamt, Frankfurter Allee 35-37
10247 Berlin,

Beklagten,

(ggf. : wegen Nichtversetzung in die 10. Klasse)

hat das Verwaltungsgericht Berlin, 12. Kammer,
aufgrund der mündlichen Verhandlung vom 10. November 2013 durch

die Vorsitzende Richterin am Verwaltungsgericht Hügelmann,
den Richter am Verwaltungsgericht Mosbacher,
die Richterin Meyer,
die ehrenamtliche Richterin Gerner und
den ehrenamtlichen Richter Binz

für R e c h t erkannt:

Die Klage wird abgewiesen.

Der Kläger trägt die Kosten des Verfahrens.

Das Urteil ist wegen der Kosten vorläufig vollstreckbar. Der Kläger darf die Vollstreckung durch Sicherheitsleistung in Höhe von 110 Prozent des aufgrund des Urteils vollstreckbaren Betrages abwenden, wenn nicht der Beklagte vor der Vollstreckung Sicherheit in Höhe von 110 Prozent des jeweils zu vollstreckenden Betrages leistet.

2. Gerichtsbescheid durch Einzelrichter

VG 12 K 18.12

VERWALTUNGSGERICHT BERLIN
GERICHTSBESCHEID
IM NAMEN DES VOLKES

In der Verwaltungsstreitsache

des Schülers Marko Merz,
Baerwaldstraße 27, 10999 Berlin,

Klägers,

gesetzlich vertreten durch die Eltern:
Michael und Marianne Merz,
Baerwaldstraße 27, 10999 Berlin,

Prozessbevollmächtigter:
Rechtsanwalt Hugo Nassau,
Berliner Straße 12, 10247 Berlin,

g e g e n

das Land Berlin,
vertreten durch Bezirksamt
Friedrichshain-Kreuzberg von Berlin,
Rechtsamt, Frankfurter Allee 35-37
10247 Berlin,

Beklagten,

(ggf. : wegen Nichtversetzung in die 10. Klasse)

hat die 12. Kammer des Verwaltungsgericht Berlin am 10. November 2013 durch

den Richter am Verwaltungsgericht Mosbacher
als Einzelrichter

entschieden:

Die Klage wird abgewiesen.

Der Kläger trägt die Kosten des Verfahrens.

Der Gerichtsbescheid ist wegen der Kosten vorläufig vollstreckbar. Der Kläger darf die Vollstreckung durch Sicherheitsleistung in Höhe von 110 Prozent des aufgrund des Gerichtsbescheids vollstreckbaren Betrages abwenden, wenn nicht der Beklagte vor der Vollstreckung Sicherheit in Höhe von 110 Prozent des jeweils zu vollstreckenden Betrages leistet.

10. Kapitel Das Urteil: Entscheidungsgründe

Literatur:
Jansen/Wesseling, Das Urteil im Verwaltungsprozess, JuS 2009, 32; *Wahrendorf/Huschens*, Grundfragen beim Abfassen verwaltungsgerichtlicher Urteile, NWVBl. 2005, 197; *Ziegler*, Auslegung und Umdeutung von Anträgen in der öffentlichrechtlichen Assessorklausur (§ 88 VwGO), JuS 1999, 481.

I. Vorbemerkung

501 § 117 Abs. 2 Nr. 5 VwGO schreibt als wesentlichen Bestandteil des verwaltungsgerichtlichen Urteils die **Entscheidungsgründe** vor. Darin sollen nach § 108 Abs. 1 Satz 2 VwGO die Gründe angegeben werden, die für die richterliche Überzeugung leitend gewesen sind. Die Entscheidungsgründe sollen gewährleisten, dass die Beteiligten überprüfen können, ob die von ihnen vorgebrachten Gesichtspunkte in die Begründung eingegangen sind. Entsprechend sollte sich das Gericht – das gilt auch für den Bearbeiter im **Zweiten juristischen Examen** – um eine **umfassende Auseinandersetzung mit jedem der vorgebrachten Argumente** bemühen. Die Beteiligten können nach der VwGO – anders als dies § 313a ZPO vorsieht – nicht auf die Entscheidungsgründe verzichten und diese in die Sitzungsniederschrift protokollieren lassen, auch wenn § 117 Abs. 5 VwGO vorsieht, dass das Gericht von einer weiteren Darstellung der Entscheidungsgründe absehen kann, soweit es der Begründung des Verwaltungsakts oder des Widerspruchsbescheids folgt und dies in seiner Entscheidung feststellt. Im Bearbeitervermerk der **Examensklausur** wird diese Vorschrift regelmäßig für nicht anwendbar erklärt.

502 Die – als solches zu bezeichnenden – **Entscheidungsgründe** bilden regelmäßig den **Schwerpunkt** der **Urteilsklausur**. Daher sollte auf die sorgfältige Anfertigung besonderes Gewicht gelegt werden. Dazu zählt insbesondere die durchgehende **Einhaltung des Urteilsstils**. Hierzu gibt dieses Kapitel grundlegende Hinweise.

II. Eingangsformeln

503 Auch wenn dies nicht der Praxis entspricht, geht das Gesetz im Regelfall nach wie vor davon aus, dass **Urteile** durch die Kammer **aufgrund einer mündlichen Verhandlung** ergehen (vgl. § 101 Abs. 1 VwGO). Daher müssen Abweichungen vom Regelfall zu Beginn der Entscheidungsgründe vom Gericht begründet werden.

504 **Abweichungen** können sich entweder aus der Besetzung des Gerichts (Einzelrichter) oder dem Umstand, dass keine mündliche Verhandlung stattfindet (schriftliche Entscheidung, Gerichtsbescheid) ergeben.

505 Schließlich kann nach § 102 Abs. 2 VwGO unter den dort dargelegten Voraussetzungen auch **ohne die Anwesenheit** eines oder beider **Beteiligter** in der mündlichen Verhandlung entschieden werden.

506 **Formulierungsbeispiele** zu den einzelnen Konstellationen:
Übertragung auf den Einzelrichter:
„Das Gericht hat durch den Berichterstatter als Einzelrichter entschieden, weil ihm die Kammer den Rechtsstreit durch Beschluss vom 5. Februar 2012 gemäß § 6 Abs. 1 VwGO übertragen hat."
Entscheidung ohne mündliche Verhandlung:
„Das Gericht konnte gemäß § 101 Abs. 2 VwGO ohne mündliche Verhandlung entscheiden, weil sich die Beteiligten hiermit einverstanden erklärt haben."

> Entscheidung durch Gerichtsbescheid:
> *„Gemäß § 84 Abs. 1 Satz 1 VwGO kann über die Klage ohne mündliche Verhandlung durch Gerichtsbescheid entschieden werden, weil die Kammer der Auffassung ist, dass die Sache keine besonderen Schwierigkeiten tatsächlicher oder rechtlicher Art aufweist und der Sachverhalt geklärt ist. Die Beteiligten hatten Gelegenheit, hierzu Stellung zu nehmen."*
> Entscheidung trotz Ausbleibens von Beteiligten in der mündlichen Verhandlung:
> *„Das Gericht konnte trotz des Nichterscheinens des Klägers in der mündlichen Verhandlung entscheiden, da dieser in der Ladung ausdrücklich auf diese Möglichkeit hingewiesen worden ist (§ 102 Abs. 2 VwGO)."*

III. Prozessuales Geschehen

Nimmt der Kläger die Klage zum Teil zurück oder erklären die Beteiligten den Rechtsstreit teilweise für erledigt, wird hierüber nicht mehr streitig entschieden; vielmehr wird das Verfahren insoweit (lediglich deklaratorisch) nach § 92 Abs. 3 Satz 1 VwGO eingestellt. Dies ergibt sich spätestens aus der Kostenentscheidung am Ende des Urteils, wo neben der Kostenentscheidung zum streitigen Teil des Verfahrens die §§ 155 Abs. 2 und 161 Abs. 2 VwGO Erwähnung finden. Soll der Leser des Urteils aber **klarstellungshalber** vorab darüber informiert werden, dass das Gericht hierzu keine streitige Entscheidung mehr erlässt, ist der Beginn der Entscheidungsgründe hierfür der richtige Standort.[473] Es könnte daher wie folgt formuliert werden:

507

> Formulierungsbeispiel:
> *„Soweit der Kläger die Klage hinsichtlich des ursprünglich angefochtenen Bescheides vom 3. März 2013 zurückgenommen hat, war das Verfahren nach § 92 Abs. 3 Satz 1 VwGO einzustellen."*

508

IV. Zulässigkeit

1. Allgemeines

Voraussetzung für eine gerichtliche Entscheidung in der Sache ist die **Zulässigkeit** der erhobenen Klage. Ist dies nicht der Fall, ergeht ein klageabweisendes **Prozessurteil**, mit dem die Klage als unzulässig abgewiesen wird. Allerdings wird aus dem Tenor nicht ersichtlich, dass das Gericht die Klage aus diesem Grund abgewiesen hat. Das Prozessurteil ist materieller Rechtskraft nicht fähig, da es den Streitgegenstand nicht erledigt.[474] Soweit eine erneute Klage nicht verfristet oder aus anderen Gründen unzulässig ist, steht ein derartiges Urteil also einer Sachentscheidung in gleicher Sache nicht entgegen.

509

Über das Vorliegen der Zulässigkeitsvoraussetzungen muss das Gericht von Amts wegen entscheiden. Sie müssen spätestens im Zeitpunkt der gerichtlichen Entscheidung vorliegen. Unter Umständen kann bei Streit über die Zulässigkeit der Klage vorab ein **Zwischenurteil** nach **§ 109 VwGO** ergehen. Im Zweiten Staatsexamen ist mit dieser Entscheidungsform allerdings kaum zu rechnen.

510

---

473 Die Information kann u.U. auch schon aus dem Tenor zu 1. folgen, der dann etwa lauten kann: *„Die Klage wird abgewiesen, soweit die Beteiligten nicht den Rechtsstreit übereinstimmend für erledigt erklärt haben."*

474 Redeker/von Oertzen, VwGO, § 107, Rdnr. 4.

10. Kapitel Das Urteil: Entscheidungsgründe

511 Die Zulässigkeitsprüfung wird mit dem Ergebnis „*Die Klage ist (un)zulässig*" eingeleitet, wenn der Fall Anlass zu Ausführungen zur Zulässigkeit gibt. Ist dies nicht der Fall, kann auch sogleich formuliert werden „*Die zulässige Klage ist (un)begründet.*" Nachgeschaltete Ausführungen zur Zulässigkeit der Klage verbieten sich dann aber. Sind die Ausführungen zur Zulässigkeit umfangreich, kann den Ausführungen ein Gesamtergebnis vorangestellt werden, etwa wie folgt:

512 | Formulierungsbeispiel:
„*Die Klage hat keinen Erfolg. Sie ist zwar zulässig.* ...(Es folgen Ausführungen zur Zulässigkeit). *Sie ist aber unbegründet.*"

> **Klausurhinweis:**
> Der in den meisten Bundesländern[475] in der Zweiten Juristischen Staatsprüfung zugelassene VwGO-Kommentar von Kopp/Schenke nennt in der Vorbemerkung zu § 40, Rdnr. 17, alle Prozess- und Sachentscheidungsvoraussetzungen, die in der Zulässigkeit auftauchen können. Es empfiehlt sich, die Examensklausur hierauf abzugleichen.

2. Einzelfragen

513 a) **Auslegung von Anträgen.** Wenn der ausdrücklich gestellte Antrag nicht geeignet ist, das tatsächliche Ziel des Klägers zu erreichen, darf das Gericht den **Klageantrag** nach § 88 VwGO auslegen.[476] Danach darf das Gericht – im Einklang mit der Dispositionsmaxime – über das Klagebegehren nicht hinausgehen, ist aber an die Fassung der Anträge nicht gebunden. Das Klagebegehren ergibt sich nicht nur aus dem Klageantrag, sondern ist anhand des im gesamten Parteivorbringen zum Ausdruck kommenden Rechtsschutzziels zu ermitteln.[477]

514 Hierbei sind die für die Auslegung von Willenserklärungen geltenden Grundsätze (§§ 133, 157 BGB) anzuwenden. Maßgebend ist der geäußerte **Parteiwille**, wie er sich aus der prozessualen Erklärung und sonstigen Umständen ergibt; der Wortlaut der Erklärung tritt hinter deren Sinn und Zweck zurück. Neben dem Klageantrag und der Klagebegründung sind auch die mit der Klage vorgelegten Bescheide für die Ermittlung des Rechtsschutzziels von Bedeutung, zumal wenn sie im Text der Klagebegründung ausdrücklich in Bezug genommen werden. Ergänzend ist die **Interessenlage** des Klägers zu berücksichtigen, soweit sie sich aus dem Parteivortrag und sonstigen für das Gericht und den Beklagten als Empfänger der Prozesserklärung erkennbaren Umständen ergibt.[478]

515 An welcher Stelle in der Zulässigkeitsprüfung die Frage der Auslegung thematisiert wird, hängt davon ab, in welcher Hinsicht der Antrag auszulegen ist.
Denkbar ist z. B.,[479]

516 – die gerichtliche **Einschränkung** oder Begrenzung des ursprünglichen **Begehrens**
Beispiel:
Der Kläger hat einen Verpflichtungsantrag auf Erteilung einer Sondernutzungserlaubnis gestellt, obwohl ein Teil seines Vorhabens unstreitig keine Sondernutzung darstellt und deshalb keiner Genehmigung bedarf. Die einschränkende Auslegung

---

475 Übersicht über die zulässigen Hilfsmittel findet sich unter dem link http://www.beck-shop.de/Hilfsmittelverordnungen/productview.aspx?product=10060
476 Eingehend hierzu: Ziegler, JuS 1999, 481.
477 BVerwG, Beschluss vom 19. Mai 2008 – 8 B 112.07 – NVwZ 2008, 916.
478 BVerwG, Beschluss vom 17. Mai 2004 – 9 B 29.04 – Juris.
479 Zu weiteren Beispielen vgl. Ziegler, JuS 1999, 481, 483.

ist geboten, weil anderenfalls die Klage wegen des genehmigungsfreien Teils mangels Rechtsschutzbedürfnis als unzulässig abgewiesen werden müsste.

In diesem Fall sollte die **Auslegung gleich zu Beginn der Zulässigkeit** abgehandelt werden. Vertretbar wäre es aber auch, die Frage vor die eigentliche Zulässigkeitsprüfung zu ziehen und dem Leser einleitend mitzuteilen, welches Begehren das Gericht seiner Beurteilung zugrunde gelegt hat.

517

> Formulierungsbeispiel:
>
> *„(Die Klage ist zulässig.) Das Gericht versteht das Begehren des Klägers nach § 88 VwGO dahingehend, dass er die Erteilung einer Sondernutzungserlaubnis lediglich für das Aufstellen von Verkaufscontainern auf öffentlichem Straßenland begehrt. Soweit er ursprünglich auch eine Genehmigung für das Abstellen von zugelassenen und betriebsbereiten Fahrrädern zum Zwecke der alsbaldigen gewerblichen Vermietung vor seinem derzeitigen Geschäft beantragt hat, gehört dies, soweit es straßenverkehrsrechtlich zulässig ist, zu einer Nutzung der Straße im Rahmen des Gemeingebrauchs und bedarf daher – was auch der Beklagte nicht in Abrede stellt – keiner Erlaubnis der zuständigen Behörde."* [480]

518

– die **Änderung** der **Klageart** entgegen der ursprünglichen Formulierung

519

Beispiel:
Der Kläger hat ausdrücklich einen auf die Erteilung einer nebenbestimmungsfreien Erlaubnis gerichteten Verpflichtungsantrag gestellt. Das Gericht ist der Auffassung, dieses Ziel könne bereits durch die Aufhebung der isoliert aufhebbaren Nebenbestimmung selbst erreicht werden.

In diesem Fall stellt sich die **Auslegung erst bei der Frage der richtigen Klageart**. Daher sollte dies erst bei diesem Zulässigkeitsproblem erörtert werden.

520

> Formulierungsbeispiel:
>
> *„Das Gericht hat den vom Kläger wörtlich gestellten Verpflichtungsantrag nach § 88 VwGO in eine Anfechtungsklage nach § 42 Abs. 1 VwGO umgedeutet. Denn diese Klage ist statthaft, um das Rechtsschutzziel des Klägers durchzusetzen. ..."* (Es folgt die Begründung für die Statthaftigkeit dieser Klageart).

521

Legt das Gericht einen gestellten Antrag entgegen seinem Wortlaut aus, muss es auch deutlich machen, warum es hierzu befugt war. Grundsätzlich gilt bei der Auslegung Folgendes:[481]
– Anträge natürlicher Personen, insbesondere wenn sie rechtsunkundig oder ausländisch sind, sind in weiterem Umfang der Auslegung zugänglich.
– In der Sitzungsniederschrift protokollierte Anträge sind grundsätzlich nicht mehr auslegungsfähig (Grund: Das Gericht ist seiner Hinweispflicht nach § 86 Abs. 3 VwGO nachgekommen).
– (Nur) ausnahmsweise[482] sind auch anwaltlich gestellte Anträge auslegungsfähig, nämlich entweder
  – wenn keine mündliche Verhandlung stattfindet (Argument: keine Möglichkeit des Gerichts zu Hinweisen nach § 86 Abs. 3 VwGO), oder aber

522

---

480 Beispiel gebildet am – lesenswerten – Beschluss des VG Hamburg vom 30. Juli 2008 – 4 E 1996/08 – Juris.
481 Vgl. Ziegler, JuS 1999, 481.
482 Verneint etwa vom OVG Münster, Beschluss vom 22. Januar 2013 – 12 A 2501/12 – Juris.

10. Kapitel Das Urteil: Entscheidungsgründe

- wenn die Beteiligten im Vorfeld zu erkennen gegeben haben, dass das Gericht sie bei anderer rechtlicher Bewertung nicht an den gestellten Anträgen festhalten soll.

> **Klausurhinweis:**
> Weist der Kläger in einem Schriftsatz ausdrücklich darauf hin, dass er nicht sicher sei, ob der gestellte Antrag zulässigerweise in der von ihm formulierten Weise aufrechterhalten werden könne, deutet dies auf die Problematik der Auslegung hin, vor allem, wenn keine mündliche Verhandlung stattfindet.

523 b) **Zulässigkeitsvoraussetzungen nicht schematisch durchprüfen.** Es kann nicht oft genug betont werden, dass ein **schematisches Abhaken der Zulässigkeitsvoraussetzungen** im verwaltungsgerichtlichen Urteil **nicht** – wie dies z.T. noch im Ersten Staatsexamen gefordert war – **gefragt** ist. Überflüssige Ausführungen sind in diesem Zusammenhang zumeist daran erkennbar, dass sie sich in einem Satz (*„Der Verwaltungsrechtsweg nach § 40 VwGO ist auch eröffnet."*) erschöpfen. Ausführungen sind **nur** zu denjenigen **Zulässigkeitsvoraussetzungen** erforderlich, die im Fall tatsächlich **problematisch** sind. Im Regelfall der **Examensklausur** wird einer der Beteiligten eine bestimmte Zulässigkeitsfrage angesprochen haben, so dass schon aus diesem Grund hierauf einzugehen ist.

524 Ausnahmsweise ist eine **kurze Abhandlung** aber dann zulässig und sogar geboten, wenn eine prozessual ungewöhnliche Konstellation vorliegt, für die die VwGO eine Vorschrift bereithält. In diesem Fall ist es zulässig, die Normwiedergabe und die Subsumtion in einem Satz zusammenzufassen.

525 Beispiele:
- Der Fall der Klagehäufung nach § 44 VwGO sollte unter Nennung dieser Norm thematisiert werden, wenn der Kläger mehr als ein Klagebegehren verfolgt.

> **Formulierungsbeispiel:**
> *„Beide Klagen konnten nach § 44 VwGO vom Kläger in einer Klage zusammen verfolgt werden, weil sie sich jeweils gegen die Behörde XY und damit denselben Beklagten richten, im Zusammenhang stehen und mit dem Verwaltungsgericht Köln dasselbe Gericht zuständig ist."*

526 - Wenn die Klage ausnahmsweise einmal nicht vom Kläger oder seinem Anwalt schriftlich, sondern beim Urkundsbeamten der Geschäftsstelle erhoben wird, sollte § 81 Abs. 1 Satz 2 VwGO Erwähnung finden.

> **Formulierungsbeispiel:**
> *„Die Klage konnte zulässigerweise nach § 81 Abs. 1 Satz 2 VwGO auch vor dem Urkundsbeamten der Geschäftsstelle erhoben werden."*

> **Klausurhinweis:**
> In Examensklausuren dürfte es eher selten vorkommen, dass eine erhobene Klage unzulässig ist. Daher sollte die Zulässigkeit der Klage im Regelfall mit einer entsprechenden Begründung bejaht werden. Sollte der Bearbeiter einmal ausnahmsweise die Zulässigkeit der Klage verneinen, so muss er die Erwägungen zur Begründetheit nach dem üblicherweise erstellten Bearbeitervermerk in „gutachtlich anzufertigenden Hilfserwägungen" abhandeln.

> **Beachte:**
> Auch diese Gründe sind – trotz des Wortes *gutachtlich* – im **Urteilsstil** zu verfassen.

V. Begründetheit

1. Allgemeines

Erfahrungsgemäß leiden zahlreiche **Examensarbeiten** an Mängeln in den materiellen Entscheidungsgründen. Zum einen ist dies darin begründet, dass sich die Verfasser **zu wenig Zeit für die inhaltliche Prüfung des Klagebegehrens** nehmen.

Ein Grund hierfür liegt in der unzureichenden Zeiteinteilung, die wiederum auf eine fehlende Praxis im Klausurenschreiben hindeutet. So wenden Bearbeiter häufig zu viel Zeit für die Anfertigung des Tatbestandes auf, während die Entscheidungsgründe infolge dessen zu kurz kommen. Dies führt zwangsläufig zu einer oberflächlichen oder einer nicht zum Ende geführten Prüfung in der Sache.

Ein anderer Grund hierfür ist aber darin zu sehen, dass die Kandidaten den **Urteilsstil** und damit die Technik zur strukturierten Normprüfung zu wenig verinnerlicht haben. Dabei ist der Urteilsstil kein Selbstzweck. Nur durch seine **strikte Einhaltung** ist gewährleistet, dass sämtliche der zu prüfenden Tatbestandsvoraussetzungen sowie die Rechtsfolge der Norm vollständig geprüft werden. Das bedeutet, dass die zu prüfenden Normen immer unter genauer Bezeichnung (Absatz und Satz) vollständig abstrakt vorangestellt werden und dem Leser sodann mitgeteilt wird, ob die einzelnen Voraussetzungen der Vorschrift vorliegen oder nicht. Erst danach kommt es zur Prüfung der Rechtsfolge. Es liegt im Wesen des Urteilsstils, dass das **Ergebnis der Prüfung jeweils vorangestellt** wird; im Anschluss daran folgt die Begründung dieses Ergebnisses („denn"). Worte wie „daher", „deshalb", „aus diesem Grunde" etc., die kennzeichnend für den Gutachtenstil sind, sind daher fehl am Platz.

> **Klausurhinweis:**
> – Die Urteilsgründe sollten so verfasst werden, dass auch der juristisch nicht vorgebildete Leser den Argumentationsgang nachvollziehen kann, ohne gesondert einen Gesetzestext zur Hand nehmen zu müssen.
> – Ist Gegenstand der Examensklausur eine belastende Verfügung, die entweder mehrere Unterpunkte enthält oder sich auf zwei Regelungsgegenstände bezieht, so spricht einiges dafür, dass die Klausur ihrer Konzeption nach auf einen Teilerfolg der Klage abzielt. Auf diese Weise soll geprüft werden, ob der Verfasser eine Teilstattgabe formulieren kann. Entsprechendes gilt für andere Klagearten.

2. Einleitungssätze

Besondere Sorgfalt muss daher auf die einleitenden Sätze der inhaltlichen Prüfung gelegt werden. Hier wird das **Fundament** einer soliden Prüfung gelegt. Deshalb sollte man sich die Formulierungen besonders gut einprägen. Dabei sind diese ersten Sätze der Struktur nach immer gleich, unabhängig davon, ob die Klage Erfolg hat oder nicht. Sie lauten

– im Fall der **Anfechtungsklage:**

> „Die Klage ist (un-)begründet. Der angefochtene Bescheid ist rechtmäßig/ rechtswidrig und verletzt den Kläger (nicht) in seinen Rechten (§ 113 Abs. 1 Satz 1 VwGO). Rechtsgrundlage der Beseitigungsverfügung ist § 79 Satz 1

10. Kapitel Das Urteil: Entscheidungsgründe

> *BauO Berlin. Danach kann die Bauaufsichtsbehörde die teilweise oder vollständige Beseitigung der Anlagen anordnen, wenn diese im Widerspruch zu öffentlich-rechtlichen Vorschriften errichtet oder geändert werden, wenn nicht auf andere Weise rechtmäßige Zustände hergestellt werden können. Diese Voraussetzungen liegen hier (nicht) vor."*

532 – im Fall der **Verpflichtungsklage**:

> *„Die Klage ist (un-)begründet. Der angefochtene Bescheid ist rechtmäßig/rechtswidrig und verletzt den Kläger (nicht) in seinen Rechten. Er hat (k-)einen Anspruch auf die begehrte Baugenehmigung (§ 113 Abs. 5 Satz 1 VwGO). Anspruchsgrundlage hierfür ist § 71 Abs. 1 BauO Bln. Danach ist die Baugenehmigung zu erteilen, wenn dem Bauvorhaben keine öffentlich-rechtlichen Vorschriften entgegenstehen, die im bauaufsichtlichen Genehmigungsverfahren zu prüfen sind. Diese Voraussetzungen liegen hier (nicht) vor."*

533 – im Fall der **Leistungsklage**:

> *„Die Klage ist (un-)begründet. Der Kläger hat (k-)einen Anspruch auf die Beseitigung der vor seinem Wohnhaus X-Straße 3 errichteten Wegweisertafel (Zeichen 434 zu § 42 Abs. 8 StVO). Anspruchsgrundlage des Begehrens ist der allgemeine, gewohnheitsrechtlich anerkannte Folgenbeseitigungsanspruch. Voraussetzung hierfür ist ein hoheitlicher rechtswidriger Eingriff in ein subjektives Recht, der einen noch andauernden rechtswidrigen Zustand herbeiführt; die Beseitigung muss noch möglich und zumutbar sein. Diese Voraussetzungen dieses Anspruchs liegen hier (nicht) vor."*

534 – im Fall der **Feststellungsklage**:

> *„Die Klage ist (un-)begründet. Der Kläger hat (k-)einen Anspruch auf die begehrte Feststellung, wonach er für das Abstellen von Fahrrädern auf dem Fußweg vor seinem Geschäftslokal keiner Genehmigung bedarf. Denn es handelt sich hierbei (nicht) um eine erlaubnispflichtige Sondernutzung."*

3. Formelle und ungeschriebene Rechtmäßigkeitsvoraussetzungen

535 a) Formelle Rechtmäßigkeitsvoraussetzungen. Schwierigkeiten kann die strikte Einhaltung des vorgenannten Schemas machen, wenn die Prüfung **formeller Rechtmäßigkeitsvoraussetzungen** in Rede steht. In zahlreichen Klausuren stellt sich etwa die Frage, ob der Kläger vor Erlass einer belastenden Verfügung ordnungsgemäß angehört worden ist, die zuständige Behörde gehandelt hat oder aber der Bescheid Bestimmtheits- und Begründungserfordernissen genügt. Wer in diesen beiden Fällen strikt an dem o.g. Vorschlag haftet, läuft Gefahr, dass die sodann nachfolgende Abhandlung zu den formellen Fragen nicht an der zuvor genannten Norm „anknüpft", so dass die Verständlichkeit leiden kann.

536 Ist dies der Fall, sollte die formelle Prüfung vorgezogen werden.

> **Formulierungsbeispiele** bei formellen Voraussetzungen:
> *„Die Klage ist (un)begründet. Der angefochtene Bescheid ist rechtmäßig/rechtswidrig und verletzt den Kläger (nicht) in seinen Rechten (§ 113 Abs. 1 Satz 1 VwGO).*

> *Der Bescheid ist formell rechtmäßig/rechtswidrig. Der Kläger ist insbesondere (nicht) ordnungsgemäß nach § 28 Abs. 1 VwVfG angehört worden. ...*
> *Der Bescheid ist aber auch materiell (nicht) zu beanstanden. Rechtsgrundlage der Beseitigungsverfügung ist § 79 Satz 1 BauO Bln. Danach kann die Bauaufsichtsbehörde die teilweise oder vollständige Beseitigung der Anlagen anordnen, wenn diese im Widerspruch zu öffentlich-rechtlichen Vorschriften errichtet oder geändert werden, wenn nicht auf andere Weise rechtmäßige Zustände hergestellt werden können. Diese Voraussetzungen liegen hier (nicht) vor."*

> **Beachte:**
> Enthält die im konkreten Fall zugrunde zu legende Rechtsgrundlage selbst formelle Erfordernisse (*"nach Anhörung der Beteiligten"* oder *„die zuständige Behörde"*), kann es bei dem vorgeschlagenen Grundschema bleiben.

b) Ungeschriebene Rechtmäßigkeitsvoraussetzungen. Zu den typischen **ungeschriebenen Tatbestandsvoraussetzungen** zählen z. B. die Verfassungsmäßigkeit der Norm oder deren Anwendbarkeit im konkreten Fall. Auch hier knüpft die Prüfung, die an den Satz „Diese Voraussetzungen liegen hier vor" folgt, nicht exakt an das Vorgenannte an. Trotzdem sollte das Grundschema in diesem Fall bei ungeschriebenen Tatbestandsmerkmalen bzw. der Frage der Verfassungsmäßigkeit der Norm Anwendung finden::

537

> **Formulierungsbeispiel:**
> *„Die Klage ist (un)begründet. Der angefochtene Bescheid ist rechtmäßig/rechtswidrig und verletzt den Kläger (nicht) in seinen Rechten (§ 113 Abs. 1 Satz 1 VwGO). Rechtsgrundlage der Beseitigungsverfügung ist § 79 Satz 1 BauO Bln. Danach kann die Bauaufsichtsbehörde die teilweise oder vollständige Beseitigung der Anlagen anordnen, wenn diese im Widerspruch zu öffentlich-rechtlichen Vorschriften errichtet oder geändert werden, wenn nicht auf andere Weise rechtmäßige Zustände hergestellt werden können. Diese Voraussetzungen liegen hier (nicht) vor."*

Sodann:

> *„Die Norm ist (schon nicht) anwendbar"*, bzw.
> *„Die Norm ist (zwar) verfassungsgemäß". (...)"*

Vertretbar ist es aber auch, die Frage der Verfassungsmäßigkeit erst nach Bejahung aller tatbestandlichen Voraussetzungen zu thematisieren, weil es erst in diesem Fall hierauf ankommt.

538

> **Klausurhinweis:**
> In Examensklausuren kann davon ausgegangen werden, dass die zugrunde zu legende Norm stets verfassungsmäßig ist, auch wenn der Kläger dies beanstandet. Ansonsten müsste das Verwaltungsgericht den Fall im Rahmen eines konkreten Normenkontrollverfahrens dem BVerfG vorlegen, was im Zweiten Juristischen Examen nicht gefordert wird.

4. Materielle Rechtmäßigkeitsvoraussetzungen

a) Abstrakte Wiedergabe der Normvoraussetzungen. Kern der weiteren Prüfung sind die **materiellen Rechtmäßigkeits-** bzw. **Anspruchsvoraussetzungen** der das Handeln

539

10. Kapitel Das Urteil: Entscheidungsgründe

der Behörde rechtfertigenden bzw. den Anspruch des Klägers begründenden Norm. Diese Prüfung kann nur gelingen, wenn die Norm abstrakt – also noch ohne Bezug zum konkreten Fall – vorangestellt worden ist. Keinesfalls dürfen im Obersatz also bereits Elemente untergebracht werden, die Teil der späteren Subsumtion sind. Es wäre also **fehlerhaft**, den in den **Formulierungsbeispielen** erwähnten § 79 Abs. 1 der BauO Berlin wie folgt zu zitieren (Fehler sind *kursiv* markiert):
„Danach kann die Bauaufsichtsbehörde die teilweise oder vollständige Beseitigung *des Wohnhauses des Klägers* anordnen, *weil* dieses *nicht im Einklang mit* öffentlich-rechtlichen Vorschriften errichtet oder geändert *wurde*, wenn nicht auf andere Weise rechtmäßige Zustände hergestellt werden können."

540 Zulässig ist es aber, die Norm bei mehreren **Tatbestandsalternativen beschränkt** auf den konkreten Fall abstrakt **wiederzugeben**. Ist also z. B. eine versammlungsbehördliche Auflage nach § 15 Abs. 1 VersG ergangen, die sich nur auf einen Verstoß gegen die öffentliche Sicherheit stützt, muss die in der Norm alternativ genannte öffentliche Ordnung, die ein behördliches Vorgehen ebenfalls rechtfertigen kann, nicht mitgeteilt werden.

541 Gleiches gilt bei der **Wiedergabe der Rechtsfolge**: Lässt die Norm auf der Rechtsfolgenseite mehrere Alternativen zu, so darf sie auf die Angabe der Konsequenz beschränkt werden, die die Behörde mit dem angefochtenen Bescheid herbeiführen möchte. Im Baurecht kann die Behörde beispielsweise wählen, ob sie bei einer baurechtswidrigen Anlage eine Nutzungsuntersagung fordert oder eine Abrissverfügung erlässt.

542 U. U. muss unmittelbar nach der abstrakten Nennung der Norm und der Mitteilung des Gesamtergebnisses klargestellt werden, auf welchen **Entscheidungszeitpunkt** das Gericht abstellt.[483] Dann kann wie folgt formuliert werden:

543 Formulierungsbeispiel:

„... *Diese Voraussetzungen liegen hier zum maßgeblichen Entscheidungszeitpunkt nicht vor. Im Fall der hier vorliegenden Anfechtungsklage ist grundsätzlich auf den Zeitpunkt der letzten Behördenentscheidung abzustellen, so dass es auf die seit diesem Zeitpunkt eingetretene Veränderung in seinen wirtschaftlichen Verhältnissen, auf die der Kläger sich beruft, nicht ankommt. ....*"

544 b) Reihenfolge und Struktur der Prüfung. In welcher **Reihenfolge** die jeweiligen tatbestandlichen Voraussetzungen abgehandelt werden, lässt sich nicht verallgemeinern und hängt z.T. auch von der zugrunde liegenden Norm ab. Gelegentlich muss der Prüfung auch mehr als eine Norm vorangestellt werden, was die Prüfung zusätzlich erschwert. In jedem Fall ist es besonders wichtig, sich **Klarheit über sämtliche tatbestandlichen Voraussetzungen** der Norm zu verschaffen. Erfahrungsgemäß verzetteln sich bereits hier viele Bearbeiter, insbesondere, wenn tatbestandliche Voraussetzungen in weitere Untervoraussetzungen aufzuteilen sind, was gelegentlich vorkommt.

545 Am Beispiel der oben bereits genannten Rechtsgrundlage für eine baurechtliche Beseitigungsverfügung nach § 79 Satz 1 BauO Berlin soll dies deutlich gemacht werden:
„*Danach kann die Bauaufsichtsbehörde die teilweise oder vollständige Beseitigung der Anlagen anordnen, wenn diese im Widerspruch zu öffentlich-rechtlichen Vorschriften errichtet oder geändert werden, wenn nicht auf andere Weise rechtmäßige Zustände hergestellt werden können*".

---

483 Der maßgebende Entscheidungszeitpunkt wird bei den einzelnen Klagen (12.-15. Kapitel) jeweils gesondert abgehandelt.

Die Norm hat folgende tatbestandlichen Voraussetzungen: **546**
- bauliche Anlage
- Widerspruch zu öffentlich-rechtlichen Vorschriften; dies *unterfällt in*:
  - Vorschriften des Bauplanungsrechts
  - Vorschriften des Bauordnungsrechts
- keine anderweitige Möglichkeit der Herstellung rechtmäßiger Zustände

Wenn die tatbestandlichen Voraussetzungen der Norm gedanklich derart gegliedert **547** sind, empfiehlt es sich in einem weiteren Schritt, die **Argumente** der Beteiligten in einer Skizze den jeweiligen **Voraussetzungen zuzuordnen**:

Trägt der – nicht anwaltlich vertretene – Kläger z. B. vor, sein Vorhaben sei „nicht **548** vom Baurecht erfasst", dürfte dieses Argument entweder auf die Anwendbarkeit der Vorschrift bzw. die Frage abzielen, ob es sich um eine bauliche Anlage handelt. Führt er demgegenüber an, die Behörde gehe gegen andere Nachbarn in gleicher Situation nicht vor, hängt dieser Einwand an der ordnungsgemäßen Ermessensausübung im Hinblick auf Art. 3 GG. Wichtig ist, sich immer wieder zu vergewissern, ob man sich innerhalb der vorgenannten Struktur befindet oder ob – was fehlerhaft wäre – ein geprüfter Gedanke „in der Luft hängt". Die Prüfung eines jeden Tatbestandsmerkmals wird mit dem jeweils hierzu passenden Ergebnis eingeleitet. Dies sei nochmals am vorgenannten Beispiel verdeutlicht:
- *„Bei dem vom Kläger errichteten Stellplatz handelt es sich um eine bauliche Anlage. (Denn...)"*
- *„Der Stellplatz steht auch im Widerspruch zu öffentlich-rechtlichen Vorschriften. (Denn...)"*
- *„Es besteht auch keine anderweitige Möglichkeit der Herstellung rechtmäßiger Zustände hinsichtlich des Stellplatzes. (Denn...)"*

Hat eine Norm mehrere Tatbestandsmerkmale, über deren Vorliegen die Beteiligten **549** streiten, und fehlt es – eindeutig nur – an einer dieser Voraussetzungen, so wird die Klage in der Praxis in der Regel abgewiesen werden, ohne dass die zu bejahenden Voraussetzungen thematisiert werden. Vielmehr würde in den Entscheidungsgründen allein das Fehlen des einen Merkmals zum Gegenstand der Prüfung gemacht.[484] Auf die sonstigen Voraussetzungen kommt es für das gefundene Ergebnis nämlich nicht an.

In der Klausur wäre dieses Vorgehen unglücklich, weil man zu den sonstigen Voraus- **550** setzungen nur im Wege einer hilfsweisen Prüfung käme. In einem solchen Fall empfiehlt sich eine **„Zwar-Aber"-Konstruktion**. Dies sei noch einmal an obigem Beispiel deutlich gemacht:
- *„Bei dem vom Kläger errichteten Stellplatz handelt es sich **zwar** um eine bauliche Anlage. (Denn...)"*
- *„**Auch** steht der Stellplatz im Widerspruch zu öffentlich-rechtlichen Vorschriften. (Denn...)"*
- *„Es besteht **aber** eine anderweitige Möglichkeit der Herstellung rechtmäßiger Zustände hinsichtlich des Stellplatzes. (Denn...)"*

> **Klausurhinweis:**
> Grundsätzlich sollten alle in der Klausur von den Beteiligten angesprochenen Argumente verarbeitet werden. Da eine **Anfechtungsklage** bereits dann Erfolg hat, wenn

---

484 Ausnahmen sind aber üblich, wenn es den Beteiligten gerade darauf ankommt, vom Gericht eine Einschätzung auch zu den übrigen Merkmalen zu hören.

10. Kapitel Das Urteil: Entscheidungsgründe

es an einer tatbestandlichen Voraussetzung fehlt, spricht aus klausurtaktischen Gründen mehr für einen **Misserfolg** einer solchen Klage. Denn nur dann prüft das Gericht – und damit der Klausurbearbeiter – sämtliche Voraussetzungen der Rechtsgrundlage der Belastung durch.

Umgekehrtes gilt bei der **Verpflichtungsklage**: Nur wenn sie **Erfolg** hat, können sämtliche sich auf Tatbestands- und Rechtsfolgenseite abzuarbeitenden Punkte abgearbeitet werden. Kommt der Bearbeiter allerdings – was keinesfalls ausgeschlossen werden kann – zu einem gegenteiligen Ergebnis, muss die Prüfung in Hilfserwägungen im Urteilsstil fortgesetzt werden.

551 c) Unbestimmte Rechtsbegriffe. Besondere Sorgfalt muss an den Tag gelegt werden, wenn es um die Subsumtion des Falles unter **unbestimmte Rechtsbegriffe** geht, die im Tatbestand einer Norm auftauchen. Unbestimmte Rechtsbegriffe auf Tatbestandseite sind i. d. R. voll gerichtlich nachprüfbar.[485] Daher müssen diese vor einer Subsumtion **zunächst definiert** werden, es sei denn, das Gesetz selbst definiert den Begriff, wie dies z. B. bei der Frage der waffenrechtlichen Zuverlässigkeit in § 5 WaffG der Fall ist. Ansonsten muss das Gericht den Begriff abstrakt konkretisieren, was in der Praxis durch einen Abgleich der bisher hierzu ergangenen Rechtsprechung und durch den Einblick in die entsprechende Kommentarliteratur erleichtert wird.

552 Da dem Bearbeiter **im Zweiten Examen** dieses Material in der Regel nicht zur Verfügung steht, muss er selbst kreativ werden. Dabei kommt es weniger darauf an, dass die gefundene Definition im Einklang mit etwa bereits ergangener Rechtsprechung steht. In erster Linie geht es darum, die Fähigkeit zu zeigen, mit einer zumeist unbekannten Norm umzugehen und tragfähige, mit dem Gesetz in Einklang stehende Erwägungen zu treffen. Hierin liegt für den Bearbeiter auch die Chance, an dieser Stelle des Falles eine Weichenstellung vorzunehmen, mit der ein – vor allem aus klausurtaktischen Gründen – gewünschtes Ergebnis besser begründet werden kann.

> **Merke:**
> Bei unbestimmten Rechtsbegriffen steht **vor** einer **Subsumtion** immer die **Definition!**

553 Formulierungsbeispiel (gebildet anhand § 80 Abs. 2 VwVfG):
> *"...Die Hinzuziehung einer Bevollmächtigten im Vorverfahren war auch notwendig. Notwendig ist die Hinzuziehung des Bevollmächtigten, wenn es der Partei nach ihren persönlichen Verhältnissen und der Schwierigkeit der Sache nicht zuzumuten war, das Vorverfahren selbst zu führen. Dabei ist die Erstattungsfähigkeit von Anwaltskosten im Vorverfahren nicht automatisch, sondern je nach Lage des Einzelfalls nur unter der Voraussetzung der konkreten Notwendigkeit anzuerkennen. Maßgebend ist, ob sich ein vernünftiger Bürger mit gleichem Bildungs- und Erfahrungsstand bei der gegebenen Sachlage eines Anwalts bedient hätte. Nach diesem Maßstab durfte sich die Klägerin hier für die Widerspruchseinlegung einer Rechtsanwältin bedienen. ..."*

554 d) **Beurteilungsspielraum.** Geht es auf **Tatbestandsseite** um unbestimmte Rechtsbegriffe, bei denen der entscheidenden Behörde ein **Beurteilungsspielraum** zukommt,[486]

---
485 Zur wichtigsten Ausnahme hierzu s. Rdnr. 554.
486 Zu den zahlreichen Fallgruppen vgl. Redeker/v. Oertzen, VwGO, § 114 Rdnr. 15 f.; Kopp/Schenke, VwGO, § 114 Rdnr. 24 ff.

kann das Gericht seine Wertung nicht einfach an die Stelle der entscheidenden Behörde setzen. Daher geht es in dieser Konstellation allein darum, die getroffene Entscheidung auf **Beurteilungsfehler** hin zu überprüfen. Beurteilungsfehler sind u. a.:
- Verkennung des anzuwendenden Begriffs oder des hierbei zu beachtenden gesetzlichen Rahmens
- Zugrundelegung eines falschen Sachverhalts
- Missachtung allgemeiner Wertmaßstäbe
- Zugrundelegung sachfremder Erwägungen
- Verstoß gegen Verfahrens- bzw. sonstigen Verwaltungsvorschriften.

In den Entscheidungsgründen kommt es daher darauf an, deutlich zu machen, dass **555** die Entscheidung **gerichtlich nur eingeschränkt überprüft** werden kann. Vor allem muss klar werden, welcher Maßstab der gefundenen Bewertung zugrunde gelegen hat. Auch hier sollte der Urteilsstil unbedingt eingehalten werden, wobei es angesichts der teilweise unterschiedlichen Begrifflichkeiten zu den Arten von Beurteilungsfehlern Schwierigkeiten bereiten kann, terminologisch scharf zu bleiben. Ungeachtet dessen sollte der Bearbeiter stets **deutlich machen, welcher Beurteilungsfehler** im konkreten Fall zugrunde gelegt wird. Er sollte also vorangestellt und ggf. definiert werden, um dann mitzuteilen, ob er vom Gericht bejaht oder verneint wird.

> Zur Verdeutlichung soll abschließend folgendes **Formulierungsbeispiel**[487] dienen: **556**
> *"Rechtsgrundlage für die Entscheidung der Nichtversetzung ist § 10 Abs. 1 der Versetzungsverordnung. Danach wird ein Schüler der Grundschule nicht versetzt, wenn er am Ende des Schuljahrgangs in zwei der Lehrgänge Lesen, Schreiben und Mathematik das Ziel nicht erreicht hat. Diese Voraussetzungen liegen hier vor. Der Kläger hat die Ziele der Lehrgänge Schreiben und Mathematik nicht erreicht. Ob ein Schüler nach der Beurteilung der Schule die Ziele der Lehrgänge am Ende des Schuljahrgangs nicht erreicht hat, bestimmt sich maßgeblich nach der Bewertung des zuständigen Fachlehrers. Die zusammenfassende Beurteilung, ob der Schüler die Ziele erreicht oder nicht erreicht hat, trifft die Lehrkraft auf der Grundlage der von ihr vorgenommenen Einzelbewertungen im Rahmen des ihr durch das Schulgesetz grundsätzlich eingeräumten pädagogischen Beurteilungsspielraums. Insoweit darf das Gericht die Leistungsbewertung lediglich auf Beurteilungsfehler hin überprüfen, d.h. ob sie auf der Grundlage eines fehlerfreien Bewertungsverfahrens zustande gekommen und ob die Grenzen des Bewertungsspielraums überschritten worden sind, weil die Lehrkräfte von falschen Tatsachen ausgegangen sind, allgemein anerkannte Bewertungsgrundsätze missachtet oder sachfremde und damit willkürliche Erwägungen angestellt haben. Nach diesen Grundsätzen gibt es keine Anhaltspunkte dafür, dass die Leistungsbewertungen rechtsfehlerhaft sind."*
> (Es folgt eine Prüfung der vorgenannten Beurteilungsfehler).

5. Rechtsfolge: Ermessen oder gebundene Entscheidung

Am Ende der materiellen Prüfung steht die gerichtliche Kontrolle der von der Behörde **557** ausgesprochenen Rechtsfolge. Sie ergibt sich aus der – der Prüfung vorangestellten – Rechtsgrundlage für die angefochtene belastende Maßnahme bzw. der Anspruchsgrundlage. Dabei kommen nur zwei Arten von Rechtsfolgen in Betracht:
- **Gebundene Entscheidung:** „hat", „muss"
- **Ermessensentscheidung:** „kann", „darf", „soll"

---

487 Beispiel gebildet und zur Vereinfachung stark gekürzt anhand des Beschlusses des VG Braunschweig vom 19. September 2008 – 6 B 198/08 – Juris.

10. Kapitel Das Urteil: Entscheidungsgründe

558 Die gerichtliche Überprüfung einer **gebundenen Entscheidung** ist rechtlich zumeist unproblematisch. Spricht die Behörde die gesetzlich vorgesehene Rechtsfolge aus und liegen die tatbestandlichen Voraussetzungen hierfür vor, war die Entscheidung rechtmäßig. Entspricht die ausgesprochene Folge nicht dem Gesetz, hat die Klage demgegenüber Erfolg.

559 Ungleich schwieriger ist es, wenn die Entscheidung der Behörde in ihrem Ermessen stand. Dabei kann sich das Ermessen zum einen darauf beziehen, ob die Behörde überhaupt tätig wird (**Entschließungsermessen**) oder aber darauf, welche von mehreren möglichen Handlungsformen sie ergreift (**Auswahlermessen**). In beiden Fällen kann das Gericht die Entscheidung nur auf **Ermessensfehler** hin überprüfen. Oftmals liegt hier ein **Schwerpunkt der verwaltungsrechtlichen Examensklausur**, so dass hier besonders sorgfältig gearbeitet werden muss.

560 Nach **§ 114 Satz 1 VwGO** prüft das Gericht, soweit die Verwaltungsbehörde ermächtigt ist, nach ihrem Ermessen zu handeln, auch, ob der Verwaltungsakt oder die Ablehnung oder Unterlassung des Verwaltungsakts rechtswidrig ist, weil die gesetzlichen Grenzen des Ermessens überschritten sind oder von dem Ermessen in einer dem Zweck der Ermächtigung nicht entsprechenden Weise Gebrauch gemacht wurde. Die Norm muss in diesem Zusammenhang unbedingt genannt werden. Das Gesetz kennt – scheinbar – nur zwei Arten von Ermessensfehlern:
- **Ermessensüberschreitung:** Die Behörde hält sich nicht an den gesetzlichen Rahmen der zugrundeliegenden Norm.
- **Ermessensfehlgebrauch:** Die Behörde macht von dem ihr eingeräumten Ermessen nicht in der gesetzlich vorgesehenen Weise Gebrauch.

561 In Rspr. und Literatur sind aber weitere Fälle von Ermessensfehlern anerkannt, auch wenn die Terminologie hier teilweise uneinheitlich ist. Weitere Fehler sind:
- **Ermessensaufall/Ermessensnichtgebrauch:** Die Behörde erkennt nicht, das ihr bei einer Entscheidung überhaupt Ermessen zukam.
- **Ermessensdefizit/Ermessensunterschreitung:** Die Behörde hat nicht alle für die Entscheidung maßgeblichen Belange in die Entscheidung eingestellt.

562 Die sog. **Ermessensreduzierung auf Null**, die vor allem bei der Verpflichtungsklage relevant ist, stellt demgegenüber keinen eigenen Ermessensfehler dar.

563 Auch bei der Prüfung von Ermessensfehlern ist es wichtig, den **Ermessensfehler**, der nachfolgend geprüft wird, **abstrakt** voranzustellen; der Leser soll auch hier erfahren, nach welchem **Maßstab** das Gericht prüft. Die Einhaltung des Urteilsstils beschränkt sich also nicht auf die Prüfung der tatbestandlichen Voraussetzungen einer Norm, sondern setzt sich auf Rechtsfolgenseite fort.

> **Beachte:**
> - Bei der **Anfechtungsklage** führt jeder Ermessensfehler zur Rechtswidrigkeit des angefochtenen Verwaltungsakts, es sei denn, der Fehler wird nach § 114 Satz 2 VwGO geheilt.
> - Die **Verpflichtungsklage** hat demgegenüber nur dann in vollem Umfang Erfolg, wenn sich das Ermessen zugunsten des Klägers auf Null reduziert hat. Ansonsten kommt es lediglich zum Bescheidungstenor.

Weitere Rechtsfragen, die sich im Zusammenhang mit der Überprüfung von Ermessen ergeben, werden im 12. und 13. Kapitel bei den jeweiligen Klagearten behandelt.

6. Subjektive Rechtsverletzung

Bei Anfechtungs- und Verpflichtungsklagen stellt sich am Ende der Entscheidungsgründe die Frage, ob der angefochtene Verwaltungsakt bzw. die Versagung einer Vergünstigung – soweit dies jeweils rechtswidrig war – den Kläger auch in seinen Rechten verletzt (vgl. § 113 Abs. 1 Satz 1 bzw. Abs. 5 Satz 1 VwGO). Im Regelfall wird dies zu bejahen sein, wenn in der Zulässigkeit die Hürde der Klagebefugnis nach § 42 Abs. 2 VwGO genommen ist. Dann sollte die Prüfung mit dem Satz:
„Der angefochtene Verwaltungsakt verletzt den Kläger auch in seinen Rechten."
abgeschlossen werden.

Allerdings sind auch Fälle denkbar, in denen bei bejahter Klagebefugnis und erkannter Rechtswidrigkeit eines Bescheides **keine Rechtsverletzung** des Betroffenen anzunehmen ist. Hier sind u. a.[488] folgende Konstellationen denkbar:

– keine Rechtsverletzung bei belastenden Bescheiden, die weniger vom Adressaten verlangen als es die Rechtsgrundlage vorsieht.
  Beispiel:
  Statt des nach § 45 Abs. 2 WaffG bei nachträglich eintretenden Versagungsgründen zwingend gebotenen Widerrufs der waffenrechtlichen Erlaubnis erlässt die Behörde nur eine Auflage gegenüber dem Inhaber der Erlaubnis.

– keine Rechtsverletzung bei belastenden Bescheiden, die eine Rechtsfolge aussprechen, die kraft Gesetzes eintritt.
  Beispiel:
  Ein kraft Einigungsvertrages befristet in den Dienst der Bundeswehr übernommener Soldat der ehemaligen Nationalen Volksarmee der DDR wird per Bescheid entlassen. Der Bescheid ist rechtswidrig, weil es für die Entlassung keine Rechtsgrundlage gibt, verletzt den Kläger aber nicht in seinen Rechten, weil er ohnehin kraft Gesetzes entlassen ist.

VI. Nebenentscheidungen

Die sog. Nebenentscheidungen des Urteils sind ebenfalls zu begründen. Dabei handelt es sich um

– die Kostenentscheidung:
  Sie beruht auf den Vorschriften der §§ 154 ff. VwGO und umfasst daher auch die Entscheidung über die Kosten bei Teilrücknahme- bzw. Teilerledigung sowie die Frage, ob bei einem vorangegangenen Vorverfahren die Hinzuziehung des Bevollmächtigten notwendig war (§ 162 Abs. 2 VwGO).

– die Entscheidung zur vorläufigen Vollstreckbarkeit:
  Sie beruht auf § 167 Abs. 2 VwGO i. V. m. §§ 708 ff. ZPO.

> **Klausurhinweis:**
> Die vorgenannten Nebenentscheidungen müssen in jeder Urteilsklausur begründet werden und runden den Eindruck der Vollständigkeit der Arbeit ab. Um zu vermeiden, dies am Ende der Klausur aus Zeitgründen nicht mehr erledigen zu können, können die beiden Sätze auf einer gesonderten Seite niedergelegt wer-

---

488 Das Problem der Heilung und des Nachschiebens von Gründen wird – weil es sich nur bei der Anfechtungsklage stellt – im 12. Kapitel (Rdnr. 693 ff.) behandelt.

> den, sobald sich der Verfasser über sein Ergebnis im Klaren ist. Die Seite wird dem Klausurtext sodann angeheftet.

571 – der Entscheidung über die Zulassung der Berufung:
Dies wird nur im Falle der Zulassung ausgesprochen und ist kaum klausurrelevant.

VII. Rechtsmittelbelehrung

572 Nach dem **in den Examensklausuren** üblichen Bearbeitervermerk wird die Ausformulierung der Rechtsmittelbelehrung **meist nicht verlangt**. Falls doch einmal nach dem zulässigen Rechtsmittel gefragt wird, genügt der Hinweis auf das zulässige Rechtsmittel unter Angabe der Norm *(„Rechtsmittel: § 124a VwGO [Antrag auf Zulassung der Berufung]")*.

VIII. Unterschriften der Richter

573 Nach § 117 Abs. 1 Satz 2 VwGO ist das Urteil von den Richtern, die bei der Entscheidung mitgewirkt haben, zu unterzeichnen. Nach Satz 4 der Vorschrift bedarf es aber der Unterschrift der ehrenamtlichen Richter nicht. Im Examen genügt in der Regel der Hinweis *„Unterschriften der Berufsrichter"*; deren Namen müssen nicht ausformuliert werden.

11. Kapitel Kosten, vorläufige Vollstreckbarkeit und Streitwert

Literatur:
Budach/Johlen, Der Prozessvergleich im verwaltungsgerichtlichen Verfahren, JuS 2002, 371; *Geiger*, Die Tenorierung verwaltungsgerichtlicher Entscheidungen, JuS 1998, 343; *Kment*, Grundfälle zur Tenorierung im verwaltungsgerichtlichen Verfahren, JuS 2005, 420 und 517.

I. Allgemeines

574 Jede gerichtliche Sachentscheidung verlangt neben einer Hauptentscheidung eine **Kostenentscheidung**. Dies gilt sowohl für **Urteile** als auch für **Beschlüsse** im vorläufigen Rechtsschutzverfahren. Hier gelten die §§ 154 ff. VwGO gleichermaßen. Nur bei Urteilen bedarf es überdies einer Entscheidung zur **vorläufigen Vollstreckbarkeit**; § 167 Abs. 2 VwGO verweist hier für Anfechtungs- und Verpflichtungsklagen auf die entsprechenden Vorschriften der ZPO. Die Bestimmung greift also nicht in Verfahren nach §§ 80 Abs. 5 bzw. 123 Abs. 1 VwGO.

575 Während bei Urteilen der Beschluss zum **Streitwert** gesondert ergeht, ist diese Entscheidung in Verfahren des vorläufigen Rechtsschutzes Teil des Tenors. In **Examensklausuren** ist der Beschluss zum Streitwert zwar nach dem Bearbeitervermerk meist erlassen; gleichwohl sind Grundkenntnisse zum Streitwert auch im Zweiten Staatsexamen unerlässlich, u. a. weil hiervon abhängt, ob § 708 Nr. 11 oder § 709 ZPO zur Anwendung kommt.

II. Kostenentscheidung

1. Allgemeines

576 Nach § 161 Abs. 1 VwGO hat das Gericht im **Urteil** oder, wenn das Verfahren in anderer Weise beendet worden ist, durch **Beschluss über** die **Kosten** zu entscheiden.

Eine Kostenentscheidung unterbleibt demnach bei unselbständigen Beschlüssen (z. B. über Trennung oder bei Verbindung oder bei Beweisbeschlüssen). Kosten sind nach § 162 Abs. 1 VwGO die Gerichtskosten (Gebühren und Auslagen) und die zur zweckentsprechenden Rechtsverfolgung oder Rechtsverteidigung notwendigen Aufwendungen der Beteiligten einschließlich der Kosten des Vorverfahrens. Die **Kostenentscheidung** ergeht **von Amts wegen**. Es ist deshalb nicht erforderlich, als Beteiligter neben dem Sachantrag einen Kostenantrag zu stellen.

> **Beachte:**
> Aus diesem Grund werden **Kostenanträge** im Tatbestand der **Examensklausur** – wie in der Praxis auch – nicht wiedergegeben. Ausnahme ist der Antrag auf Notwendigerklärung der Hinzuziehung eines Bevollmächtigten im Vorverfahren.[489]

Das Gericht hat nach § 161 Abs. 1 VwGO eine **Kostengrundentscheidung** zu treffen, aus der sich ergibt, auf wen – **ggf.** mit welcher **Quote** – die Kosten des Verfahrens entfallen. Die Höhe der anfallenden Kosten wird hinsichtlich der Gerichtskosten erst durch den Kostenansatz nach dem GKG und hinsichtlich der zu erstattenden außergerichtlichen Kosten durch die Kostenfestsetzung nach § 164 VwGO festgelegt.[490] Die **Kostenfestsetzung** nimmt im Gegensatz zu der durch das Gericht erfolgenden Kostengrundentscheidung der **Urkundsbeamte** des Gerichts vor. **577**

Als **Nebenentscheidung** muss die Kostenentscheidung im Urteil bzw. im Beschluss gesondert **begründet** werden. Im Fall des Unterliegens der einen oder anderen Seite reicht die Bezugnahme auf die Vorschrift des § 154 Abs. 1 VwGO; in anderen Konstellationen, insbesondere dann, wenn für verschiedene Teile der Entscheidung unterschiedliche Kostenbestimmungen greifen, ist u.U. eine ausführlichere Begründung erforderlich.[491] **578**

Die **Kostenentscheidung** erfasst das Verfahren in **allen Instanzen**. Selbst wenn ein Beteiligter also zunächst im Ausgangsverfahren obsiegt, erstreckt sich die Kostenentscheidung des letzten Instanzgerichts auf das gesamte Verfahren, wobei selbständige Nebenverfahren nicht hierzu gehören.[492] **579**

2. Unterliegen eines Beteiligten

Nach der Ausgangsbestimmung des § **154 Abs. 1 VwGO** trägt der **unterliegende Teil** die **Kosten** des Verfahrens. Die Regelung entspricht einem allgemeinen Grundsatz des Kostenrechts, der sich z. B. auch in § 91 ZPO wiederfindet. Zu den Kosten des Verfahrens zählen auch diejenigen des Verwaltungsverfahrens einschließlich eines etwaigen Widerspruchsverfahrens. **580**

> **Beachte:**
> Deswegen sollte bei der Kostenentscheidung nach der VwGO nicht – wie dies in § 91 Abs. 1 ZPO formuliert ist – von den **Kosten des** „Rechtsstreits" gesprochen werden, sondern denjenigen des **Verfahrens**.

Unterliegender Teil im Sinn von § 154 Abs. 1 VwGO kann nur die **Kläger- oder** die **Beklagtenseite** sein. Kostenentscheidungen zugunsten oder zu Lasten von Beigeladenen **581**

---
489 Vgl. dazu unten Rdnr. 628.
490 Clausing in Schoch/Schneider/Bier, VwGO, § 161 Rdnr. 4.
491 Vgl. hierzu das Formulierungsbeispiel bei Rdnr. 602.
492 Redeker/v. Oertzen, VwGO, § 154 Rdnr. 3.

11. Kapitel Kosten, vorläufige Vollstreckbarkeit und Streitwert

unterliegen gesonderten Regelungen.[493] Die Vorschrift gilt auch für Beteiligungs- und Prozessunfähige, weil ein Prozessrechtsverhältnis und damit ein prozessualer Kostenerstattungsanspruch unabhängig vom Vorliegen der Prozessvoraussetzungen entsteht. Die Vorschrift findet – in entsprechender Anwendung der § 173 VwGO, § 89 Abs. 1 Satz 3 ZPO i. V. m. § 179 BGB – auch auf den vollmachtlosen Vertreter Anwendung.[494] Die Gründe des Unterliegens sind für die Kostenentscheidung nach § 154 Abs. 1 VwGO unerheblich.[495]

582 Der Tenor der Kostenentscheidung nach § 154 Abs. 1 VwGO lautet demnach:
„*Der Kläger/der Beklagte (im Beschluss: der Antragsteller/der Antragsgegner) trägt die Kosten des Verfahrens.*"

> **Beachte:**
> Die Formulierung: „Der Kläger *hat* die Kosten des Verfahrens zu tragen" besagt zwar *inhaltlich* nichts anderes; sie ist aber zu sehr an der Formulierung des § 91 ZPO orientiert, während der o. g. Vorschlag auf dem Wortlaut des § 154 Abs. 1 VwGO beruht. Er verdient daher den Vorzug in der Examensklausur.

583 Nach § 154 Abs. 2 VwGO fallen **Kosten** eines ohne Erfolg eingelegten Rechtsmittels demjenigen zur Last, der das **Rechtsmittel** eingelegt hat. Für den Kläger oder den Beklagten hat diese Vorschrift nur klarstellenden Charakter. Bedeutung erlangt sie allein dann, wenn ein anderer Beteiligter, also entweder ein Beigeladener oder der Vertreter des öffentlichen Interesses ein erfolgloses Rechtsmittel einlegt. In diesem Fall werden dem unterlegenen Hauptbeteiligten, der selbst nicht gegen die Ausgangsentscheidung vorgegangen ist, keine gesonderten Kosten auferlegt.

3. Teilweises Obsiegen bzw. Unterliegen

584 Wenn ein Beteiligter teils obsiegt, teils unterliegt, so sind die Kosten nach § 155 Abs. 1 VwGO entweder gegeneinander aufzuheben oder verhältnismäßig zu teilen. Die Vorschrift entspricht § 92 ZPO. Ein teilweises Unterliegen ist grundsätzlich dann anzunehmen, wenn der Tenor zum Sachantrag hinter dem entsprechenden Klageantrag zurückbleibt. Dies kann in **unterschiedlichen Konstellationen** vorkommen:

585 – Ein Bescheid mit zwei belastenden, vom Kläger gleichermaßen angegriffenen Regelungen wird vom Gericht hinsichtlich der ersten Verfügung aufgehoben, während der andere Teil Bestand hat. Beide Regelungen unterfallen dem Regelstreitwert[496] nach § 52 Abs. 2 GKG (jeweils 5.000,- Euro).

586 – Von zweien im Wege der Klagehäufung (§ 44 VwGO) geltend gemachten Ansprüchen greift nur einer durch. Der erste, erfolglose Antrag betrifft eine Anfechtungsklage (Regelstreitwert), während das auf Geldleistung von 3.000,- Euro gerichtete Begehren erfolgreich ist.

587 – Bescheidungstenor bei einer auf Erteilung einer im Ermessen des Beklagten stehenden Erlaubnis gerichteten Klage.

588 – Bescheidungsantrag des Klägers, das Gericht bewirkt jedoch in seinem Bescheidungsurteil mit seiner Rechtsauffassung eine geringere Bindung des Beklagten für dessen erneute Entscheidung als der Kläger sie mit seiner Klage angestrebt hat.[497]

---

[493] Siehe hierzu Rdnr. 608.
[494] BVerwG, Beschluss vom 25. September 2006 – 8 KSt 1/06 u. a. – Juris.
[495] Redeker/v. Oertzen, VwGO, § 154 Rdnr. 2.
[496] Hierzu mehr ab Rdnr. 643.
[497] BVerwG, Urteil vom 24. September 2009 – 7 C 2.09 – Juris.

II. Kostenentscheidung

Ist ein Teilunterliegen in diesem Sinne zu bejahen, muss das Gericht das **Verhältnis von Obsiegen und Unterliegen bestimmen**. Dieses Verhältnis ist Grundlage für die festzusetzende **Kostenquote**. Sie kann entweder in **Prozent** oder in **Bruchteilen** angegeben werden. Das Verhältnis ist danach zu bestimmen, welcher Streitwert auf welchen Teil der Klage entfällt. 589

- Im ersten Beispiel würde die Kostenentscheidung also lauten: 590
 „Die Kosten des Verfahrens tragen der Kläger und der Beklagte je zur Hälfte."

- Im zweiten Beispiel verliert der Kläger in Höhe von 5.000,- Euro, gewinnt aber in Höhe von 3.000,- Euro. Die Kostenentscheidung lautet: 591
 „Von den Kosten des Verfahrens tragen der Kläger 5/8 und der Beklagte 3/8."
 (auch vertretbar: *„der Kläger zu 62% und der Beklagte zu 38 %."*)

- Im dritten und vierten Beispiel bleibt die Entscheidung ebenfalls hinter dem Antrag zurück. Im Fall von teilweise erfolgreichen Bescheidungsklagen steht die Quote im Ermessen des Gerichts; eine einheitliche Entscheidungspraxis ist nicht erkennbar. Üblich ist es, die Kosten etwa zur Hälfte oder einem Drittel dem Kläger aufzuerlegen. Die Entscheidung kann also lauten: 592
 „Die Kosten des Verfahrens tragen der Kläger und der Beklagte je zur Hälfte."

Bei etwa gleicher Kostenverteilung ist es nach § 155 Abs. 1 Satz 1 VwGO auch möglich, die **Kosten** gegeneinander **aufzuheben**. Dann trägt jeder der Beteiligten seine Kosten selbst. Nach Satz 2 der Vorschrift fallen die **Gerichtskosten** jedem Teil zur **Hälfte** zur Last. Eine solche Entscheidung wird regelmäßig nur dann billig sein, wenn entweder keiner der Beteiligten anwaltlich vertreten ist oder beide Seiten einen Bevollmächtigten herangezogen haben. Ansonsten führt die Kostenaufhebung dazu, dass die anwaltlich vertretene Klägerseite die Anwaltskosten in voller Höhe tragen muss, obwohl er zur Hälfte obsiegt hat.[498] An den Gesamtkosten ist er dann überproportional beteiligt, was in der Regel unbillig ist. 593

Nach § 155 Abs. 1 Satz 3 VwGO können einem Beteiligten schließlich die Kosten ganz auferlegt werden, wenn der andere nur zu einem geringen Teil unterlegen ist. Wann ein nur **geringfügiges Unterliegen** anzunehmen ist, lässt sich nicht allgemein sagen. Im Regelfall wird man hiervon ausgehen, wenn die anteilige Quote, zu der ein Beteiligter den Rechtsstreit verliert, **unter einem Zwanzigstel** des Gesamtwertes liegt.[499] 594

4. Kosten bei Rücknahme

Nach § 155 Abs. 2 VwGO hat **derjenige**, der einen Antrag, eine Klage, ein Rechtsmittel oder einen anderen Rechtsbehelf **zurücknimmt**, die **Kosten** zu tragen. Die Vorschrift gilt **auch** – wie nicht zuletzt die Regelung zur entsprechenden Hinweispflicht auf diese Kostenfolge in § 92 Abs. 2 Satz 3 VwGO zeigt – im Falle der **fiktiven Klagerücknahme** nach einer Betreibensaufforderung. 595

Nimmt der Kläger die Klage nur **teilweise zurück** und ergeht im Übrigen eine Entscheidung zu seinen Gunsten, so beruht die Kostenentscheidung hinsichtlich des zurückgenommenen Teils auf § 155 Abs. 2 VwGO und im Übrigen auf § 154 Abs. 1 VwGO. Hier kann zum einen in der Kostenentscheidung eine **Quote** gebildet werden, die sich nach dem Verhältnis des zurückgenommenen zum entschiedenen Teil richtet. Vertretbar ist es aber auch, die **Kosten gesondert** zu **tenorieren**. Der Tenor würde in diesem Fall lauten: 596

---

498 So auch Kment, JuS 2005, 422; vgl. auch Kopp/Schenke, VwGO, § 155 Rdnr. 3
499 Siehe hierzu auch das in Rdnr. 602 aufgeführte Formulierungsbeispiel.

11. Kapitel Kosten, vorläufige Vollstreckbarkeit und Streitwert

„Der Kläger trägt die Kosten des Verfahrens hinsichtlich des zurückgenommenen Teils, im Übrigen trägt der Beklagte die Kosten des Verfahrens."

5. Kosten bei übereinstimmender Erledigungserklärung

597 Erklären die Beteiligten den Rechtsstreit übereinstimmend für erledigt, ist gemäß § 161 Abs. 2 VwGO über die Kosten des Verfahrens unter Berücksichtigung des bisherigen Sach- und Streitstandes nach billigem Ermessen zu entscheiden. In der Regel entspricht es **billigem Ermessen**, dem Grundsatz des § 154 Abs. 1 VwGO entsprechend dem Beteiligten die Verfahrenskosten aufzuerlegen, der ohne die Erledigung in dem **Rechtsstreit voraussichtlich unterlegen** wäre. Der in § 161 Abs. 2 VwGO zum Ausdruck kommende Grundsatz der Prozesswirtschaftlichkeit befreit jedoch nach Erledigung des Verfahrens in der Hauptsache das Gericht von dem Gebot, anhand eingehender Erwägungen abschließend über den Streitstoff zu entscheiden.[500] Grundlage der Entscheidungsprognose ist der bisherige Sach- und Streitstand. Damit konzentriert sich die Begutachtung auf Tatsachen, die bei Abgabe der Erledigungserklärungen vorlagen.[501] Eine weitere Aufklärung des Sachverhalts nach übereinstimmender Erledigungserklärung nur zum Zwecke der Kostenentscheidung verbietet sich also.

598 Zu prüfen ist im Rahmen der Billigkeitsentscheidung auch, ob die Erledigungserklärung als **verdeckte Klagerücknahme** zu werten und deshalb der Klägerseite in Anwendung des Rechtsgedankens des § 155 Abs. 2 VwGO die gesamten Verfahrenskosten aufzuerlegen sind. Von einer Erledigungserklärung als verdeckter Klagerücknahme kann aber nur dann die Rede sein, wenn ein Kläger die Rechtsverfolgung aufgibt, obwohl der Rechtsstreit in Wirklichkeit noch nicht erledigt ist oder er die Erledigung selbst herbeigeführt hat, um auf diese Weise die Kostenfolge einer Klagerücknahme zu umgehen.[502]

599 Im Rahmen der anzustellenden Billigkeitserwägungen kann weiter von Bedeutung sein, dass der Beklagte dem **Begehren** des Klägers **alsbald** nach Kenntnis der Veränderung des Sachverhalts **entsprochen** hat.[503] Bei einer derartigen Fallgestaltung kann es der Billigkeit im Sinne von § 161 Abs. 2 VwGO entsprechen, dass der Kläger die Kosten des Verfahrens zu tragen hat, wenn der Beklagte keinen Anlass zu einem förmlichen Rechtsbehelf gegeben hat und er dem geltend gemachten Anspruch sofort entspricht (Rechtsgedanke aus § 156 VwGO). Häufig entspricht es schließlich der Billigkeit, demjenigen die Kosten aufzuerlegen, der die Erledigung durch freien Willensentschluss herbeigeführt hat oder aus dessen Sphäre das erledigende Ereignis stammt.[504]

600 Erklären die Beteiligten den Rechtsstreit nur **teilweise für erledigt** und ergeht im Übrigen eine streitige Entscheidung, so beruht die Kostenentscheidung hinsichtlich des für erledigt erklärten Teils auf § 161 Abs. 2 VwGO und im Übrigen auf § 154 Abs. 1 VwGO. Hier gilt das zu oben Rdnr. 584 f. Gesagte entsprechend. Der Tenor kann in diesem Fall also lauten:

„Der Kläger trägt die Kosten des Verfahrens hinsichtlich des übereinstimmend für erledigt erklärten Teils, im Übrigen trägt der Beklagte die Kosten des Verfahrens."

> **Merke:**
> Entspricht es der Billigkeit, sowohl die Kosten des übereinstimmend für erledigt erklärten als auch des streitig entschiedenen Teils demselben Beteiligten aufzuerle-

---

500 BVerwG, Beschluss vom 24. Juni 2008 – 3 C 5.07 – Juris.
501 Deckenbrock/Dötsch, JuS 2004, 589.
502 BVerwG, Beschluss vom 24. Juni 2008 – 3 C 5.07 – Juris.
503 Z. B. für das Fahrerlaubnisrecht OVG Saarlouis, Beschluss vom 31. Mai 2000 – 9 R 19/98 – Juris.
504 Deckenbrock/Dötsch, JuS 2004, 589.

gen, wird im *Tenor* – anders als in der *Begründung* der Kostenentscheidung – nicht zwischen den beiden Teilen differenziert. Es bleibt also bei der Formulierung: *„Der Kläger/der Beklagte trägt die Kosten des Verfahrens."*

601 Treffen Teilrücknahme und Teilerledigung aufeinander, muss eine **gemischte Kostenentscheidung** getroffen werden.[505] Die Begründung hierfür könnte etwa wie folgt formuliert werden:

602 Formulierungsbeispiel:
„Soweit die Klage zurückgenommen wurde, war das Verfahren gemäß § 92 Abs. 3 Satz 1 VwGO mit der Kostenfolge aus § 155 Abs. 2 VwGO einzustellen. Soweit die Parteien das Hauptsacheverfahren übereinstimmend für erledigt erklärt haben, war es in entsprechender Anwendung von § 92 Abs. 3 Satz 1 VwGO einzustellen; über die diesbezüglichen Kosten des Verfahrens hat das Gericht gemäß § 161 Abs. 2 VwGO nach billigem Ermessen unter Berücksichtigung des bisherigen Sach- und Streitstands zu entscheiden. Diesen Grundsätzen entspräche es zwar, die Verfahrenskosten, soweit sie den erledigten Teil betreffen, der Beklagten aufzuerlegen, da sie das Begehren des Klägers insoweit erfüllt hat. Da dieser Teil mit 28,44 EUR jedoch einen weit geringeren Betrag betrifft als die Klagerücknahme hinsichtlich eines Betrages von 712,92 EUR, sind die Kosten entsprechend dem Rechtsgedanken des § 155 Abs. 1 Satz 3 VwGO dem Kläger insgesamt aufzuerlegen."

603 Bleibt die Erledigungserklärung **einseitig**, so liegt darin ein Antrag auf Feststellung der Erledigung.[506] In diesem Fall ist für die Anwendung von § 161 Abs. 2 VwGO kein Raum. Vielmehr ergeht eine streitige Entscheidung, so dass die Kostenentscheidung nach Maßgabe von **§ 154 Abs. 1 VwGO** zu treffen ist.

6. Mehrere Kostenpflichtige

604 Besteht der kostenpflichtige Teil aus mehreren Personen, so gilt nach **§ 159 Satz 1 VwGO** die Vorschrift des § 100 der Zivilprozessordnung entsprechend. Wenn der unterliegende Teil nach § 100 Abs. 1 ZPO aus mehreren Personen besteht, haften sie für die Kostenerstattung nach Kopfteilen. Die Vorschrift regelt also die **Kostentragungspflicht** bei **mehreren** unterliegenden **Beteiligten**.

Beispiel:[507]
Zwei Kläger klagen gegen denselben Kostenbescheid einer Behörde. Während der Kläger zu 1. den Rechtsstreit gewinnt, unterliegt der Kläger zu 2. vollständig. Eine an der Baumbachschen Formel orientierte Kostenentscheidung muss dabei berücksichtigen, dass zwischen den Klägern kein Prozessrechtsverhältnis besteht. Deshalb darf in deren Verhältnis zueinander der jeweils unterliegende Teil nicht an den außergerichtlichen Kosten des jeweils obsiegenden Teils beteiligt werden, d. h. dass der unterliegende Kläger zu 2. nicht die außergerichtlichen Kosten des Klägers zu 1. zu übernehmen hat. Vielmehr müssen die außergerichtlichen Kosten unter Berücksichtigung der §§ 154, 155 VwGO nach dem Grad des gegenseitigen Obsiegens und Unterliegens innerhalb der Prozessrechtsverhältnisse aufgeteilt werden.

---

505 Entsprechendes gilt bei Teilerledigung und im Übrigen streitiger Entscheidung.
506 Vgl. hierzu im Einzelnen Rdnr. 773 ff.
507 Gebildet nach Kment, JuS 2005, 423 f.

605 Formulierungsbeispiel für den **Tenor** in diesem Fall:
„Die Gerichtskosten tragen der Kläger zu 2. und der Beklagte zu jeweils ½. Die außergerichtlichen Kosten des Klägers zu 1. trägt der Beklagte, die Hälfte der außergerichtlichen Kosten des Beklagten trägt der Kläger zu 2. Im Übrigen tragen die Beteiligten ihre Kosten selbst."

606 Nach § 159 Satz 2 VwGO können die Kosten mehreren Personen als Gesamtschuldner auferlegt werden, wenn das streitige Rechtsverhältnis dem kostenpflichtigen Teil gegenüber nur einheitlich entschieden werden kann.[508] Diese Regelung entspricht § 100 Abs. 4 ZPO und betrifft den nur ausnahmsweise[509] vorliegenden Fall der **Gesamtschuldnerschaft**. Sie muss im Tenor ausdrücklich vom Gericht ausgesprochen werden.[510]

607 Der **Tenor** zur Kostenentscheidung lautet in diesem Fall:
„Die Kläger tragen die Kosten des Verfahrens als Gesamtschuldner."

7. Kosten bei Beiladung

608 Nach § 154 Abs. 3 Hs. 1 VwGO können dem **Beigeladenen Kosten** nur auferlegt werden, wenn er **Anträge gestellt** oder Rechtsmittel eingelegt hat. Die Vorschrift gilt sowohl im Fall einfacher als auch notwendiger Beiladung. Diese Regelung trägt der Erwägung Rechnung, dass es der Beigeladene – anders als der Kläger – nicht in der Hand hat, ob er am Prozess teilnimmt oder nicht; häufig wird er vielmehr ohne oder gegen seinen Willen in einen Prozess hineingezogen.[511]

> Beachte:
> Weil § 154 Abs. 3 Hs. 1 VwGO daran anknüpft, ob der Beigeladene einen Antrag gestellt hat, muss dies im Tatbestand des Urteils bzw. des Beschlusses stets mitgeteilt werden, und zwar auch, wenn dies nicht der Fall ist: „Der Beigeladene hat keinen Antrag gestellt."

609 Die Anwendung der Vorschrift steht entgegen der insoweit missverständlichen Formulierung nicht im Ermessen des Gerichts; Kosten sind dem Beigeladenen vielmehr im Falle seines Unterliegens aufzuerlegen, wenn die Voraussetzungen der Vorschrift erfüllt sind.[512] Kosten des Vorverfahrens können dem Beigeladenen aber nur auferlegt werden, wenn er am Vorverfahren beteiligt war.[513]

610 Der **Tenor** lautet also bei einem Unterliegen des Beigeladenen und einem gestellten Klageabweisungsantrag (und bei Nichtbeteiligung im Vorverfahren):
„Der Beklagte und der Beigeladene tragen die Kosten des Verfahrens mit Ausnahme der Kosten des Vorverfahrens, die der Beklagte allein trägt."

611 § 154 Abs. 3 Hs. 2 VwGO lässt § 155 Abs. 4 VwGO, also eine Kostenbeteiligung bei **Verschulden eines Beteiligten**,[514] ausdrücklich unberührt. Es ist also nicht ausgeschlos-

---

508 So etwa bei einem Normenkontrollantrag mehrerer Miteigentümer: BVerwG, Beschluss vom 17. Oktober 2000 – 4 BN 48.00 – NVwZ-RR 2001, 143.
509 Kopp/Schenke, VwGO, § 159 Rdnr. 4.
510 OVG Münster, Beschluss vom 22. November 2013 – 7 B 1120/13 – Juris.
511 Schübel-Pfister, JuS 2007, 26.
512 Kopp/Schenke, VwGO, § 154 Rdnr. 8.
513 Kment, JuS 2004, 423.
514 Siehe dazu sogleich Rdnr. 618.

sen, dem Beigeladenen Kosten auch dann aufzuerlegen, wenn er keinen Antrag gestellt hat.[515]

612 Umgekehrt regelt § **162 Abs. 3 VwGO**, dass die außergerichtlichen **Kosten** des **Beigeladenen erstattungsfähig** sind, wenn das Gericht sie aus **Billigkeit** der unterliegenden Partei oder der Staatskasse auferlegt. Das ist grundsätzlich der Fall, wenn der Beigeladene erfolgreich Anträge gestellt bzw. Rechtsmittel eingelegt hat, da er mit der Antragstellung auch das Risiko eigener Kostenpflicht nach § 154 Abs. 3 VwGO übernommen hat.[516] Die Billigkeit gebietet eine Kostenübernahme auch, wenn der Beigeladene das Verfahren wesentlich gefördert hat. Die bloße Stellung als Beigeladener reicht demgegenüber grundsätzlich nicht aus.

613 Der **Tenor** lautet also bei einem Obsiegen des Beigeladenen und einem gestellten **Klageabweisungsantrag**:
„Der Kläger trägt die Kosten des Verfahrens einschließlich der außergerichtlichen Kosten des Beigeladenen."

614 Hat der Beigeladene **keinen Antrag** gestellt, so lautet die Formulierung demgegenüber:
„Der Kläger trägt die Kosten des Verfahrens mit Ausnahme der außergerichtlichen Kosten des Beigeladenen, die dieser selbst trägt."[517]

> **Beachte:**
> Da der Beigeladene mit der Stellung von Anträgen ein eigenes Kostenrisiko eingeht, sollte die Antragstellung nicht vorschnell erfolgen, sondern vom Gang der mündlichen Verhandlung (bzw. eines sonstigen richterlichen Hinweises) abhängig gemacht werden. Nur wenn hiernach ein Obsiegen wahrscheinlich erscheint, sollte ein Antrag gestellt werden. Anderenfalls ist es im Kosteninteresse ratsam, hierauf zu verzichten. Diese Frage könnte sich in der **Examensklausur** stellen, wenn ihr Gegenstand eine Anwaltsklausur betrifft und der Beigeladene anwaltlich vertreten wird.

615 Die Frage, wie die Verteilung der Kosten auszusehen hat, wenn der Hauptbeteiligte, dem sich der Beigeladene mit seinem Antrag angeschlossen hat, nur zur Hälfte obsiegt und zur anderen Hälfte unterliegt, ist umstritten.[518]

8. Weitere Sonderregelungen

616 a) **Kosten bei Vergleich.** Wird der Rechtsstreit durch **Vergleich** erledigt und haben die Beteiligten keine Bestimmung über die Kosten getroffen, so sieht § **160 Satz 1 VwGO** vor, dass die Gerichtskosten jedem Teil zur Hälfte zur Last fallen; die außergerichtlichen Kosten trägt jeder Beteiligte nach Satz 2 der Vorschrift selbst. Haben die Parteien im Vergleich die Kostenentscheidung ausdrücklich dem Gericht überlassen, so wollen sie gerade keine Entscheidung nach § 160 VwGO. Das Gericht muss dann nach § 161 Abs. 1 VwGO über die Kosten durch Beschluss entscheiden, wobei vieles dafür spricht, in entsprechender Anwendung des § 161 Abs. 2 VwGO die Kostenentscheidung nach billigem Ermessen unter Berücksichtigung des wahrscheinlichen Prozessausganges zu treffen.[519]

---

515 So z. B. OVG Münster, Beschluss vom 20. November 2001 – 13 B 1116/01 – NVwZ-RR 2002, 702.
516 Fahl, NVwZ 1996, 1198.
517 Der Zusatz ist, wie Bosch/Schmidt/Vondung, Rdnr. 1227 richtig ausführen, zwar überflüssig: Aus Klarstellungsgründen ist es gleichwohl ratsam, die Kosten des Beigeladenen zu erwähnen.
518 Vgl. hierzu Fahl, NVwZ 1996, 1198.
519 Budach/Johlen, JuS 2002, 375.

11. Kapitel Kosten, vorläufige Vollstreckbarkeit und Streitwert

617 Üblicherweise regeln die Beteiligten die Verteilung der Kosten des Verfahrens und des Vergleiches aber im Vergleich selbst; die Quotierung des Gerichts orientiert sich daher an der in dem **Vergleich getroffenen Regelung** zur Hauptsache.[520] Umstritten ist, ob das Gericht die Kostenfolge des § 160 Satz 1 VwGO durch Beschluss festzustellen hat. Dafür spricht der Wortlaut des § 161 Abs. 1 VwGO. Denn der Vergleich stellt eine Erledigung des Verfahrens „in anderer Weise" dar; in diesem Fall ist durch Beschluss über die Kosten zu entscheiden.

618 b) **Verschulden.** Nach § 155 Abs. 4 VwGO können Kosten, die durch **Verschulden** eines Beteiligten entstanden sind, diesem auferlegt werden. Diese Kostenverteilung geht als lex specialis allen sonstigen Kostenregelungen – auch der Vorschrift des § 154 Abs. 3 VwGO – vor.[521] Sie entspricht dem Prinzip, wonach jemand für schuldhaft und rechtswidrig verursachte Kosten haftbar gemacht werden kann. Verschulden im Sinne der Vorschrift ist – ebenso wie bei § 60 Abs. 1 VwGO – anzunehmen, wenn ein Beteiligter diejenige **Sorgfalt außer Acht** lässt, die für einen gewissenhaft und sachgemäß Prozessführenden geboten ist und ihm nach den gesamten Umständen zuzumuten war; insoweit reicht auch im Rahmen des § 155 Abs. 4 VwGO bereits leichte Fahrlässigkeit aus.

619 Voraussetzung der Haftung aus § 155 Abs. 4 VwGO ist, dass ein Beteiligter unter Außerachtlassung der erforderlichen und ihm zumutbaren Sorgfalt durch eigenes Verhalten einen anderen Beteiligen oder das Gericht **zu Prozesshandlungen** oder Entscheidungen **veranlasst** hat, die an sich **nicht erforderliche Kosten verursachen**.[522] Die Vorschrift bezieht sich nicht nur auf zusätzliche ausscheidbare Kosten für einzelne Prozesshandlungen oder Verfahrensabschnitte, sondern kann die gesamten Kosten des Verfahrens betreffen. Das Verschulden kann sich sowohl auf prozessuales als auch auf vorprozessuales Verhalten beziehen. Ein prozessuales Verschulden kann sich etwa daraus erheben, dass ein Beteiligter seinen Informationspflichten gegenüber dem Gericht nicht oder nicht rechtzeitig nachkommt.[523] Die unberechtigte Weigerung einer beigeladenen Gemeinde, ihr Einvernehmen nach § 36 Abs. 1 BauGB zu einer Baugenehmigung zu erteilen, ist schuldhaft, wenn die Gemeinde die gebotene und zumutbare Sorgfalt außer Acht lässt. Ein **Verschulden** kann darin bestehen, dass die Gemeinde eine offensichtlich fehlerhafte Entscheidung trifft, ohne sich vorher sachkundig zu machen, und Hinweise Dritter auf die **Rechtslage nachhaltig ignoriert**.[524] Ein Verschulden einer **Behörde** kann auch in einer **falschen Rechtsmittelbelehrung** liegen, so wenn das falsche Gericht genannt oder statt des zunächst erforderlichen Widerspruchs sogleich auf die Klagemöglichkeit verwiesen wird.[525]

620 c) **Untätigkeitsklage.** § 161 Abs. 3 VwGO sieht „in den Fällen des § 75 VwGO" vor, dass die Kosten stets dem Beklagten zur Last fallen, wenn der Kläger mit seiner Bescheidung vor Klageerhebung rechnen durfte. Es handelt sich um eine **kostenrechtliche Sonderregelung** für die Fälle, in denen die Voraussetzungen des § 75 VwGO vorliegen und der Kläger das gerichtliche Verfahren nach Bescheidung des Antrags oder des Widerspruchs durch die Behörde nicht fortsetzt. Ihre Ratio liegt darin, dass der Beklagte durch seine Inaktivität die Klägerseite zur Klageerhebung veranlasst hat. Voraussetzung der Kostenregelung ist immer, dass die zugrundeliegende Anfechtungs- oder Verpflichtungsklage zulässigerweise ohne das eigentlich erforderliche Vorverfah-

---

520 Budach/Johlen, JuS 2002, 375.
521 Siehe dazu oben Rdnr. 608.
522 Redeker/v. Oertzen, VwGO, § 155 Rdnr. 5.
523 OVG Münster, Beschluss vom 20. November 2001 – 13 B 1116/01 – NVwZ-RR 2002, 702.
524 VG Potsdam, Urteil vom 30. März 2000 – 5 K 1279/97 – NVwZ-RR 2000, 763.
525 Olbertz in Schoch/Schneider/Bier, VwGO, § 155 Rdnr. 26.

ren erhoben wurde. Ob der Umstand, dass die ursprüngliche Klage aus anderen Gründen unzulässig gewesen ist, hierbei Berücksichtigung findet, wird uneinheitlich beurteilt.[526]

Die **Regelung geht** sowohl § 161 Abs. 2 VwGO und § 155 Abs. 2 VwGO vor. Das bedeutet, dass die Kostenentscheidung sowohl bei einer möglichen übereinstimmenden Erledigungserklärung als auch bei einer einseitigen Klagerücknahme stets zu Lasten des Beklagten geht, wenn die Klage nach Ablauf der Sperrfrist des § 75 Satz 2 VwGO erhoben worden ist und für die Verzögerung kein zureichender Grund vorlag. **621**

Die Bestimmung greift nicht nur ein, wenn die Behörde den Antrag bzw. über den Widerspruch positiv beschieden hat.[527] Sie ist nach ihrem Sinn und Zweck jedoch **nicht anwendbar**, wenn der Kläger nach Bescheidung nicht **sofort** eine verfahrensbeendende **Erklärung** abgibt oder aber das Gericht zur Sache entscheidet, **bevor** eine Bescheidung durch die Behörde erfolgt.[528] Denn der Kläger ist dann nicht mehr ohne weiteres deshalb kostenrechtlich zu bevorteilen, weil er vor Klageerhebung keine Kenntnis von den entscheidungserheblichen Gründen der Behörde hatte. Das Verhalten der Behörde kann nach einer Entscheidung durch das Gericht lediglich über § 155 Abs. 4 VwGO im Rahmen der Kostenentscheidung berücksichtigt werden. **622**

d) **Kosten bei Verweisung.** Nach § 17b Abs. 2 Satz 1 GVG werden die auf Grund der **Verweisung** entstandenen **Kosten** als Kosten des Gerichts behandelt, bei dem sie angefallen sind. Die Kostenentscheidung bleibt somit entsprechend dem Grundsatz der **Einheit der Kostenentscheidung** der Schlussentscheidung vorbehalten. Dem Kläger sind die entstandenen Mehrkosten nach Satz 2 der Vorschrift auch dann aufzuerlegen, wenn er in der Hauptsache obsiegt. Zu diesen Mehrkosten zählen insbesondere etwaige außergerichtliche Kosten. **623**

e) **Kosten bei sofortigem Anerkenntnis.** Hat der Beklagte durch sein Verhalten keine Veranlassung zur Erhebung der Klage gegeben, so fallen dem Kläger nach § 156 VwGO die Prozesskosten auch dann zur Last, wenn der Beklagte den **Anspruch** sofort **anerkennt**. Diese Bestimmung entspricht § 93 ZPO. Sie gilt auch für vorläufige Rechtsschutzverfahren. Der Bestimmung kommt keine große praktische Bedeutung zu. Der **Rechtsgedanke** kann aber im Rahmen von § 161 Abs. 2 VwGO Berücksichtigung finden.[529] **624**

f) **Unrichtige Sachbehandlung.** Kosten, die bei **richtiger Behandlung der Sache** nicht entstanden wären, werden nach § 21 Abs. 1 Satz 1 GKG **nicht erhoben**. Eine solche Unrichtigkeit liegt nicht bereits in einer ungeschickten oder unzweckmäßigen Verfahrenshandhabung, sondern erst dann vor, wenn das Gericht **offensichtlich schwerwiegend gegen Verfahrensgrundsätze verstoßen** hat.[530] Die falsche Auslegung von Anträgen, die dem erkennbaren Rechtsschutzziel des Klägers widerspricht, kann hingegen eine falsche Sachbehandlung darstellen.[531] Dies gilt auch für den Fall, dass das Gericht über den Prozesskostenhilfeantrag des Klägers zugleich mit der Klage entscheidet und so dem Kläger die Möglichkeit nimmt, die Klage nach Prüfung der Beschlussgründe **625**

---

526 Dafür Clausing in Schoch/Schneider/Bier, VwGO, § 161 Rdnr. 39; dagegen Kopp/Schenke, VwGO, § 161 Rdnr. 35a.
527 Str., vgl. dazu Ring, NVwZ 1995, 1191 sowie Kopp/Schenke, VwGO, § 161 Rdnr. 37.
528 Redeker/v. Oertzen, VwGO § 161 Rdnr. 9; Kopp/Schenke, VwGO, § 161 Rdnr. 35 m. w. N.; vgl. auch VG Stuttgart, Beschluss vom 5. August 2002 - 4 K 1756/02 – Juris.
529 S. o. Rdnr. 597.
530 VGH München, Beschluss vom 10. Juni 2009 – 20 C 09.1097 – Juris.
531 OVG Berlin-Brandenburg, Beschluss vom 13. Januar 2009 – 5 S 21.08 – Juris.

11. Kapitel Kosten, vorläufige Vollstreckbarkeit und Streitwert

zurückzunehmen.[532] Die Vorschrift gilt für Auslagen, die durch eine von Amts wegen veranlasste Verlegung eines Termins oder Vertagung einer Verhandlung entstanden sind. Die Entscheidung trifft nach Absatz 2 das Gericht. Allerdings wird hierüber nicht im Erkenntnisverfahren – und damit auch **nicht** in der **Examensklausur** –, sondern im Kostenfestsetzungsverfahren entschieden.[533]

9. Umfang der Kosten

626 Nach § 162 Abs. 1 VwGO sind Kosten die Gerichtskosten (Gebühren und Auslagen) und die zur zweckentsprechenden Rechtsverfolgung oder Rechtsverteidigung notwendigen Aufwendungen der Beteiligten einschließlich der Kosten des Vorverfahrens. Bei der Frage der **Notwendigkeit** ist auf **objektive Maßstäbe** abzustellen, nämlich auf die Sicht einer verständigen Partei, die bemüht ist, die **Kosten so niedrig** wie **möglich** zu halten.[534] So stehen auch Reisekosten eines Anwalts zur Wahrnehmung gerichtlicher Termine unter dem Vorbehalt, dass es sich um zur zweckentsprechenden Rechtsverfolgung notwendige Aufwendungen handeln muss.[535] Abzustellen ist auf den Zeitpunkt der die Aufwendungen verursachenden Handlung; **ohne Belang** ist, ob sich die Handlung im Prozessverlauf **nachträglich als unnötig herausstellt**. Auch Aufwendungen für private, also nicht vom Gericht bestellte **Sachverständige** können ausnahmsweise erstattungsfähig sein.[536]

627 Die Gebühren und Auslagen eines **Rechtsanwalts** oder eines Rechtsbeistands sind nach § 162 Abs. 2 VwGO stets erstattungsfähig. Dies erfasst unter Umständen auch den Fall des sich **selbst vertretenden Rechtsanwalts**; dies steht der Anerkennung der Notwendigkeit der Hinzuziehung nicht entgegen, sofern sich bei der gegebenen Sach- und Rechtslage ein vernünftiger Bürger mit gleichem Bildungs- und Erfahrungsniveau eines Rechtsanwalts bedienen würde.[537]

628 Soweit ein **Vorverfahren** geschwebt hat, sind Gebühren und Auslagen nach Satz 2 der Vorschrift nur erstattungsfähig, wenn das Gericht die Zuziehung eines Bevollmächtigten für das Vorverfahren **für notwendig erklärt**. Die Erstattungsfähigkeit von Kosten eines Bevollmächtigten im Vorverfahren ist nicht automatisch,[538] sondern **je nach Lage des Einzelfalls** nur unter der Voraussetzung der **konkreten Notwendigkeit** anzuerkennen. Die Notwendigkeit der Hinzuziehung eines Bevollmächtigten im Vorverfahren ist unter Würdigung der jeweiligen Verhältnisse vom Standpunkt einer **verständigen Partei** aus zu beurteilen. Maßgebend ist, ob sich ein vernünftiger Bürger mit gleichem Bildungs- und Erfahrungsstand bei der gegebenen Sachlage eines Rechtsanwalts oder sonstigen Bevollmächtigten bedient hätte. Notwendig ist die Hinzuziehung eines Rechtsanwalts nur dann, wenn es der Partei nach ihren persönlichen Verhältnissen und wegen der Schwierigkeiten der Sache nicht zuzumuten war, das Vorverfahren selbst zu führen. Die Entscheidung über die Notwendigkeit der Hinzuziehung eines Bevollmächtigten im Vorverfahren stellt sich demnach als Ergebnis einer Einzelfallprüfung dar, bei der neben den Schwierigkeiten der Sache auch die persönlichen Verhältnisse und damit der Bildungs- und Erfahrungsstand des Widerspruchsführers zu berücksichtigen sind.[539]

---

532 Kopp/Schenke, VwGO, § 155 Rdnr. 25.
533 Kopp/Schenke, VwGO, § 155 Rdnr. 24; VGH München, Urteil vom 16. März 2009 – 20 BV 08.2831 – Juris.
534 BVerwG, Beschluss vom 3. Juli 2000 – 11 A 1.99, 11 KSt 2.99 – Juris.
535 BVerwG, Beschluss vom 11. September 2007 – 9 KSt 5.07 u. a. – Juris.
536 BVerwG, Beschluss vom 16. November 2006 – 4 KSt 1003.06 – Juris.
537 OVG Greifswald, Beschluss vom 30. April 2002 – 2 O 42/00 – Juris, m. w. N.
538 Str., „*in der Regel zu bejahen*": Redeker/v. Oertzen, VwGO, § 162 Rdnr. 13a.
539 BVerwG, Beschluss vom 1. Oktober 2009 – 6 B 14/09 –, und vom 28. April 2010 – 6 B 46.10 – jeweils Juris m. w. N.

629 Anwaltskosten im Vorverfahren können auch dann erstattungsfähig sein, wenn die Durchführung des Vorverfahrens als Sachurteilsvoraussetzung nach § 68 VwGO zwar nicht notwendig gewesen ist, die Rechtsbehelfsbelehrung des angefochtenen Bescheids aber dahin lautete, dass gegen den Bescheid Widerspruch eingelegt werden kann, diese Belehrung für den Betroffenen nicht erkennbar unrichtig gewesen ist und er deshalb mit anwaltlicher Unterstützung Widerspruch eingelegt hat.[540]

> **Beachte:**
> Die gerichtliche Entscheidung zur Notwendigkeit der Hinzuziehung muss grundsätzlich von dem jeweiligen Beteiligten **ausdrücklich beantragt** werden; sie erfolgt zumeist nicht von Amts wegen,[541] weil sie Teil der Kostenfestsetzung ist. Der entsprechende Antrag ist daher **im Tatbestand zu erwähnen**.

630 Erklärt das Gericht die Hinzuziehung für notwendig, lautet der **Tenor:**
„Der Beklagte trägt die Kosten des Verfahrens. Die Hinzuziehung eines Bevollmächtigten im Vorverfahren wird für notwendig erklärt."

10. Rechtsmittel gegen die Kostenentscheidung

631 Nach § 158 Abs. 2 VwGO ist die **Entscheidung** über die **Kosten unanfechtbar,** wenn eine Entscheidung in der Hauptsache nicht ergangen ist. Die Vorschrift untersagt nicht nur die Anfechtung einer Kostenentscheidung, wenn gegen die Entscheidung **in der Hauptsache kein Rechtsmittel** eingelegt wird; sie steht der Überprüfung der Kostenentscheidung im Rechtsmittelverfahren auch dann entgegen, wenn bei zulassungspflichtigen Rechtsmitteln gegen die Entscheidung in der Hauptsache zwar Antrag auf Zulassung gestellt wird, dieser Antrag aber letztlich nicht durchgreift.[542] § 158 Abs. 1 VwGO setzt nämlich voraus, dass das zur Überprüfung auch der Kostenentscheidung erforderliche Rechtsmittel zur Hauptsache überhaupt zu einer Sachentscheidung führen kann; bei Rechtsmitteln, die der Zulassung bedürfen, ist dies erst nach einer positiven Zulassungsentscheidung möglich.

632 Nach § 158 Abs. 2 VwGO ist die Kostenentscheidung schließlich auch dann unanfechtbar, wenn eine Entscheidung in der Hauptsache nicht ergangen ist. Diese Regelung betrifft in der Praxis insbesondere die Beschlüsse nach Klagerücknahme (§§ 92 Abs. 3, 155 Abs. 2 VwGO) und nach übereinstimmender Hauptsachenerledigung (§ 161 Abs. 2 VwGO). In Betracht kommt allenfalls die Erhebung der in § 152a VwGO geregelten **Anhörungsrüge**.[543]

III. Vorläufige Vollstreckbarkeit

1. Allgemeines

633 Wegen der grundsätzlichen **Parallelen** des **verwaltungsgerichtlichen Verfahrens** und des **Zivilprozesses** verweist § 167 Abs. 1 VwGO für die Vollstreckung auf das Achte Buch der ZPO. Soweit sich danach nichts anderes aus der VwGO selbst ergibt, gelten die Vorschriften der ZPO auch für die Vollstreckung verwaltungsgerichtlicher Urteile. Anders als im Zivilprozess kommt der Vollstreckung von Urteilen im Verwaltungspro-

---

540 OVG Lüneburg, Beschluss vom 20. Mai 2005 – 8 OB 57.05 – NVwZ-RR 2005, 660; OVG Greifswald, Beschluss vom 30. September 2009 – 2 O 84/09 – Juris.
541 So Olbertz in Schoch/Schneider/Bier, VwGO, § 162 Rdnr. 83. Hierzu werden aber auch andere Ansichten vertreten!
542 BVerwG, Beschluss vom 6. März 2002 – 4 BN 7.02 – NVwZ 2002, 1385.
543 Redeker/v.Oertzen, VwGO, § 158 Rdnr. 2a.

11. Kapitel Kosten, vorläufige Vollstreckbarkeit und Streitwert 634–637

zess keine besondere Bedeutung zu. In aller Regel werden die an das Rechtsstaatsprinzip (Art. 20 Abs. 3 GG) gebundenen Behörden gerichtliche Entscheidungen, soweit sie in einem Verfahren unterlegen sind, akzeptieren und umsetzen. Nur sehr selten kommen daher § 170 VwGO (Vollstreckung gegen die öffentliche Hand wegen Geldforderungen) bzw. § 172 VwGO (Vollstreckung gegen die Behörde bei Verurteilung zu Folgenbeseitigung bzw. Erlass eines Verwaltungsakts) zum Zuge. Für die Vollstreckung bestands- oder rechtskräftig gewordener Verwaltungsakte gelten die Verwaltungsvollstreckungsgesetze des Bundes und der Länder (vgl. § 169 VwGO). Die vorgenannten Einzelfragen der verwaltungsgerichtlichen Vollstreckung aus Urteilen sind indes **nicht Gegenstand von Examensklausuren**.

2. Vorläufige Vollstreckbarkeit

634 a) **Anfechtungs- und Verpflichtungsklagen.** Der dritte Teil des Tenors des verwaltungsgerichtlichen Urteils (*nicht* des *Beschlusses* – er ist in der Regel sofort vollstreckbar, § 794 Abs. 1 Nr. 3 ZPO) besteht aus der von Amts wegen vorzunehmenden **Entscheidung** über die **vorläufige Vollstreckbarkeit**. Hierzu sieht § 167 Abs. 2 VwGO vor, dass Urteile auf eine **Anfechtungs- oder Verpflichtungsklage nur wegen der Kosten** für vorläufig vollstreckbar erklärt werden können.

635 Ob das Urteil **ohne** oder **gegen Sicherheitsleistung** vorläufig vollstreckbar ist, hängt allein von der Höhe der Kosten ab, die der jeweilige Vollstreckungsgläubiger geltend machen kann. Nach **§ 708 Nr. 11 ZPO** sind Entscheidungen, bei denen nur die Kosten vollstreckbar sind, ohne Sicherheitsleistung vorläufig vollstreckbar, wenn eine Vollstreckung im Wert von nicht mehr als 1.500,00 Euro möglich ist. In diesem Fall ist **§ 711 ZPO** zu berücksichtigen, wonach das Gericht auszusprechen hat, dass der Schuldner die Vollstreckung durch Sicherheitsleistung oder Hinterlegung abwenden darf, wenn nicht der Gläubiger vor der Vollstreckung Sicherheit leistet. Zudem sollte § 709 S. 2 ZPO (Höhe der Sicherheitsleistung in einem „bestimmten Verhältnis" zur Höhe des jeweils zu vollstreckenden Betrages) zur Anwendung kommen, da es sich bei den Gerichtskosten um eine Geldforderung handelt.

636 Die Entscheidung über die vorläufige Vollstreckbarkeit lautet demnach hier:
„*Das Urteil ist wegen der Kosten vorläufig vollstreckbar. Der Kläger/der Beklagte darf die Vollstreckung durch Sicherheitsleistung in Höhe von 110 Prozent des aufgrund des Urteils vollstreckbaren Betrages abwenden, wenn nicht der Beklagte/der Kläger vor der Vollstreckung Sicherheit in Höhe von 110 Prozent des jeweils zu vollstreckenden Betrages leistet.*"

> **Beachte:**
> In der Praxis nehmen Behörden in der Regel davon Abstand, ihre Kosten gegenüber dem Kläger vor Eintritt der Rechtskraft des Urteils geltend zu machen. Zum Teil wird daher vertreten, dass bei einem Obsiegen der Behörde ein Ausspruch zur vorläufigen Vollstreckbarkeit unterbleiben könne.[544] Im Normalfall, d.h. wenn sich die Behörde nicht anwaltlich vertreten lässt, liegen die Kosten stets unter 1.500,00 Euro und fallen damit unter § 708 Nr. 11 ZPO.

637 Geht es um die Vollstreckung von Anwaltsgebühren von mehr als € 1.500,00, kommt § 709 Satz 1 und 2 ZPO zur Anwendung. Der Ausspruch lautet:
„*Das Urteil ist wegen der Kosten gegen Sicherheitsleistung in Höhe von 110 Prozent des jeweils zu vollstreckenden Betrages vorläufig vollstreckbar.*"

---

544 Vgl. Geiger, JuS 1998, S. 348; wer die Abwendungsbefugnis hier auslässt, muss jedenfalls daran denken, dies bei den Nebenentscheidungen zu begründen.

III. Vorläufige Vollstreckbarkeit

> Beachte:
> Normalerweise darf auch bei einem Obsiegen des Klägers in der Examensklausur davon ausgegangen werden, dass die Anwaltskosten bei Zugrundelegung des Regelstreitwerts unter der Grenze von 1.500,00 Euro bleiben.[545] Dann bleibt es bei dem Ausspruch nach §§ 708 Nr. 11, 711 ZPO. Nur wenn der Sachverhalt auf höhere Kosten hindeutet, sollte § 709 ZPO erwogen werden.

Berechnungsbeispiel:
Bei einem Auffangstreitwert von 5.000 Euro und anwaltlicher Vertretung schon im Vorverfahren hat eine Klage Erfolg. Die Hinzuziehung eines Bevollmächtigten im Vorverfahren wird im Urteil für notwendig erklärt. Gerichtskosten hat der Kläger nicht verauslagt.[546] Die nach dem RVG und dem Gebührenverzeichnis VV zu berechnenden Anwaltskosten ergeben sich wie folgt:

Anwaltskosten: 1,3 Geschäftsgebühr für Vorverfahren (Nr. 2301 VV)
1,3 Verfahrensgebühr für das gerichtliche Verfahren (Nr. 3100 VV)
abzüglich 50 % (0,65) wegen Anrechnung der Geschäftsgebühr für das Vorverfahren (Vorbemerkung 3 Absatz 4 VV)
<u>1,2 Terminsgebühr (3104 VV)</u>

3,15 insgesamt x 301 Euro =	948,15 Euro
Auslagenpauschale	20,00 Euro
Mehrwertsteuer 19% auf 968,15 Euro	183,95 Euro
Summe	**1.152,10 Euro**

638 Die Erklärung zur **vorläufigen Vollstreckbarkeit** bezieht sich lediglich auf die Kosten hinsichtlich des **streitigen Teils** der **Klage**. Im Übrigen, d.h. bezüglich eines übereinstimmend für erledigt erklärten oder eines zurückgenommenen Teils, kann die Vollstreckung ohne Sicherheitsleistung erfolgen. Denn es darf den Begünstigten nicht benachteiligen, dass über die Kosten einheitlich in einem Urteil entschieden wird und nicht wie sonst bei einer reinen Kostenentscheidung nach einer übereinstimmenden Erledigungserklärung durch Beschluss.[547]

639 b) **Sonstige Klagen.** Bei den sonstigen Klagen findet § **167 Abs. 2 VwGO**, der sich nur auf die Anfechtungs- und die Verpflichtungsklage bezieht, vom Wortlaut her keine Anwendung. Dennoch kommt im Allgemeinen bei den übrigen Klagen eine **analoge Anwendung** in Betracht, wenn diese keinen vollstreckungsfähigen oder vollstreckungsbedürftigen Inhalt haben. Dies gilt für die **Fortsetzungsfeststellungsklage**, weil sie letztlich nur die Fortsetzung der erledigten Anfechtungs- oder Verpflichtungsklage ist.[548] Auch die einfache **Feststellungsklage** hat keinen vollstreckungsfähigen Inhalt, so dass auch hier § 167 Abs. 2 VwGO entsprechend zur Anwendung kommt.[549]

---

545 Die Anwaltskosten richten sich nach dem RVG und dem dazu ergangenen Kostenverzeichnis (VV). Da es sich bei den in Betracht kommenden Gebühren (dies sind vor allem die Geschäftsgebühr, die Verfahrensgebühr und die Terminsgebühr) z.T. um Rahmengebühren handelt, lässt sich nicht immer abstrakt sagen, welche Kosten anfallen werden.
546 Die Verfahrensgebühr wird nach § 6 Abs. 1 Nr. 4 GKG mit der Einreichung der Klage fällig. Sie kann vom Gegner zurückverlangt werden, wenn das Gericht den Betrag nicht von sich aus an den Kläger rückerstattet. **In diesem Fall** liegen die vollstreckbaren Kosten **über** dem o.g. Betrag (zuzüglich 3 x 121,- Euro), so dass § **709 ZPO** zur Anwendung kommt.
547 Kment, JuS 2005, S. 520.
548 Kment, JuS 2005, S. 519.
549 Geiger, JuS 1998, 348.

11. Kapitel Kosten, vorläufige Vollstreckbarkeit und Streitwert 640–643

640 **Leistungsklagen**, die auf Vornahme oder Unterlassen einer schlichten Amtshandlung gerichtet sind, sind ebenfalls lediglich im Kostenpunkt für vorläufig vollstreckbar zu erklären. § 167 Abs. 2 VwGO ist also auf Urteile, in denen die Verpflichtung zur **Vornahme oder Unterlassung schlichter Amtshandlungen** ausgesprochen wird, entsprechend anwendbar.[550] Dem liegt insbesondere die Erwägung zugrunde, dass in die Amtsführung einer Behörde grundsätzlich nur aufgrund rechtskräftiger Entscheidungen eingegriffen werden soll, weil es mit der Eigenart hoheitlicher Verwaltung nicht vereinbar ist, wenn die Verwaltung durch einen Richterspruch, dessen Endgültigkeit noch nicht feststeht, zu einer Handlung oder einem Unterlassen angehalten wird. Nach dieser Lösung ist effektiver Rechtsschutz für den Vollstreckungsgläubiger in diesem Fall durch die Möglichkeit gewährt, im Wege des § 123 Abs. 1 VwGO vorzugehen.

641 Geht es bei der Verurteilung um **Geldzahlung**, die nicht in der Vollziehung eines Verwaltungsakts erfolgt, findet § 167 Abs. 2 VwGO aber keine Anwendung.[551] Die genannten Erwägungen treffen für die Verpflichtung der Behörde zur Zahlung eines Geldbetrages nicht zu; eine Sicherheitsleistung gemäß § 709 ZPO beziehungsweise eine Abwendungsbefugnis gemäß § 711 ZPO stellen für diese Fälle eine hinreichende Kompensation sicher. In der Regelung des § 167 Abs. 2 VwGO, wonach Urteile hinsichtlich der Kosten stets vorläufig vollstreckbar sind, kommt zum Ausdruck, dass eine – nicht auf einem Verwaltungsakt beruhende – Zahlungsverpflichtung einer Behörde auch durch ein noch nicht rechtskräftiges Urteil begründet werden kann.

> **Beachte:**
> Geht es – ausnahmsweise – um eine auf **Geldleistung** gerichtete **Klage**, so ist § 708 Nr. 11 ZPO nur anwendbar, wenn der Gegenstand der Verurteilung in der Hauptsache 1.250 Euro nicht übersteigt.

IV. Streitwert

642 Ausgangspunkt für die gerichtliche Streitwertfestsetzung ist § 63 Abs. 2 GKG. Danach setzt das Prozessgericht den Wert für die zu erhebenden Gebühren durch Beschluss fest, sobald eine Entscheidung über den gesamten Streitgegenstand ergeht oder sich das Verfahren anderweitig erledigt. In der Praxis ergeht der **Streitwertbeschluss** – soweit eine mündliche Verhandlung stattgefunden hat – nach der Urteilsverkündung. Wird schriftlich entschieden, erlässt das Gericht einen **gesonderten Beschluss zum Streitwert** im Anschluss an die Entscheidung. Nur im vorläufigen Rechtsschutzverfahren ergeht diese Entscheidung anstelle der Hauptentscheidung als Teil des Tenors. Da inzwischen auch im Verwaltungsprozess mit der Klageerhebung Gerichtsgebühren erhoben werden (vgl. § 63 Abs. 1 GKG), setzt das Gericht den Streitwert nach Klageeingang zunächst vorläufig fest. Bei der vorläufigen Streitwertfestsetzung handelt es sich lediglich um eine Zwischenentscheidung, die nicht selbständig angefochten werden kann (vgl. § 146 Abs. 2 VwGO). Denn im Verwaltungsprozess ist die Tätigkeit des Gerichts nicht von der vorherigen Zahlung von Kosten abhängig.[552]

643 Die **Höhe des Streitwerts** bemisst sich an § 52 GKG. Nach dessen Absatz 1 ist in Verfahren vor den Gerichten der Verwaltungsgerichtsbarkeit, soweit nichts anderes

---

550 Str., dafür: OVG Lüneburg, Urteil vom 30. September 1989 – 12 L 85/89 – NVwZ 1990, 275; dagegen: VGH Kassel, Teilurteil vom 19. September 1989 – 2 S 576/89 – NVwZ 1990, 272; ebenso VG Berlin, Urteil vom 13. Dezember 2001 – 27 A 260.98 – NVwZ 2002, 1018.
551 Kopp/Schenke, VwGO, § 167 Rdnr. 11; Pietzner in Schoch/Schneider/Bier, VwGO, § 167 Rdnr. 135, jeweils m. w. N.
552 VGH München, Beschluss vom 14. August 2008 – 5 C 08.2203 – Juris.

bestimmt ist, der Streitwert nach der sich aus dem Antrag des Klägers für ihn ergebenden Bedeutung der Sache nach Ermessen zu bestimmen. Betrifft der Antrag des Klägers eine bezifferte Geldleistung oder einen hierauf gerichteten Verwaltungsakt, ist deren Höhe maßgebend (Absatz 3). Bietet der Sach- und Streitstand für die Bestimmung des Streitwerts keine genügenden Anhaltspunkte, ist nach § 52 Abs. 2 GKG ein Streitwert von 5.000,- Euro anzunehmen (sog. **Regel- oder Auffangstreitwert**). Der Wert des Hauptsacheverfahrens wird in Verfahren des **vorläufigen Rechtsschutzes** grundsätzlich **halbiert**, es sei denn, die Entscheidung nimmt die Hauptsache vorweg. In diesem Fall ist es angezeigt, den vollen Wert anzusetzen. Geht es um **mehrere Streitgegenstände**, wird deren Einzelwert zu einem **Gesamtstreitwert** addiert.

Es liegt auf der Hand, dass bei einem Streit um eine rechtlich komplizierte immissionsschutzrechtliche Genehmigung ein höherer Streitwert anzusetzen ist als etwa bei der Frage, ob ein Schüler in die nächste Schulklasse versetzt wird. Um hier eine gewisse Einheitlichkeit zu erreichen, hat das **Bundesverwaltungsgericht** einen **Streitwertkatalog** erarbeitet, der ständig aktualisiert wird.[553]

644

> **Beachte:**
> In **Examensklausuren** ist die Festsetzung des Streitwerts nach dem Bearbeitervermerk zumeist erlassen. Soweit sich dem Sachverhalt keine gegenteiligen Anhaltspunkte entnehmen lassen – was etwa bei einer auf eine Geldzahlung gerichteten bezifferten Leistungsklage der Fall wäre –, darf von dem **Auffangstreitwert** (5.000,- Euro) ausgegangen werden.

12. Kapitel Anfechtungsklage

Literatur:
Bumke, Der Folgenbeseitigungsanspruch, JuS 2005, 22; *Ehlers*, Die verwaltungsgerichtliche Anfechtungsklage, JURA 2004, 30 und 176; *Hufen/Bickenbach*, Der Rechtsschutz gegen Nebenbestimmungen zum Verwaltungsakt, JuS 2004, 867 und 966; *Labrenz*, Die neuere Rechtsprechung des BVerwG zum Rechtsschutz gegen Nebenbestimmungen – falsch begründet, aber richtig, JuS 2007, 161; *Polzin*, Der maßgebliche Zeitpunkt im Verwaltungsprozess, JuS 2004, 211; *Schmidt*, Rechtsschutz gegen Nebenbestimmungen, VBlBW, 2004, 81; *Voßkuhle/Kaufhold*, Grundwissen – Öffentliches Recht: Der Verwaltungsakt, JuS 2011, 34.

I. Allgemeines

Nach § 42 Abs. 1 VwGO kann mit der **Anfechtungsklage** die (vollständige oder teilweise) Aufhebung eines Verwaltungsakts (nachfolgend: VA) begehrt werden. Bei der Anfechtungsklage handelt es sich um die einzige **Gestaltungsklage**, die in der VwGO ausdrücklich vorgesehen ist. Andere Gestaltungsklagen (Abänderungsklage, Vollstreckungsabwehrklage, Drittwiderspruchsklage) folgen aus dem Verweis der §§ 167 bzw. 173 VwGO auf die ZPO, sind aber in der verwaltungsgerichtlichen Praxis ausgesprochen selten. Mit der gerichtlichen Aufhebung eines angefochtenen Bescheides wird die Rechtslage also **unmittelbar gestaltet**; einer Umsetzung der gerichtlichen Entscheidung durch die Behörde bedarf es nicht, sie ist vielmehr an den Ausspruch – soweit er rechtskräftig ist – gebunden.[554] Zugleich darf sie einen VA gleichen Inhalts nicht er-

645

---

553   Abgedruckt z. B. bei Kopp/Schenke, VwGO, Anh. § 164, Rdnr. 14.
554   Davon zu unterscheiden ist der Fall, dass die Behörde den Ausspruch nicht beachtet; dies ist eine Frage der Vollstreckung (vgl. §§ 167 ff. VwGO).

12. Kapitel Anfechtungsklage

neut erlassen.[555] Grundsätzlich ist die Anfechtungsklage damit gegenüber der Verpflichtungsklage **rechtsschutzintensiver**. Aus klägerischer Sicht ist es daher im Regelfall günstiger, wenn er sein Rechtsschutzziel bereits mit der Aufhebung einer behördlichen Entscheidung erreichen kann.[556]

646 Die Anfechtungsklage ist nur **statthaft**, wenn sie auf ein zulässiges Rechtsschutzziel gerichtet ist. Voraussetzung ist immer, dass es dem Kläger um die **Aufhebung** eines **VA** geht. Dass es sich hierbei um einen **belastenden** Verwaltungsakte handelt muss, erwähnt die VwGO allerdings nicht ausdrücklich. Das erklärt sich daraus, dass Verwaltungsakte, insbesondere solche mit Doppelwirkung, sich je nach Sichtweise des Betroffenen als belastend oder begünstigend darstellen können. Eine Belastung muss aber jedenfalls aus der Sicht des Klägers vorliegen, anderenfalls wird es regelmäßig am Rechtsschutzbedürfnis fehlen.

Beispiel:
Einem Beamten wird Erholungsurlaub bewilligt, obwohl er den Urlaub nicht beantragt hat. In der Bewilligung liegt zwar einerseits eine Begünstigung, andererseits enthält die Entscheidung – jedenfalls inzident – eine (belastende) Entscheidung, weil sich zugleich der dem Beamten zustehende Resturlaub verringert. Die Entscheidung kann mit der Anfechtungsklage angegriffen werden.

II. Zulässigkeit der Anfechtungsklage

1. Verwaltungsakt (VA)

647 a) **Wirksamer VA.** Die Anfechtungsklage kann nur bei Vorliegen eines **VA** erhoben werden. Ebenso wie die Einlegung eines Widerspruchs voraussetzt, dass der angefochtene VA gegenüber dem Betroffenen wirksam geworden ist,[557] kann auch eine Anfechtungsklage nur erhoben werden, wenn ein **wirksamer VA** vorliegt. Nur in diesem Fall ist ein Bescheid im Rechtssinne existent. Hat ein belastender Bescheid mehrere Adressaten bzw. Betroffene, kann ein Dritter, dem der Bescheid noch nicht bekanntgegeben worden ist, gleichwohl hiergegen vorgehen.[558] Die Frage des Fristenlaufs ist allerdings hiervon unabhängig; sie richtet sich danach, wann dem jeweiligen Kläger gegenüber eine Bekanntgabe erfolgte. In diesem Zusammenhang muss die Wirksamkeit also für jeden der hiervon betroffenen Kläger gesondert festgestellt werden. Geht die Behörde irrig davon aus, ein wirksamer VA liege vor, obwohl das tatsächlich nicht der Fall ist, kann ein sog. Schein- oder Nicht-VA vorliegen, gegen den die Anfechtungsklage nicht statthaft ist.[559]

648 b) **Erledigter VA.** Ist der **VA erledigt**, kommt eine Anfechtungsklage nicht mehr in Betracht. Rechtsschutz ist dann nur im Wege der **Fortsetzungsfeststellungsklage** möglich (§ 113 Abs. 1 Satz 4 VwGO). Tritt Erledigung im Laufe des Verwaltungsprozesses ein, muss der Klageantrag ggf. geändert werden. Unter Erledigung wird grundsätzlich der **Wegfall jeglicher Beschwer** verstanden (vgl. § 43 Abs. 2 VwVfG).[560] Bei **Dauerverwaltungsakten** soll danach zu differenzieren sein, ob die Beschwer für vergangene Zeiträume weggefallen ist. In diesem Fall soll es möglich sein, an der Anfechtungsklage

---

555 Kopp/Schenke, VwGO, § 113 Rdnr. 13.
556 Daher sollte in Anwaltsklausuren, in denen Klage- oder Antragsart unklar ist, möglichst der Weg der Anfechtungsklage bzw. eines Antrags nach § 80 Abs. 5 VwGO gegangen werden.
557 Vgl. hierzu Rdnr. 295.
558 Redeker/v. Oertzen, VwGO, § 42 Rdnr. 4; Ehlers, JURA 2004, 31.
559 Vgl. hierzu Blunk/Schroeder, JuS 2005, 602 f.; Stelkens/Bonk/Sachs, VwVfG, § 44 Rdnr. 5; Kopp/Schenke, VwGO, § 42 Rdnr. 4.
560 Vgl. hierzu Rdnr. 747 f.

für die Zukunft festzuhalten und für die Vergangenheit auf die Fortsetzungsfeststellungsklage umzustellen, sofern ein Fortsetzungsfeststellungsinteresse bejaht werden kann.[561] Diese im Zusammenhang mit Untersagungsverfügungen im Bereich des Glücksspielrechts ergangene Rechtsprechung ist nicht unproblematisch. Abgesehen davon, dass es vom Zufall abhängt, wann das Gericht über die Klage entscheidet, ist diese Konstellation – soweit ersichtlich – von der Rechtsprechung noch nicht auf Konstellationen aus anderen Rechtsgebieten übertragen worden. So müsste danach Gleiches gelten für eine **baurechtliche Nutzungsuntersagung**, der der Kläger in der Vergangenheit Folge geleistet hat.

c) **Vorläufiger VA.** Die Anfechtungsklage kann auch gegenüber **vorläufigen VAen** erhoben werden. Dabei handelt es sich um Verwaltungsakte, deren Regelungsgehalt zunächst nur bis zum Erlass der endgültigen Entscheidung Bestand haben soll.[562] Das ändert nichts daran, dass der VA jedenfalls für den Zeitraum, für den er Gültigkeit beansprucht, belastende Wirkung entfalten und in Bestandskraft erwachsen kann, wenn er nicht angefochten wird. Ergeht allerdings später ein endgültiger VA, der – ausdrücklich oder konkludent – den vorläufigen VA ersetzt, wird es regelmäßig am Rechtsschutzbedürfnis für das Festhalten an der gegen den vorläufigen VA erhobenen Klage fehlen.[563] Das **Bedürfnis** für einen vorläufigen VA ergibt sich aus der **Ungewissheit** über die zu treffende endgültige Entscheidung, weil entweder eine endgültige Ermittlung des Sachverhalts trotz Erfüllung der Sachverhaltsermittlungspflicht noch nicht möglich ist oder sich die Ungewissheit aus einer noch nicht feststehenden Rechtslage ergibt, z. B. weil von anderen Stellen zu klärende Vorfragen noch nicht abschließend entschieden sind.[564] Der vorläufige VA ist **zu unterscheiden** von einer Regelung, die endgültig ist, aber nach § 36 Abs. 2 Nr. 3 VwVfG unter dem **Vorbehalt des Widerrufs** etwa für den Fall der Änderung der Sachlage steht. Für die Zulässigkeit der Anfechtungsklage und damit für den Rechtsschutz ist die Unterscheidung aber bedeutungslos.

649

d) **Zweitbescheid oder wiederholende Verfügung.** Erlässt eine Behörde – nachdem sie bereits zuvor einen VA erlassen hat – einen weiteren Bescheid, stellt sich die Frage, ob ein sog. **Zweitbescheid** oder eine **wiederholende Verfügung** vorliegt. Während die Rechtslage durch einen Zweitbescheid erneut geregelt wird – häufig nach Wiederaufgreifen des Verfahrens durch die Behörde nach § 51 VwVfG –, die erneut mit der Anfechtungsklage angegriffen werden kann, ist dies bei der wiederholenden Verfügung nicht der Fall. In einem lediglich wiederholenden Hinweis auf eine frühere Verfügung liegt kein neuer anfechtbarer Verwaltungsakt.[565] Die gerichtliche Prüfung kann sich bei einer wiederholenden Verfügung aber nach neuerer Rechtsprechung[566] darauf erstrecken, zu prüfen, ob die Voraussetzungen für ein Wiederaufgreifen gegeben sind oder ob die Behörde ein Wiederaufgreifen ermessensfehlerfrei abgelehnt hat. Der Zweitbescheid enthält demgegenüber neben der positiven (Inzident-)Entscheidung über das Wiederaufgreifen zugleich eine **erneute Sachentscheidung**. Bei Bestätigung des Erstbescheids wird also eine gerichtliche Prüfung über das Begehren in der Sache eröffnet. Die Abgrenzung kann bisweilen Schwierigkeiten bereiten.[567] Sie ist eine Frage

650

---

561 BVerwG, Beschluss vom 5. Januar 2012 – 8 B 62.11 – Juris; Schübel-Pfister, JuS 2012, 420, 423 f.
562 BVerwG, Urteil vom 14. April 1983 – 3 C 8.82 – und OVG Magdeburg, Beschluss vom 24. Februar 2012 – 1 L 166/11 –, jeweils Juris.
563 So auch BVerwG (erst recht) für den Fall des bestandskräftigen endgültigen VA: Beschluss vom 19. Dezember 1997 – 8 B 244.97 – Juris.
564 Stelkens/Bonk/Sachs, VwVfG, § 35 Rdnr. 243.
565 BVerwG, Beschluss vom 10. August 1995 – 7 B 296.95 – Juris.
566 BVerwG, Urteil vom 11. Dezember 2008 – 7 C 3.08 – Juris.
567 BVerwG, Urteil vom 11. Dezember 2008 – 7 C 3.08 – Juris; Redeker/v. Oertzen, VwGO, § 42 Rdnr. 7; vgl. auch Keller/Menges, Rdnr. 88 f.

12. Kapitel Anfechtungsklage

der Auslegung des Bescheids und damit stark einzelfallbezogen. Immer ist zu prüfen, ob die Behörde eine neue Sachentscheidung treffen wollte oder ob sie lediglich auf eine bestandskräftige Entscheidung verweisen will.

651 e) **VA im Sinne des § 35 VwVfG.** VA ist nach der Legaldefinition in § 35 Satz 1 VwVfG jede Verfügung, Entscheidung oder andere hoheitliche Maßnahme, die eine Behörde zur Regelung eines Einzelfalls auf dem Gebiet des öffentlichen Rechts trifft und die auf unmittelbare Rechtswirkung nach außen gerichtet ist. Die gesetzliche Definition in Satz 1 enthält mithin insgesamt **fünf Voraussetzungen**, die im Regelfall behördlichen Handelns zwar unproblematisch vorliegen, im Einzelfall aber gründlich zu prüfen sind. Nach Satz 2 der Vorschrift kann ein VA auch in einer **Allgemeinverfügung** liegen; das ist ein Verwaltungsakt, der sich an einen nach allgemeinen Merkmalen bestimmten oder bestimmbaren Personenkreis richtet oder die öffentlich-rechtliche Eigenschaft einer Sache oder ihre Benutzung durch die Allgemeinheit betrifft. Besondere praktische Bedeutung kommt in diesem Zusammenhang **Verkehrszeichen** zu.[568]

652 aa) **Behörde.** Verwaltungsakte können nur von **Behörden** erlassen werden. Nach § 1 Abs. 4 VwVfG kommt es entscheidend darauf an, dass die erlassende Stelle mit der fraglichen Maßnahme eine Aufgabe der öffentlichen Verwaltung wahrnimmt (sog. **funktioneller Behördenbegriff**). Die organisatorische Eingliederung ist nicht maßgeblich, allerdings muss der Stelle eine organisatorische Selbständigkeit zukommen. Dies ist z. B. bei einem einzelnen Referat eines Ministeriums nicht der Fall. Keine VA-Qualität haben grundsätzlich Maßnahmen von **Privatpersonen,** soweit diese nicht ausnahmsweise als **Beliehene** mit Verwaltungsaufgaben betraut sind.[569]

653 bb) **Hoheitliche Maßnahme.** Der Begriff der hoheitlichen Maßnahme macht deutlich, dass die Verwaltung mit dem Erlass eines Bescheides eine **einseitige Regelung** treffen kann. Eine hoheitliche Maßnahme liegt also nur dann vor, wenn die Behörde von Befugnissen Gebrauch macht, die dem Adressaten der Maßnahme (in dem zwischen ihm und der Behörde bestehenden Rechtsverhältnis) in dieser Form ihrer Art nach nicht zustehen.[570] Dies unterscheidet die Handlungsform des VA von zweiseitigen öffentlich-rechtlichen Verträgen. Einseitig sind **auch mitwirkungsbedürftige Maßnahmen,** bei denen der Adressat am vorhergehenden Verwaltungsverfahren beteiligt werden muss, denn in diesen Fällen kann der Betroffene zwar den Erlass verhindern, indem er z. B. keinen Antrag (etwa auf eine Baugenehmigung) stellt oder seine Zustimmung (z. B. zu einer Beamtenernennung) verweigert, er hat aber nicht die Möglichkeit, auf den Inhalt der Regelung Einfluss zu nehmen.[571]

654 cc) **Auf dem Gebiet des öffentlichen Rechts.** Die Behörde muss auf dem Gebiet des öffentlichen Rechts tätig geworden sein. Das schließt ein zivilrechtliches Tätigwerden mittels eines VA aus. Für die Abgrenzung zwischen dem öffentlichen Recht und dem Zivilrecht kann auf Rdnrn. 134 ff. verwiesen werden.

655 dd) **Regelung mit Außenwirkung.** Eine nach § 35 Satz 1 VwVfG geforderte **Regelung** liegt vor, wenn die Maßnahme ihrem objektiven Gehalt nach darauf gerichtet ist, **Rechtswirkungen** verbindlich festzulegen, indem Rechte des Betroffenen begründet oder aufgehoben werden.[572] Entscheidend für das Vorliegen einer Regelung ist ihre unmittelbare Verbindlichkeit und ihre bestandskraftfähige Wirkung. An einer Regelungswirkung fehlt es demgegenüber insbesondere bei **Realakten,** also bei rein tatsäch-

---

568 Vgl. hierzu zuletzt grundlegend: BVerwG, Urteil vom 23. September 2010 – 3 C 37.09 – Juris.
569 Voßkuhle/Kaufhold, JuS 2011, 34; BVerwG, Urteil vom 26. August 2010 – 3 C 35.09 – Juris.
570 Stelkens/Bonk/Sachs, VwVfG, § 35 Rdnr. 104.
571 Voßkuhle/Kaufhold, JuS 2011, 34.
572 Kopp/Ramsauer, VwVfG, § 35 Rdnr. 47, m. w. N.

lichem Handeln der Behörde, das nicht auf eine Rechtsfolge gerichtet ist.[573] Typische **Beispiele** für Realakte sind:
- Sperrung eines Weges oder einer Straße ohne Verwendung von Verkehrszeichen
- Polizeiliche Videoüberwachung von Örtlichkeiten[574] oder Versammlungen[575]
- Bloße Zahlungsaufforderung zur Begleichung der Kosten einer behördlichen Handlung

An einer Regelung fehlt es auch, wenn die Behörde **rein informatorisch** auf eine frühere Entscheidung verweist. Ein bloßer Hinweis auf die gesetzliche Rechtslage enthält ebenfalls keine Regelung. Dies ist anders beim **feststellenden VA**, der auf die verbindliche Festlegung der sich aus einer Vorschrift ergebenden Rechte und Pflichten gerichtet ist. Ein solcher VA muss – ebenso wie ein gestaltender oder befehlender Verwaltungsakt – die Definitionsmerkmale des § 35 Satz 1 VwVfG vollständig erfüllen. Regelungscharakter hat eine derartige Feststellung, wenn sie nach ihrem Erklärungsgehalt darauf gerichtet ist, eine Rechtsfolge zu setzen. Das ist auch der Fall, wenn Rechte mit bindender Wirkung festgestellt oder verneint werden.[576] Für einen feststellenden VA ist also kennzeichnend, dass er sich mit seinem verfügenden Teil darauf beschränkt, das Ergebnis eines behördlichen Subsumtionsvorgangs verbindlich festzuschreiben.[577] Die **Abgrenzung** des feststellenden VA von dem schlichten Hinweis auf die Rechtslage, der bloßen Mitteilung oder Auskunft ohne Regelungscharakter, kann **im Einzelfall schwierig** sein. Die Einordnung hängt in erster Linie von einer genauen Analyse der Gesetzeslage ab. Neben den gesetzlich eindeutig als feststellende VAe ausgestalteten Entscheidungen (z. B. der Anerkennung als Asylberechtigter) gibt es zahlreiche Zweifelsfälle, in denen nur einzelne Elemente eines umfassenderen Rechtsverhältnisses in Rede stehen, wobei das Gesetz häufig keine oder keine eindeutige Aussage zur Frage eines feststellenden Verwaltungsakts trifft.[578] Bei der Qualifizierung eines streitgegenständlichen Bescheides kann etwa der **Rechtsbindungswille** der Behörde maßgeblich sein und muss von unverbindlichen bloßen Meinungskundgaben abgegrenzt werden.

656

Behördliche **Eintragungen** in **Registern**, Büchern oder Verzeichnissen sind Verwaltungsakte, wenn durch diese Eintragung eine Rechtsfolge verbindlich festgestellt werden soll, unabhängig davon, ob die Eintragung insoweit konstitutiv oder deklaratorisch wirkt. Hiernach sind beispielsweise Eintragungen im **Verkehrszentralregister** keine Verwaltungsakte; sie lösen in diesem Sinne keine unmittelbaren Rechtsfolgen für den Verkehrsteilnehmer aus, weil mit der Erfassung und Sammlung der einzutragenden Entscheidungen der Verwaltungsbehörden und Gerichte lediglich eine Tatsachengrundlage für Vorbereitung neuerlicher Entscheidungen dieser Stellen geschaffen wird.[579] Auch wenn mit der zentralen Registrierung bestimmter Informationen die Arbeit anderer Behörden in tatsächlicher Hinsicht erleichtert wird, können sich Rechtsfolgen regelmäßig erst aus den Entscheidungen ergeben, die diese Stellen, wenn auch möglicherweise gestützt auf das Ergebnis der eingeholten Auskünfte, in eigener

657

---

573 Das bedeutet aber weder, dass ein Realakt sich negativ auf eine Rechtsposition eines Betroffenen auswirken kann, noch, dass die Verwaltung bei Realakten nicht ebenfalls an Recht und Gesetz (Art. 20 Abs. 3 GG) gebunden ist (vgl. hierzu die nachfolgenden Fußnoten).
574 OVG Hamburg, Urteil vom 22. Juni 2010 – 4 Bf 276/07 – Juris.
575 VG Berlin, Urteil vom 5. Juli 2010 – 1 K 905.09 – Juris; OVG Münster, Beschluss vom 23. November 2010 – 5 A 2288/09 – Juris.
576 BVerwG, Urteil vom 20. Mai 1987 – 7 C 83.84 – Juris.
577 BVerwG, Urteil vom 5. November 2009 – 4 C 3.09 – Juris.
578 OVG Münster, Urteil vom 24. Juni 2010 – 13 A 1047/08 – Juris.
579 BVerwG, Urteil vom 20. Mai 1987 – 7 C 83.84 – Juris; vgl. auch OVG Bremen, Beschluss vom 21. August 2002 – 1 B 143/02 – Juris zur Berichtigung des Melderegisters von Amts wegen (kein VA).

12. Kapitel Anfechtungsklage

Verantwortung treffen; dies gilt insbesondere dann, wenn sie die Richtigkeit der Registrierung bzw. Auskünfte eigenständig zu überprüfen haben.[580]

658 Maßgeblich für die Qualifizierung eines behördlichen Schreibens als Verwaltungsakt ist, wie der **Adressat** es von seinem Standpunkt aus bei verständiger Würdigung nach Maßgabe eines objektiven **Empfängerhorizonts** unter Berücksichtigung von **Treu und Glauben** verstehen konnte. Entspricht ein Schreiben seiner äußeren Form nach einem Verwaltungsakt und erweckt es den Rechtsschein, eine abschließende Entscheidung zu treffen, so sind dagegen dieselben Rechtsbehelfe gegeben wie gegen „echte" Verwaltungsakte.[581] Umgekehrt ist ein als "Rechnung" bezeichnetes Schreiben einer Stadtwerke GmbH nicht als Verwaltungsakt zu qualifizieren, wenn sich ein Hinweis auf das Auftragsverhältnis und die Rechtsmittelbelehrung lediglich an versteckter Stelle befinden und deshalb für den Empfänger des Schreibens die **hoheitliche Handlungsform nicht erkennbar** ist.[582]

659 Die behördliche Maßnahme muss zudem auf eine **Rechtswirkung nach außen** gerichtet sein. Unmittelbare Rechtswirkung nach außen entfaltet eine Maßnahme, wenn sie hierzu unabhängig von ihren tatsächlichen Auswirkungen ihrem objektiven Sinngehalt nach bestimmt ist, wenn dies also nicht nur tatsächliche Folge der Maßnahme, sondern deren Zweckbestimmung ist.[583] Bei einer Reihe von Fallgruppen wird diese Außenwirkung verneint.

660 Zum einen ist das bei **vorbereitenden Maßnahmen** der Behörde der Fall, die dem Erlass des eigentlichen Verwaltungsakts vorangehen. Dieser Gedanke kommt etwa in § 44a VwGO zum Tragen. Nach dessen Satz 1 können Rechtsbehelfe gegen behördliche Verfahrenshandlungen nur gleichzeitig mit den gegen die Sachentscheidung zulässigen Rechtsbehelfen geltend gemacht werden. Dies gilt allerdings nach Satz 2 der Vorschrift nicht, wenn behördliche Verfahrenshandlungen vollstreckt werden können oder gegen einen Nichtbeteiligten ergehen. Dabei wird es im Regelfall um Maßnahmen gehen, die der **Erforschung des Sachverhalts** dienen. So ist die gegenüber einem Beamten ergangene Anordnung, sich zur Klärung seiner Dienstfähigkeit untersuchen zu lassen, kein VA, weil sie einen einzelnen Schritt in einem gestuften Verfahren darstellt, das erst mit einer Entscheidung zu seinem Verbleib im öffentlichen Dienst abgeschlossen wird.[584]

661 Keine Außenwirkung ist ferner anzunehmen bei **Beteiligungs- und Mitwirkungshandlungen anderer Behörden** zum Erlass eines VA durch die federführende Behörde, wie sie bei Benehmens-, Zustimmungs- und Einvernehmenserklärungen erforderlich werden. Beispiele hierfür sind:
– Einvernehmen der Gemeinde nach § 36 Abs. 2 BauGB
– Zustimmung der beteiligten Ausländerbehörde bei der Erteilung eines Visums nach § 72 Abs. 1 AufenthG
– Zustimmung der Denkmalschutzbehörde bei einem Bauvorhaben[585]

662 Verweigert die Behörde, deren Zustimmung erforderlich ist, in diesen Fällen ihr Einvernehmen, muss gegen die Ablehnung der nach außen auftretenden Behörde geklagt werden.[586] Im **Prozess** ist die beteiligte Behörde dann **beizuladen**.

---

580 OVG Magdeburg, Urteil vom 17. September 2009 – 2 L 228/08 – Juris.
581 OVG Schleswig, Urteil vom 7. Juli 1999 – 2 L 264/98 – NJW 2000, 1059.
582 VGH Mannheim, Urteil vom 15. Oktober 2009 – 2 S 1457/09 – Juris.
583 Stelkens/Bonk/Sachs, VwVfG, § 35 Rdnr. 147.
584 BVerwG, Urteil vom 26. April 2012 – 2 C 17.10 – Juris.
585 Vgl. OVG Bautzen, Urteil vom 18. Januar 2006 – 1 B 444/05 – Juris.
586 Beachte: Diese Konstellation wird allerdings im Zusammenhang mit der hier behandelten Anfechtungsklage nicht relevant. Die Frage wird hier nur wegen des Zusammenhangs zum VA-Begriff angesprochen.

II. Zulässigkeit der Anfechtungsklage

Schließlich fehlt es **Maßnahmen im Innen- bzw. Sonderstatusverhältnis** an der Außenwirkung. Bei Beamten ist dies grundsätzlich bei solchen Maßnahmen ihres Dienstherrn der Fall, die nicht das Grundverhältnis, also ihren Beamtenstatus, berühren.[587] Hierzu zählen z. B. die **Umsetzung eines Beamten** an einen anderen Dienstposten oder die **Zuweisung** eines **anderen Aufgabenbereichs** oder die **Verteilung der Diensträume**[588] innerhalb seiner Behörde. Solche Maßnahmen lassen das statusrechtliche Amt des Beamten in seinem funktionell-abstrakten Sinn unberührt und betreffen lediglich seinen konkreten Aufgaben- und Funktionsbereich, also sein **funktionelles Amt im konkreten Sinn**. Anders ist dies aber bei der hiervon zu unterscheidenden **Versetzung**, die Außenwirkung hat und damit als VA zu qualifizieren ist.[589]

663

> **Beachte:**
> Auch wenn eine innerdienstliche Maßnahme mangels Außenwirkung nicht als VA qualifiziert werden kann, muss der Beamte hiergegen grundsätzlich Widerspruch einlegen und ein Vorverfahren durchführen (vgl. § 54 Abs. 2 BeamtStG). Der Widerspruchsbescheid, der den Realakt ggf. bestätigt, ist dann als VA anzusehen, dessen Aufhebung der Kläger beantragen muss, damit keine Bestandskraft eintritt.[590]

> **Formulierungsbeispiel:**
> *„Der Kläger beantragt, den Beklagten unter Aufhebung des Widerspruchsbescheides des Bezirksamtes Steglitz-Zehlendorf von Berlin vom 3. Januar 2013 zu verurteilen, ihm sein bisheriges Dienstzimmer im 3. Stock des Dienstgebäudes in der Kirchstraße 1 in 14163 Berlin zu belassen."*

664

Abgrenzungsfragen stellen sich auch im **Schulrecht**. Innerorganisatorische Maßnahmen des Schulbetriebs stellen sich mangels Außenwirkung für den einzelnen Schüler regelmäßig nicht als Verwaltungsakt dar. Dies gilt etwa für die Erteilung von Hausaufgaben, die Festlegung des Stundenplans oder die Umsetzung eines Schülers in eine andere Klasse, soweit dies aus organisatorischen Gründen erfolgt.[591] Der Nichtversetzung in eine höhere Klasse oder der Überweisung in eine andere Schule kommt indes Außenwirkung zu. Auch in der Bewertung einzelner Examensklausuren liegt grundsätzlich kein Verwaltungsakt.[592]

665

ee) Einzelfall. Schließlich muss die behördliche Maßnahme sich auf einen **Einzelfall**, also einen bestimmten Lebenssachverhalt beziehen. Dieser wird eingegrenzt durch den Adressaten und den Inhalt des VA. Ein Einzelfall liegt deshalb vor, wenn sich eine Maßnahme an eine bestimmte Person oder bestimmte Personen richtet, nicht aber, wenn eine abstrakt-generelle Maßnahme getroffen werden soll.

666

> **Beachte:**
> Der Umstand, dass eine behördliche Maßnahme nicht als VA im Sinne des § 35 VwVfG qualifiziert werden kann, bedeutet nicht, dass hiergegen kein Rechtsschutz

---

587 Dies ist aber nicht zwingend. So ist z. B. ein Bescheid über die Versagung von Beihilfe selbstverständlich als VA zu qualifizieren, auch wenn dieser die Beamtenstellung unberührt lässt.
588 Hierzu etwa OVG Lüneburg, Beschluss vom 5. August 2010 – 2 ME 170/10 – Juris.
589 Weitere Fallkonstellationen bei Kopp/Schenke, VwGO, Anh. § 42 Rdnr. 68.
590 Vgl. hierzu auch Rdnr. 722 ff.
591 Vgl. OVG Hamburg, Beschluss vom 27. Juli 2004 – 1 Bs 306/04 – Juris. Dies ist anders, wenn es sich um eine Schulordnungsmaßnahme handelt. Weitere Fallkonstellationen im schulischen Bereich bei Kopp/Schenke, VwGO, Anh. § 42 Rdnr. 71.
592 Vgl. BVerwG, Urteil vom 23. Mai 2012 – 6 C 8.11 – Juris.

12. Kapitel Anfechtungsklage

möglich wäre. Das Gebot des effektiven Rechtsschutzes nach Art. 19 Abs. 4 GG gebietet, in solchen Fällen auf eine der sonstigen Klagearten zurückzugreifen, um subjektive Rechtspositionen durchzusetzen.[593]

2. Isolierte Anfechtungsklage

667 Nach § 79 Abs. 1 VwGO ist Gegenstand der Anfechtungsklage der ursprüngliche VA **in der Gestalt**, die er durch den **Widerspruchsbescheid** gefunden hat (Nr. 1).[594] Dies dürfte der praktisch häufigste Fall sein. Es kann aber auch der Abhilfebescheid (§ 72 VwGO) oder Widerspruchsbescheid (§ 73 Abs. 1 VwGO) isoliert angefochten werden, wenn dieser erstmalig eine Beschwer enthält (Nr. 2).[595] Diese Konstellation ist etwa denkbar, wenn eine Baugenehmigung auf den Widerspruch des Nachbarn hin aufgehoben wird. Mit der Aufhebung des Widerspruchsbescheides lebt die von der Ausgangsbehörde erteilte Genehmigung wieder auf. Nach Absatz 2 der Vorschrift kann der **Widerspruchsbescheid** schließlich auch dann **alleiniger Gegenstand** der Anfechtungsklage sein, wenn und soweit er gegenüber dem ursprünglichen VA eine zusätzliche **selbständige Beschwer** enthält. Dies ist etwa bei der **Verböserung** (reformatio in peius) der Fall, aber auch, wenn der Widerspruchsbescheid dem Widerspruch abhilft, aber die Kosten der Hinzuziehung eines Bevollmächtigten im Vorverfahren (§ 80 Abs. 2 VwVfG) ablehnt.[596]

3. Teilanfechtung

668 Hält der Kläger einen Bescheid für teilweise rechtswidrig, kann die Klage nach § 113 Abs. 1 Satz 1 VwGO auch auf die **Teilaufhebung** des VA gerichtet werden. Damit vermeidet der Kläger, im Rechtsstreit zum Teil zu unterliegen und damit Kosten auferlegt zu bekommen, wenn der andere Teil der ihm auferlegten (teilbaren) Belastung rechtmäßig ist und von ihm insoweit hingenommen wird. Eine Teilanfechtung erfordert demnach, dass der angegriffene Teil selbständig aufgehoben werden kann. Typischerweise kann dies etwa bei Gebührenforderungen der Fall sein, die einen **Gebührenrahmen** vorsehen und bei denen der VA nicht dem Grunde, sondern nur der Höhe nach angegriffen wird.[597]

669 Formulierungsbeispiele für Klageanträge:

Anfechtungsklage gegen Ausgangs- und Widerspruchsbescheid:
„Der Kläger beantragt, den Bescheid des Landratsamtes x vom 11. Dezember 2011 in der Gestalt des Widerspruchsbescheides der Bezirksregierung Y vom 4. März 2012 aufzuheben."

Anfechtungsklage nur gegen Widerspruchsbescheid bei erstmaliger oder selbständiger Beschwer:
„Der Kläger beantragt, den Widerspruchsbescheid der Bezirksregierung Y vom 4. März 2012 aufzuheben."

Teilanfechtung:
„Der Kläger beantragt, den Bescheid des Landratsamtes x vom 11. Dezember 2012 in der Gestalt des Widerspruchsbescheides der Bezirksregierung Y vom 4. März

---

593 In früheren verwaltungsgerichtlichen Entscheidungen lässt sich noch eine Tendenz entnehmen, in nahezu jedem behördlichen Handeln einen (Duldungs-)VA zu sehen, um hinreichend Rechtsschutz zu gewähren. Dies dürfte überholt sein.
594 Häufig findet sich auch die Formulierung „*in der Fassung* des Widerspruchsbescheides". Materiellrechtlich liegt hierin wohl kein Unterschied.
595 Instruktives Beispiel hierzu bei Keller/Menges, Rdnr. 85 f.
596 Hier muss allerdings eine Verpflichtungsklage erhoben werden.
597 Siehe hierzu das nachfolgende Formulierungsbeispiel.

> 2013 insoweit aufzuheben, als darin eine 250,- Euro übersteigende Gebühr für die ihm erteilte Sondernutzungserlaubnis erhoben wird."

4. Rechtsschutz gegen Nebenbestimmungen

In engem Zusammenhang mit der Frage der Teilanfechtung steht, mit welcher Klageart **Rechtsschutz bei Nebenbestimmungen** eines Verwaltungsakts zu gewähren ist. Dies ist höchst umstritten und daher seit Langem nicht nur Gegenstand zahlreicher Abhandlungen und Aufsätze,[598] sondern auch einer unübersichtlichen und uneinheitlichen Rechtsprechung.[599] Während der Frage in der gerichtlichen Praxis weniger bedeutsam ist, ist sie dogmatisch interessant und damit auch ausgesprochen **examensrelevant**.

670

> **Klausurhinweis:**
> Referendaren bereitet es häufig Schwierigkeiten, einen Streitstand in der Examensklausur praxisgerecht darzustellen, vor allem wenn – wie bei der Frage der Anfechtbarkeit von Nebenbestimmungen – der Meinungsstand unübersichtlich ist. Entscheidend ist im Zweiten Staatsexamen weniger, Meinungsstreitigkeiten ausführlich mit sämtlichen hierzu vertretenen Auffassungen wiederzugeben. Entscheidend ist, das Problem des Falles als solches zu erkennen und sich dann – ggf. unter Zuhilfenahme eines zugelassenen Kommentars – für eine hierzu vertretene Auffassung zu entscheiden.

Überblicksartig stehen sich folgende **Lösungsansätze**[600] gegenüber:

671

– Unterscheidung nach der **Art der Nebenbestimmung** (§ 36 VwVfG)
Nach dieser Ansicht sollen Auflagen und Auflagenvorbehalte selbständig angefochten werden können, während das bei Bedingung, Befristung und Widerrufsvorbehalt nicht der Fall sein soll. Als integraler Bestandteil des Haupt-VA könnten diese Regelungen nicht selbständig von ihm gelöst werden.

672

– Unterscheidung nach der **Art des Hauptverwaltungsakts**
Diese Ansicht differenziert danach, ob der Betroffene einen Anspruch auf den Erlass eines (nebenbestimmungsfreien) VA hat oder ob dieser im Ermessen der Behörde steht. Zur Begründung führt diese Auffassung an, die selbständige Anfechtung einer Nebenbestimmung bei einem im Ermessen der Behörde stehenden VA führe dazu, dass der Kläger u. U. etwas erhalte, worauf er keinen Anspruch habe.

673

– Grundsätzlicher **Ausschluss der selbständigen Anfechtbarkeit** von Nebenbestimmungen

674

– Das **Bundesverwaltungsgericht** verfolgt seit geraumer Zeit einen eigenen Ansatz bei der Lösung des Problems.
Danach soll Rechtsschutz gegen Nebenbestimmungen eines Verwaltungsakts **grundsätzlich** mit der **Anfechtungsklage** verfolgt werden können. Ob diese zur isolierten Aufhebung der Nebenbestimmung führen kann, ist eine Frage der Be-

675

---

598 Vgl. nur Hufen/Bickenbach, JuS 2004, 867 und 966; Jagow, NZV 2006, 27; Labrenz, JuS 2007, 161; Schmidt, VBlBW, 2004, 81; Sproll, NJW 2002, 3221; Sieckmann, DÖV 1998, 535.
599 Vgl. nur die unterschiedlichen Ansätze des BVerwG: Urteile vom 10. Juli 1980 – 3 C 136. 79 – (Krankenhausbedarfsplan); vom 17. Februar 1984 – 4 C 70.80 – (Erdölpipeline) und vom 22. November 2000 – 11 C 2.00 – (Planfeststellungsbeschluss) Juris.
600 Guter Überblick bei Sproll, NJW 2002, 3221.

12. Kapitel Anfechtungsklage

gründetheit und nicht der Zulässigkeit des Anfechtungsbegehrens, sofern nicht eine isolierte Aufhebbarkeit offenkundig von vornherein ausscheidet.[601]

676 Der Lösungsansatz des Bundesverwaltungsgerichts wird in der Literatur z. T. als **studentenfreundlich** begrüßt.[602] Andere sehen hierin zwar einen richtigen Ansatz, meinen aber, die Begründung hierfür sei fehlerhaft.[603] Zu Recht wird beanstandet, dass das eigentliche Problem in die Begründetheit verlagert wird.[604] Über die Frage nämlich, in welchen Fällen es auch nach Ansicht des Bundesverwaltungsgerichts „von vornherein offenkundig" sein soll, dass eine isolierte Anfechtung ausscheidet, herrscht nämlich wenig Klarheit. **Einigkeit** besteht indes wohl insoweit, als dass die sog. **modifizierende Auflage**, also der Fall, dass der Kläger etwas anderes als beantragt bekommt,[605] ein solcher Fall sein soll. Gleiches soll gelten, wenn die **isolierte Aufhebung** zu einem **rückwirkend entstandenen Ermessensdefizit** und damit zur Rechtswidrigkeit des Hauptverwaltungsakts führen würde.[606] Hier wird aber grundsätzlich ebenfalls empfohlen, den Weg des Bundesverwaltungsgerichts zu gehen und **im Grundsatz immer** von einer **selbständigen Anfechtbarkeit** einer Nebenbestimmung auszugehen.

> **Beachte:**
> Man muss sich aber darüber im Klaren sein, dass das Grundproblem sich wohl nie völlig stimmig wird auflösen lassen. Er hat seine Wurzel darin, dass es einen **unüberbrückbaren Widerspruch** gibt einerseits zwischen **§ 113 Abs. 1 Satz 1 VwGO**, wonach das Gericht den VA immer aufhebt, „soweit" er rechtswidrig ist, und der Vorgabe des **Art. 20 Abs. 3 GG**, wonach auch das Gericht an Recht und Gesetz gebunden ist. Daher wird es mit seiner Entscheidung zur Aufhebung eines Teils eines VA nicht ignorieren können, dass ggf. hierdurch ein rechtswidriger Zustand eintritt.

677 Nach diesem Lösungsweg muss in der Begründetheit geprüft werden, ob der begünstigende Verwaltungsakt ohne die Nebenbestimmung **sinnvoller- und rechtmäßigerweise** bestehen bleiben kann. Kommt man am Ende dieser Prüfung allerdings zu dem Ergebnis, dass sich dies nicht bejahen lässt – etwa, wenn nun nach Aufhebung eines Teils des VA dieser im Übrigen rechtswidrig wird – wird man konsequenterweise doch wieder an der Zulässigkeit der zuvor als statthaft angesehenen Anfechtungsklage zweifeln. Z.T. wird in einem solchen Fall gefordert, dass in einem solchen Fall hilfsweise doch wieder auf die Verpflichtungsklage umgeschwenkt werden soll.[607]

> **Klausurhinweis:**
> In der typischen Examensklausur, die das Problem der Anfechtbarkeit von Nebenbestimmungen behandelt, ist entweder ein Klageantrag nicht formuliert oder aber der Kläger bzw. sein Bevollmächtigter bitten um gerichtliche Auslegung des Antrags, sei es im Klageschriftsatz oder in der mündlichen Verhandlung (Protokoll !). Hierdurch hat der Bearbeiter die Möglichkeit, den im Sinne seiner Lösung den „richtigen" Klageantrag zu wählen. Die Begründung hierfür muss dann im Zusammenhang mit der Auslegung des Klägerbegehrens gebracht werden.[608]

---

601 BVerwG, Urteil vom 22. November 2000 – 11 C 2.00 – Juris.
602 Hufen/Bickenbach, JuS 2004, 867.
603 Labrenz, JuS 2007, 161.
604 Hufen/Bickenbach, JuS 2004, 967.
605 Schulbeispiel: „Flachdach" oder „Satteldach"; vgl. auch Schmidt, VBlBW 2004, 83.
606 OVG Bautzen, Urteil vom 10. Oktober 2012 – 1 A 389/12 – Juris.
607 Sproll, NJW 2002, 3223.
608 Vgl. hierzu Rdnr. 513 f.

5. Konkurrentenklagen

Große praktische Bedeutung kommt der Frage zu, mit welcher **Klageart** ein Betroffener vorgehen muss, wenn er mit einem **Mitbewerber** um eine bestimmte Rechtsposition **konkurriert**. Die hier anzutreffenden Fallgestaltungen sind vielfältig:[609] Mehrere Beamte können gegeneinander bei der Bewerbung um eine Beförderungsstelle in Konkurrenz stehen; verschiedene Rundfunkbetreiber bewerben sich auf eine Lizenz zum Radiobetrieb; ein abgelehnter Bewerber auf eine Linienverkehrsgenehmigung nach dem PBefG will nicht akzeptieren, dass sich die Behörde für ein anderes Unternehmen entschieden hat. Auch die praktisch häufigen Schul- und Studienplatzklagen fallen in diese Kategorie.

Die Frage, mit welcher Klageart hier vorzugehen ist, hängt davon ab, ob mit der – bestandskräftigen – Entscheidung zugunsten eines Bewerbers die **Kapazität ausgeschöpft** ist und dem Unterlegenen bereits aus diesem Grund kein Anspruch mehr auf die Rechtsposition zusteht. Die **positive** (oder offensive) **Konkurrentenklage** ist zu erheben, wenn trotz der Entscheidung der Behörde für einen Dritten das Kontingent nicht ausgeschöpft ist. In diesem Fall ist eine **Verpflichtungsklage** zu erheben. Die **Anfechtungsklage** ist dagegen die einschlägige Klageart, wenn es allein um die Beseitigung der Rechtsposition eines Dritten geht.[610] Mit der sog. **Mitbewerberklage** (oder ausschließenden Konkurrentenklage) muss schließlich vorgegangen werden, wenn die Begünstigung kontingentiert ist und Voraussetzung für die Zuweisung einer eigenen Begünstigung die Beseitigung der Rechtsposition des Dritten ist. Hier muss nach überwiegender Ansicht mit einer **Kombination** aus **Anfechtungs- und Verpflichtungsklage** vorgegangen werden.

Beamtenrechtliche Konkurrentenstreitigkeiten werden üblicherweise im vorläufigen Rechtsschutz nach § 123 Abs. 1 VwGO ausgetragen. Die Ernennung des ausgewählten Bewerbers darf nach ständiger Rechtsprechung erst ausgesprochen werden, wenn eine zweiwöchige Frist nach Information der Mitbewerber abgelaufen ist. In diesem Zeitraum kann der unterlegene Konkurrent ein Eilverfahren mit dem Ziel anstrengen, die Ernennung vorübergehend nicht zu vollziehen. Hintergrund ist der sog. Grundsatz der Ämterstabilität, wonach eine einmal vollzogene Ernennung auch dann nicht rückgängig gemacht werden darf, wenn sie sich im Nachhinein als rechtswidrig herausstellt.[611]

6. Verhältnis zur Nichtigkeitsfeststellungsklage

Eine Anfechtungsklage kann auch gegen einen **nichtigen VA** erhoben werden, auch wenn die VwGO als spezielle Klageart für diesen Fall die Nichtigkeitsfeststellungsklage (§ 43 Abs. 1 2. Alt.) vorsieht. Für den Betroffenen ist es oft nicht erkennbar, ob ein VA „einfach" rechtswidrig ist oder ob die Rechtswidrigkeit so gravierend ist, dass der VA sogar nichtig im Sinne des § 44 VwVfG ist. Hält das Gericht den VA für nichtig, wird es den Kläger im Rahmen seiner Aufklärungs- und Hinweispflicht nach § 86 Abs. 3 VwGO darauf hinweisen, dass der Klageantrag zulässigerweise umgestellt werden kann. Geht der Kläger umgekehrt von dem Begehren, die Nichtigkeit eines Verwaltungsakts nach § 43 Abs. 1 Alt. 2 VwGO festzustellen, über auf den Antrag, festzustellen, dass bereits kein Verwaltungsakt vorliegt, so liegt darin mangels Änderung des Klagegrundes keine Klageänderung.[612]

---

609 Vgl. hierzu im Einzelnen Kopp/Ramsauer, VwGO, § 42 Rdnr. 45 f.
610 Vgl. BVerwG, Urteil vom 25. September 2008 – 3 C 35.07 – Juris.
611 Das BVerwG hat diesen Grundsatz in einem besonders gravierenden Fall einer rechtswidrigen Ernennung aufgeweicht, vgl. Urteil vom 4. November 2010 – 2 C 16.09 – Juris (instruktiv).
612 VGH Mannheim, Urteil vom 15. Oktober 2009 – 2 S 1457/09 – Juris.

12. Kapitel Anfechtungsklage

7. Verbindung mit anderen Anträgen

682 Zuweilen trägt die bloße Aufhebung eines VA im Rahmen einer Anfechtungsklage dem Begehren eines Klägers nicht in vollem Umfang Rechnung. Dies gilt insbesondere dann, wenn der Bescheid Rechtsgrund für weitere behördliche Umsetzungsmaßnahmen ist. Ist etwa ein Ausländer aufgrund einer vollziehbaren Ausweisungsverfügung abgeschoben worden, nützt ihm die bloße Aufhebung des rechtswidrigen VA nichts; vielmehr will er auch nach Deutschland zurückkehren. Die Aufhebung einer Subventionskürzungsentscheidung allein führt nicht automatisch zur Auszahlung des ausstehenden Betrages. Auch hier mag daher die bloße Anfechtung des belastenden VA nicht weit genug gehen. Für Fälle dieser Art sieht § **113 Abs. 1 Satz 2 VwGO** aus Gründen der **Prozessökonomie** vor, dass das Gericht auch aussprechen kann, dass und wie die Behörde die Vollziehung rückgängig zu machen hat. Der sog. **Annexantrag** kann also mit dem Hauptantrag verbunden werden. Der **Folgenbeseitigungsanspruch** kann auch noch im Revisionsverfahren geltend gemacht werden.[613] Nach § **113 Abs. 4 VwGO** kann im gleichen Verfahren auch die Verurteilung zur Leistung beantragt werden, wenn diese neben der Aufhebung eines Verwaltungsakts verlangt werden kann.

683 Formulierungsbeispiel für einen Annexantrag nach § 113 Abs. 1 Satz 2 VwGO:
„Der Kläger beantragt, den Bescheid des Landesamtes für Bürger- und Ordnungsangelegenheiten vom 3. Juni 2013 aufzuheben und den Beklagten zu verpflichten, seine Rückkehr vom Libanon nach Deutschland zu gewährleisten."

III. Begründetheit der Anfechtungsklage

1. Umfang der gerichtlichen Prüfung

684 Nach § 113 Abs. 1 Satz 1 VwGO hebt das Gericht den VA (und den etwaigen Widerspruchsbescheid) auf, soweit dieser **rechtswidrig** und der **Kläger** dadurch in seinen **Rechten verletzt** ist. Die gerichtliche Prüfung bei der Anfechtungsklage umfasst also im Regelfall zwei Aspekte, nämlich die objektive Rechtswidrigkeit und die dadurch bewirkte subjektive Rechtsverletzung des Klägers. In bestimmten Konstellationen muss das Gericht aber noch weitere Fragen klären, bevor es der Klage stattgibt.

685 a) **Objektiver Rechtsverstoß.** Ein VA ist rechtswidrig, wenn er mit dem **materiellen Recht** nicht in Einklang steht. Rechtsfehler können dabei sowohl auf **Tatbestandsebene** als auch auf **Rechtsfolgenseite** auftreten. Während Fehler auf der Tatbestandsseite grundsätzlich voll gerichtlich nachprüfbar sind,[614] ist die Prüfungskompetenz des Gerichts eingeschränkt, wenn der Behörde auf der Rechtsfolgenseite Ermessen zukommt. Dann kann der VA nur auf Ermessensfehler hin geprüft werden.[615] Ausgangspunkt für die gerichtliche Prüfung ist hierbei die Rechtsgrundlage, die dem behördlichen Handeln zugrunde liegt.

> **Beachte:**
> Anders als bei der Verpflichtungsklage, bei der bloße Ermessensfehler im Regelfall nicht zur vollumfänglichen Stattgabe führen („Bescheidungstenor"), ziehen Ermessensfehler bei jeder Anfechtungsklage die Aufhebung des Verwaltungsakts nach sich (es sei denn, die Rechtswidrigkeit der Ermessensausübung wurde nach § 114 Satz 2 VwGO korrigiert).

---

613 BVerwG, Beschluss vom 2. Oktober 2008 – 2 B 12.08 – Juris.
614 Ausnahme: unbestimmte Rechtsbegriffe mit Beurteilungsspielraum.
615 Vgl. hierzu im Einzelnen Rdnr. 560 f.

b) Subjektive Rechtsverletzung. Nur wenn die festgestellte Rechtswidrigkeit den Kläger auch in seinen **subjektiven Rechten** verletzt, kann die Anfechtungsklage Erfolg haben. Dieses Erfordernis setzt der objektiven Rechtskontrolle durch das Gericht damit deutliche Grenzen.[616] Auf den ersten Blick erscheint es zwar kaum vorstellbar, dass ein als rechtswidrig erachteter VA, gegen den ein insoweit auch klagebefugter Kläger im Wege der Anfechtungsklage vorgeht, diesen nicht in seinen Rechten verletzten soll. Tatsächlich sind derartige Fälle eher selten. Daher wird sich hier eine Prüfung normalerweise auf die bloße Feststellung beschränken, dass der VA den Kläger in seinen (Grund-)Rechten verletzt. In folgenden **Konstellationen** ist es aber denkbar, dass ein rechtswidriger VA **keine subjektive Rechtsverletzung** nach sich zieht:

- Mit einem VA, dessen Gegenstand die gesetzlich zwingend Erhebung einer bestimmten Gebühr ist, wird vom Kläger eine unter dem allein zulässigen Betrag liegende Summe gefordert.
- Ein VA regelt eine Rechtsfolge, die ohnehin bereits kraft Gesetzes eintritt.

686

Insbesondere in **baurechtlichen** Konstellationen, in denen ein Nachbar die Baugenehmigung des Eigentümers angreift, ist ein subjektiv-rechtlicher Aufbau der Entscheidungsgründe verbreitet.[617] Damit wird von vorneherein klargestellt, dass das Gericht sich nicht zu Rechtsfragen äußert, die erkennbar keine Auswirkung auf die geschützte Rechtsposition des Klägers haben können.

687

> Formulierungsbeispiel:
> *„Die Klage ist aber unbegründet, denn die Genehmigung verstößt nicht gegen drittschützende Vorschriften, die das Gericht in der hier vorliegenden Konstellation allein prüfen darf, und verletzt den Kläger deshalb nicht in seinen Rechten."*

688

> Beachte:
> Wer bei **Nebenbestimmungen** zu einem VA mit dem Bundesverwaltungsgericht von einer selbständigen Anfechtbarkeit ausgeht,[618] muss – nachdem die Rechtswidrigkeit und die subjektive Rechtsverletzung bejaht wurden – zusätzlich die sog. **materielle Teilbarkeit** prüfen. Die Klage hat nur Erfolg, wenn diese Voraussetzung ebenfalls bejaht werden kann.

2. Maßgeblicher Entscheidungszeitpunkt

Gelegentlich **ändert sich die Sach- oder die Rechtslage** zwischen dem Erlass des angefochtenen Bescheides und der gerichtlichen Entscheidung. In diesem Fall stellt sich die in Literatur und Rechtsprechung teilweise umstrittene Frage, welcher Entscheidungszeitpunkt für die Überprüfung maßgeblich ist.[619]

689

Beispiele:
- Dem Kläger wird eine Gewerbeerlaubnis wegen Unzuverlässigkeit entzogen, da er Steuerschulden nicht beglichen hat. Zum Zeitpunkt der gerichtlichen Entscheidung besteht die Schuld nicht mehr.
- Die Waffenbesitzkarte des Klägers wird widerrufen, weil er wegen einer Straftat verurteilt worden ist, die nach dem WaffG die Regelvermutung seiner Unzuverlässigkeit nach sich zieht. Der Gesetzgeber entscheidet sich, das WaffG zu

---
616 Ehlers, JURA 2004, S. 177.
617 Vgl. hierzu Ehlers, JURA 2004, 178.
618 Siehe oben Rdnr. 670 f.
619 Grundlegend: Polzin, JuS 2004, 211.

12. Kapitel Anfechtungsklage

lockern und novelliert die Regelung so, dass die Straftat zum Zeitpunkt der gerichtlichen Entscheidung nicht mehr unter § 5 WaffG fällt.

690 Nach der Rechtsprechung des Bundesverwaltungsgerichts kann bei Anfechtungsklagen zwar **nicht** (mehr) von dem **Grundsatz** ausgegangen werden, dass die Rechtslage zum **Zeitpunkt der letzten Behördenentscheidung** maßgeblich sei.[620] Vielmehr soll es entscheidend auf das **materielle Recht** ankommen. Den materiellrechtlichen Vorschriften lassen sich aber nur selten ausdrückliche Bestimmungen hierzu entnehmen, wie das etwa bei § 77 AsylVfG[621] der Fall ist. Daher wird in zahlreichen Entscheidungen zur Ermittlung des zugrunde zu legenden materiellen Rechts auf den **Sinnzusammenhang** oder die **Wirkung** der in Rede stehenden Regelung abgestellt. Beschränkt sich ein Bescheid auf einen begrenzten (möglicherweise im Entscheidungszeitpunkt sogar abgeschlossenen) Zeitraum, wird eher auf die letzte Behördenentscheidung abgestellt; geht von dem VA indes eine Dauerwirkung aus, ist typischerweise der Zeitpunkt der gerichtlichen Entscheidung bedeutsam.[622] Im Einzelnen kann hier nur auf die Kasuistik in der Kommentarliteratur verwiesen werden.[623]

691 In den Entscheidungsgründen muss die Frage, welche Rechtslage zugrunde gelegt wird, am Beginn der materiellen Prüfung stehen.

692 Formulierungsbeispiel:

„Die Klage ist auch begründet, da die Untersagungsverfügung vom 18. September 2010 in Gestalt des Widerspruchsbescheids vom 20. April 2011 im maßgeblichen Zeitpunkt der letzten mündlichen Verhandlung rechtswidrig ist und die Klägerin in ihren Rechten verletzt (§ 113 Abs. 1 Satz 1 VwGO).
Maßgeblicher Zeitpunkt für die Beurteilung der Rechtmäßigkeit der Untersagungsverfügung ist die Sach- und Rechtslage im Zeitpunkt der mündlichen Verhandlung. Bei der streitgegenständlichen Untersagungsverfügung handelt es sich um einen Verwaltungsakt mit Dauerwirkung, da die Beklagte ein Verbot mit einer sich ständig aktualisierenden Verpflichtung erlassen hat. Bei der Prüfung der Rechtmäßigkeit sind daher Veränderungen der Sach- und Rechtslage bis zum Zeitpunkt der letzten mündlichen Verhandlung zu berücksichtigen. Zum Zeitpunkt der mündlichen Verhandlung fehlt der angefochtenen Untersagungsverfügung und dem Widerspruchsbescheid eine rechtmäßige Rechtsgrundlage. Maßgebliche Ermächtigungsgrundlage für die Untersagung des Anbietens von unerlaubten Sportwetten ist nach Inkrafttreten des Glücksspielstaatsvertrags § 9 Abs. 1 Satz 2 und Satz 3 Nr. 3 GlüStV in Verbindung mit den Verbotsvorschriften des Glücksspielstaatsvertrages. Danach ... (Darstellung der Voraussetzungen dieser Normen) Diese Voraussetzungen liegen hier nicht vor." [624]

3. Nachschieben von Gründen bzw. der Begründung

693 Während bei der Frage des maßgeblichen Entscheidungszeitpunkts die Änderung der Sach- oder Rechtslage nach Erlass des VA im Mittelpunkt steht, geht es beim **Nach-**

---

620 Vgl. BVerwG, Urteil vom 15. November 2007 – 1 C 45.06 – Juris.
621 Ausdrücklich: „In Streitigkeiten nach diesem Gesetz stellt das Gericht auf die Sach- und Rechtslage im Zeitpunkt der letzten mündlichen Verhandlung ab."
622 Wichtigste Ausnahme ist in diesem Zusammenhang die Gewerbeuntersagung wegen Unzuverlässigkeit, die zwar einen Dauer-VA darstellt; wegen der besonderen Regelungen zur Wiedergestattung in § 35 Abs. 6 GewO kommt es gleichwohl auf den Zeitpunkt der letzten Behördenentscheidung an, vgl. BVerwG, Beschluss vom 23. November 1990 – 1 B 155.90 – Juris, st. Rspr.
623 Vgl. Kopp/Schenke, VwGO, § 113 Rdnr. 43.
624 Orientiert sich an VG Hamburg, Urteil vom 2. November 2010 – 4 K 1495/07 – Juris.

schieben von Gründen um die Frage, ob das Gericht bei seiner Entscheidung Gründe berücksichtigen muss, die zwar zum Erlasszeitpunkt vorlagen, aber im angefochtenen Bescheid von der Behörde nicht angeführt worden sind.[625] Dabei ist das Nachschieben von Gründen von der **Nachholung der Begründung** zu unterscheiden. Nach **§ 39 Abs. 1 VwVfG** ist der VA zu begründen; fehlt es an der Begründung überhaupt, liegt ein formeller Fehler vor; schon aus diesem Grund ist der Bescheid aufzuheben, es sei denn, die Begründung wird nachgeholt (§ 45 Abs. 1 Nr. 2 VwVfG).

Ein Nachschieben von Gründen ist grundsätzlich **zulässig**, wenn die **Gründe** schon bei Erlass des VA **vorlagen**, das **Wesen** des Bescheides durch das Nachschieben **nicht verändert** und der Kläger schließlich in seiner Rechtsverteidigung nicht beeinträchtigt wird. **694**

> Beispiel:
> Die Behörde widerruft eine waffenrechtliche Erlaubnis mit der Begründung, dem Inhaber fehle es an der waffenrechtlichen Zuverlässigkeit (§ 5 WaffG). Im Anfechtungsprozess stellt sich heraus, dass der Kläger tatsächlich zuverlässig ist, es ihm aber von Anfang an der ebenso erforderlichen Eignung (§ 6 WaffG) fehlte, was bisher nicht erkannt worden war. Die Begründung darf zulässigerweise nachgeschoben werden.

Schließlich erlaubt § 114 Satz 2 VwGO das Nachschieben von Ermessenserwägungen noch im verwaltungsgerichtlichen Verfahren. Ermessenserwägungen dürfen aber ausdrücklich nur ergänzt werden; ein **gänzlicher Ausfall** kann durch § 114 Satz 2 VwGO **nicht geheilt** werden.[626] **695**

4. Unbeachtlichkeit von Fehlern

Trotz objektiver Rechtswidrigkeit des VA und der hierdurch bewirkten subjektiven Rechtsverletzung des Klägers sind Fälle denkbar, in denen das Verwaltungsgericht die Aufhebung eines belastenden VA nicht aussprechen darf. Dies gilt insbesondere, wenn ein Fall des **§ 46 VwVfG** vorliegt. Nach dieser Vorschrift kann die Aufhebung eines Verwaltungsakts, der nicht nach § 44 nichtig ist, nicht allein deshalb beansprucht werden, weil er unter Verletzung von Vorschriften über das Verfahren, die Form oder die örtliche Zuständigkeit zustande gekommen ist, wenn offensichtlich ist, dass die Verletzung die Entscheidung in der Sache nicht beeinflusst hat. § 46 VwVfG erfasst nur die dort ausdrücklich genannten Verstöße. Die Norm ist nicht analog auf andere Fehler übertragbar.[627] **696**

Voraussetzung für die Anwendung der Vorschrift ist, dass von vornherein und nach jeder Betrachtungsweise feststeht, dass die Sachentscheidung auch bei ordnungsgemäßem Verfahren nicht anders ausgefallen wäre. Dies wird im Regelfall zu verneinen sein, wenn der Behörde bei ihrer Entscheidung ein Entscheidungsspielraum zukam, insbesondere also bei behördlich eingeräumtem **Ermessen**. **697**

> **Formulierungsbeispiel** (bei Vorliegen der Voraussetzungen des § 46 VwVfG): **698**
> *„Der Kläger kann die Aufhebung des VA gleichwohl nicht verlangen. Dem steht § 46 VwVfG entgegen. Nach dieser Vorschrift kann die Aufhebung eines Verwal-*

---

625 Redeker/v. Oertzen, VwGO, § 108, Rdnr. 28 f.
626 Redeker/v. Oertzen, VwGO, § 114, Rdnr. 20.
627 Etwa bei fehlender sachlicher Zuständigkeit, so VG Aachen, Urteil vom 29. Juni 2010 – 3 K 996/09 – Juris.

> *tungsakts, der nicht nach § 44 nichtig ist, nicht allein deshalb beansprucht werden, weil er unter Verletzung von Vorschriften über das Verfahren, die Form oder die örtliche Zuständigkeit zustande gekommen ist, wenn offensichtlich ist, dass die Verletzung die Entscheidung in der Sache nicht beeinflusst hat. Diese Voraussetzungen liegen hier vor. Zwar ist der Kläger vor Erlass der hier in Rede stehenden waffenrechtlichen Entscheidung nicht nach § 28 Abs. 1 VwVfG angehört worden, obwohl dies geboten war. Dieser Mangel hat die Entscheidung der Sache nach indes nicht beeinflusst, weil der Behörde angesichts der zwingenden Rechtsfolge des § 45 Abs. 1 WaffG kein Ermessen zustand."*

5. Folgenbeseitigung

699 Ist der VA schon vollzogen, so kann das Gericht auf Antrag auch aussprechen, dass und wie die Verwaltungsbehörde die Vollziehung rückgängig zu machen hat. Dieser Ausspruch ist nur zulässig, wenn die Behörde dazu in der Lage und diese Frage spruchreif ist. Die Vorschrift eröffnet trotz der Formulierung „kann" kein Ermessen des Gerichts; es hat die Rechtsfolge auszusprechen, wenn die materiellen Voraussetzungen des Folgenbeseitigungsanspruchs vorliegen.[628] Durch einen hoheitlichen **Eingriff**, der in dem **rechtswidrigen** VA zu sehen ist, muss der Betroffene in seinen Rechten verletzt sein; die **Folgen** müssen noch **andauern** und der Behörde muss die **Beseitigung möglich und zumutbar** sein. Auf ein Verschulden kommt es bei dem Anspruch nicht an. Er ist darauf gerichtet, den ursprünglichen Status vor dem Eingriff wiederherzustellen. Die **Spruchreife** liegt nur vor, wenn zum Zeitpunkt der gerichtlichen Entscheidung keine weitere Sachverhaltsaufklärung erforderlich ist.

13. Kapitel Verpflichtungsklage

Literatur:
Wie Kapitel 12; im Übrigen; *Ehlers*, Die verwaltungsgerichtliche Verpflichtungsklage, JURA 2004, 310.

I. Allgemeines

700 Nach § 42 Abs. 1 VwGO kann mit der **Verpflichtungsklage** die Verurteilung zum Erlass eines abgelehnten oder unterlassenen Verwaltungsakts (VA) begehrt werden. Anders als die Anfechtungsklage ist die Verpflichtungsklage keine Gestaltungsklage. Das bedeutet, dass das Urteil, mit dem die Behörde zum Erlass des begehrten VA verpflichtet, nicht selbst gestaltet; vielmehr ist das Urteil der Titel, der bei etwaiger Nichtbeachtung durch die Behörde – was praktisch indes nur selten vorkommt – Vollstreckungsgrundlage ist. Das Vollstreckungsverfahren richtet sich dann nach § 172 VwGO. Bei der Verpflichtungsklage handelt es sich um eine spezielle Form der **Leistungsklage**. Soweit die Behörde den Erlass eines VA abgelehnt hat, wird mit der Verpflichtungsklage üblicherweise – jedenfalls klarstellungshalber – auch die ablehnende Entscheidung aufgehoben werden, da diese ansonsten in Bestandskraft erwachsen und dem geltend gemachten Anspruch entgegen gehalten werden könnte. Insoweit spricht man zutreffend auch von der **Versagungsgegenklage**. Die **Untätigkeitsklage** (vgl. § 75 VwGO) ist hingegen streng genommen keine eigene Klageart; vielmehr regelt die Vorschrift lediglich, dass unter den dort näher genannten Voraussetzungen **kein Vorverfahren** durchgeführt werden muss. In einem solchen Fall muss das Gericht im Fall der Stattgabe keinen der Begünstigung entgegen stehenden Bescheid aufheben.

---

[628] Vgl. im Einzelnen hierzu Bumke, JuS 2005, 22.

II. Zulässigkeit

701 Zentrale Voraussetzung der Verpflichtungsklage ist, dass es dem Kläger um den Erlass eines **VA** gehen muss. Soll gerichtlich ein **Realakt** erstritten werden, kann der Kläger sein Begehren daher nicht mit der Verpflichtungsklage verfolgen. Vielmehr muss er hier auf die allgemeine Leistungsklage zurückgreifen (§ 43 Abs. 2 VwGO).[629] **Anfechtungs- und Verpflichtungsklage** weisen also teilweise **Parallelen** auf. Soweit die sich in diesem Zusammenhang stellenden Fragen bereits im Rahmen der Anfechtungsklage erörtert worden sind, kann auf die entsprechenden Ausführungen im 12. Kapitel verwiesen werden. Im vorliegenden Kontext bereiten bisweilen Konstellationen Abgrenzungsschwierigkeiten, in denen der Kläger die Erteilung einer **Information von der Behörde** begehrt. Auch wenn hierin ein bloßer **Realakt** liegt, muss unterschieden werden, ob ggf. eine gesetzliche Grundlage die Voraussetzungen für die Informationserteilung näher normiert (so z. B. im Informationsfreiheitsgesetz oder im Umweltinformationsgesetz); in diesen Fällen geht die Rechtsprechung davon aus, dass der Kläger die Erteilung eines VA begehrt.[630]

II. Zulässigkeit

1. Vorverfahren und Klagefrist

702 Ist ein Antrag auf Vornahme eines VA abgelehnt worden, muss nach § 68 Abs. 1 i. V. m. Abs. 2 VwGO grundsätzlich ein – ordnungsgemäßes – **Vorverfahren** durchgeführt werden. Wegen der weiteren Einzelheiten hierzu kann auf das 6. Kapitel verwiesen werden. Nach § 74 Abs. 1 i. V. m. Abs. 2 VwGO beträgt die **Klagefrist einen Monat** nach Zustellung bzw. Bekanntgabe des ablehnenden Bescheides. Wegen der weiteren Einzelheiten hierzu kann auf das 5. Kapitel verwiesen werden.

2. Klagebefugnis

703 Auch die Verpflichtungsklage ist nur zulässig, wenn der Kläger nach § 42 Abs. 2 VwGO geltend machen kann, dass ihn die Ablehnung oder Unterlassung des VA **in eigenen Rechten verletzt**. Wegen der weiteren Einzelheiten hierzu kann auf das 4. Kapitel verwiesen werden.

3. Klageantrag

704 a) **Versagungsgegenklage.** Das Klageziel richtet sich bei der Verpflichtungsklage grundsätzlich auf die Erteilung des begehrten VA. Zugleich sollte ein – im Regelfall vorliegender – ablehnender Ausgangs- und ggf. Widerspruchsbescheid gerichtlich aufgehoben werden. Der Klageantrag wird in diesen Fällen die **Versagungsgegenklage** üblicherweise wie folgt formuliert:

„Der Kläger beantragt, den Beklagten unter Aufhebung des Bescheides des Bezirksamtes X vom 10. Januar 2013 in der Fassung des Widerspruchsbescheides dieser Behörde vom 14. Februar 2013 zu verpflichten, ihm eine Baugenehmigung zur Errichtung eines Einfamilienhauses auf dem Grundstück Z zu erteilen."

> **Beachte:**
> Da das Gericht auch bei der Verpflichtungsklage die ablehnende Entscheidung kassiert, darf nicht etwa der Beklagte zur Aufhebung des Bescheides verpflichtet werden – häufiger Fehler!

---

629 Hierzu das 14. Kapitel.
630 Vgl. hierzu auch Keller/Menges, Rdnr. 100 f.

13. Kapitel Verpflichtungsklage

705 b) **Untätigkeitsklage.** Hat die Behörde den Antrag des Klägers nicht beschieden, liegt die Konstellation der **Untätigkeitsklage** vor. Hier muss gesondert geprüft werden, ob die Voraussetzungen des § 75 VwGO vorliegen.[631] Der Klageantrag wird in diesem Fall üblicherweise wie folgt formuliert:
„Der Kläger beantragt, den Beklagten zu verpflichten, ihm eine Baugenehmigung zur Errichtung eines Einfamilienhauses auf dem Grundstück Z zu erteilen."

> **Beachte:**
> Ergeht in dieser Konstellation im Laufe des Gerichtsverfahrens eine ablehnende Entscheidung, muss der Kläger den Bescheid in das Klageverfahren einbeziehen und entsprechend in den Klageantrag aufnehmen.

706 Ganz ausnahmsweise ist im Fall des § 75 VwGO bei Ermessens- oder Beurteilungsspielräumen die Zulässigkeit einer **isolierten**, auf den **Erlass** eines **Widerspruchsbescheids** gerichteten Verpflichtungsklage möglich, wenn damit „ein Mehr an Rechtsschutz" einhergeht. Das kann der Fall sein, wenn die Ausgangsbehörde eine für den Kläger negative Ermessensentscheidung getroffen hätte und er mit der Klage auf Erlass eines Widerspruchsbescheids die Hoffnung verbinden könnte, die Widerspruchsbehörde werde die Ermessensentscheidung zu seinen Gunsten abändern.[632]

707 c) **Bescheidungsklage.** Steht der Erlass eines begehrten VA im **Ermessen** der Behörde, hat der Kläger möglicherweise **keinen Anspruch** auf dessen Erteilung, es sei denn, das Ermessen der Behörde ist auf Null reduziert. Ein Anspruch besteht dann nur auf **ermessensfehlerfreie Entscheidung** über den bei der Behörde gestellten Antrag, der entsprechend gerichtlich durchgesetzt werden kann. Gleiches gilt, wenn der Behörde bei der Ausfüllung eines unbestimmten Rechtsbegriffs auf Tatbestandsseite ein **Beurteilungsspielraum** zukommt. Insoweit kann der Kläger seinen gerichtlichen **Antrag** darauf **beschränken**, die Behörde lediglich zur ermessens- bzw. beurteilungsfehlerfreien Entscheidung zu verpflichten. Im Fall der Stattgabe wird die Behörde lediglich zur Neubescheidung unter **Beachtung der Rechtsauffassung des Gerichts** verpflichtet. Ein solches Vorgehen hat für den Kläger den **Vorteil**, dass die Klage ansonsten – also bei Stellung eines uneingeschränkten Verpflichtungsantrags – teilweise mangels **Spruchreife** (vgl. § 113 Abs. 5 Satz 2 VwGO) abgewiesen werden müsste[633] und insoweit wegen Teilunterliegens auch einen Teil der Kosten (§ 155 Abs. 1 VwGO) tragen müsste. Die erneute behördliche Entscheidung muss aber nicht zwingend zum eigentlich verfolgten Ziel führen, weil die Behörde einen Antrag mit anderen (ermessensfehlerfreien) Gründen erneut ablehnen kann.

> **Hinweis:**
> Stellt der Kläger einen Verpflichtungsantrag, ist die Sache aber nicht spruchreif, so dass das Gericht neben der (bloßen) Verpflichtung der Behörde, einen Antrag neu zu bescheiden, die Klage „im Übrigen" abweist, muss eine **Kostenquote** gebildet werden. Üblicherweise werden die Kosten hierbei entweder **hälftig** oder im **Verhältnis 1/3 zu 2/3** aufgeteilt. Letztlich hängt die Entscheidung davon ab, wie man das

---

631 Vgl. hierzu Rdnr. 323 f.
632 Vgl. VGH Kassel, Beschluss vom 15. Oktober 2013 – 6 A 1492/13.Z – und VGH München, Beschluss vom 1. Juli 2013 – 7 ZB 13.305 – jeweils Juris.
633 Ein solcher Fall kann auch vorliegen, wenn das Gericht einem Kläger einen Anspruch auf eine bestimmte Geldleistung dem Grunde nach zuerkennt, die Höhe aber erst später ausgerechnet werden kann, weil die Aufteilung von Geldmitteln unter Mitbewerbern aufgeteilt werden muss (so etwa im Filmförderungs- oder Parteienfinanzierungsrecht).

> Verhältnis zwischen Obsiegen und Teilunterliegen gewichtet. In jedem Fall muss die **Quote** in den **Nebenentscheidungen** des Urteils bzw. des Beschlusses **begründet** werden.

Umgekehrt geht ein Kläger, der lediglich einen **Bescheidungsantrag** stellt, das **Risiko** ein, sein eigentliches Klageziel, nämlich die Erteilung eines VA, nicht vollumfänglich zu erreichen. Beschränkt sich der Kläger von vornherein hierauf, darf das Gericht nicht über den gestellten Antrag hinausgehen (**§ 88 VwGO**), auch wenn das Ermessen der Behörde tatsächlich auf Null reduziert sein sollte. Es hängt daher von den Umständen des Einzelfalles ab, welcher Antrag dem Kläger daher angeraten werden sollte. In der Praxis wird das **Gericht** in der mündlichen Verhandlung einen entsprechenden **Hinweis** (§ 86 Abs. 3 VwGO) geben, an dem man sich orientieren kann. In der hieraus resultierenden etwaigen **Beschränkung** des Klageantrags liegt auch **keine Klageänderung**.[634] In der **Anwaltsklausur** hängt das Vorgehen von den Interessen des Mandanten ab, die zuvor herausgearbeitet werden sollten. Geht es dem Mandanten unbedingt um die Erteilung des VA, ist der Verpflichtungsantrag anzuraten; deutet er demgegenüber an, dass er in keinem Fall ein finanzielles Risiko eingehen will, sollte der Antrag auf den Bescheidungsantrag stellen.

Formulierungsbeispiel (Bescheidungsantrag):

„Der Kläger beantragt, den Beklagten unter Aufhebung des Bescheides des Bezirksamts X vom 10. Januar 2014 in der Fassung des Widerspruchsbescheides dieser Behörde vom 13. Februar 2014 zu verpflichten, über seinen Antrag auf Erteilung einer straßenrechtlichen Sondernutzungserlaubnis erneut unter Beachtung der Rechtsauffassung des Gerichts zu entscheiden." (gleichermaßen vertretbar: *„...seinen Antrag...erneut...zu bescheiden."*)

Der gerichtliche Verpflichtungsantrag auf uneingeschränkte Erteilung eines VA umfasst zugleich als **Minus** auch das Begehren zur Verpflichtung der Behörde, über den Antrag jedenfalls ermessensfehlerfrei zu entscheiden.[635] Daher muss der Bescheidungsantrag nicht zusätzlich als Hilfsantrag gestellt werden.

4. Keine Erledigung

Das Verpflichtungsbegehren des Klägers darf sich schließlich nicht **erledigt** haben. Da es dem Kläger in der Verpflichtungskonstellation stets um die Erteilung einer Begünstigung geht, tritt Erledigung hier entweder ein, wenn die Behörde die **Begünstigung erteilt**, also den begehrten VA erlässt, oder aber wenn der Kläger aus anderen Gründen **kein Interesse** (mehr) an dem eigentlichen Bescheid hat. Denkbar ist hier z. B., dass die Behörde sich zwischenzeitlich auf den Standpunkt stellt, ein bestimmtes Tun des Klägers bedürfe gar keiner behördlichen Erlaubnis.[636] Häufig wird das Interesse aber auch wegfallen, wenn eine **zeitlich befristete Begünstigung** erstrebt wurde, aber zwischenzeitlich Zeitablauf eingetreten ist. In diesem Fall würde für eine Weiterverfolgung der Verpflichtungsklage das Rechtsschutzbedürfnis fehlen. Unter Umständen kann die Klage aber in eine Verpflichtungsfortsetzungsfeststellungsklage umgestellt werden,

---

[634] Vgl. Kopp/Schenke, VwGO, § 91 Rdnr. 9.
[635] Ehlers, JURA 2004, 312; BVerwG, Urteil vom 4. Juni 1996 – 4 C 15.95 – NVwZ-RR 1997, 271, 273, und Beschluss vom 24. Oktober 2006 – 6 B 47.06 – Juris.
[636] Der Kläger beantragt eine straßenrechtliche Sondernutzungserlaubnis, tatsächlich unterfällt sein Handeln – was die Behörde später einräumt – dem Gemeingebrauch.

13. Kapitel Verpflichtungsklage

wenn der Kläger ein geschütztes rechtliches Interesse an der Feststellung geltend machen kann.[637]

III. Begründetheit

1. Umfang der gerichtlichen Prüfung

712 Nach § 113 Abs. 5 Satz 1 VwGO spricht das Gericht die Verpflichtung der Verwaltungsbehörde aus, die beantragte Amtshandlung vorzunehmen, soweit die Ablehnung oder Unterlassung des Verwaltungsakts rechtswidrig und der Kläger dadurch in seinen Rechten verletzt ist. Ferner muss die Sache **spruchreif** sein. Andernfalls spricht es die Verpflichtung aus, den Kläger unter Beachtung der Rechtsauffassung des Gerichts zu bescheiden. Im Kern geht es also um die Frage, ob der Kläger einen **Anspruch** auf **Erlass** des begehrten **VA** hat. Steht dies fest, ist zugleich der entgegenstehende, die Begünstigung versagende Bescheid rechtswidrig und wird zur Klarstellung gerichtlich aufgehoben;[638] eine gesonderte Begründung der Rechtswidrigkeit der vorangegangenen Ablehnung erfolgt in der Regel nicht. Ausgangspunkt der gerichtlichen Prüfung ist daher die **Anspruchsgrundlage**, die dem klägerischen Begehren zugrunde liegt. Wenn alle Tatbestandsmerkmale dieser Norm erfüllt sind und die Rechtsfolge nicht lediglich im Ermessen der Behörde steht, liegen die Voraussetzungen des geltend gemachten Anspruchs vor.[639]

2. Maßgeblicher Entscheidungszeitpunkt

713 Auch bei der Verpflichtungsklage[640] stellt sich die Frage, auf welchen **Entscheidungszeitpunkt** für die gerichtliche Entscheidung maßgeblich abzustellen ist. Als **Grundregel**[641] kann in diesem Zusammenhang festgestellt werden, dass die Sach- und Rechtslage zum **Zeitpunkt der gerichtlichen Entscheidung** maßgeblich ist. Grundsätzlich hat der Kläger also nur dann einen Anspruch auf den begehrten VA, wenn die Rechtslage dies zu diesem Zeitpunkt hergibt. Es ist also denkbar, dass der Kläger zunächst im Zeitpunkt der behördlichen Entscheidung keinen Anspruch auf eine Begünstigung hatte, die Sach- und Rechtslage sich aber zum Zeitpunkt der gerichtlichen Entscheidung zu seinen Gunsten geändert hat. Auch der umgekehrte Fall ist denkbar.

714 Von der **Grundregel** gibt es indes **Abweichungen**. Maßgeblich für die Entscheidung des Gerichts sind nach der Rechtsprechung zwar ebenfalls die Rechtsvorschriften, die im Zeitpunkt der Entscheidung über das Klagebegehren Geltung haben. Ob der mit der Verpflichtungsklage geltend gemachte Anspruch besteht und welcher Beurteilungszeitpunkt maßgebend ist, ergibt sich danach aber aus dem einschlägigen **materiellen Recht**.[642] Ändert sich während des gerichtlichen Verfahrens das materielle Recht, so ist **auf der Grundlage dieser Änderung** zu entscheiden, ob das neue Recht **zeitlich und inhaltlich Geltung** für den zur Entscheidung stehenden Sachverhalt beansprucht und einen etwaigen durch das alte Recht begründeten Anspruch beseitigt, verändert oder aber unberührt lässt.[643] Fehlen im neuen Recht Ausführungen hierzu, kann hiervon

---

637 Vgl. hierzu Rdnr. 750 f.
638 Geschieht dies nicht, ändert dies nichts daran, dass die Aufhebung des ablehnenden VA nicht Streitgegenstand der Verpflichtungsklage Frage ist (vgl. instruktiv dazu OVG Münster, Beschluss vom 4. August 2010 – 2 A 796/09 – Juris).
639 Zum Prüfungsaufbau im Einzelnen vgl. hier Rdnr. 539 ff.
640 Für die Anfechtungsklage vgl. Rdnr. 689 f.
641 Streitig: Dafür z. B. Ehlers, JURA 2004, 315.
642 BVerwG, Urteil vom 18. Juli 2002 – 3 C 54.01 – Juris; zusammenfassend: OVG Berlin-Brandenburg, Urteil vom 15. Juni 2010 – OVG 12 B 39.09 – Juris.
643 BVerwG, Urteil vom 1. Dezember 1989 – C 17.87 – Juris.

nicht ausgegangen werden.⁶⁴⁴ In einer Reihe von Fallkonstellationen haben die Gerichte ausnahmsweise auf den **Zeitpunkt der Antragstellung** abgestellt, der der Prüfung des Anspruchs zugrunde zu legen sei.⁶⁴⁵

Von besonderer **praktischer Bedeutung** ist die Rechtsprechung des **Bundesverwaltungsgerichts** zum maßgebenden Zeitpunkt für die Entscheidung über einen Visumsantrag aus Gründen des **Familiennachzugs**. Hiernach soll maßgeblich sein, dass der Antrag jedenfalls vor Erreichen einer gesetzlichen **Altersgrenze** gestellt wurde; unerheblich ist danach, dass der Antragsteller zum Zeitpunkt der gerichtlichen Entscheidung bereits das 16. Lebensjahr überschritten hat.⁶⁴⁶ Damit soll verhindert werden, dass das nachzugswillige Kind ihm an sich zustehende Rechte wegen der Verfahrensdauer allein durch Zeitablauf verliert. 715

3. Spruchreife

Das Gericht darf die Verpflichtung der Behörde nur aussprechen, wenn die Sache **spruchreif** ist. Dies ist bei gebundenen Entscheidungen unproblematisch. Nur wenn der Erlass des VA im Ermessen der Behörde steht, stellt sich diese Frage. Spruchreife liegt dann vor, wenn sich das Ermessen auf Null reduziert hat, also keine andere Entscheidung als die Gewährung der Begünstigung ermessensfehlerfrei wäre. Anderenfalls spricht das Gericht die Verpflichtung aus, den Antrag des Klägers unter **Beachtung der Rechtsauffassung des Gerichts** neu zu bescheiden (sog. **Bescheidungstenor**). Den Urteilsgründen lassen sich hier üblicherweise Ausführungen der bei einer erneuten Ermessensausübung zugrunde zu legenden Aspekte entnehmen. Bei **gebundenen Entscheidungen** ist das Verwaltungsgericht im Rahmen seiner Aufklärungspflicht nach § 86 Abs. 1 VwGO selbst gehalten, **Spruchreife herzustellen**. Das bedeutet, dass das Gericht sich u.U. mit Tatbestandsvoraussetzungen befassen muss, die die Behörde nicht berücksichtigt hat. Hat etwa eine Waffenbehörde den Antrag auf Erteilung einer waffenrechtlichen Erlaubnis unter Berufung auf die fehlende Zuverlässigkeit des Klägers abgelehnt, die das Gericht indes als gegeben ansieht, muss dieses die weiteren Voraussetzungen (Sachkunde, Eignung) von Amts wegen prüfen. 716

14. Kapitel Leistungsklage

Literatur:
Bumke, Der Folgenbeseitigungsanspruch, JuS 2005, 22; *Ehlers*, Die allgemeine verwaltungsgerichtliche Leistungsklage, JURA 2006, 351.

I. Allgemeines

In der ZPO ist die **Leistungsklage** so **selbstverständlich**, dass sie dort nicht einmal ausdrücklich erwähnt wird; zumeist wird im Zivilprozess zwischen gleichgeordneten Rechtssubjekten um Zahlung, Herausgabe, Schadensersatz oder Unterlassung gestritten. Diese Begehren werden ausnahmslos mit der Leistungsklage verfolgt. Die VwGO ist demgegenüber vom Rechtsschutz gegen hoheitliches Handeln geprägt. Anfechtungs- und Verpflichtungsklage haben daher praktisch die weitaus größte Bedeutung. Nur ausnahmsweise wird um Rechtsschutz im Wege der allgemeinen Leistungsklage nachgesucht. Trotzdem kommt der **allgemeinen Leistungsklage** bei bestimmten Fallgruppen auch im Verwaltungsprozess eine wichtige Rolle zu. Diese Klageart wird in der **VwGO** nur an versteckter Stelle erwähnt, etwa in den §§ 43 Abs. 2 Satz 1, 111 717

---

644 Ehlers, JURA 2004, 315.
645 Vgl. Ehlers, JURA 2004, 315.
646 BVerwG, Urteil vom 26. August 2008 – 1 C 32.07 – Juris.

14. Kapitel Leistungsklage

Satz 1 oder 113 Abs. 4 Satz 1. Sie ist gleichwohl allgemein anerkannt. Wird die Behörde im Wege der allgemeinen Leistungsklage verurteilt und erfüllt sie die ihr obliegende Verpflichtung zu einer Geldleistung nicht, kann das Urteil – soweit es rechtskräftig ist – nach § 170 VwGO **vollstreckt** werden.[647]

II. Zulässigkeit

1. Statthaftes Klageziel

718 „Allgemein" ist die Leistungsklage im Verhältnis zur **spezielleren Verpflichtungsklage**, weil Letztere auf den Erlass eines VA gerichtet ist. Gegenüber dieser Klage ist die Leistungsklage – ebenso wie gegenüber der Anfechtungsklage – subsidiär.[648] Beide Klagearten sind auf ein positives Tun der Verwaltung gerichtet. Bei der Verpflichtungsklage soll die Behörde zum Erlass eines VA verpflichtet werden, während sie bei der allgemeinen Leistungsklage zu einem bloßen Tun, Dulden oder Unterlassen verurteilt wird. Immer wenn es also nicht um den Erlass eines VA geht, kommt eine allgemeine Leistungsklage in Betracht. Folglich kommt der **Abgrenzung** zwischen dem **VA** und dem **Realakt** bei der Bestimmung der richtigen Klageart große Bedeutung zu.[649] Hier liegt meist ein **Schwerpunkt** in einer **Examensklausur**, deren Gegenstand diese Klageart ist. Die Entscheidung der Behörde darüber, ob ein begehrter Realakt vorgenommen wird oder nicht, stellt seinerseits keinen VA dar; anderenfalls müsste jede behördliche Maßnahme im Hinblick auf die vorangegangene Entscheidung der Behörde als VA qualifiziert werden. Da die VwGO wegen Art. 19 Abs. 4 GG lückenlosen Rechtsschutz gewährt, greift die allgemeine Leistungsklage immer dann, wenn es um **schlicht-hoheitliches Verwaltungshandeln** geht. Zu beachten ist, dass der **Klageantrag** bei der Leistungsklage **vollstreckungsfähig** sein muss.[650] Ein zu unbestimmter Antrag scheitert ansonsten an den Voraussetzungen des § 82 Abs. 1 Satz 2 VwGO.[651]

719 Die allgemeine Leistungsklage ist **gerichtet auf ein Tun, Dulden oder Unterlassen**. Die häufigsten Fälle in diesem Zusammenhang betreffen folgende Konstellationen:
– Zahlung von Geldleistungen
– Vornahme von Realakten
– Unterlassungsklagen

720 a) **Zahlung von Geldleistungen.** Bei den auf **Geldleistung** gerichteten Klagen ist die allgemeine Leistungsklage **nur** einschlägig, wenn der Zahlungsanspruch als solcher unstreitig ist bzw. der **Rechtsgrund** für die Zahlung **nicht** erst durch Erlass eines begünstigenden VA geschaffen werden soll.[652] In diesem Fall muss ein VA zunächst im Wege der Verpflichtungsklage erstritten werden. Häufigster Fall der auf Geldleistung gerichteten Leistungsklage dürften **öffentlich-rechtliche Erstattungsansprüche** sein, also Fälle, in denen der Bürger Geld gezahlt hat, ohne dass ein Rechtsgrund hierfür besteht. Denkbar sind ferner Zahlungsansprüche aus einem öffentlich-rechtlichen Vertrag (§§ 54 VwVfG ff.).

721 | **Formulierungsbeispiel** für den Klageantrag:
„Der Kläger beantragt, den Beklagten zur Zahlung eines Betrages von 5.000,- Euro zu verurteilen."

---

647 Vgl. OVG Berlin-Brandenburg, Beschluss vom 7. April 2009 – OVG 9 L 29.09 – Juris.
648 Vgl. Redeker/v.Oertzen, VwGO, § 42 Rdnr. 33.
649 Vgl. zum VA-Begriff Rdnr. 651 ff., und Rdnr. 701.
650 Kopp/Schenke, VwGO, § 82 Rdnr. 10.
651 Vgl. Rdnr. 21.
652 Pietzcker in Schoch/Schneider/Bier, VwGO, § 42 Rdnr. 157.

b) Vornahme von Realakten. Klagegegenstand der allgemeinen Leistungsklage kann das Begehren des Bürgers auf Vornahme von Realakten sein. Realakt ist eine hoheitliche Verwaltungshandlung, die auf die Herbeiführung eines tatsächlichen Erfolges gerichtet ist. Die Erscheinungsformen tatsächlichen Handels sind vielfältig: So kann es um die Abgabe von **Willenserklärungen,** die Vornahme **baulicher Maßnahmen** oder um sog. **informelles Verwaltungshandeln** gehen. Hat der Staat durch schlicht-hoheitliches Handeln in subjektive Rechte eingegriffen und dauern die rechtswidrigen Folgen des Handelns noch an, steht dem Bürger der allgemeine **Folgenbeseitigungsanspruch (FBA)** zur Verfügung, vorausgesetzt, die Beseitigung der Folgen ist rechtlich möglich und zumutbar.[653] Dieser Anspruch kann mit der allgemeinen Leistungsklage erstritten werden. Die hierunter fallenden Konstellationen sind vielgestaltig: So kann in einem nicht fachgerechten Ausbau einer Straße ein Eingriff in das Eigentumsrecht liegen, wenn die hierdurch verursachten Erschütterungen Schäden am Eigentum eines Hauseigentümers hervorruft.[654] Ein Anspruch auf bauliche Änderungen an einem Damm, dessen Zustand zu einer Überflutung eines Grundstücks führt, kann auf den FBA gestützt und mit der allgemeinen Leistungsklage verfolgt werden.[655] Schließlich kann auch der **Widerruf ehrverletzender Äußerungen** mittels eines FBA verfolgt werden, sofern die beanstandeten Äußerungen hoheitlich erfolgt sind.[656]

722

Formulierungsbeispiel für den Klageantrag:

„Der Kläger beantragt, den Beklagten zu verurteilen, die baulichen Veränderungen in der Waldstraße in 50996 Köln zwischen Haupt- und Karlstraße durch den Abbau der geschwindigkeitsbegrenzenden Schwellen rückgängig zu machen."

723

Geht es indes um die **Rückgängigmachung** der **Folgen** eines vollzogenen VA, kommt der **Vollzugs-FBA** in Betracht. Für seine Durchsetzung bedarf es keiner gesonderten Leistungsklage, vielmehr kann der Annexantrag an die Anfechtungsklage angehängt werden (vgl. § 113 Abs. 1 Satz 2 VwGO, ebenso im Eilverfahren denkbar, § 80 Abs. 5 Satz 2 VwGO).

724

Beispiel:
Der ausländische Kläger ist sofort vollziehbar ausgewiesen worden. Die zuständige Ausländerbehörde hat den Ausländer auch sogleich abgeschoben. War die Ausweisungsverfügung rechtswidrig, wird diese im Klageverfahren aufgehoben. Zugleich wird der Beklagte ggf. verurteilt, den Kläger wieder in das Bundesgebiet zurückzuholen.

c) Unterlassungsklagen. Im Fall einer andauernden Beeinträchtigung durch schlicht-hoheitliches Handeln kommt gleichfalls die allgemeine Leistungsklage in Betracht. Hier richtet sich das Klageziel auf die Unterlassung des realen Handelns.[657] Wird mit der allgemeinen Leistungsklage ein öffentlich-rechtlicher Unterlassungsanspruch geltend gemacht, der auf ein **künftiges Ereignis** ausgerichtet ist, muss ein besonderes, gerade auf die Inanspruchnahme **vorbeugenden Rechtsschutzes** gerichtetes qualifiziertes **Rechtsschutzbedürfnis** vorliegen.[658] Daran fehlt es, solange sich noch nicht mit dafür erforderlicher Bestimmtheit übersehen lässt, welche Maßnahmen drohen oder unter welchen tatsächlichen und rechtlichen Voraussetzungen sie ergehen werden. Sind aber Rechtsverletzungen bereits erfolgt

725

---

653 Vgl. im Einzelnen Bumke, JuS 2005, 22.
654 Vgl. OVG Münster, Urteil vom 28. Oktober 2010 – 11 A 1648/06 – Juris.
655 OVG Lüneburg, Urteil vom 14. Juli 2005 – 13 LC 16/03 – Juris.
656 VGH Mannheim, Urteil vom 15. Juli 2004 – 4 S 965/03 – Juris.
657 Z. B. Videoüberwachung, OVG Hamburg, Urteil vom 22. Juni 2010 – 4 Bf 276/07 – Juris.
658 BVerwG, Urteil vom 23. Mai 1989 – 7 C 2.87 –; OVG Lüneburg, Urteil vom 11. März 2010 – 8 LB 9/08 – jeweils Juris.

14. Kapitel Leistungsklage

und weitere zu besorgen, ist eine vorbeugende Unterlassungsklage zulässig; der **Rechtsschutz** wäre **ungenügend**, wenn auch in diesen Fällen erst nach Eintritt einer Rechtsverletzung **nur festgestellt** werden könnte, dass ein Anspruch auf Unterlassung dieser Rechtsverletzung bestanden habe. Wenn dem Kläger also nicht zugemutet werden kann, zunächst die Wiederholung des schlicht-hoheitlichen Handelns abzuwarten und erst dann dagegen vorzugehen, ist dies der Fall.[659]

Beispiel:
Beamte der Feuerwehr bestehen darauf, eine Wohnanlage jederzeit und ohne Terminabsprache mit dem Eigentümer zum Zwecke der Feuerschau zu betreten. Die Bitte, schriftlich zu bestätigen, derartige Besuche künftig zu unterlassen, lehnt die zuständige Branddirektion unter Berufung auf ein ihr vermeintlich zustehendes Recht ab.[660]

726 Rechtsschutz kommt aber ausnahmsweise auch in Betracht, um den Erlass eines **drohenden VA** zu **verhindern**. Zwar wird vorbeugender Rechtsschutz gegen Verwaltungsakte grundsätzlich für unzulässig gehalten, sofern in zumutbarer Weise auf den von der VwGO als grundsätzlich angemessen und ausreichend erachteten repressiven Rechtsschutz verwiesen werden kann. Ausnahmen von diesem Grundsatz sind jedoch in bestimmten besonderen Fallgruppen anerkannt, namentlich, wenn es darum geht, die **Schaffung vollendeter** oder nur **schwer rückgängig zu machender Tatsachen** zu verhindern.[661] Vorbeugender gerichtlicher Rechtsschutz gegen künftige Verwaltungsakte kommt also nur in Betracht, wenn der Betroffene gegen den tatsächlich erlassenen Verwaltungsakt **Rechtsschutz in zumutbarer Weise nicht erlangen** kann.[662]

Beispiel:
Die zuständige Planungsbehörde kündigt an, dem Grundstückseigentümer, auf dessen Grund ein neues Kraftwerk errichtet werden soll, eine sofort vollziehbare Genehmigung zum Fällen zahlreicher Bäume zu erteilen. Hiergegen wendet sich vorbeugend ein (klagebefugter) Naturschutzverband.[663]

> **Beachte:**
> Ein reales Handeln, dass als behördliche Verfahrenshandlung nach § 44a VwGO zu qualifizieren ist, kann nicht Gegenstand einer allgemeinen Leistungsklage sein.

727 Leistungsklagen können ausnahmsweise auch **gegen den Bürger** erhoben werden. Derartige Klagen kommen z. B. in Betracht, wenn es der Behörde an einer Rechtsgrundlage für die Durchsetzung eines gesetzlichen Zahlungsanspruchs[664] oder eines Duldungsanspruchs[665] mittels VA fehlt. Ferner sind Fälle denkbar, in denen die Behörde ihrerseits Leistungsklage gegen den Bürger erheben kann, wenn absehbar ist, dass sich der Adressat eines belastenden Bescheides ohnehin gegen die Maßnahme wehren wird. In diesem Fall kann es ausnahmsweise zur zügigen Klärung der Rechtsfragen zulässig sein, dass die Behörde trotz vorhandener VA-Befugnis sogleich gegen den Bürger klagt.[666] Ansonsten dürfte der Behörde im Regelfall bei bestehender VA-Befugnis das

---

659 OVG Lüneburg, a. a. O.; verneint im Fall des OVG Bautzen, Urteil vom 24. Februar 2010 – F 7 D 23/07 – Juris (Vergabe von Vermessungsaufträgen).
660 Vgl. VG München, Urteil vom 22. Juni 2009 – M 8 K 08.4547 – Juris.
661 VG Augsburg, Beschluss vom 14. August 2009 – Au 4 E 09.1023 – Juris.
662 OVG Magdeburg, Beschluss vom 5. September 2003 – 2 M 381/03 – Juris.
663 OVG Berlin, Urteil vom 2. Mai 1977 – II B 2.77 – Juris.
664 Z. B. OVG Lüneburg, Urteil vom 13. März 2008 – 8 LC 1/07 – Juris. VGH München, Urteil vom 25. Januar 2007 – 4 BV 04.3156 – Juris.
665 VGH München, Urteil vom 26. März 2004 – 25 B 01.381 – Juris.
666 Str., ablehnend hierzu etwa Ehlers, JURA 2006, 351, 357.

Rechtsschutzbedürfnis fehlen, weil sie den Anspruch einseitig durch Bescheid durchsetzen kann.[667] Dies gilt erst recht, wenn eine Verpflichtung zur Durchsetzung eines Anspruchs mittels VA besteht.[668]

2. Klagebefugnis

§ 42 Abs. 2 VwGO findet nach ganz überwiegender Ansicht **entsprechende Anwendung** auf die allgemeine Leistungsklage.[669] Ansonsten käme es zu nicht erklärlichen Wertungswidersprüchen. Die Klagebefugnis dient auch im Rahmen der allgemeinen Leistungsklage dem **Ausschluss** von **Popularklagen**. Auch hier muss der Kläger also geltend machen, durch die Ablehnung der begehrten Leistung bzw. Unterlassung in eigenen Rechten verletzt zu sein.

728

3. Vorverfahren und Klagefrist

Der 8. Abschnitt der VwGO (§§ 68–80b) ist auf allgemeine Leistungsklagen grundsätzlich nicht anwendbar. Das bedeutet, dass – anders als bei Anfechtungs- oder Verpflichtungsklagen – hier im Regelfall **weder** ein **Vorverfahren** durchgeführt werden muss **noch** besondere **Fristen** einzuhalten sind, wobei die **Grenze** der **Verwirkung** immer zu beachten ist. Auch soll nicht einmal erforderlich sein, dass ein Antrag auf die begehrte Leistung bei der Behörde gestellt worden ist. Denn ansonsten bestünde die Gefahr, dass die Ablehnung des Antrags als VA zu sehen sein könnte, der doch wieder mit der Anfechtungsklage anzugreifen wäre. Jedenfalls aber muss der Betroffene sich um die begehrte Handlung bemüht haben, da es anderenfalls am **Rechtsschutzbedürfnis** fehlen könnte.[670]

729

Vorverfahren und Klagefristen sind aber einzuhalten, soweit ausnahmsweise auf die genannten Vorschriften verwiesen wird. Die wichtigste **Ausnahme** in diesem Zusammenhang sind **beamtenrechtliche Streitigkeiten**. Sowohl § 54 Abs. 2 BeamtStG als auch § 126 Abs. 3 BRRG verweisen auf den 8. Abschnitt der VwGO. Ein Widerspruchsverfahren ist also grundsätzlich[671] auch hier vor Klageerhebung durchzuführen, und für die einmonatige Klagefrist gilt § 74 Abs. 1 VwGO ab Zustellung des Widerspruchsbescheides.

730

Für den Widerspruch, der einer allgemeinen Leistungs- oder einer Feststellungsklage aus dem Beamtenverhältnis vorauszugehen hat, bedarf es aber keines vorherigen Erlasses eines Verwaltungsakts durch den Dienstherrn. Ein Leistungs- oder Feststellungswiderspruch kann vielmehr unmittelbar gegen eine Amtshandlung ohne Verwaltungsaktcharakter oder auch gegen ein behördliches Unterlassen gerichtet werden.[672] Der Beamte kann die **schlicht-hoheitliche Maßnahme** also **ohne vorherigen Antrag** auf Änderung oder Beseitigung unmittelbar mit dem Widerspruch „anfechten", um dem Erfordernis des Vorverfahrens zu genügen.

731

Typische Fälle für **schlichthoheitliches Handeln im Beamtenverhältnis** sind:
– Dienstliche Beurteilung
– Umsetzung,[673] Zuweisung eines anderen Aufgabenbereichs
– Zahlungsklagen

732

---

667 VG München, Gerichtsbescheid vom 21. Dezember 2001 – M 15 K 98.4668 – Juris.
668 BVerwG, Urteil vom 28. September 1979 – 7 C 22.78 – Juris.
669 Kopp/Schenke, VwGO, § 42 Rdnr. 62 m. w. N.; VGH München, Beschluss vom 24. Januar 2011 – 20 ZB 10.3129 – Juris; BVerwG, Beschluss vom 5. Februar 1992 – 7 B 15.92 – Juris.
670 Redeker/v. Oertzen, VwGO, § 42 Rdnr. 35.
671 Ausnahmen sind auch hier denkbar, z. B. rügelose Einlassung vgl. BVerwG, Urteil vom 17. Juni 2010 – 2 C 86.08 – Juris.
672 BVerwG, Urteil vom 28. Juni 2001 – 2 C 48.00 – Juris.
673 Die *Umsetzung* ist streng von der *Versetzung* und der *Abordnung* zu unterscheiden, denen jeweils VA-Qualität zukommt (vgl. nur §§ 14 und 15 BeamtStatG).

14. Kapitel Leistungsklage

> **Beachte:**
> Ist in beamtenrechtlichen Streitigkeiten die Durchführung eines Widerspruchsverfahrens auch im Fall der allgemeinen Leistungsklage vorgesehen, richtet sich die Klage zwar primär auf Verurteilung zur begehrten Leistung, klarstellungshalber sollte aber auch der entgegenstehende Widerspruchsbescheid, der VA-Qualität hat, aufgehoben werden.

733 Formulierungsbeispiel:

„*Der Beklagte wird unter Aufhebung des Widerspruchsbescheides der Bezirksregierung B. vom 18. Dezember 2012 verurteilt, die dienstliche Beurteilung des Klägers vom 19. Juni 2012 aufzuheben und eine neue dienstliche Beurteilung unter Beachtung der Rechtsauffassung des Gerichts zu erstellen.*"[674]

III. Begründetheit

734 § 113 VwGO trifft – anders als für Verpflichtungs -und Anfechtungsklagen – keine Aussage zu den Voraussetzungen der Begründetheit der allgemeinen Leistungsklage. Die Leistungsklage ist aber nach allgemeinen Grundsätzen begründet, wenn die **Voraussetzungen** des geltend gemachten **Anspruchs** vorliegen.[675] Nicht anders als bei den anderen Klagearten ist der **abstrakte Inhalt** der einschlägigen Norm (bzw. soweit es um gewohnheitsrechtliche Ansprüche geht: des Rechtsinstituts) **abstrakt voranzustellen**. Steht die Vornahme des erstrebten Realakts im pflichtgemäßen Ermessen, besteht der Anspruch lediglich, wenn sich das Ermessen auf Null reduziert hat. Ansonsten kommt auch bei der allgemeinen Leistungsklage lediglich eine Verurteilung auf ermessensfehlerfreie Bescheidung des Begehrens in Betracht.[676]

735 Typische **Anspruchsgrundlagen** sind im Fall der allgemeinen Leistungsklage bei
- Zahlung von Geldleistungen: **öffentlich-rechtlicher Erstattungsanspruch** (§ 812 BGB analog; vertragliche Regelung in öffentlich-rechtlichem Vertrag)
- Vornahme von Realakten: **Folgenbeseitigungsanspruch**
- Unterlassungsklagen: **öffentlich-rechtlicher Unterlassungsanspruch** (§ 1004 BGB analog)

736 Formulierungsbeispiel:

„*Die Klage ist begründet. Der Kläger hat einen Anspruch auf das vom Beklagten begehrte schlicht-hoheitliche Handeln in Form der Unterlassung der hier in Rede stehenden Behauptungen. In der Rechtsprechung ist ein öffentlich-rechtlicher Anspruch auf Beseitigung subjektiv-öffentliche Rechte verletzender amtlicher Äußerungen im Bereich der hoheitlichen Verwaltung grundsätzlich anerkannt, und zwar auch dann, wenn die rechtswidrige behördliche Maßnahme nicht auf einem Verwaltungsakt, sondern auf schlichtem Verwaltungshandeln beruht. Ein öffentlich-rechtlicher Unterlassungsanspruch setzt voraus, dass zu besorgen ist, die Beklagte*

---

[674] Beachte: Auch bei schlicht-hoheitlichem Handeln kann der Behörde Ermessen zukommen, so dass – wie hier – nur die Verurteilung zur **Neubescheidung** des **Leistungsbegehrens** in Betracht kommt.
[675] Ehlers, JURA 2006, 351, 357.
[676] Denkbar z.B. bei dem Begehren auf Änderung von Noten eines Schulzeugnisses, vgl. VGH Kassel, Urteil vom 31. August 1989 – 6 UE 2262/87 – Juris, im Ergebnis unzulässig mangels Rechtsschutzbedürfnis.

> *werde künftig durch ihr hoheitliches Handeln rechtswidrig in die geschützte Rechts- und Freiheitssphäre des Klägers eingreifen. Diese Voraussetzungen liegen hier vor."*

IV. Sonderproblem: Vorläufige Vollstreckbarkeit

Nach § 167 Abs. 2 VwGO können Urteile auf Anfechtungs- und Verpflichtungsklagen nur wegen der Kosten für vorläufig vollstreckbar erklärt werden. Da die allgemeine Leistungsklage nicht in der Norm erwähnt wird, stellt sich die Frage, ob die Vorschrift auch auf diese Klageart Anwendung findet. Für die Beantwortung der Frage ist zu differenzieren: **737**

– Auf Leistungsklagen, die auf ein **schlicht-hoheitliches Tun** gerichtet sind, findet § 167 Abs. 2 VwGO entsprechende Anwendung. Dies wird damit begründet, dass in die hoheitliche Verwaltung wegen des Grundsatzes der Gewaltenteilung nur mit rechtskräftigen Entscheidungen eingegriffen werden soll.[677] Finde § 167 Abs. 2 VwGO unbestrittenermaßen auch auf alle auf eine Anfechtungsklage folgenden Urteile Anwendung, die neben der Kassation des Verwaltungsakts zur Folgenbeseitigung verpflichteten, unabhängig davon, ob diese durch Verwaltungsakt oder schlicht-hoheitliches Handeln zu leisten sei, könne für das isoliert begehrte Realhandeln nichts anderes gelten.[678] **738**

– **Anders** soll dies allerdings zu beurteilen sein, wenn es um die bloße Zahlung einer **Geldleistung** geht. In diesem Fall liegt die Parallele zur zivilprozessualen Situation auf der Hand. Daher gibt es keinen sachlichen Grund dafür, die beiden Konstellationen unterschiedlich zu behandeln.[679] Es gilt also § **167 Abs. 1 VwGO**.[680] **739**

– Auf Leistungsklagen, die auf die **Unterlassung** schlicht-hoheitlichen Verwaltungshandelns gerichtet sind, soll nach Sinn und Zweck der Regelung § 167 Abs. 2 VwGO nach allgemeiner Auffassung entsprechend anzuwenden sein.[681] Das Urteil kann also auch hier nur im Kostenpunkt für vorläufig vollstreckbar erklärt werden. **740**

Um **Rechtsschutzlücken** zu vermeiden, die damit einhergehen können, dass eine auf schlicht-hoheitliches Handeln gerichtete Verurteilung einer Behörde in der Hauptsache bis zu ihrer Rechtskraft nicht vorläufig vollstreckt werden kann, kommt ggf. die Gewährung **vorläufigen Rechtsschutzes nach § 123 Abs. 1 VwGO** in Betracht. Dabei wird sich der Anordnungsanspruch in der Regel aus dem im Urteil festgestellten Leistungsanspruch ergeben; Schwerpunkt der Prüfung wäre in einem solchen Fall daher das Bestehen eines Anordnungsgrundes, also die Frage, ob die schnelle Durchsetzung des Anspruchs geboten ist, um wesentliche Nachteile des Antragstellers abzuwenden.[682] **741**

> **Beachte:**
> Welcher Ansicht zur vorläufigen Vollstreckbarkeit allgemeiner Leistungsklagen man in der Examensklausur folgt, ist angesichts unterschiedlicher hier vertretener

---

677 VGH Mannheim, Beschluss vom 24. März 1999 – 9 S 3012/98 – Juris.
678 Pietzner in Schoch/Schneider/Bier, VwGO, § 167 Rdnr. 135.
679 Pietzner in Schoch/Schneider/Bier, VwGO, § 167 Rdnr. 135.
680 Kopp/Schenke, VwGO, § 167 Rdnr. 11 m. w. N., str.
681 Vgl. OVG Lüneburg, Urteil vom 18. Januar 2000 – 11 L 87/00 – Juris; a. A. VGH Kassel, Urteil vom 19. September 1989 – 2 S 576/89 – Juris (Unterlassen militärischer Tiefflüge).
682 Verneint im Fall des VGH Mannheim, Beschluss vom 24. März 1999 – 9 S 3012/98 – Juris.

> Meinungen unerheblich. Es kommt allein darauf an, dass aus den Nebenentscheidungen ersichtlich wird, dass das Problem der etwaigen analogen Anwendung des § 167 Abs. 2 VwGO gesehen wird.

15. Kapitel Feststellungsklagen

Literatur:
Deckenbrock/Dötsch, Die Erledigung in der Hauptsache im Verwaltungsprozess JuS 2004, 689; *Ehlers*, Verwaltungsgerichtliche Feststellungsklage, JURA 2007, 179; *Exner*, Die Erledigungserklärung im Verwaltungsprozess, JuS 2012, 607; *Geis/Schmidt*, Grundfälle zur verwaltungsprozessualen Feststellungsklage, JuS 2012, 599; *Glaser*, Die nachträgliche Feststellungsklage, NJW 2009, 1043; *Niedzwicki*, Die einseitige Erledigung der Hauptsache im Verwaltungsprozess, JA 2011, 543; *Rozek*, Grundfälle zur verwaltungsgerichtlichen Fortsetzungsfeststellungsklage, JuS 1995, 413; ders., Neues zur Fortsetzungsfeststellungsklage, JuS 2000, 1162; *Schenke*, Die Neujustierung der Fortsetzungsfeststellungsklage, JuS 2007, 697; *Will/Rathgeber*, Die Nichtigkeit von Verwaltungsakten gem. § 44 VwVfG, JuS 2012, 1057.

I. Allgemeines

742 Die VwGO kennt neben Gestaltungs- und Leistungsklagen auch Feststellungsklagen. Zwei Arten von Feststellungsklagen sind zu unterscheiden: Die **Fortsetzungsfeststellungsklage**[683] (§ 113 Abs. 1 Satz 4 VwGO, nachfolgend FFK) und die **allgemeine Feststellungsklage** (§ 43 Abs. 2 VwGO). Die FFK regelt den Rechtsschutz gegen **Verwaltungsakte** (VA), die sich entweder während des Verfahrens oder aber vor Klageerhebung **erledigt** haben. Mit der allgemeinen Feststellungsklage kann der Kläger das Bestehen oder Nichtbestehen eines **Rechtsverhältnisses** klären oder die Nichtigkeit eines VA feststellen lassen. Während ein Fortsetzungsfeststellungsbegehren nicht im Eilverfahren verfolgt werden kann, ist eine vorläufige Feststellung nach § 123 Abs. 1 VwGO denkbar, wenn ansonsten wesentliche Rechte des Antragstellers vereitelt werden würden.

II. Fortsetzungsfeststellungsklage

1. Zulässigkeit

743 a) **Anwendbarkeit.** Nach § 113 Abs. 1 Satz 4 VwGO spricht das Gericht auf Antrag durch Urteil aus, dass der Verwaltungsakt rechtswidrig gewesen ist, wenn sich der VA vorher durch Zurücknahme oder anders erledigt und der Kläger ein berechtigtes Interesse an dieser Feststellung hat. Der gesetzlich vorgesehene Fall erfasst damit seinem Wortlaut nach nur die Fälle, in denen sich eine bereits bei Gericht anhängige Anfechtungsklage erledigt. Damit sind die unter die FFK fallenden Konstellationen indes nicht hinreichend erfasst.

744 Nach ganz überwiegender Ansicht in der Rechtsprechung findet § 113 Abs. 1 Satz 4 VwGO **analoge** Anwendung auch auf Fälle, in denen sich der **VA vor Klageerhebung erledigt**.[684] Allerdings stellt eine grundlegende Entscheidung des BVerwG[685] diesen

---

[683] Z.T. wird die FFK als fortgesetzte Anfechtungsklage angesehen, vgl. Nachweise bei Kopp/Schenke, VwGO, § 113 Rdnr. 97; Lange, SächsVBl. 2002, 55. Z.T. wird die FFK als Rechtswidrigkeitsfeststellungsklage bezeichnet, vgl. Fechner, NVwZ 2000, 121.
[684] Vgl. Kopp/Schenke, VwGO, § 113 Rdnr. 99 m. w. N.
[685] Urteil vom 14. Juli 1999 – 6 C 7.98 – Juris; ähnlich auch Urteil vom 23. August 2007 – 7 C 13.06 – Juris.

Ansatz in Zweifel. In diesem Urteil wird angedeutet,[686] dass es für eine entsprechende Anwendung der Vorschrift keinen Bedarf gebe. Eine analoge Anwendung setze das Bestehen einer Regelungslücke voraus. Eine solche Lücke liege nicht vor, da mit der allgemeinen Feststellungsklage nach § 43 Abs. 2 VwGO eine Klageart zur Verfügung stehe, mit der dem Rechtsschutzinteresse des Klägers hinreichend Rechnung getragen werden könne. Diese Entscheidung ist in der Literatur auf großen Widerhall und teilweise auf Zustimmung gestoßen.[687] Ein Teil der Literatur begrüßt den Ansatz mit dem Argument, auch die weiteren Zulässigkeitsvoraussetzungen der FFK (Vorverfahren, Fristen) würden in dieser Konstellation nicht mehr geprüft, so dass die Klage der allgemeinen Feststellungsklage angenähert sei.[688] Eine weitere Ansicht kommt zu dem Ergebnis, die Klage falle weder analog unter § 113 Abs. 1 Satz 4 VwGO noch direkt unter § 43 Abs. 2 VwGO, sondern sei in entsprechender Anwendung der letztgenannten Vorschrift zu behandeln.[689] **Vorzugswürdig** scheint gleichwohl nach wie vor die Ansicht, die eine entsprechende Anwendung des § 113 Abs. 1 Satz 4 VwGO auch in den Fällen befürwortet, in denen sich der VA vor Klageerhebung erledigt hat. Entscheidend ist hier, dass die einschlägige Klageart ansonsten von Zufällen abhinge, nämlich vom Zeitpunkt der Erledigung des VA.[690] Etwaige Modifizierungen im Hinblick auf die Notwendigkeit eines Vorverfahrens und der Einhaltung einer Klagefrist können an dem jeweiligen Prüfungspunkt vorgenommen werden.[691]

745 Allgemein anerkannt[692] ist demgegenüber die entsprechende Anwendung des § 113 Abs. 1 Satz 4 VwGO für Fälle, in denen sich eine **Verpflichtungsklage nach Klageerhebung erledigt**.[693] Auch in dieser Konstellation besteht ein Bedürfnis dafür, nachträglich Rechtsschutz zu gewähren. Der Kläger kann hier also feststellen lassen, dass die Ablehnung oder Unterlassung des VA rechtswidrig war und er einen Anspruch auf dessen Erlass hatte. Dies gilt auch dann, wenn im Zeitpunkt des erledigenden Ereignisses keine Spruchreife bestand. In einem derartigen Falle hat das VG grundsätzlich die Spruchreife herzustellen, um die begehrte Feststellung treffen zu können.[694] Auf Fälle der **Erledigung** des **Verpflichtungsbegehrens vor Klageerhebung** findet § 113 Abs. 1 Satz 4 VwGO ebenfalls entsprechende Anwendung (sog. **doppelte Analogie**). Ein **zulässiges** Fortsetzungsfeststellungsbegehren liegt jedoch auch bei einer erledigten Verpflichtungsklage grundsätzlich **nur** dann vor, wenn mit der beantragten Feststellung der **Streitgegenstand nicht ausgewechselt** oder erweitert wird; der Streitgegenstand muss also von dem bisherigen Antrag umfasst gewesen sein, weil nur der § 113 Abs. 1 Satz 4 VwGO zugrunde liegende Gedanke der Prozessökonomie nur dann die Weiterführung des Verfahrens gebietet.[695]

746 Die ausdrückliche **Feststellung** der **Rechtmäßigkeit** eines erledigten VA ist gesetzlich nicht vorgesehen. Für eine analoge Anwendung des § 113 Abs. 1 Satz 4 VwGO besteht auch aus Gründen des effektiven Rechtsschutzes kein Bedürfnis.[696]

---

686 Es handelt sich nur um ein obiter dictum. Auch im Urteil vom 28. März 2012 – 6 C 12.11 – Juris, legt sich das Gericht nicht fest.
687 Vgl. nur Fechner, NVwZ 2000, 121; Schenke, JuS 2007, 697; Rozek, JuS 2000, 1162; Lange, SächsVBl. 2002, 55.
688 Z. B. Lange, SächsVBl. 2002, 55; Glaser, NJW 2009, 1043.
689 Fechner, NVwZ 2000, 121, 129.
690 Kopp/Schenke, VwGO, § 113 Rdnr. 99.
691 Siehe dazu unten Rdnrn. 755 ff.
692 Vgl. Schenke, JuS 2007, 697, 698; Redeker/v. Oertzen, VwGO, § 113 Rdnr. 64.
693 BVerwG, Urteil vom 27. März 1998 – 4 C 14.96 – Juris.
694 BVerwG, Urteil vom 27. März 1998 – 4 C 14.96 – Juris.
695 BVerwG, Urteil vom 24. Januar 1992 – 7 C 24.91 – Juris; vgl. auch Keller/Menges, Rdnr. 113 f.
696 Kopp/Schenke, VwGO, § 113 Rdnr. 99.

15. Kapitel Feststellungsklagen

747 b) **Erledigung.** Zentrale Voraussetzung für die FFK ist, dass sich ein **VA** tatsächlich **erledigt** haben muss. Allein die entsprechende Behauptung des Klägers genügt hierfür nicht. Nach § 43 Abs. 2 VwVfG erledigt sich ein Verwaltungsakt, wenn er seine Wirksamkeit verloren hat. Zu den wichtigsten, in § 43 Abs. 2 VwVfG aber nicht abschließend aufgeführten Fallgruppen zählen die **Aufhebung** eines Verwaltungsakts durch die **Behörde** sowie die Erledigung durch **Zeitablauf**. Von einer Erledigung (auf andere Weise) ist auszugehen, wenn von einem Verwaltungsakt keinerlei rechtliche Wirkungen mehr ausgehen und seine **Aufhebung sinnlos** geworden ist.[697] Ob dies zu bejahen ist, richtet sich nach dem materiellen Recht.[698]

748 Wann ein solcher Fall vorliegt, kann im Einzelfall durchaus **problematisch** sein. Wendet sich der Kläger gegen einen Bescheid, dessen Regelungen er – zunächst – nachgekommen ist, tritt durch die **Erfüllung** eine Erledigung des VA nicht ein. Entsprechend führt auch die **Vollstreckung** eines Verwaltungsakts durch **Ersatzvornahme nicht** zu dessen **Erledigung**, weil von dem Grundverwaltungsakt weiterhin Rechtswirkungen für das Vollstreckungsverfahren ausgehen.[699] Einwendungen gegen die Heranziehung zu einem bestimmten Handeln, das im Wege der Ersatzvornahme durchgesetzt wird, müssen also gegenüber dem Erstbescheid, nicht aber erst im Verfahren gegen den späteren Kostenerstattungsbescheid geltend gemacht werden. Dauert also die **Titelfunktion** des Grundverwaltungsakts, der Grundlage für einen Kostenbescheid ist, an, ist dessen Erledigung zu verneinen. Gleiches gilt für den Fall, dass der Kläger im Zusammenhang mit einer Anfechtungsklage einen **Vollzugsfolgenbeseitigungsanspruch** geltend macht; auch wenn die Behörde hier den ursprünglichen VA aufhebt, muss es ihr möglich sein, den geltend gemachten Anspruch im Prozess abzuwehren.[700]

749 **Verpflichtungsbegehren** können sich erledigen, wenn die Weiterverfolgung der Klage objektiv sinnlos wird; insoweit **fehlt** dem Kläger das **Rechtsschutzbedürfnis** für die erstrebte Begünstigung. Anders als bei Anfechtungsbegehren fällt hier also nicht der VA selbst weg, sondern der Grund dafür, den Anspruch weiterzuverfolgen. Ein häufiger Fall wird hier in der Erteilung des begehrten VA durch die Behörde selbst liegen. Mit der Weiterverfolgung der ursprünglichen Klage kann der Kläger also seine Rechtsposition nicht weiter verbessern. Gleiches gilt, wenn ein beantragtes Vorhaben nunmehr genehmigungsfrei ist, der bei der Behörde gestellte Antrag auf Erteilung der Genehmigung zurückgenommen wird, der Regelungsgegenstand wegfällt[701] oder aber eine Begünstigung deshalb ins Leere gehen würde, weil der Kläger sein Vorhaben – formell illegal – bereits ohne behördliche Genehmigung realisiert hat. Ist aber die ausstehende Genehmigung **Grundlage** für die Frage, ob die Behörde gegen den Kläger **anderweitig** (z. B. Abrissverfügung oder Ordnungswidrigkeitenverfahren) **vorgehen** kann, tritt aber Erledigung auch hier nicht ein.

750 c) **Fortsetzungsfeststellungsinteresse.** Eine FFK kann zulässigerweise nur erhoben werden, wenn dem Kläger ein **Fortsetzungsfeststellungsinteresse** zukommt. Hat sich der bisherige Rechtsstreit erledigt, bedarf es einer besonderen Rechtfertigung dafür, diesen noch über die Erledigung hinaus weiterzuführen. Für die Anwendung des § 113 Abs. 1 Satz 4 VwGO genügt **jedes** nach vernünftigen Erwägungen schutzwürdige **Interesse rechtlicher, wirtschaftlicher** oder auch **ideeller Art**. Der das Feststellungsinteresse begründende Nachteil muss weder unmittelbar bevorstehen noch sich bereits konkret

---

697 Kopp/Schenke, VwGO, § 113 Rdnr. 102.
698 OVG Weimar, Urteil vom 23. Mai 2007 – 1 KO 1299/05 – Juris.
699 BVerwG, Urteil vom 25. September 2008 – 7 C 5.08 – Juris. Zum Ganzen auch Enders, NVwZ 2000, 1232.
700 OVG Weimar, Urteil vom 23. Mai 2007 – 1 KO 1299/05 – Juris.
701 BVerwG, Urteil vom 1. März 1990 – 3 C 50.86 – Juris.

abzeichnen.[702] Die nachträgliche Feststellung muss aber geeignet sein, die **Rechtsposition** des Klägers in irgendeiner Weise zu **verbessern**, sei es in rechtlicher oder auch nur ideeller Weise.[703] Als Sachurteilsvoraussetzung muss das Interesse jedenfalls im Zeitpunkt der gerichtlichen Entscheidung vorliegen.[704] In den nachfolgenden Fallgruppen ist das Vorliegen eines Fortsetzungsfeststellungsinteresses in Literatur und Rechtsprechung typischerweise anerkannt,[705] wobei die Fälle nicht abschließend sind:[706]

aa) **Rehabilitationsinteresse.** Ein schutzwürdiges ideelles Interesse an der Rechtswidrigkeitsfeststellung kommt in Fällen in Betracht, in denen von der erledigten Maßnahme abträgliche Wirkungen ausgehen und insbesondere das Persönlichkeitsrecht des Betroffenen gravierend verletzt worden ist. Ein solches **Rehabilitationsinteresse** ist nach einer erledigten polizeilichen Maßnahme dann als berechtigt anzuerkennen, wenn mit ihr ein Eingriff in **grundrechtlich geschützte Rechtspositionen** verbunden und sie geeignet war, das Ansehen des Betroffenen in der Öffentlichkeit **herabzusetzen**.[707] Die Stigmatisierung muss Außenwirkung erlangt haben und noch in der Gegenwart andauern. In der Feststellung objektiver Strafbarkeit des untersagten Verhaltens liegt noch keine Stigmatisierung.[708] Die gerichtliche Feststellung der Rechtswidrigkeit der Maßnahme dient dann der Rehabilitation des Betroffenen, kann aber u.U. auch geeignet sein, die Behörde von einem zukünftigen Eingreifen in gleicher Weise abzuhalten. **Ob** ein Rehabilitationsinteresse vorliegt, ist nicht anhand des subjektiven Parteimaßstabes zu beurteilen, sondern danach, ob der Kläger **objektiv** durch die streitige Maßnahme in seinem grundrechtlich geschützten Persönlichkeitsrecht beeinträchtigt sein kann. Dass ein Kläger eine von ihm angegriffene Maßnahme selbst als ehrverletzend empfindet, reicht nicht aus.[709] Das Vorliegen eines **tiefgreifenden Grundrechtseingriffs** wird teilweise als eigenständige Fallgruppe behandelt, dürfte aber überwiegend mit dem Rehabilitationsinteresse parallel laufen.[710]

bb) **Wiederholungsgefahr.** Ein Feststellungsinteresse ist ferner zu bejahen, wenn eine hinreichend **konkrete Wiederholungsgefahr** besteht. Hier schützt die verwaltungsgerichtliche Feststellung der Rechtswidrigkeit den Kläger davor, in einer vergleichbaren Situation erneut mit einem entsprechenden Verwaltungsakt belastet zu werden. Hinreichende Wiederholungsgefahr besteht, wenn unter im Wesentlichen unveränderten tatsächlichen und rechtlichen Umständen erneut ein gleichartiger Verwaltungsakt zu ergehen droht; es genügt also nicht, wenn sich ein bestimmter Lebenssachverhalt mit gewisser Wahrscheinlichkeit wiederholen könnte, sondern zusätzlich muss der Erlass eines entsprechenden VA durch die (selbe!) Behörde als wahrscheinlich bejaht werden. Erst recht kann Wiederholungsgefahr bejaht werden, wenn sich die besorgte **Wiederholungsgefahr bereits realisiert** hat.[711] Ist dagegen **ungewiss**, ob in Zukunft noch einmal die gleichen tatsächlichen Verhältnisse eintreten wie im Zeitpunkt des Erlasses des

---

702 BVerwG, Beschluss vom 24. Oktober 2006 – 6 B 61.06 – Juris.
703 BVerwG, Beschluss vom 18. Juli 2000 – 1 WB 34.00 – Juris.
704 BVerwG, Urteil vom 27. März 1998 – 4 C 14.96 – Juris.
705 Grundlegend und unter Verneinung der von der Vorinstanz (VGH München) hier neu entwickelten Fallgruppe eines Eingriffs in europarechtliche Grundfreiheiten BVerwG, Urteil vom 20. Juni 2013 – 8 C 39.12 – Juris.
706 BVerwG, Beschluss vom 24. Oktober 2006 – 6 B 61.06 – Juris, zum Interesse eines Schülers auf Feststellung der Rechtswidrigkeit seiner Nichtversetzung in eine höhere Klasse.
707 VGH Mannheim, Urteil vom 12. Juli 2010 – 1 S 349/10 – Juris.
708 BVerwG, Urteil vom 16. Mai 2013 – 8 C 15.12 – Juris; dazu kritisch: Lindner, NVwZ 2014, 180.
709 OVG Münster, Beschlüsse vom 18. Mai 2010 – 6 A 114/10 – und vom 6. Mai 2011 – 6 A 2758/09 – Juris.
710 Zum Streitstand Lindner, NVwZ 2014, 180, 183.
711 BVerwG, Urteil vom 26. August 2010 – 3 C 35.09 – Juris.

15. Kapitel Feststellungsklagen

erledigten Verwaltungsakts, kann das Fortsetzungsfeststellungsinteresse nicht aus einer Wiederholungsgefahr hergeleitet werden.[712]

753 cc) **Prozessökonomie.** Ein Fortsetzungsfeststellungsinteresse kann auch aus dem Grundsatz der **Prozessökonomie** folgen. Der Kläger soll, insbesondere wenn das Verfahren vorangeschritten ist, nicht um die **Früchte des Prozesses** gebracht werden. Wenn das Verfahren also unter entsprechendem Aufwand einen bestimmten Stand erreicht hat und sich mit der Erledigung des ursprünglichen Antrages die Frage stellt, ob dieser **Aufwand** ansonsten **nutzlos** gewesen wäre, soll der Kläger wegen der Erledigung in diesem Verfahren nicht leer ausgehen und um die Früchte des Prozesses gebracht werden.[713] Bei Erledigung des VA **vor Klageerhebung** ist das aber **nicht der Fall**. Dann kann der Betroffene wegen eines von ihm erstrebten Schadensersatzes sogleich das zuständige Zivilgericht anrufen, das auch für die Klärung öffentlich-rechtlicher Vorfragen zuständig ist.[714] Zumeist wird Prozessökonomie bejaht, wenn das Verfahren der Vorbereitung eines **Amtshaftungsprozesses** dienen soll; auch die Vorbereitung anderer – insbesondere zivilrechtlicher – Verfahren ist aber denkbar. Allerdings muss der Amtshaftungsanspruch entweder schon anhängig oder jedenfalls **konkret in Aussicht** stehen. Die bloße unsubstantiierte Behauptung, einen solchen Prozess durchführen zu wollen, genügt nicht. Zudem muss der Kläger konkrete Angaben zum behaupteten Schaden bzw. zur Schadenshöhe machen.[715] Es fehlt am berechtigten Feststellungsinteresse, wenn der Kläger durch seinen Antrag lediglich die Durchsetzung eines anderweitigen Anspruchs vorbereiten will. In diesem Fall ist er vielmehr gehalten, den Anspruch direkt vor den ordentlichen Gerichten durchzusetzen. Ein Recht auf den sachnäheren Richter ist der VwGO demgegenüber fremd.[716] Der **Amtshaftungsanspruch** darf auch **nicht offensichtlich aussichtslos** sein; das ist der Fall, wenn ohne eine ins Einzelne gehende Prüfung erkennbar ist, dass der geltend gemachte Anspruch nicht bestehen wird. Die Verwaltungsgerichte können selbst prüfen, ob ein Amtshaftungsanspruch erkennbar unter keinem rechtlichen Gesichtspunkt bestehen kann und der beabsichtigte Amtshaftungsprozess daher offensichtlich aussichtslos ist.[717] Insbesondere offensichtlich aussichtslos ist der Amtshaftungsanspruch, wenn es am dafür erforderlichen **Verschulden** des handelnden Amtsträgers fehlt.

754 dd) **Rechtzeitiger Rechtsschutz nicht zu erlangen.** Das Grundrecht auf effektiven Rechtsschutz gebietet schließlich, die Möglichkeit einer gerichtlichen Klärung in Fällen gewichtiger, allerdings in tatsächlicher Hinsicht überholter Grundrechtseingriffe zu eröffnen, wenn die direkte Belastung durch den angegriffenen Hoheitsakt sich nach dem **typischen Verfahrensablauf** auf eine Zeitspanne beschränkt, in welcher der Betroffene eine **gerichtliche Entscheidung kaum erlangen** kann.[718] Solche Eingriffe können auch durch Beeinträchtigungen des Grundrechts auf **Versammlungsfreiheit** bewirkt werden, gegen die Rechtsschutz im Hauptsacheverfahren in dem dafür verfügbaren Zeitraum typischerweise nicht erreichbar ist. Hierzu zählen ferner typischerweise Feststellungsbegehren, die **polizeiliche Maßnahmen** zum Gegenstand haben.[719]

---

712 BVerwG, Urteil vom 12. Oktober 2006 – 4 C 12.04 – Juris.
713 BVerwG, Urteil vom 30. Juni 2011 – 4 C 10.10 – Juris.
714 BVerwG, Urteil vom 16. Mai 2013 – 8 C 41.12 – Juris.
715 BVerwG, Beschluss vom 21. Oktober 1999 – 1 B 37.99 – Juris.
716 Vgl. Schenke, JuS 2007, 697, 698.
717 BVerwG, Beschluss vom 9. Juli 2003 – 8 B 100.03 – Juris, m.w.N.
718 BVerfG, Beschluss vom 3. März 2004 – 1 BvR 461.03 – Juris.
719 BVerwG, Urteile vom 23. März 1999 – 1 C 12.97 –, und vom 29. April 1997 – 1 C 2.95 – Juris; vgl. auch VG Aachen, Urteil vom 14. September 2009 – 5 K 2929/08 – Juris (Aufenthaltsverbot Hooligan).

II. Fortsetzungsfeststellungsklage

d) Fristen und Vorverfahren. Für die Frage, **ob** der Kläger ein **Vorverfahren** durchführen muss und ob er an Klagefristen gebunden ist, kommt es entscheidend darauf an, **wann Erledigung eingetreten** ist. Erledigt sich der Rechtsstreit nach Klageerhebung, muss die bis dahin verfolgte Klage grundsätzlich zulässig gewesen sein. Daraus folgt, dass diese (Anfechtungs- oder Verpflichtungs-)Klage sowohl innerhalb der Klagefrist des § 74 Abs. 1 bzw. 2 VwGO erhoben als auch ein Vorverfahren, soweit dies nach § 68 Abs. 1 bzw. 2 VwGO erforderlich war, durchgeführt worden sein muss. Denn ein bestandskräftiger VA kann nicht Gegenstand einer FFK sein.[720] Dieser Rechtsgedanke folgt auch aus § 43 Abs. 2 Satz 1 VwGO, wonach eine – unbefristete – Feststellungsklage unzulässig ist, wenn gegen einen Verwaltungsakt Gestaltungsklage hätte erhoben werden können.

755

Anders ist die Lage, wenn sich ein Verwaltungsakt **vor** Eintritt der **Bestandskraft** erledigt hat. Rechtssicherheit und Rechtsfriede sind hier nicht in gleicher Weise berührt.[721] Die Klage auf Feststellung der Rechtswidrigkeit eines vor Eintritt der Bestandskraft unwirksam gewordenen Verwaltungsakts ist daher **nicht** an die für eine Anfechtungsklage vorgesehene **Frist** des § 74 Abs. 1 VwGO oder – im Falle unzureichender Rechtsmittelbelehrung – des § 58 Abs. 2 VwGO gebunden, wenn Erledigung vor Klageerhebung eingetreten ist. Bei **vorprozessualer Erledigung** des Verwaltungsakts **vor** Eintritt der **Bestandskraft** greift also gar **keine Klagefrist**.[722]

756

Hat sich ein **VA erledigt**, bevor die Widerspruchsfrist abgelaufen oder aber ein **Widerspruchsbescheid** ergangen ist, gibt es nach ganz überwiegender Ansicht[723] hiergegen **keinen Fortsetzungsfeststellungswiderspruch**. Ein Vorverfahren ist in diesen Fällen nicht nur nicht mehr erforderlich, sondern gänzlich unzulässig. Begründet wird dies insbesondere damit, dass die Verwaltung nicht selbst über die Rechtmäßigkeit ihres Handelns befinden könne. Das Widerspruchsverfahren ist einzustellen. Durch einen etwaig dennoch ergangenen Widerspruchsbescheid ist der Kläger in diesem Fall beschwert; denn durch die Zurückweisung seines Widerspruchs wird der Eindruck erweckt, der erledigte Bescheid sei bestandskräftig geworden. Hiergegen kann er mit der Anfechtungsklage vorgehen.[724]

757

e) Klagebefugnis. Wie bei der Anfechtungs- und Verpflichtungsklage ist das Bestehen einer **Klagebefugnis** gemäß § 42 Abs. 2 VwGO **Sachurteilsvoraussetzung** der Fortsetzungsfeststellungsklage.[725] Denn auch bei dieser Klageart sollen unzulässige Popularklagen vermieden werden.

758

f) Klageantrag. Die Umstellung des ursprünglichen Anfechtungs- oder Verpflichtungsantrags in eine FFK stellt **keine Klageänderung** dar. Der Übergang vom ursprünglichen Klageantrag zum Erledigungsfeststellungsantrag ist nicht den Einschränkungen nach §§ 91, 142 VwGO unterworfen.[726] Insoweit bedarf das Vorgehen also keiner Zustimmung des Beklagten.[727]

759

---

720 BVerwG, Urteil vom 14. Juli 1999 – 6 C 7.98 – Juris; VGH Mannheim, Urteil vom 19. August 2010 – 1 S 2266/09 – DVBl. 2010, 1569 m. w. N.
721 VGH Mannheim, Urteil vom 19. August 2010 – 1 S 2266/09 – DVBl. 2010, 1569 m. w. N.
722 BVerwG, Urteil vom 14. Juli 1999 – 6 C 7.98 – Juris.
723 BVerwG, Urteil vom 20. Januar 1989 – 8 C 30.87 – Juris. A.A. Kopp/Schenke, VwGO, § 113, Rdnr. 127.
724 BVerwG, Urteil vom 20. Januar 1989 – 8 C 30.87 – Juris.
725 Kopp/Schenke, VwGO, § 113 VwGO Rdnr. 125; VGH München, Urteil vom 8. März 2010 – 10 B 09.1102, 10 B 09.1837 – Juris.
726 BVerwG, Urteil vom 12. April 2001 – 2 C 16.00 – Juris.
727 Redeker/v. Oertzen, VwGO, § 113 Rdnr. 42.

15. Kapitel Feststellungsklagen

760 Formulierungsbeispiele für Klageanträge:

Klageantrag bei erledigter Anfechtungsklage:
„Es wird festgestellt, dass der Bescheid des Landratsamts L. vom 30. Juni 2013 in der Fassung des Widerspruchsbescheids des Regierungspräsidiums Stuttgart vom 29. Juli 2013 rechtswidrig war."

Klageantrag bei erledigter Verpflichtungsklage:
„Es wird festgestellt, dass die Versagung der Baugenehmigung durch den Bescheid des Landratsamts L. vom 30. Juni 2013 in der Fassung des Widerspruchsbescheids des Regierungspräsidiums Stuttgart vom 29. Juli 2013 rechtswidrig war."

Beachte:
Besteht Unsicherheit,[728] ob tatsächlich Erledigung eingetreten ist, sollte der Hauptantrag aufrechterhalten bleiben; das Fortsetzungsfeststellungsbegehren kann dann als **Hilfsantrag** verfolgt werden.

2. Begründetheit

761 a) **Erledigte Anfechtungsklage.** Die FFK ist in Fällen, in denen es ursprünglich um eine Anfechtungsklage ging, begründet, wenn es die Anfechtungsklage **im Zeitpunkt der Erledigung**[729] gewesen wäre. In der Sache wird also die **ursprüngliche Begründetheit** der Anfechtungsklage geprüft. Die ursprüngliche Zulässigkeit der Klage ist demgegenüber eine Frage der Zulässigkeit der FFK. Es kommt also darauf an, ob der ursprüngliche VA rechtswidrig war und den Kläger in seinen Rechten verletzt hat.[730]

762 b) **Erledigte Verpflichtungsklage.** Bei erledigten Verpflichtungsbegehren ist maßgeblich darauf abzustellen, ob die Verpflichtungsklage **zum Zeitpunkt der Erledigung** Erfolg gehabt hätte. Auf die Verhältnisse zum Zeitpunkt des versagenden Bescheids kommt es nicht an, ebenso wenig auf Entwicklungen nach der Erledigung.[731] Das stattgebende Urteil stellt fest, dass der versagende Bescheid rechtswidrig war. Ob auch ausgesprochen werden muss, dass der Beklagte zur Vornahme des Verwaltungsakts verpflichtet gewesen ist, wird unterschiedlich beurteilt.[732] Anders ist es allerdings dann, wenn wegen eines Ermessens- oder Beurteilungsspielraums keine Spruchreife besteht. Dann kann der **Kläger** mit der **Fortsetzungsfeststellungsklage nicht mehr erreichen** als mit der **ursprünglichen Verpflichtungsklage**.[733]

Beachte:
Feststellungsklagen sind zwar lediglich auf eine deklaratorische Feststellung des Gerichts gerichtet. Einem erledigten Bescheid, dessen Rechtswidrigkeit nachträglich

---

728 Beispiel: Unterschiedliche Bewertung der Frage, ob sich das Begehren auf Erteilung eines bestimmten Besuchsvisum mit dem Ablauf des ursprünglich beantragten Besuchszeitraums regelmäßig erledigt, dafür: OVG Berlin-Brandenburg, 3. Senat, Beschluss vom 18. Dezember 2009 – OVG 3 B 6.09 –; dagegen: OVG Berlin-Brandenburg, 12. Senat, Beschluss vom 1. April 2009 – OVG 12 M 113.08 –. Inzwischen im letztgenannten Sinn durch BVerwG geklärt: Urteil vom 10. Januar 2011 – 1 C 1.10 – jeweils Juris.
729 Kopp/Schenke, VwGO, § 113 Rdnr. 124 m. w. N.
730 Schenke, JuS 2007, 697, 698.
731 Gerhardt in Schoch/Schneider/Bier, VwGO, § 113 Rdnr. 100.
732 Dagegen wohl: BVerwG, Urteil vom 16. Mai 2007 – 3 C 8.06 – Juris; dafür Gerhardt in Schoch/Schneider/Bier, VwGO, § 113 Rdnr. 100.
733 BVerwG, Urteil vom 16. Mai 2007 – 3 C 8.06 – Juris.

festgestellt worden ist, kommt gleichwohl von vornherein keine Bindungswirkung mehr zu, auch wenn er nicht aufgehoben worden ist. Aufgrund einer derartigen rechtskräftigen gerichtlichen Entscheidung ist nicht mehr der Regelungsgehalt des rechtskräftig als rechtswidrig festgestellten Verwaltungsakts rechtlich maßgebend, sondern die Rechtslage, die ohne ihn besteht.[734]

III. Allgemeine Feststellungsklage

1. Zulässigkeit

a) **Allgemeines.** Nach § 43 Abs. 1 VwGO kann durch Klage die Feststellung des Bestehens oder Nichtbestehens eines Rechtsverhältnisses (1. Alt.) oder der Nichtigkeit eines VA (2. Alt.) begehrt werden, wenn der Kläger ein berechtigtes Interesse an der baldigen Feststellung hat. Sowohl in der Praxis als auch in der Examensklausur sind Nichtigkeitsfeststellungsklagen allerdings ausgesprochen selten.[735] Streitig ist, ob als Spiegelbild der Nichtigkeitsfeststellungsklage auch die umgekehrte Möglichkeit der Feststellung der Wirksamkeit des VA besteht.[736] Auch die **vorbeugende Feststellungsklage** ist denkbar. Sie richtet sich auf die Feststellung, drohende Rechtsverletzungen zu verhindern.

b) **Feststellungsfähiges Rechtsverhältnis.** Unter einem **feststellungsfähigen Rechtsverhältnis** sind die rechtlichen Beziehungen zu verstehen, die sich aus einem konkreten Sachverhalt aufgrund einer öffentlich-rechtlichen Norm für das Verhältnis von (natürlichen oder juristischen) Personen untereinander oder einer Person zu einer Sache ergeben. Gegenstand der Feststellungsklage muss ein streitiges konkretes Rechtsverhältnis sein, d. h. es muss in **Anwendung** einer **Rechtsnorm** auf einen **bestimmten** bereits überschaubaren **Sachverhalt streitig** sein. Unabhängig von der Frage der Konkretisierung des Rechtsverhältnisses setzt ein feststellungsfähiges Rechtsverhältnis voraus, dass zwischen den Parteien dieses Rechtsverhältnisses ein **Meinungsstreit** besteht, aus dem heraus sich eine Seite berühmt, ein bestimmtes Tun oder Unterlassen der anderen Seite verlangen zu können. Es müssen sich also aus dieser Rechtsbeziehung heraus bestimmte Rechtsfolgen ergeben können, was wiederum die Anwendung von bestimmten Normen auf den konkreten Sachverhalt voraussetzt. Daran fehlt es, wenn nur abstrakte Rechtsfragen wie die Gültigkeit einer Norm zur Entscheidung gestellt werden. Auch bloße Vorfragen oder unselbstständige Elemente eines Rechtsverhältnisses können nicht Gegenstand einer Feststellungsklage sein.[737]

Ob im Einzelfall ein solches Rechtsverhältnis zwischen den Beteiligten besteht, ist durchaus nicht immer einfach zu beurteilen, wird aber generell weit verstanden. Richtet die Polizei etwa ein sog. **Gefährderanschreiben** an eine Person, entstehen hierdurch Rechtsbeziehungen, die ein konkretes streitiges und damit feststellungsfähiges Rechtsverhältnis bilden. Denn hierdurch haben sich die rechtlichen Beziehungen zu einem **Rechtsverhältnis verdichtet**, bei dem die Anwendung einer bestimmten Norm des öffentlichen Rechts auf einen bereits übersehbaren Sachverhalt streitig ist und das hinreichend konkretisiert ist. Das erforderliche **Rechtsverhältnis** kann nämlich auch **durch schlicht hoheitliches Handeln begründet** werden und ist jedenfalls dann zu bejahen, wenn das polizeiliche Handeln die Schwelle zum Eingriff in Grundrechte des Einzelnen

---

734 BVerwG, Urteil vom 31. Januar 2002 – 2 C 7.01 – Juris.
735 Hierzu Will/Rathgeber, JuS 2012, 1057, 1062.
736 Will/Rathgeber, JuS 2012, 1057, 1062 m. w. N.
737 st. Rspr., BVerwG, Urteil vom 28. Januar 2010 – 8 C 38.09 – Juris, m. w. N.

15. Kapitel Feststellungsklagen

überschreitet. Dies ist der Fall, wenn das Schreiben geeignet und darauf gerichtet ist, den Kläger von einer Teilnahme an Demonstrationen abzuhalten.[738]

766 c) **Subsidiarität.** Nach § 43 Abs. 2 VwGO kann die Feststellung nicht begehrt werden, soweit der Kläger seine Rechte durch Gestaltungs- oder Leistungsklage verfolgen kann oder hätte verfolgen können. Die Feststellungsklage ist also gegenüber anderen Klagearten **subsidiär**. Den Rückgriff auf die Feststellungsklage will der Gesetzgeber verhindern, wenn für die Rechtsverfolgung ein unmittelbareres, sachnäheres und wirksameres Verfahren zur Verfügung steht. Der dem Kläger zustehende Rechtsschutz soll auf dasjenige Verfahren konzentriert werden, das seinem Anliegen am wirkungsvollsten gerecht wird. Zugleich soll vermieden werden, dass die für die Anfechtungs- und Verpflichtungsklagen normierten speziellen Prozessvoraussetzungen (Vorverfahren, Klagefristen) unterlaufen sowie die Gerichte mit nicht oder noch nicht erforderlichen Feststellungsklagen belastet werden und dass das Gericht sich später ein zweites Mal mit der Streitsache befassen muss, wenn der Beklagte nicht freiwillig bereit ist, aus der festgestellten Rechtslage die gebotenen Folgerungen zu ziehen.[739]

767 Mithin ist stets besonders sorgfältig zu prüfen, ob für den Kläger eine Möglichkeit besteht oder bestanden hat, sein mit der Feststellungsklage erhobenes Begehren auf andere Weise zu verfolgen. Im Regelfall sind **Anfechtungs-** oder **Verpflichtungsklagen** gegenüber Feststellungsklagen **rechtsschutzintensiver**. Wenn die Feststellungsklage demgegenüber einen Rechtsschutz gewährleistet, der weiter reicht, als er mit der Gestaltungsklage erlangt werden kann, ist diese nicht subsidiär.[740] Konnte das Begehren jedoch ursprünglich mit einer anderen Klageart verfolgt werden, hat der Kläger aber hier etwa die Klagefrist versäumt, kann eine Feststellung nicht mehr begehrt werden.[741]

768 d) **Feststellungsinteresse.** § 43 Abs. 1 VwGO fordert ausdrücklich ein **berechtigtes Interesse** an der begehrten Feststellung. Bei dieser Voraussetzung handelt es sich um eine besondere Ausprägung des **allgemeinen Rechtsschutzbedürfnisses**.[742] Die gerichtliche Feststellung muss geeignet sein, die Rechtsposition des einzelnen zu verbessern. Ein solches Interesse schließt daher jedes als schutzwürdig anzuerkennende Interesse rechtlicher, wirtschaftlicher oder auch ideeller Art ein. Zu den bereits im Rahmen der FFK genannten Fallgruppen[743] kommen weitere hinzu. So soll ein berechtigtes Interesse bestehen, wenn die Rechtslage unklar ist und der Kläger sein zukünftiges Verhalten an der Feststellung orientieren will bzw. Grund zur Besorgnis der Gefährdung seiner Rechte hat.[744] Weiterhin besteht ein Feststellungsinteresse dann, wenn der Kläger mit dem Verfahren vermeiden kann, ansonsten wegen einer Ordnungswidrigkeit belangt zu werden. Rechtsschutz soll hier beim fachnäheren Gericht erlangt werden.

769 Im Fall einer **vorbeugenden Feststellungsklage** sind die **Anforderungen** an das erforderliche **Feststellungsinteresse** besonders **hoch**, weil die VwGO davon ausgeht, dass nachträglicher Rechtsschutz zur Gewährung effektiven Rechtsschutzes grundsätzlich ausreicht. Eine vorbeugende Feststellung kommt also nur in Betracht, wenn **nachträglicher Rechtsschutz** für den Betroffenen **unzumutbar** wäre. Dies ist der Fall, wenn

---

738 Zum Ganzen OVG Lüneburg, Urteil vom 22. September 2005 – 11 LC 51/04 – Juris.
739 st. Rspr., BVerwG, Urteil vom 28. Januar 2010 – 8 C 38.09 – Juris, m. w. N. Vgl. auch Ehlers, JURA 2007, S. 179, 184.
740 BVerwG, Urteil vom 21. Februar 2008 – 7 C 43.07 –, und Beschluss vom 26. März 2014 – 4 B 55.13 – Juris.
741 Ehlers, JURA 2007, S. 179, 185.
742 Kopp/Schenke, VwGO, § 43 Rdnr. 23.
743 S.o. Rdnrn. 9 ff.
744 vgl. Kopp/Schenke, VwGO, § 43, Rdnr. 24; VG Dresden, Urteil vom 9. April 2009 – 3 K 1901/08 – Juris.

anderenfalls ein nicht wieder gut zu machender Schaden eintritt oder wenn ansonsten vollendete Tatsachen geschaffen werden könnten. Droht die Verletzung grundrechtlich geschützter Rechtspositionen durch tatsächliches Verwaltungshandeln, besteht die Möglichkeit, hiergegen vorbeugend Rechtsschutz zu erlangen, wenn die Beeinträchtigung von relevantem Gewicht ist und ein weiteres Zuwarten mit nicht zumutbaren Nachteilen verbunden wäre.[745]

e) Klagebefugnis und weitere Voraussetzungen. Ob bei der allgemeinen Feststellungsklage eine **Klagebefugnis** analog § 42 Abs. 2 VwGO vorliegen muss, ist umstritten. Ein Teil der Literatur hält dies unter Hinweis auf das insoweit speziellere Feststellungsinteresse für nicht erforderlich; es fehle insoweit an einer für eine entsprechende Anwendung der nur für Anfechtungs- und Verpflichtungsklagen geltenden Vorschrift erforderlichen Regelungslücke. Nach der überwiegend in der **Rechtsprechung** vertretenen Ansicht[746] muss der Kläger aber auch bei dieser Klageart **klagebefugt** sein, weil Rechtsschutzinteresse und Klagebefugnis unterschiedliche Regelungsbereiche erfassen.[747] Diese Ansicht erscheint vorzugswürdig, weil es ansonsten zu Wertungswidersprüchen kommen könnte.

770

Eine **Klagefrist** und ein **Vorverfahren** hat die VwGO bei der Feststellungsklage nicht vorgesehen. Dies gilt allerdings nicht, wenn es sich um eine beamtenrechtliche Streitigkeit handelt. Für diesen Fall sieht § 54 Abs. 2 BeamtStatG mit seiner Verweisung auf den 8. Abschnitt der VwGO vor, dass stets ein Vorverfahren durchgeführt werden muss. Ungeachtet des Fehlens einer Klagefrist ist allerdings darauf zu achten, dass § 43 Abs. 1 VwGO ein Interesse an einer **baldigen Feststellung** erfordert.[748]

771

2. Begründetheit

Die Feststellungsklage ist begründet, wenn der Kläger einen **Anspruch** auf die begehrte **Feststellung** hat. Es kommt also darauf an, den Klageantrag klar zu formulieren und sodann zu prüfen, ob die begehrte Feststellung ausgesprochen werden kann. Geht es etwa um die Frage, ob die Behörde berechtigt war oder ist, in einer bestimmten Art und Weise schlicht-hoheitlich gegenüber einem Kläger vorzugehen, kommt es für die Begründetheit der Klage darauf an, ob es hierfür einer Rechtsgrundlage bedarf und deren Voraussetzungen erfüllt sind. Bejahendenfalls gleicht die Prüfung in diesem Fall der Begründetheit der Anfechtungsklage. Besteht Streit darüber, ob ein bestimmtes Tun des Klägers erlaubnisfrei ausgeübt werden darf oder ob es einer Genehmigung bedarf, müssen die tatbestandlichen Voraussetzungen der Genehmigungspflicht geprüft und verneint werden, damit die Klage Erfolg hat.[749] Die Nichtigkeitsfeststellungsklage ist schließlich dann erfolgreich, wenn der zu überprüfende VA tatsächlich nichtig ist (vgl. § 44 VwVfG).

772

3. Der Erledigungsrechtsstreit

Besondere **Bedeutung** kommt der Feststellungsklage nach § 43 Abs. 2 VwGO im Rahmen des sog. **Erledigungsrechtsstreits** zu. Damit ist der Fall beschrieben, dass der Kläger den Rechtsstreit in der Hauptsache (ganz oder teilweise) für erledigt erklärt, der

773

---

745 VGH München, Beschluss vom 3. April 2006 – 24 ZB 06.50 – Juris; in der Sache allerdings vom BVerfG aufgehoben: Beschluss vom 23. Februar 2007 – 1 BvR 2368/06 – Juris (lesenswert).
746 BVerwG, Urteile vom 28. Januar 2010 – 8 C 38.09 –, und vom 26. Januar 1996 – 8 C 19/94 – Juris. Vgl. auch Brüning, JuS 2004, 882, 884.
747 So auch Ehlers, JURA 2007, 179, 188. Vgl. im Übrigen Rdnr. 199 f.
748 Hierzu im Einzelnen: Ehlers, JURA 2007, 179, 187.
749 Denkbar ist eine solche Konstellation z. B. im Straßenrecht, wenn der Kläger meint, sein Handeln stelle keine Sondernutzung dar und sei deshalb nicht erlaubnispflichtig, vgl. etwa VG Dresden, Urteil vom 9. April 2009 – 3 K 1901/08 – Juris (Aufstellen von Mülltonnen auf öffentlicher Straße).

15. Kapitel Feststellungsklagen

Beklagte sich indes der Erklärung – aus welchen Gründen auch immer – nicht anschließt. Die hiermit zusammenhängenden Fragen zählen zu den **umstrittensten** des Prozessrechts.[750] Nach wie vor werden zur Lösung auch in der höchstrichterlichen Rechtsprechung selbst unterschiedliche Lösungsansätze vertreten. Eine streitige Feststellung der Erledigung ist auch im vorläufigen Rechtsschutzverfahren möglich.[751]

774 Der Erledigungsrechtsstreit ist **in der Praxis seltener** als in der Examensklausur, weil die Beteiligten den Rechtsstreit üblicherweise durch übereinstimmende Erledigungserklärungen zügig zum Abschluss bringen können und wollen, statt den Rechtsstreit langwierig weiterzuführen. Zumeist genügt es den Beteiligten daher, dass das Gericht die sich stellenden Rechtsfragen im Rahmen seiner Kostenentscheidung nach § 161 Abs. 2 VwGO anspricht und löst.[752] In der Examensklausur kann die Konstellation demgegenüber eine reizvolle Herausforderung darstellen.

775 a) **Zulässigkeit.** Erklärt der Kläger den Rechtsstreit einseitig für erledigt und schließt sich der Beklagte dem entweder nicht an oder – im Fall des § 161 Abs. 2 Satz 2 VwGO – widerspricht er, wird das Verfahren nunmehr (entweder durch wörtliche Erklärung des Klägers oder aber durch entsprechende Auslegung dieser Erklärung) mit dem Ziel weiterverfolgt, das Gericht möge die Erledigung feststellen. Liegt hierin ein anderes als das ursprüngliche Klagebegehren, stellt sich zunächst die Frage der **Klageänderung**. Diese ist nach allen hierzu vertretenen Ansichten **zulässig**. Es bieten sich hier drei im Ansatz unterschiedliche, aber im Ergebnis gleiche Lösungen an:
- Sachdienlichkeit der Klageänderung nach § 91 VwGO
- Privilegierte Klageänderung sui generis[753]
- Fall des § 264 Nr. 2 oder 3 ZPO i. V. m. § 173 VwGO (keine Änderung des Streitgegenstandes)

> **Beachte:**
> In der Examensklausur sollte dieser Punkt in der Zulässigkeitsprüfung angesprochen werden, ohne dass es einer Entscheidung zum Meinungsstreit bedarf, weil alle hierzu vertretenen Auffassungen zum selben Ergebnis kommen.

776 Auch das erforderliche **Feststellungsinteresse** lässt sich ohne weiteres bejahen: Da die Vermeidung wirtschaftlicher Nachteile ein berechtigtes Interesse im Sinne des § 43 Abs. 1 VwGO ist, folgt das Interesse an einer solchen Feststellung hier unmittelbar daraus, dass es sich um die einzige Möglichkeit für den Kläger handelt, die **Kostenlast zu vermeiden**; denn die ursprüngliche Klage ist durch die Erledigung unzulässig oder unbegründet geworden, so dass der Kläger seinen Antrag umstellen muss, um der Klageabweisung zu entgehen.[754] Nur auf diese Weise kann der Kläger die automatische Kostenlast vermeiden, die nach § 155 Abs. 2 VwGO mit der Klagerücknahme verbunden ist.[755]

777 b) **Begründetheit.** Die auf die Feststellung der Erledigung gerichtete Klage ist **begründet**, wenn sich der **Rechtsstreit erledigt** hat. Wann dies der Fall ist, ist problematisch, weil über die Frage des Prüfungsumfangs seit Langem Streit besteht. Grundsätzlich sind folgende Punkte hier zu unterscheiden:

---

750 Kopp/Schenke, VwGO, § 161 Rdnr. 20. Im Einzelnen vgl. hierzu noch: Kremer, NVwZ 2003, 797; Dietrich, DVBl. 2002, 745; Manssen, NVwZ 1990, 1018; Kirchmaier, BayVBl. 1995, 641.
751 Vgl. VG Frankfurt/Oder, Beschluss vom 10. September 2012 – 5 L 258/12 – Juris.
752 Vgl. Rdnr. 362 ff.
753 BVerwG, Urteil vom 12. April 2001 – 2 C 16.00 – Juris.
754 BVerwG, Beschluss vom 29. September 1988 – 7 B 185.87 – Juris.
755 BVerwG, Beschluss vom 19. Mai 1995 – 4 B 247.94 – Juris.

III. Allgemeine Feststellungsklage

- Erledigendes Ereignis
- Zulässigkeit der ursprünglichen Klage
- Begründetheit der ursprünglichen Klage

Unstreitig ist jedenfalls, dass überhaupt ein **erledigendes Ereignis objektiv** und **tatsächlich gegeben** sein muss. Darunter ist in diesem Zusammenhang jede außerprozessuale Veränderung der Sach- oder Rechtslage zu verstehen, die bereits für sich betrachtet die Abweisung des klägerischen Antrags als unzulässig oder unbegründet rechtfertigen würde. Ein nach Klageerhebung eingetretenes außerprozessuales Ereignis muss also dem Klagebegehren die Grundlage entzogen haben, weshalb die Klage deshalb für den Kläger gegenstandslos geworden ist.[756] Ohne ein erledigendes Ereignis im vorgenannten Sinne kann die Klage also keinen Erfolg haben. Ein rechtlicher Hinweis des Gerichts kann keine Erledigung in der Hauptsache herbeiführen.[757]

778

Bereits über die Frage, ob die **Zulässigkeit der ursprünglichen Klage** im Regelfall gerichtlich geprüft werden muss, besteht **Uneinigkeit**. In der Rechtsprechung des Bundesverwaltungsgerichts werden hier unterschiedliche Ansätze vertreten. Der 3. und der 9. Senat des Bundesverwaltungsgerichts haben sich dafür ausgesprochen, dass die Erledigung der Hauptsache auf den einseitigen Antrag des Klägers dann nicht festgestellt werden könne, wenn die Klage bereits im Zeitpunkt ihrer Erhebung unzulässig gewesen sei (sog. **vermittelnder Erledigungsbegriff**).[758] Hierfür spricht, dass der Kläger nicht deshalb im Erledigungsstreit obsiegen soll, weil zufällig ein erledigendes Ereignis eingetreten ist, ohne dass die ursprüngliche Klage ansonsten abgewiesen worden wäre. Dem kann andererseits entgegengehalten werden, dass es der Beklagte in der Hand hat, sich durch Anschluss an die Erledigungserklärung der Kostenfolge zu entziehen, die auszusprechen wäre, wenn allein die tatsächliche Erledigung zu prüfen wäre und der Kläger allein aus diesem Grund obsiegt. Im Rahmen der Billigkeitsentscheidung nach § 161 Abs. 2 VwGO könnte das Gericht dies nämlich zu Lasten des Klägers berücksichtigen, wenn der Beklagte der Erledigungserklärung zustimmt. Dies wäre die geeignete Reaktion auf eine „verschleierte Klagerücknahme" durch außerprozessuale Antragsrücknahme jedenfalls dann, wenn sonst ein Prozessverlust des Klägers zu erwarten war.[759]

779

Der 1. und der 4. Senat des Bundesverwaltungsgerichts haben demgegenüber die Auffassung vertreten, dass der vom Kläger allein noch beantragte Ausspruch des Gerichts, dass sich der Rechtsstreit in der Hauptsache erledigt habe, regelmäßig **nicht** von der **Zulässigkeit** der ursprünglichen Klage abhängig sein könne.[760] Dafür spricht, dass das **Gericht** nach der Erledigungserklärung des Klägers **einer aufwendigen Prüfung** des ursprünglichen Klagebegehrens gerade **enthoben** sein soll, weil der Kläger eine Entscheidung hierüber nicht mehr begehrt.

780

Demgegenüber herrscht Einigkeit darüber, dass die **Begründetheit der ursprünglichen Klage** grundsätzlich **nicht** zu prüfen ist.[761] Von diesem Grundsatz gibt es allerdings eine wichtige **Ausnahme**: Kann sich der **Beklagte** seinerseits auf ein berechtigtes Interesse im Sinne des § 113 Abs. 1 Satz 4 VwGO analog berufen, soll die Begründetheit der ursprünglichen Klage doch geprüft werden (Fall des **umgekehrten Fortsetzungs-**

781

---

756 Kopp/Schenke, VwGO, § 161 Rdnr. 21.
757 OVG Bautzen, Beschluss vom 17. August 2012 – 3 B 246/12 – Juris.
758 Beschluss vom 6. August 1987 – 3 B 18.87 –; Urteil vom 25. April 1989 – 9 C 61.88 – Juris. Niedzwicki, JA 2011, 543, 546.
759 BVerwG, Urteil vom 14. April 1989 – 4 C 22.88 – Juris.
760 Urteile vom 14. Januar 1965 – 1 C 68.61 – BVerwGE 20, 146, und vom 31. Oktober 1990 – 4 C 7.88 – Juris.
761 Vgl. Deckenbrock/Dötsch, JuS 2004, 689, 691.

15. Kapitel Feststellungsklagen

feststellungsinteresses). In diesen Fällen hat es der Beklage also in der Hand, die Messlatte, anhand derer die Erledigung geprüft wird, höher zu legen. Die Klage ist also nur dann begründet, wenn – neben der tatsächlichen Erledigung – auch die ursprüngliche Klage Erfolg gehabt hätte. Seine Berechtigung findet dieser Ansatz in der Überlegung, dass der Beklagte seinerseits nicht wegen der zufälligen tatsächlichen Erledigung um die Früchte des Verfahrens gebracht werden soll. Aus Gründen der Prozessökonomie sollen die bisherigen Verfahrensergebnisse nicht ungenutzt verfallen.[762]

782 Beispiele für ein **umgekehrtes Fortsetzungsfeststellungsinteresse** bei der Behörde:
- Beabsichtigter Erlass eines Bußgeldbescheides, der von der Rechtmäßigkeit der Versagung einer – nunmehr erledigten – Genehmigung abhängt.
- Abrissverfügung ergeht gegenüber einem Eigentümer eines Hauses, im Verfahren stellt sich die grundsätzliche Frage nach der bauplanungsrechtlichen Zulässigkeit weiterer Bauten, gegen die ebenfalls vorgegangen werden soll.

> **Beachte:**
> In der Examensklausur dürfte typischerweise die Konstellation zu prüfen sein, bei der neben der Erledigung in tatsächlicher Hinsicht auch die Zulässigkeit und Begründetheit der ursprünglichen Klage zu prüfen ist. Damit kommt es auf den Meinungsstreit zum Prüfungsumfang beim Erledigungsrechtsstreit nicht an. Der Prüfungsmaßstab ist in diesem Fall – wie nachfolgendes Formulierungsbeispiel zeigt – voranzustellen:

783 > **Formulierungsbeispiel** für den **Fall eines umgekehrten Fortsetzungsfeststellungsinteresses** bei der Behörde:
> *„Die Klage ist unbegründet. Der Kläger hat keinen Anspruch auf die von ihm begehrte Feststellung, dass der Rechtsstreit in der Hauptsache erledigt ist. Denn der Rechtsstreit hat sich nicht erledigt. Bei der Beantwortung dieser Frage beschränkt sich der Prüfungsumfang des Gerichts in der hier vorliegenden Fallkonstellation nicht allein auf die Frage, ob Erledigung in tatsächlicher Hinsicht eingetreten ist. Vielmehr gebietet die Besonderheit des Falles, dass auch die Zulässigkeit und die Begründetheit der ursprünglichen Klage zu prüfen sind. Denn es liegt ein Fall vor, in dem sich die Behörde ausnahmsweise auf ein umgekehrtes Fortsetzungsfeststellungsinteresse berufen kann (§ 113 Abs. 1 Satz 4 VwGO analog). Vorliegend kann sich der Beklagte auf ein solches Interesse berufen. Denn vom Ausgang des hiesigen Verfahrens, in dem es ursprünglich um die Frage ging, ob der Kläger einen Anspruch auf die beantragte Fällgenehmigung für die inzwischen von ihm im Laufe des Klageverfahrens eigenmächtig gefällten Birke auf seinem Grundstück in der Waldstraße 12 in 14161 Berlin hatte, hängt es ab, ob dieses Verhalten durch einen Bußgeldbescheid sanktioniert werden kann. Der Beklagte soll also nicht um die Früchte des ursprünglichen Klageverfahrens gebracht werden. Nach diesem Maßstab kann die Klage keinen Erfolg haben. Zwar ist durch die Fällung des Baumes in tatsächlicher Hinsicht Erledigung eingetreten. Auch war die ursprüngliche Verpflichtungsklage zulässig. Sie war aber nicht begründet. Der Kläger hatte keinen Anspruch auf die begehrte Fällgenehmigung. Die Ablehnung war rechtmäßig und hat ihn nicht in seinen Rechten verletzt (§ 113 Abs. 5 VwGO). (...)*

---

762 Kopp/Schenke, VwGO, § 161 Rdnr. 26.

I. Allgemeines

Der Erledigungsrechtsstreit findet im **Eilverfahren** seine Entsprechung.[763] Der Streitgegenstand des Erledigungsrechtsstreits beschränkt sich in Verfahren des vorläufigen Rechtsschutzes allerdings auf die **Feststellung des erledigenden Ereignisses**. Eine Überprüfung der früheren Zulässigkeit und Begründetheit findet nicht statt.[764]

784

c) **Nebenentscheidungen.** Wegen der Nebenentscheidungen bestehen keine Besonderheiten. Zu beachten ist lediglich, dass sich die Entscheidung über die Kosten nach § 154 Abs. 1 VwGO regelt, weil eine streitige Hauptsachenentscheidung ergeht. Falsch wäre es also, in diesem Zusammenhang § 161 Abs. 2 VwGO heranzuziehen.

785

16. Kapitel Der Beschluss

Literatur:
Geiger, Die Tenorierung verwaltungsgerichtlicher Entscheidungen, JuS 1998, 343; *Jansen/Wesseling*, Der Beschluss nach § 80 V VwGO, JuS 2009, 322; *Kment*, Grundfälle zur Tenorierung im verwaltungsgerichtlichen Verfahren, JuS 2005, 420, 517, 608.

I. Allgemeines

Neben **Urteilen** spielen verwaltungsgerichtliche **Beschlüsse** in der Praxis eine große Rolle. Grundsätzlich können folgende **Arten** von Beschlüssen unterschieden werden:[765]
- **Urteilsvertretende Beschlüsse**: Sie ergehen statt eines an sich vorgesehen Urteils in der Sache und schließen ein Klageverfahren ab.
  (Beispiel: § 47 Abs. 5 VwGO – Beschluss im Normenkontrollverfahren)
- **Selbständige Beschlüsse**: Sie schließen das Verfahren ebenfalls ab und betreffen vor allem Verfahren des vorläufigen Rechtsschutzes nach § 80 Abs. 5 oder § 123 Abs. 1 VwGO.
- **Beschlüsse zu prozessualen Fragen**: Sie schließen das Verfahren nicht ab, sondern behandeln vielfältige prozessuale Fragen wie Beiladung, Befangenheit, Beweisanträge oder die Verbindung oder Trennung von Verfahren.
- **Einstellungsbeschlüsse**: Sie ergehen nach Rücknahme oder übereinstimmender Hauptsachenerledigung nach § 92 Abs. 3 VwGO.
- **Prozessleitende Verfügungen**: Sie ergehen im Vorfeld einer Entscheidung und dienen dem ordnungsgemäßen Ablauf des Verfahrens, z. B. Ladungen oder Terminsaufhebungen.

786

Auch im **Examen** kommt **Beschlüssen** eine **große Bedeutung** zu. Allerdings sind hier zumeist verfahrensbeendende Beschlüsse im **vorläufigen Rechtsschutzverfahren** relevant, also solche nach § 80 Abs. 5 und § 123 Abs. 1 VwGO. Üblicherweise stammt eine von zwei im öffentlichen Recht zu schreibenden Klausuren aus dem Bereich des vorläufigen Rechtsschutzes. Daher befassen sich die nachfolgenden Ausführungen in erster Linie mit den für diese Beschlüsse geltenden Formalien. Nicht völlig auszuschließen ist allerdings auch die Möglichkeit, dass über einen **Antrag** auf Bewilligung von **Prozesskostenhilfe** zu befinden ist (§ 166 VwGO i. V. m. § 114 ff. ZPO), über den ebenfalls durch **Beschluss** entschieden wird.

787

---

763 OVG Bautzen, Beschluss vom 17. August 2012 – 3 B 246/12 – Juris.
764 OVG Bautzen, Beschlüsse vom 11. Januar 2010 – NC 2 B 326/09 – und vom 23. Juli 2007 – 5 BS 104/07 – Juris. Ferner BVerwG, Beschlüsse vom 24. Oktober 1997 – 4 NB 35.96 – Juris, und vom 27. Januar 1995 – 7 VR 16.94 – Juris.
765 Vgl. Posser/Wolf, VwGO, § 122 Rdnr. 1 ff.

16. Kapitel Der Beschluss

> Beachte:
> In der **Examensklausur** werden die Beteiligten den Rechtsstreit kaum insgesamt zurücknehmen oder übereinstimmend für erledigt erklären; ansonsten wäre lediglich ein – wenig begründungsintensiver – Einstellungsbeschluss zu verfassen. Vielmehr ist allenfalls eine Teilrücknahme bzw. eine teilweise Hauptsachenerledigung denkbar. Die Entscheidung über die teilweise Einstellung des Verfahrens erfolgt dann nicht durch separaten Beschluss, sondern als erster Teil des Tenors des Urteils.

II. Form und Inhalt des Beschlusses

1. Allgemeines

788 In der VwGO finden sich nur **wenige Vorschriften**, die sich **ausdrücklich** mit den an Beschlüsse zu stellenden äußeren **Anforderungen** befassen. Dass Entscheidungen im vorläufigen Rechtsschutz in Beschlussform ergehen, folgt mittelbar aus § 80 Abs. 7 Satz 1 bzw. direkt aus § 123 Abs. 4 VwGO. Zudem regelt § 122 Abs. 1 VwGO, dass die §§ 88, 108 Abs. 1 Satz 1, 118, 119 und 120 entsprechend für Beschlüsse gelten. Damit sind die Vorschriften über die Auslegung von Anträgen, die richterliche Entscheidungsfindung sowie über die Berichtigung und Ergänzung auch bei der Abfassung von Beschlüssen heranzuziehen. Relevant werden diese Bestimmungen allein bei Beschlüssen, die ein Verfahren abschließen.

789 Nach § 122 Abs. 2 VwGO sind **Beschlüsse zu begründen**, wenn sie durch Rechtsmittel angefochten werden können; ausdrücklich ist dies in Satz 2 der Vorschrift nochmals für die besonders relevanten Beschlüsse über die Aussetzung der Vollziehung (§§ 80, 80a) und über einstweilige Anordnungen (§ 123) geregelt.

790 § 122 Abs. 1 VwGO enthält allerdings **keine vollständige Aufzählung** der auf Beschlüsse anwendbaren **Urteilsvorschriften**.[766] Jedenfalls bei urteilsersetzenden Beschlüssen und bei streitentscheidenden Beschlüssen des vorläufigen Rechtsschutzes sind wegen ihrer Tragweite und ihres kontradiktorischen Charakters die für Urteile geltenden Bestimmungen in § **117 VwGO** weitgehend **heranzuziehen**.[767] In der Gestaltung von Beschlüssen ist das Gericht gleichwohl insgesamt freier. In der **Praxis** hat es sich daher eingebürgert, bei einfach gelagerten Fällen des vorläufigen Rechtsschutzes **Tatbestand und Entscheidungsgründe nicht** voneinander **zu trennen**. Vielmehr wird beides unter der **Gesamtüberschrift „Gründe"** gemeinsam abgehandelt. Dies stellt nicht etwa einen Verstoß gegen die gerichtliche Aufklärungspflicht dar und ist rechtlich unbedenklich.[768]

> Beachte:
> Auch wenn in der Praxis Tatbestand und Entscheidungsgründe häufig zusammengefasst werden, empfiehlt sich dies nicht für die **Examensklausur** aus dem Bereich des vorläufigen Rechtsschutzes. Zum einen hat dies den Vorteil, dass der Beschluss seiner äußeren Form nach im Kern dem Urteil gleicht und hier nichts Abweichendes gelernt werden muss. Zum anderen besteht ansonsten die Gefahr, einen wesentlichen Umstand des Falles zu vergessen.

---

766 Clausing in Schoch/Schneider/Bier, VwGO, § 122 Rdnr. 3.
767 BVerwG, Urteil vom 4. Oktober 1999 – 6 C 31.98 – Juris.
768 OVG Bautzen, Beschluss vom 28. April 2011 – 2 B 235/10 – Juris.

2. Gemeinsamkeiten von Urteil und Beschluss

Urteil und Beschluss weisen eine Reihe von Gemeinsamkeiten auf. So gilt insbesondere für den Aufbau des Tatbestandes des Beschlusses im Kern nichts anderes als beim Urteil. Wegen der Übereinstimmungen kann auf die Ausführungen im 9. und 10. Kapitel verwiesen werden.

791

3. Unterschiede von Urteil und Beschluss

Allerdings gilt es bei Beschlüssen eine Reihe von Besonderheiten zu beachten, wobei diese – vor dem Hintergrund, dass explizite Vorschriften fehlen – von Bundesland zu Bundesland voneinander abweichen können. Insoweit liegt es nahe, sich mit den Gepflogenheiten des jeweiligen Prüfungsamtes vertraut zu machen.

792

a) **Rubrum.** Der wichtigste Unterschied zwischen Beschluss- und Urteilsrubrum besteht in der **Bezeichnung der Beteiligten**. Statt „Kläger" und „Beklagter" heißen die Beteiligten des vorläufigen Rechtsschutzverfahrens **„Antragsteller"** und **„Antragsgegner"**. So werden die Beteiligten auch im weiteren Verlauf der Entscheidung – also im Tenor, im Tatbestand und den Entscheidungsgründen – bezeichnet. Der Beigeladene, der in Verfahren nach § 80 Abs. 5 oder § 123 Abs. 1 VwGO ebenfalls Beteiligter sein kann, ändert seine Bezeichnung allerdings nicht. Im Übrigen hat es sich eingebürgert, dass der Beschluss – anders als das Urteil – **nicht „Im Namen des Volkes"** ergeht. Statt der Formulierung „für Recht erkannt" heißt es im Beschluss überdies „hat beschlossen". Ergeht der Beschluss allerdings ausnahmsweise[769] aufgrund einer mündlichen Verhandlung, so wird dies (wie bei Urteilen) erwähnt.

793

Bei der **Besetzung des Gerichts** sind verschiedene Konstellationen denkbar: Üblicherweise ergeht ein Beschluss **ohne mündliche Verhandlung**. In diesem Fall entscheiden meist die **drei Berufsrichter der Kammer** (§ 5 Abs. 3 Satz 2 VwGO), es sei denn, diese hat den Fall dem **Einzelrichter** nach § 6 Abs. 1 VwGO übertragen. Ergeht die Entscheidung ausnahmsweise **aufgrund mündlicher Verhandlung**, so wirken die **ehrenamtlichen Richter** hierbei mit (§ 5 Abs. 3 Satz 1 VwGO) und werden deshalb auch im Rubrum aufgeführt. Dies gilt selbstverständlich nicht, wenn es sich um eine Einzelrichterentscheidung handelt. Nach § **80 Abs. 8 VwGO** kann in dringenden Fällen der **Vorsitzende** entscheiden; im Fall seiner Verhinderung ist ggf. sein Vertreter berufen. Die Regelung trägt dem Umstand Rechnung, dass eine zügige Entscheidung in besonders eiligen Fällen durch das Erfordernis einer vollständigen Kammerbesetzung verhindert werden könnte. Im **Rubrum** findet § **80 Abs. 8 VwGO** dann **Erwähnung**. Die Vorschrift gilt entsprechend in Verfahren nach § 123 Abs. 1 VwGO.[770] Stützt sich das Gericht auf § 80 Abs. 8 VwGO und entscheidet durch den Vorsitzenden allein, kann die Rüge der fehlerhaften Besetzung nur dann erhoben werden, wenn von der Befugnis willkürlich oder manipulativ Gebrauch gemacht worden ist.[771]

794

b) **Tenor.** Wie der Urteilstenor besteht der **Beschlusstenor** aus **drei Teilen**; allerdings gleichen sich strukturell nur die ersten beiden Teile. Der erste Teil ist die Entscheidung in der Hauptsache,[772] der zweite Teil die Kostenentscheidung. Eine Entscheidung zur vorläufigen Vollstreckbarkeit fehlt demgegenüber im Beschlusstenor. Stattdessen wird

795

---

769 Beachte: Aus Art. 103 GG folgt kein Anspruch auf Durchführung einer mündlichen Verhandlung. Zur Wahrung des rechtlichen Gehörs, vgl. BVerfG, Beschluss vom 24. März 1987 – 2 BvR 677/86 – NJW 1987.
770 Vgl. z. B. VG Augsburg, Beschluss vom 12. Januar 2006 – Au 5 E 06.44 – Juris.
771 OVG Berlin-Brandenburg, Beschluss vom 8. April 2011 – 6 S 14.11 – Juris.
772 Der Begriff darf in diesem Zusammenhang nicht mit der Hauptsache-, also dem Klageverfahren verwechselt werden.

16. Kapitel Der Beschluss

im Beschluss an dieser Stelle der **Streitwert** festgesetzt. Üblicherweise wird darauf in **Examensklausuren** – worauf der Bearbeitervermerk verweist – **meist verzichtet**. Sollte dies ausnahmsweise einmal nicht der Fall sein, beträgt der Streitwert meist die Hälfte des Auffangstreitwerts, also 2.500,- Euro statt der üblicherweise festzusetzenden 5.000,- Euro (vgl. §§ 52 Abs. 2, 53 Abs. 2 GKG).[773] Der Auffangwert wird nicht zugrunde gelegt, wenn sich der Wert anhand konkreter Anhaltspunkte des Falles ermitteln lässt. Der Wert wird in der Praxis **nicht halbiert**, wenn mit der gerichtlichen Eilentscheidung die **Hauptsache vorweggenommen** wird. Dies ist etwa bei versammlungsrechtlichen Eilentscheidungen in der Praxis üblich.

796 Anders als bei Urteilen kann das Verwaltungsgericht bei Beschlüssen in Eilverfahren **kein Rechtsmittel zulassen**. Die Beschwerde gegen derartige Beschlüsse ist vielmehr gesetzlich ausdrücklich gesetzlich vorgesehen (§ 146 Abs. 4 VwGO), so dass der Tenor sich hierzu nicht verhält.

797 c) **Tatbestand und Entscheidungsgründe.** Anders als § 117 Abs. 2 Nr. 4 VwGO es für das Urteil vorsieht, wird der Tatbestand des Beschlusses nicht als solcher bezeichnet. Vielmehr hat es sich eingebürgert, Tatbestand und Entscheidungsgründe insgesamt mit „Gründe" zu überschreiben. Die Differenzierung beider Teile des Beschlusses erfolgt dann durch die Bezeichnung „I." für den Tatbestand und „II." für die eigentlichen Entscheidungsgründe. Materiell ergeben sich hierdurch keine wesentlichen Unterschiede. Die Beteiligten sind allerdings als „Antragsteller" und als „Antragsgegner" zu bezeichnen.

798 In der **Praxis** sind **Beschlüsse** im Schnitt **kürzer** gefasst **als Urteile**. Ein wesentlicher Grund dafür liegt darin, dass die gerichtliche Streitakte im Eilverfahren im Regelfall einen deutlich geringeren Umfang hat und so weniger zu referieren ist. Das Gericht fasst sich aber auch sonst knapper. So wird etwa häufiger auf einen Einleitungssatz verzichtet, und wegen der **lediglich summarischen Prüfung** fallen auch die materiellen Erwägungen meist kürzer aus. Zudem unterbleibt eine umfassende Beweiswürdigung. In der **Examensklausur** besteht hingegen kein Unterschied bei der Länge beider Entscheidungsformen. Daher sollten sich Bearbeiter von Beschlussklausuren im Wesentlichen an die aus der Urteilsklausur bekannten Vorgaben halten.

799 d) **Nebenentscheidungen.** Auch die Nebenentscheidungen des Beschlusses müssen normativ begründet werden. Für die nach § 161 Abs. 1 VwGO zu treffende Entscheidung über die **Kosten** gelten ebenfalls die §§ 154 ff. VwGO. Insoweit gelten also keine Besonderheiten. Eine Entscheidung über die vorläufige Vollstreckbarkeit ergeht nicht. § 167 Abs. 1 und 2 i. V. m. §§ 708 ff. ZPO werden daher hier nicht erwähnt. Sollte ein **Streitwert** festzusetzen sein, werden in der Regel die §§ 53 Abs. 2 Nr. 2, 52 Abs. 1 GKG erwähnt. Zurückgegriffen werden kann auch auf den Streitwertkatalog für die Verwaltungsgerichtsbarkeit, der u. a. bei Kopp/Schenke, VwGO, als Anhang zu § 164 VwGO abgedruckt ist.

800 e) **Rechtsmittel.** Rechtsmittel gegen Beschlüsse im vorläufigen Rechtsschutzverfahren ist die **Beschwerde** nach § 146 Abs. 4 VwGO. Sie ist binnen zweier Wochen nach Bekanntgabe bei dem Gericht einzulegen, dessen Entscheidung angefochten wird (§ 147 Abs. 1 Satz 1 VwGO). § 67 Abs. 4 VwGO bleibt nach Satz der Vorschrift ausdrücklich unberührt, so dass für die Beschwerde vor dem Oberverwaltungsgericht grundsätzlich **Vertretungszwang** besteht. Binnen eines Monats ist die Beschwerde zu begründen (§ 146 Abs. 4 Satz 1 VwGO).

---

773 Vgl. im Übrigen Finkelnburg/Dombert/Külpmann, Rdnr. 507 m. w. N.

III. Musterbeschlüsse: Rubrum und Tenor

1. Beschluss nach § 80 Abs. 5 VwGO

VG 12 L 18.13

Verwaltungsgericht Berlin
Beschluss

In der Verwaltungsstreitsache

    des Herrn Mirko Michael,
    Baerwaldstraße 27, 10999 Berlin,

Antragstellers,

    <u>Prozessbevollmächtigter:</u>
    Rechtsanwalt Ernst Vollhardt,
    Berliner Straße 122, 12124 Berlin,

      g e g e n

    das Land Berlin,
    vertreten durch Bezirksamt
    Friedrichshain-Kreuzberg von Berlin,
    Rechtsamt, Frankfurter Allee 35-37
    10247 Berlin,

Antragsgegner,

hat das Verwaltungsgericht Berlin, 12. Kammer,
am 11. März 2013 durch

    die Vorsitzende Richterin am Verwaltungsgericht Hügelmann,
    den Richter am Verwaltungsgericht Mosbacher
    und die Richterin Meyer

beschlossen:

    Der Antrag auf Gewährung vorläufigen Rechtsschutzes wird zurückgewiesen.
    (ebenso vertretbar: „.... wird abgelehnt.")

    Der Antragsteller trägt die Kosten des Verfahrens.

    Der Wert des Streitgegenstandes wird auf 2.500 Euro festgesetzt.

2. Beschluss nach § 123 Abs. 1 VwGO

VG 12 L 288.13

Verwaltungsgericht Berlin
Beschluss

In der Verwaltungsstreitsache

    des Schülers Marko Merz,
    Baerwaldstraße 27, 10999 Berlin,

Antragstellers,

    gesetzlich vertreten durch die Eltern:
    Michael und Marianne Merz,
    Baerwaldstraße 27, 10999 Berlin,

17. Kapitel Vorläufiger Rechtsschutz: Bedeutung, Systematik

Prozessbevollmächtigter:
Rechtsanwalt Hugo Nassau,
Berliner Straße 12, 10247 Berlin,

gegen

das Land Berlin,
vertreten durch Bezirksamt
Friedrichshain-Kreuzberg von Berlin,
Rechtsamt, Frankfurter Allee 35-37
10247 Berlin,

Antragsgegner,

hat das Verwaltungsgericht Berlin, 12. Kammer,
am 10. Juli 2013 durch

den Richter am Verwaltungsgericht Mosbacher
als Vorsitzender nach § 80 Abs. 8 VwGO

beschlossen:

Der Antragsgegner wird im Wege einstweiliger Anordnung verpflichtet, den Antragsteller zum Schuljahr 2013/2014 vorläufig als Schüler der Schulanfangsphase in die Wilhelm-von-Humboldt-Schule aufzunehmen.

Der Antragsgegner trägt die Kosten des Verfahrens.

Der Wert des Streitgegenstandes wird auf 2.500 Euro festgesetzt.

17. Kapitel Vorläufiger Rechtsschutz: Bedeutung und Systematik

Literatur:
Finkelnburg/Dombert/Külpmann, Vorläufiger Rechtsschutz im Verwaltungsstreitverfahren, 6. Aufl. 2011; *Hummel*, Der vorläufige Rechtsschutz im Verwaltungsprozess, JuS 2011, 317, 413, 502.

I. Bedeutung

802 Wird jemand durch die öffentliche Gewalt in seinen Rechten verletzt, so steht ihm nach Art. 19 Abs. 4 GG der Rechtsweg offen (**Rechtsweggarantie**). Art. 20 Abs. 3 GG enthält die **Rechtsstaatsgarantie**. Auch **Art. 13 EMRK** schreibt den **effektiven Rechtsschutz** gegen Akte staatliche Gewalt vor. Die öffentliche Hand ist also verpflichtet, wirkungsvollen Rechtsschutz gegen alle Akte öffentlicher Gewalt vorzusehen. Ebenso wenig wie im zivilrechtlichen Bereich darf es im Verhältnis zwischen Bürger und Staat rechtsschutzfreie Räume geben.

803 Diesem Gebot tragen grundsätzlich die in der VwGO selbst vorgesehenen oder über die Verweisung in die ZPO in § 173 VwGO eröffneten **Klagearten** Rechnung. **Nicht immer** lässt das Rechtsschutzbegehren eines Betroffenen aber ein **Abwarten** auf die **Hauptsacheentscheidung** zu, sondern erfordert eine schnelle gerichtliche Entscheidung. Bis zur Entscheidung einer Klage vergeht meist eine gewisse Zeit. Das hat unterschiedliche Gründe: So muss das Gericht im Klageverfahren den Sachverhalt von Amts wegen umfassend aufklären (§ 86 Abs. 1 VwGO), in der Regel eine mündliche Verhandlung durchführen (§ 101 Abs. 1 VwGO) und dabei Ladungsfristen beachten (§ 102 Abs. 1 VwGO), vor allem aber die erforderlichen Akten von der Behörde anfordern (§ 99 Abs. 1 VwGO) und den Beteiligten Gelegenheit zur Einsicht und Stellungnahme zu gewähren. Das alles kostet Zeit, kann aber u.U. dazu führen, dass in die

Rechtsposition eines Betroffenen unzumutbar eingegriffen oder seine Rechte unzulässig erschwert oder gar vereitelt werden könnten, wenn nicht auf andere Weise – und ggf. unter Einschränkung der für das Klageverfahren geltenden Grundsätze – Abhilfe geschaffen wird.

Beispiele:
Ist die sofortige Vollziehung einer baurechtlichen Abrissverfügung behördlich angeordnet, kann die hiergegen erhobene Anfechtungsklage allein die Schaffung vollendeter Tatsachen u.U. nicht verhindern. Will ein im Auswahlverfahren unterlegener Mitbewerber die Beförderung seines Konkurrenten verhindern, muss er dafür Sorge tragen, dass die Behörde diesem vorerst keine Ernennungsurkunde aushändigt. Eine entsprechende Verpflichtungsklage allein würde dieses Ziel verfehlen.

Art. 19 Abs. 4 GG hat gerade im Bereich des vorläufigen Rechtsschutzes eine erhebliche Bedeutung. Sie liegt auch darin, die „Selbstherrlichkeit" der vollziehenden Gewalt gegenüber dem Bürger zu beseitigen. Daher soll nicht nur jeder Akt der Exekutive, der in Rechte des Bürgers eingreift, in tatsächlicher und rechtlicher Hinsicht **vollständig der richterlichen Prüfung** unterstellt werden, sondern es sollen durch Artikel 19 Absatz 4 GG auch irreparable Entscheidungen, wie sie durch die sofortige Vollziehung einer hoheitlichen Maßnahme eintreten können, soweit wie möglich ausgeschlossen werden.[774] Zur **Vermeidung von Rechtsschutzlücken** bedarf es daher eines zusätzlichen **Instrumentariums**, das den Eintritt vollendeter unumkehrbarer Verhältnisse und damit einen Rechtsverlust verhindert, bis die Klageverfahren greifen können. Zweck dieses Instrumentariums ist also – in der Regel – nur die **Offenhaltung des Verfahrens** bis zu einer Entscheidung im Klageverfahren, – zumeist – jedoch nicht eine verbindliche Klärung der zwischen den Beteiligten umstrittenen Rechtslage.[775] Hierdurch wird zugleich deutlich, dass mit dem einstweiligen Verfahren grundsätzlich kein weitergehendes Rechtsschutzziel als im Klageverfahren erreicht werden kann. Zugleich müssen alle in **Hauptsacheverfahren** denkbaren Konstellationen ihr **Spiegelbild** in den Verfahren des **vorläufigen Rechtsschutzes** finden.[776]

804

Beachte:
Der Umstand, dass ein Rechtsschutzbegehren im Wege des vorläufigen Rechtsschutzes geltend gemacht wird, bedeutet **in der Praxis** nicht zwingend, dass das Gericht sofort entscheiden muss. Vielmehr gilt es, eilige und weniger eilige Fallkonstellationen zu unterscheiden. So bleibt in der Regel für die gerichtliche Entscheidung über einen Antrag auf Wiederherstellung der aufschiebenden Wirkung eines Rechtsmittels gegen eine sofort vollziehbare versammlungsrechtliche Auflage wenig Zeit; denn die entsprechend versammlungsbehördliche Entscheidung ergeht zumeist aufgrund der Aktualität der Gefahrenprognose unmittelbar vor der Veranstaltung. Demgegenüber wird z. B. eine für sofort vollziehbar erklärte baurechtliche Abrissverfügung kaum unmittelbar nach ihrem Erlass vollstreckt; daher steht dem Gericht in der Regel mehr Zeit zur Verfügung, zumal wenn die Behörde im Verfahren zusichert, die gerichtliche Eilentscheidung abwarten zu wollen. In der Examensklausur stellt sich diese Frage aber nicht – nach Ablauf der in der Regel fünfstündigen Bearbeitungszeit muss der vollständige Beschluss fertig gestellt sein.

---

774 BVerfG, Beschluss vom 1. Oktober 2008 – 1 BvR 2466/08 – NVwZ 2009, 240 m. w. N.
775 Ausnahmsweise kann dies aber in Fällen der zulässigen Vorwegnahme der Hauptsache der Fall sein, hierzu Rdnr. 902, 907 f.
776 Dies gilt allerdings nicht für die Fortsetzungsfeststellungskonstellation (vgl. hierzu VGH Kassel, Beschluss vom 30. September 2011 – 8 B 1329/11 – Juris).

17. Kapitel Vorläufiger Rechtsschutz: Bedeutung, Systematik

II. Systematik

805 Vorläufiger Rechtsschutz in der VwGO richtet sich nach § 80 Abs. 5 Satz 1 VwGO und nach § 123 VwGO. § 80 Abs. 5 VwGO ist einschlägig für alle Verfahren, in denen es um die gesetzlich oder behördlich angeordnete sofortige Vollziehung eines Verwaltungsakts geht, in der Hauptsache also im Wege der Anfechtungsklage vorgegangen werden muss.[777] In allen anderen Fällen kommt das Verfahren auf Erlass einer einstweiligen Anordnung zum Tragen. § 123 Abs. 5 VwGO regelt ausdrücklich, dass die Absätze 1 bis 3 nicht in den Fällen der §§ 80 und 80a gelten. Demnach gehen Anträge auf Anordnung oder Wiederherstellung der aufschiebenden Wirkung den Begehren auf eine gerichtliche Sicherungs- oder Regelungsanordnung vor. Wegen der Parallelität der Verfahren verweist § 123 Abs. 3 VwGO auf einige der für die einstweilige Verfügung (§§ 920 ff. ZPO) geltenden Vorschriften.

806 Die **Unterscheidung** der verschiedenen Verfahrensarten ist von hoher **praktischer Relevanz**. Sie hat Auswirkungen etwa auf die Frage, wer für eine bestimmte Tatsache beweis- bzw. darlegungspflichtig ist. Auch der Streit über die Frage, ob selbständig oder nur unselbständig gegen eine Nebenbestimmung eines Verwaltungsakts vorgegangen werden kann, wirkt sich – wie auch im Hauptsacheverfahren[778] – auf die Verfahrensart des vorläufigen Rechtsschutzes aus.

807 Daneben sieht § 47 Abs. 6 VwGO ein Verfahren zur Erlangung einstweiligen Rechtsschutzes in **Normenkontrollverfahren** vor. Dies ist nicht nur praktisch selten, sondern hat auch keine Klausurrelevanz. Daher wird darauf hier nicht näher eingegangen.

III. Verfahren

808 Zuständig ist gem. § 80 Abs. 5 Satz 1 VwGO bzw. § 123 Abs. 2 VwGO das **Gericht der Hauptsache**. In Hauptsacheverfahren mit erstinstanzlicher Zuständigkeit des OVG oder des BVerwG sind jene Gerichte damit auch für den einstweiligen Rechtsschutz in erster und dann auch letzter Instanz zuständig. Gleiches gilt, wenn der einstweilige Rechtsschutz erst beantragt wird, wenn das Verfahren der Hauptsache bereits in höherer Instanz anhängig ist. Ist die Hauptsache noch **nicht anhängig**, ist das Gericht zuständig, bei dem die Hauptsache anhängig zu machen wäre.

809 Ist die Hauptsache bereits gem. § 6 Abs. 1 VwGO auf den **Einzelrichter** übertragen, so ist er als Gericht der Hauptsache für die Entscheidung über einen Antrag auf Gewährung einstweiligen Rechtsschutzes zuständig, ohne dass es hierzu eines Übertragungsbeschlusses bedarf. Ob umgekehrt das einstweilige Verfahren isoliert auf den Einzelrichter übertragen werden kann, ist umstritten, entspricht aber einer weitverbreiteten Praxis.[779]

810 Über Anträge auf Gewährung einstweiligen Rechtsschutzes entscheidet das Gericht durch **Beschluss**[780]. Dies ist für das Verfahren nach § 123 VwGO ausdrücklich in § 123 Abs. 4 VwGO geregelt. Für Verfahren nach §§ 80 Abs. 5 und 80a Abs. 3 VwGO ergibt sich dies aus § 80 Abs. 7 Satz 1 VwGO und § 146 Abs. 4 Satz 1 VwGO. Beschlüsse in den Verfahren des vorläufigen Rechtsschutzes sind nach § 122 Abs. 2 Satz 2 VwGO stets zu **begründen**.

---

777 Das ist nur eine *Faustformel*, vgl. insoweit Hummel, JuS 2011, 317, 319.
778 Rdnr. 670 f.
779 Redeker/von Oertzen, VwGO, § 6 Rdnr. 11; Kopp/Schenke, VwGO, § 6 Rdnr. 2.
780 Hierzu das 16. Kapitel.

Eine **mündliche Verhandlung** ist daher gem. § 101 Abs. 3 VwGO entbehrlich, aber **811** nicht völlig ausgeschlossen. Findet eine mündliche Verhandlung statt, so ist das Gericht auch mit ehrenamtlichen Richtern besetzt, falls nicht der Einzelrichter zuständig ist. Anders als im Zivilprozess bleibt es auch im Falle einer mündlichen Verhandlung bei einer Entscheidung durch Beschluss. In der Praxis ist eine mündliche Verhandlung in vorläufigen Rechtsschutzverfahren ausgesprochen selten, sie kommt aber vor allem in baurechtlichen Verfahren gelegentlich durchaus vor.

Praktisch bedeutsam ist der vom Klageverfahren **abweichende Prüfungsmaßstab** des **812** Gerichts in Verfahren des vorläufigen Rechtsschutzes. Aufgrund der Zeitknappheit gilt der für die Hauptsacheverfahren maßgebende **Untersuchungsgrundsatz** (§ 86 Abs. 1 VwGO) nur eingeschränkt; vielmehr kann das Gericht die Erfolgsaussichten der Hauptsache, die ausschlaggebend für die Entscheidung im Eilverfahren sind, nur einer **summarischen Prüfung** unterziehen.[781] Deshalb sind vorrangig solche Einwände zu berücksichtigen, die der Antragsteller in tatsächlicher oder rechtlicher Hinsicht gegen die Rechtmäßigkeit des angegriffenen Bescheids in das Feld geführt hat. Umfangreiche **Beweiserhebungen** zu Tatsachen, die die Sache verzögern könnten, werden in der Regel im Eilverfahren **unterbleiben**. Vielmehr stellt sich allein die Frage, ob der Antragsteller die von ihm behaupteten Tatsachen **glaubhaft gemacht** hat. Dies geschieht unter Bezugnahme auf eine eidesstattliche Versicherung (vgl. §§ 920 Abs. 2, 294 Abs. 1 ZPO). Im Regelfall dürfen nur solche Tatsachen zur Grundlage der Entscheidung gemacht werden, zu denen sich die Beteiligten äußern konnten. Während vorläufig nicht aufklärbare Tatsachen ggf. offen bleiben müssen, muss das Gericht Rechtsfragen – jedenfalls vorerst – klären.[782]

> **Beachte:**
> In der Examensklausur, deren Gegenstand ein vorläufiges Rechtsschutzverfahren ist, muss der abweichende Entscheidungsmaßstab immer vorangestellt werden („bei summarischer Prüfung"). In der Sache unterscheidet sich die Klausur aber kaum von den Hauptsacheverfahren, so dass sich die Bearbeiter insoweit in bekanntem Fahrwasser bewegen.

18. Kapitel Verfahren nach § 80 Abs. 5 VwGO

Literatur:
Wie § 17, sowie:; *Budroweit/Wuttke*: Der vorläufige Rechtsschutz bei Verwaltungsakten mit Drittwirkung (§§ 80, 80a VwGO), JuS 2006, 876; *Erbguth*, Einstweiliger Rechtsschutz gegen Verwaltungsakte, JA 2008, 357; *Mann/Blasche*, Zur Tenorierung verwaltungsgerichtlicher Beschlüsse in den Verfahren des vorläufigen Rechtsschutzes, NWVBl. 2009, 33, 77; *Niedzwicki*, Aufhebung der Vollziehungsanordnung vs. Wiederherstellung der aufschiebenden Wirkung, JuS 2009, 226; *Niedzwicki*, Vorläufiger Rechtsschutz und faktische Vollziehung, JuS 2010, 695.

I. Einführung

Nach § 80 Abs. 1 Satz 1 VwGO haben Widerspruch und Anfechtungsklage **aufschie-** **813** **bende Wirkung**. Nach Satz 2 der Vorschrift gilt das auch bei rechtsgestaltenden und feststellenden Verwaltungsakten sowie bei Verwaltungsakten mit Doppelwirkung (§ 80a). Grundsätzlich tritt durch die bezeichneten Rechtsmittel also **in der Regel** der

---
[781] Kopp/Schenke, VwGO, § 80 Rdnr. 125 und 158.
[782] Zur – nicht klausurrelevanten – Frage, wie das Gericht im Fall einer von ihm als verfassungswidrig angesehenen Norm im Eilverfahren vorgehen muss, vgl. Kopp/Schenke, VwGO, § 80 Rdnr. 161.

18. Kapitel Verfahren nach § 80 Abs. 5 VwGO

Suspensiveffekt ein. Vor Eintritt der Bestands- bzw. Rechtskraft darf die Behörde also grundsätzlich keine rechtlichen oder tatsächlichen Folgerungen aus dem VA ziehen.[783] Andererseits gewährleistet Art. 19 Abs. 4 GG die aufschiebende Wirkung von Rechtsbehelfen im Verwaltungsprozess nicht schlechthin. Überwiegende öffentliche Belange können es rechtfertigen, den Rechtsschutzanspruch des Einzelnen einstweilen zurückzustellen, um unaufschiebbare Maßnahmen im Interesse des allgemeinen Wohls rechtzeitig in die Wege zu leiten. Dies muss jedoch die **Ausnahme** bleiben. Eine Verwaltungspraxis, die dieses Regel-Ausnahme-Verhältnis umkehrte, indem Verwaltungsakte generell für sofort vollziehbar erklärt würden, wäre mit der Verfassung nicht vereinbar.[784]

814 Über die **Bedeutung** des Suspensiveffekts besteht im einzelnen Streit: Während er nach der strengen **Wirksamkeitstheorie** die Unwirksamkeit des Verwaltungsakts zur Folge hat, geht die (herrschende)[785] **Vollziehbarkeitstheorie** davon aus, dass die Wirksamkeit des Verwaltungsakts von Widerspruch und Anfechtungsklage nicht tangiert wird, sondern lediglich seine Vollziehbarkeit rückwirkend gehemmt ist.[786] Für die Vollziehbarkeitstheorie wird u. a. der Wortlaut von § 43 Abs. 2 VwVfG ins Feld geführt:[787] Danach bleibt ein Verwaltungsakt wirksam, solange und soweit er nicht zurückgenommen, widerrufen, anderweitig aufgehoben oder durch Zeitablauf oder auf andere Weise erledigt ist. Hat der Gesetzgeber den Eintritt der aufschiebenden Wirkung also nicht als Unwirksamkeitsgrund aufgeführt, ist im Umkehrschluss davon auszugehen, dass Widerspruch und Anfechtungsklage nicht zur Unwirksamkeit des VA führen sollten. Auch der Wortlaut des § 84 Abs. 2 AufenthG wird in diesem Zusammenhang genannt.[788] Danach lassen Widerspruch und Klage unbeschadet ihrer aufschiebenden Wirkung die Wirksamkeit der Ausweisung und eines sonstigen Verwaltungsakts, der die Rechtmäßigkeit des Aufenthalts beendet, unberührt. Der Meinungsstreit hat in der Praxis keine allzu große Bedeutung.[789]

815 § 80 Abs. 2 VwGO regelt die Fälle, in denen der Gesetzgeber **Ausnahmen** von dem vorgenannten Grundsatz vorgesehen hat. In diesen Fällen wird der **Suspensiveffekt** also ausnahmsweise **durchbrochen**. Zu unterscheiden sind zwei Fallkonstellationen: Zum einen sind dies die Fälle des **gesetzlichen Sofortvollzuges** (§ 80 Abs. 2 Satz 1 Nr. 1 bis 3 VwGO). Zum anderen wird die **Behörde** in § 80 Abs. 2 Nr. 4 VwGO ermächtigt, in Fällen des überwiegenden öffentlichen Interesses ausnahmsweise die **sofortige Vollziehung anzuordnen**. In beiden Fällen kommt einem Widerspruch und ggf. einer Anfechtungsklage keine aufschiebende Wirkung zu. Beide Fälle sind sorgsam zu unterscheiden, weil hiervon der richtige Antrag im vorläufigen Rechtsschutzverfahren abhängt. Während sich der Eilantrag im erstgenannten Fall auf die **Anordnung** der aufschiebenden Wirkung richtet, geht es in der anderen Konstellation um die **Wiederherstellung der aufschiebenden Wirkung** eines Rechtsmittels.

II. Gesetzlicher Sofortvollzug (§ 80 Abs. 2 Satz 1 Nr. 1–3 VwGO)

1. § 80 Abs. 2 Satz 1 Nr. 1 VwGO

816 Nach § 80 Abs. 2 Satz 1 Nr. 1 VwGO entfällt die aufschiebende Wirkung bei der Anforderung **öffentlicher Abgaben und Kosten**. Es handelt sich bei **Abgaben** um Steuern, Gebüh-

---

783 Bosch/Schmidt/Vondung, Rdnr. 1355.
784 BVerfG, Beschluss vom 1. Oktober 2008 – 1 BvR 2466/08 – Juris.
785 Zuletzt OVG Hamburg, Beschluss vom 8. November 2011 – Bs 163/11 – Juris, m. w. N.
786 Erbguth, JA 2008, 357, 358; Redeker/von Oertzen, VwGO, § 80 Rdnr. 4.
787 Finkelnburg in Finkelnburg/Dombert/Külpmann, Rdnr. 630.
788 Bosch/Schmidt/Vondung, Rdnr. 1356.
789 Redeker/von Oertzen, VwGO, § 80 Rdnr. 5.

II. Gesetzlicher Sofortvollzug (§ 80 Abs. 2 Satz 1 Nr. 1–3 VwGO)

ren und Beiträge, also um Leistungen die eine hauptsächliche Finanzierungsfunktion haben.[790] Im Hinblick auf den Ausnahmecharakter der Regelung ist deren Anwendung auf jedwede öffentlich-rechtliche Geldleistungspflicht ausgeschlossen. Nicht hierunter fällt daher etwa die Rückforderung einer Geldleistung gegenüber einem Leistungsempfänger. Ob dies für die **Kosten der Ersatzvornahme** gilt, ist strittig.[791] Denn Ersatzvornahmekosten sind weder nach ihrem Anfall noch nach ihrer Höhe annähernd voraussehbar und können damit nicht Teil der auf Erfahrungssätzen beruhenden Haushaltsplanung sein.[792] Unter den Begriff der **Kosten** fallen die Gebühren und Auslagen für ein konkretes Verwaltungsverfahren. **Umstritten** ist allerdings, ob dies auch für solche Kosten gilt, die **zusammen mit einer Sachentscheidung** geltend gemacht werden.[793] Gleiches gilt für die durch eine Maßnahme der **Verwaltungsvollstreckung** verursachten Kosten, wobei diese zum Teil auch unter Nr. 3 (für Vollstreckung nach Landesrecht) bzw. Satz 2 (für Vollstreckung nach Bundesrecht) gefasst werden.

> **Beachte:**
> Im Einzelfall muss sorgsam geprüft werden, ob eine Geldforderung unter die – generell eng auszulegende – Vorschrift des § 80 Abs. 2 Satz 1 Nr. 1 VwGO fällt. Ist dies entgegen der Ansicht der Behörde nicht der Fall, kommt (ggf. nach entsprechender Auslegung) nicht etwa ein Antrag auf Anordnung der aufschiebenden Wirkung des Rechtsmittels in Betracht, sondern nur der Antrag auf entsprechende Feststellung.[794]

2. § 80 Abs. 2 Satz 1 Nr. 2 VwGO

Nach § 80 Abs. 2 Satz 1 Nr. 2 VwGO scheidet der Suspensiveffekt auch bei unaufschiebbaren Anordnungen und Maßnahmen von **Polizeivollzugsbeamten** aus. Die Regelung dient dem Interesse an einer effektiven polizeilichen Gefahrenabwehr, greift aber nur, wenn ein **sofortiges polizeiliches Handeln** unerlässlich ist. Dies kann im Einzelfall durchaus problematisch sein, insbesondere dann, wenn Zeit für eine entsprechende schriftliche Verfügung bleibt. Diesbezüglich wird die Auffassung vertreten, die schriftlich erlassene Polizeiverfügung begründe die Vermutung, dass die Zeit ausgereicht hätte, sie formgerecht für sofort vollziehbar zu erklären, so dass § 80 Abs. 1 Satz 1 Nr. 2 VwGO nicht anwendbar sei.[795] Anders soll dies aber sein, wenn die Verfügung nach Bekanntwerden des Sachverhalts umgehend erlassen und außerdem ein **Formular** verwendet wurde.[796] Der praktisch häufigste Fall liegt aber in der **analogen Anwendung** der Vorschrift: Widerspruch und Klage gegen **Verkehrsregelungen** durch Ampeln und Verkehrszeichen kommt in entsprechender Anwendung keine aufschiebende Wirkung zu.[797]

3. § 80 Abs. 2 Satz 1 Nr. 3 VwGO

Schließlich ist der Suspensiveffekt kraft Gesetzes auch in den Fällen des § 80 Abs. 2 Satz 1 Nr. 3 VwGO ausgeschlossen. Danach können durch Bundesgesetz oder für das

---

790 Redeker/von Oertzen, VwGO, § 80 Rdnr. 15.
791 VGH München, Beschluss vom 25. Februar 2009 – 2 CS 07.1702 – Juris. Dagegen: OVG Berlin-Brandenburg, Beschluss vom 5. Dezember 2011 – OVG 20 GrS 1.11 – Juris.
792 So noch OVG Berlin-Brandenburg, Beschluss vom 23. Dezember 2005 – OVG 2 S 122.05 – Juris.
793 Vgl. Darstellung bei Redeker/von Oertzen, Rdnr. 16a.
794 Dazu sogleich unter Rdnr. 861 f.
795 Finkelnburg/Dombert/Külpmann, Rdnr. 700; VG Frankfurt, Beschluss vom 5. Oktober 1989 – V/2 H 1826/89 – NVwZ 1990, 1100.
796 VG Oldenburg, Beschluss vom 25. April 2003 – 2 B 1518/03 – Juris; aktuell problematisch können hier Fälle der polizeilich verfügten Wegweisung bei häuslicher Gewalt sein.
797 Vgl. hierzu BVerwG, Beschluss vom 26. Januar 1988 – 7 B 189.87 – Juris.

18. Kapitel Verfahren nach § 80 Abs. 5 VwGO

Landesrecht durch Landesgesetz weitere Ausnahmen vom Grundsatz der aufschiebenden Wirkung vorgesehen werden, insbesondere für Widersprüche und Klagen Dritter gegen Verwaltungsakte, die Investitionen oder die Schaffung von Arbeitsplätzen betreffen. **Klausurrelevant** sind insbesondere § 212a BauGB sowie **§ 45 Abs. 5 WaffG** (Widerruf waffenrechtlicher Erlaubnisse) für den bundesrechtlichen Bereich[798] und der Ausschluss der aufschiebenden Wirkung von Rechtsbehelfen gegen Maßnahmen der Verwaltungsvollstreckung für den landesrechtlichen Bereich (z. B. § 4 Abs. 1 AG-VwGO Berlin).

4. Maßnahmen der Verwaltungsvollstreckung

819 Nach § 80 Abs. 2 Satz 2 VwGO können die Länder auch bestimmen, dass Rechtsbehelfe keine aufschiebende Wirkung haben, soweit sie sich gegen Maßnahmen in der Verwaltungsvollstreckung nach Bundesrecht richten. Die Bundesländer haben entsprechende Regelungen in den Ausführungsgesetzen zur VwGO oder ihren Verwaltungsvollstreckungsgesetzen getroffen. Was Maßnahmen der Verwaltungsvollstreckung sein können, kann im Einzelnen problematisch sein. Grundsätzlich dienen Maßnahmen der Verwaltungsvollstreckung der Durchsetzung eines Verwaltungsakts; es kann sich aber auch um Maßnahmen handeln, die der Durchsetzung unmittelbarer gesetzlicher Pflichten dienen. Da die Vollstreckung von Verwaltungsakten nach den Vollstreckungsgesetzen der Länder grundsätzlich in einem gestuften Verfahren erfolgt, handelt es sich bei der Androhung und der Festsetzung des Zwangsmittels ebenfalls um Maßnahmen, die unter § 80 Abs. 2 Satz 2 VwGO fallen. Ob **Kosten der Ersatzvornahme** Maßnahmen der Verwaltungsvollstreckung sind, ist streitig.[799]

5. Behördlicher Rechtsschutz

820 In den vorgenannten Fällen des gesetzlichen Sofortvollzuges kann der Betroffene nach § 80 Abs. 4 Satz 1 VwGO bei der Behörde die Aussetzung der Vollziehung beantragen. Für die Fälle von § 80 Abs. 2 Nr. 1 VwGO ist dies sogar zwingende und nicht mehr nachholbare Zulässigkeitsvoraussetzung.

III. Behördlicher Sofortvollzug (§ 80 Abs. 2 Satz 1 Nr. 4 VwGO)

1. Formelle Voraussetzungen

821 a) Zuständigkeit. § 80 Abs. 2 Nr. 4 VwGO berechtigt die Behörde, die den Verwaltungsakt erlassen oder über den Widerspruch zu entscheiden hat, die **sofortige Vollziehung** im öffentlichen Interesse oder im überwiegenden Interesse eines Beteiligten **besonders anzuordnen**. Die Anordnung der sofortigen Vollziehung muss in diesen Fällen ausdrücklich von der Behörde ausgesprochen werden, typischerweise erfolgt dies im Tenor des Bescheides; das ist aber nicht zwingend.[800] Entscheidend ist, dass der Adressat mit hinreichender Bestimmtheit erkennen kann, dass die Behörde den Suspensiveffekt im Einzelfall ausschließen wollte. Kein Fall der Anordnung der sofortigen Vollziehung ist der bloße Hinweis der Behörde, die Anordnung gelte „mit sofortiger Wirkung" oder sei „sofort zu beachten." Herrscht Streit über die Frage, ob die sofortige Vollziehung angeordnet worden ist, kommt ggf. ein Antrag auf Feststellung der aufschiebenden Wirkung in Betracht.[801]

---

798 Weitere Fälle bei Finkelnburg/Dombert/Külpmann, Rdnr. 706 f.
799 Dagegen VGH München, Beschluss vom 25. Februar 2009 – 2 CS 07.1702 – und OVG Lüneburg, Beschluss vom 21. Februar 2013 – 1 ME 6/13 – jeweils Juris; ebenso Kopp/Schenke, VwGO, § 80 Rdnr. 70; dafür OVG Berlin-Brandenburg, Beschluss vom 23. Dezember 2005 – OVG 2 S 122.05 – und vom 5. Dezember 2011 – OVG 20 GrS 1.11 – jeweils Juris.
800 Bosch/Schmidt/Vondung, Rdnr. 1364.
801 Dazu sogleich Rdnr. 861 f.

III. Behördlicher Sofortvollzug (§ 80 Abs. 2 Satz 1 Nr. 4 VwGO)

b) Zeitpunkt. Die Anordnung muss **nicht zwingend** im Ausgangsbescheid oder **zeitgleich** mit diesem erfolgen. § 80 Abs. 2 Satz 1 Nr. 4 VwGO ermächtigt ausdrücklich die **Widerspruchsbehörde** dazu, diesen Ausspruch erst im Widerspruchsverfahren vorzunehmen. Ggf. kann die Widerspruchsbehörde die durch die Ausgangsbehörde getroffene Anordnung ebenso selbst aufheben.[802] Auch die Ausgangsbehörde kann die Anordnung der sofortigen Vollziehung zu einem **späteren Zeitpunkt** aussprechen. Dies mag darin begründet sein, dass die Einlegung eines Rechtsbehelfs durch den Adressaten oder einen Dritten nicht absehbar war oder später Gründe hinzutreten, die die sofortige Vollziehung erforderlich machen. Je länger die Behörde allerdings mit dem Ausspruch zuwartet, umso höher dürften die Anforderungen an das tatsächliche Vorliegen eines sofortigen Vollziehungsinteresses sein. Dies ist indes eine Frage der inhaltlichen Rechtmäßigkeit.

822

c) Vorherige Anhörung. Ob die Anordnung der sofortigen Vollziehung einer vorherigen **Anhörung** des Betroffenen bedarf, ist umstritten. In der Rechtsprechung wird dies überwiegend abgelehnt, weil es sich bei der Anordnung nicht um einen Verwaltungsakt handele.[803] In der Literatur wird demgegenüber wegen des hiermit verbundenen Eingriffs in Grundrechtspositionen eine Anhörung für unentbehrlich gehalten und § 28 Abs. 1 VwVfG jedenfalls analog zur Anwendung gebracht.[804] Praktisch bedeutsam ist die Frage allerdings kaum, da das fehlerhafte Unterbleiben der Anhörung nach § 45 Abs. 1 Nr. 3 VwVfG **heilbar** ist.

823

> **Klausurhinweis:**
> In **Examensklausuren**, in denen die sofortige Vollziehung eines Verwaltungsakts nachträglich angeordnet wird, trägt der Antragsteller typischerweise vor, er sei hierzu nicht angehört worden. Es empfiehlt sich hier, der in der Rechtsprechung vertretenen Ansicht zu folgen, wonach es keiner Anhörung bedarf, weil es sich bei der Anordnung selbst nicht um einen Verwaltungsakt handele und auch kein Bedürfnis für eine entsprechende Anwendung des § 28 Abs. 1 VwVfG bestehe.

d) Begründungserfordernis. Nach **§ 80 Abs. 3 Satz 1 VwGO** ist das besondere Interesse an der sofortigen Vollziehung des Verwaltungsakts schriftlich zu begründen. **Zweck** des **Begründungszwangs** ist es u. a., sowohl den Betroffenen als auch das Verwaltungsgericht über die **Gründe**, die nach Ansicht der Behörde das sofortige Einschreiten rechtfertigen oder gebieten, **zu unterrichten**.[805] Die schriftliche Begründung soll zudem den **Betroffenen** in die Lage versetzen, durch Kenntnis der Gründe, die die Behörde zur Anordnung des Sofortvollzuges bewogen haben, seine **Rechte wirksam wahrzunehmen** und die Erfolgsaussichten seines Antrags gemäß § 80 Abs. 5 VwGO abzuschätzen. Darüber hinaus hat die Begründungspflicht den Zweck, der **Behörde** den **Ausnahmecharakter** der Vollziehbarkeitsanordnung **bewusst** zu machen und sie zu veranlassen, mit besonderer Sorgfalt zu prüfen, ob tatsächlich ein vorrangiges öffentliches Interesse den Ausschluss der aufschiebenden Wirkung erfordert (**Warnfunktion**).[806] Hieraus ergibt sich, dass das Erfordernis einer schriftlichen Begründung nicht nur formeller Natur ist. Aus dem Zweck der Begründungspflicht folgt vielmehr, dass die Behörde die wesentlichen tatsächlichen und rechtlichen Erwägungen darlegen muss, die im konkreten Fall zur Annahme eines besonderen öffentlichen Interesses an

824

---

802 Finkelnburg/Dombert/Külpmann, Rdnr. 730.
803 Z. B. VG Gera, Beschluss vom 6. Dezember 2002 – 4 E 2373/02.GE – Juris; ebenso Erbguth, JA 2012, 357, 359.
804 Finkelnburg/Dombert/Külpmann, Rdnr. 732; Müller, NVwZ 1988, 702.
805 VGH München, Beschluss vom 26. März 2008 – 20 CS 08.421 – Juris.
806 Vgl. Kopp/Schenke, VwGO, § 80, Rdnr. 84 m. w. N.

18. Kapitel Verfahren nach § 80 Abs. 5 VwGO

der sofortigen Vollziehbarkeit des Verwaltungsakts geführt haben. Allerdings ist es für die bloße Erfüllung der Begründungspflicht des § 80 Abs. 3 VwGO ohne Bedeutung, ob sich individuelle Begründungserwägungen in einem Rechtsbehelfsverfahren gegen den Sofortvollzug als inhaltlich tragfähig erweisen.[807]

825 Auch wenn an den Inhalt der Begründung keine zu hohen Anforderungen zu stellen sind, ist es **unzureichend**, die sofortige Vollziehbarkeit **lediglich formelhaft**, etwa allein mit dem – angeblichen – Vorliegen eines öffentlichen Interesses, zu begründen. Allerdings kann die Behörde zur Rechtfertigung der Anordnung der sofortigen Vollziehung bei immer wiederkehrenden Sachverhaltsgestaltungen, denen eine typische Interessenslage zu Grunde liegt, die für diese Fallgruppen **typische Interessenslage** aufzeigen und deutlich machen, dass dies auch nach ihrer Auffassung im konkreten Fall vorliegt. Die Behörde muss also nicht stets eine Begründung liefern, die nur auf den konkreten Einzelfall zutrifft, sondern kann sich mit Ausführungen begnügen, die auf entsprechende Fälle in gleicher Lage Bezug nehmen. Dies genügt dann im Einzelfall den Anforderungen des § 80 Abs. 3 VwGO.

826 Fehlt eine Begründung völlig, so hat der Antrag auf Gewährung einstweiligen Rechtsschutzes bereits aus diesem Grund – jedenfalls zum Teil – Erfolg. Dieser Fall ist indes eher selten. Häufiger ist der Fall einer **defizitären Begründung**. Hier ist zu unterscheiden zwischen einer zwar knappen, aber noch hinreichenden und einer zu allgemein gehaltenen, nicht ausreichenden Begründung, wobei es **nicht auf die Überzeugungskraft** der Begründung, sondern allein auf deren Einzelfallbezug ankommt.[808] Während die Praxis der meisten Gerichte hier eher großzügig ist, widerspricht dies doch der gesetzlichen Systematik.

> **Klausurhinweis:**
> In der Examensklausur darf im Tatbestand des Beschlusses („I.") die Darstellung der von der Behörde für die Vollzugsanordnung genannten Begründung nicht fehlen.

827 Ausnahmsweise sieht § 80 **Abs. 3 Satz 2** VwGO Ausnahmen von der Begründungspflicht vor, wenn die Behörde bei Gefahr im Verzug, insbesondere bei drohenden Nachteilen für Leben, Gesundheit oder Eigentum vorsorglich eine als solche bezeichnete Notstandsmaßnahme im öffentlichen Interesse trifft.

828 e) **Heilbarkeit eines Begründungsmangels.** Umstritten ist die Frage, wie das Fehlen der Begründung **geheilt** werden kann. Bis zur gerichtlichen Entscheidung ist die Behörde frei, **erneut die sofortige Vollziehung anzuordnen** und dieser neuen Anordnung auch die notwendige Begründung beizufügen, letztlich also die defizitäre Vollzugsanordnung durch eine vollständig neue **zu ersetzen**.

829 Gegen eine Heilungsmöglichkeit durch Ergänzung bzw. Nachholung **allein der Begründung** spricht zweierlei. Zum einen ist eine solche Möglichkeit anders als beispielsweise für die fehlende Begründung des Verwaltungsakts selbst nicht gesetzlich vorgesehen. Zum anderen hat der Gesetzgeber die Anordnung der sofortigen Vollziehung als einzelfallbezogenen Sonderfall ausgestaltet, bei dem die Behörde die für eine Abweichung vom Regelfall sprechenden Gründe zusammentragen und mit dem Suspensivinteresse abwägen soll. Ergebnis dieses Abwägungsvorganges soll es dann ggf. sein, in einem einheitlichen Schritt die sofortige Vollziehung anzuordnen und zu begründen.

---

807 OVG Hamburg, Beschluss vom 20. Februar 2012 – 2 Bs 14/12 – Juris.
808 OVG Münster, Beschluss vom 27. November 2009 – 8 B 1549/09.AK – Juris.

III. Behördlicher Sofortvollzug (§ 80 Abs. 2 Satz 1 Nr. 4 VwGO)

Diese Einheitlichkeit in der Entscheidungsfindung und die Warn- und Appellfunktion des Schriftlichkeitserfordernisses würde durch die Gestattung einer Heilung unterlaufen.[809]

Für die Gestattung einer Heilung sprechen Gründe der **Prozessökonomie**, denn in der Regel wird die Behörde bei einem Erfolg des Antrages auf Gewährung einstweiligen Rechtsschutzes allein wegen mangelhafter Begründung die Vollzugsanordnung wiederholen, so dass eine erneute Befassung des Gerichts wahrscheinlich ist. Die Zulassung einer Heilung entspräche auch einer dahingehenden Tendenz des Gesetzgebers, der durch Gesetzesänderungen sowohl in § 45 VwVfG wie auch in § 114 VwGO nachträgliche Korrekturen auch noch während des gerichtlichen Verfahrens zugelassen hat.[810]

> **Klausurhinweis:**
> Sollte die **Nachholbarkeit** der Begründung des besonderen Vollzugsinteresses Gegenstand der Klausur sein, so kommt es nicht darauf an, für welche der vertretenen Auffassungen man sich entscheidet; ausschlaggebend ist vielmehr, dies mit einer sachgerechten und überzeugenden Begründung zu tun.[811] Klausurtaktisch empfiehlt sich aber immer die Variante, mit der die Arbeit möglichst ohne Hilfserwägungen fortgeführt werden kann! Wenn die Möglichkeit einer Heilung durch **Nachschieben der Begründung** angenommen wird, darf die weitere Erörterung nicht fehlen, ob der **Fehler** auch **tatsächlich geheilt** wurde. In Klausurbearbeitungen wird oftmals mit dem Hinweis auf die bloße Heilungsmöglichkeit eines Fehlers die Prüfung abgebrochen.

Ein **kostenmäßiger Nachteil** wäre mit Zulassung der Heilung nicht zwangsläufig verbunden, denn der Antragsteller kann auf die Heilung mit einer Erledigungserklärung reagieren, wobei die Kosten dann gem. § 161 Abs. 2 VwGO nach billigem Ermessen dem Antragsgegner aufzuerlegen wären.

Zur Frage, wie bei einem Begründungsmangel im Verfahren nach § 80 Abs. 5 VwGO zu **tenorieren** wäre, vgl. unten Rdnr. 846 f.

2. Materielle Voraussetzungen

Die Anordnung der sofortigen Vollziehung ist **nur im öffentlichen Interesse** oder im **überwiegenden Interesse eines Beteiligten** zulässig. Es bedarf also **besonderer**, im Einzelfall über den Erlass des eigentlichen VA hinausgehender **Gründe**, um den Ausschluss des Suspensiveffekts und damit eine **Abweichung vom Regel-Ausnahme-Verhältnis** behördlich herbeizuführen. Weder die offensichtliche Rechtmäßigkeit der Verfügung noch das allgemeine, jedem Gesetz innewohnende öffentliche Interesse am Vollzug des Gesetzes stellen einen ausreichenden Grund für die Anordnung dar. Das öffentliche Interesse am Erlass des Verwaltungsakts selbst ist also in der Regel nicht mit dem sofortigen Vollziehungsinteresse identisch.

Es muss sich bei den Gründen stets um solche handeln, die **kein Abwarten** auf eine weitere bzw. endgültige Klärung im Widerspruchs- bzw. Klageverfahren **zulassen**. Bei der Entscheidung über die Anordnung der sofortigen Vollziehung, die im **Ermessen**

---

[809] VGH Mannheim, Beschluss vom 27. September 2011 – 1 S 2554/11 – Juris, m. w. N.
[810] Finkelnburg/Dombert/Külpmann, Rdnr. 750 m. w. N.; sowie OVG Koblenz, Beschluss vom 1. März 1995, NVwZ-RR 1995, 572; VGH Kassel, Beschluss vom 17. Mai 1984, DÖV 1985, 75; OVG Münster, Beschluss vom 26. Juni 1985, NJW 1986, 1894; OVG Berlin-Brandenburg Beschluss vom 16. April 2008 – OVG 3 S 106.07 – Juris.
[811] Schübel-Pfister, JuS 2012, 993, 998, mit weiteren Hinweisen.

18. Kapitel Verfahren nach § 80 Abs. 5 VwGO

der Behörde steht, muss sie die gegenläufigen Interessen des Betroffenen gegen das Vollziehungsinteresse abwägen. Je gewichtiger der mit einer sofortigen Vollziehung einhergehende Eingriff in Grundrechtspositionen ist, desto höher sind die Anforderungen, die an das besondere Vollziehungsinteresse zu stellen sind.[812] Dies gilt insbesondere, wenn mit der Vollziehung unabänderliche und **nicht mehr rückgängig zu machende Folgen** verbunden sind. Andererseits dürfen an die Anforderungen, die den Sofortvollzug tragen sollen, keine zu hohen Anforderungen gestellt werden, wenn ohne diesen Ausspruch Gefahren für hochrangige Schutzgüter, insbesondere für Leib und Leben drohen. Das kommt insbesondere im Bereich der **Gefahrenabwehr** in Betracht.[813] Typischerweise sind daher die Gründe, die den Sofortvollzug eines zur Abwehr von Gefahren erlassenen Verwaltungsakts rechtfertigen, deckungsgleich mit den Gründen der Verfügung selbst. Hier genügt häufig ein Verweis auf diese Gründe.[814]

> Beachte:
> Auf die materielle Richtigkeit der Begründung des sofortigen Vollziehungsinteresses kommt es im gerichtlichen Verfahren nach § 80 Abs. 5 VwGO nicht an. Vielmehr nimmt das Gericht hier eine eigene Ermessensentscheidung[815] vor, bei der es auf die Begründung der Behörde verweisen bzw. sich diese zu eigen machen kann, aber auch eigenständig auf sonstige Gründe zurückgreifen kann.[816]

IV. Zulässigkeit von Anträgen nach § 80 Abs. 5 VwGO

1. Allgemeines

835 Für die Zulässigkeit von Anträgen nach § 80 Abs. 5 VwGO gelten zunächst die **allgemeinen Sachentscheidungsvoraussetzungen**. Grundsätzlich sind also die für die Anfechtungsklage einschlägigen Zulässigkeitsvoraussetzungen auch für Anträge nach § 80 Abs. 5 VwGO zu beachten. Dies gilt namentlich etwa für den Rechtsweg, die Antragsbefugnis, die Prozessfähigkeit oder die Form des Eilantrags. Allerdings gilt es, die nachfolgenden besonderen Zulässigkeitsvoraussetzungen im Blick zu halten.

> Beachte:
> Ebenso wie bei der Zulässigkeit von Hauptsacheverfahren sind diese Fragen aber in der Examensklausur jeweils nur zu behandeln, wenn sie im Einzelfall problematisch sind. Ein bloßes „Abklappern" verbietet sich also.

2. Statthaftigkeit

836 Die Statthaftigkeit des Eilantrags muss stets besonders gründlich geprüft werden. Mit dem Begriff der **Statthaftigkeit** wird die Frage beschrieben, welche der Varianten von § 80 Abs. 5 VwGO bzw. ob einstweiliger Rechtsschutz nach § 123 Abs. 1 VwGO einschlägig ist.[817] In Betracht kommen:
– der Antrag auf **Anordnung** der aufschiebenden Wirkung des Widerspruchs bzw. der Klage (§ 80 Abs. 5 S. 1 1. Alt. VwGO) für Fälle, in denen dem Rechtsmittel

---
812 Finkelnburg/Dombert/Külpmann, Rdnr. 761.
813 VGH München, Beschluss vom 10. März 2008 – 11 CS 07.3453 – Juris. Bei Finkelnburg/Dombert/Külpmann, Rdnr. 764 findet sich eine Vielzahl von Fallgruppen, in denen die Anordnung der sofortigen Vollziehung typischerweise in Betracht kommt.
814 Finkelnburg/Dombert/Külpmann, Rdnr. 747 m. w. N.
815 Vgl. Schübel-Pfister, JuS 2012, 993
816 Vgl. hierzu unten Rdnr. 854 f.
817 Vgl. zur Abgrenzung Rdnr. 805.

IV. Zulässigkeit von Anträgen nach § 80 Abs. 5 VwGO

kraft Gesetzes keine aufschiebende Wirkung zukommt (§ 80 Abs. 2 Nr. 1–3 VwGO)
- der Antrag auf **Wiederherstellung** der aufschiebenden Wirkung des Widerspruchs bzw. der Klage (§ 80 Abs. 5 S. 1 2. Alt. VwGO) für Fälle, in denen die **Behörde** die **sofortige Vollziehung anordnet** (§ 80 Abs. 2 Nr. 1–3 VwGO)
- der Antrag auf **Feststellung** der aufschiebenden Wirkung des Widerspruchs bzw. der Klage (§ 80 Abs. 5 S. 1 VwGO analog) für Fälle, in denen die **Behörde den Suspensiveffekt** eines Rechtsmittels **ignoriert**
- Verfahren nach § 123 Abs. 1 VwGO[818]

Die Abgrenzung der jeweiligen Verfahrensart ist zugleich der Standort im Beschluss, an dem die **Auslegung des gestellten Antrags** erfolgt. Noch mehr als bei den Klagen sind Eilanträge häufig durch fehlerhafte oder unvollständige Anträge der Beteiligten gekennzeichnet. Einer der Gründe hierfür ist der Umstand, dass normalerweise keine mündliche Verhandlung stattfindet, in der der Vorsitzende auf einen sachdienlichen Antrag (§ 86 Abs. 3 VwGO) hinwirkt. Anträge sind daher – in der Examensklausur: mit dieser Begründung – nach §§ **122 Abs. 1, 88** VwGO auszulegen.

> **Beispiel:**
> Der Antragsteller wendet sich gegen eine für sofort vollziehbar erklärte Baunutzungsuntersagung, der eine Zwangsgeldandrohung beigefügt ist. Er hat Widerspruch erhoben und beantragt nun **wörtlich** lediglich, die aufschiebende Wirkung seines Widerspruches wiederherzustellen. Sein Antrag ist in der **Klausur** zu Beginn der Gründe II. dahingehend **auszulegen**, dass er beantragt, die aufschiebende Wirkung seines Widerspruches hinsichtlich der Baunutzungsuntersagung wiederherzustellen **und** hinsichtlich der Zwangsgeldandrohung anzuordnen.

> **Formulierungsbeispiel:**
> *„Der Antrag ist nach § 80 Abs. 5 S. 1 1. und 2. Alt. VwGO statthaft. Zwar hat der Antragsteller wörtlich lediglich die Wiederherstellung der aufschiebenden Wirkung seines Widerspruchs vom 21. Januar 2013 gegen den Bescheid des Landratsamtes Ansbach vom 15. Januar 2013 beantragt. Das Gericht ist hieran aber nicht gebunden, weil der Antrag des anwaltlich nicht vertretenen Antragstellers nach § 122 Abs. 1 i. V. m. § 88 VwGO dahingehend auszulegen war, dass daneben auch die Anordnung der aufschiebenden Wirkung des Widerspruchs begehrt wird. Auf die Fassung des gestellten Antrages kommt es nicht an, wenn nach dem erkennbaren Ziel des Rechtsschutzbegehrens ein anderes Rechtsschutzziel erstrebt wird. So liegt der Fall hier, so dass die Auslegung zur Gewährleistung effektiven Rechtsschutzes (Art. 19 Abs. 4 GG) geboten ist. Die Behörde hat im angefochtenen Bescheid nämlich neben der für sofort vollziehbar erklärten Nutzungsuntersagung für den Fall der Zuwiderhandlung auch ein Zwangsgeld angedroht. Hierbei handelt es sich um eine Maßnahme der Verwaltungsvollstreckung nach Art. 31 des Bayerischen Verwaltungszustellungs- und Vollstreckungsgesetzes (VwZVG), gegen die Rechtsbehelfe gemäß Art. 21a VwZVG keine aufschiebende Wirkung haben.“*

3. Vorheriger Aussetzungsantrag

Die Anrufung des Gerichts ist grundsätzlich **nicht** von einem vorherigen Aussetzungsantrag an die Behörde abhängig. Zwar kann ein solcher Antrag nach § 80 Abs. 4 VwGO gestellt werden und eine solche Voraussetzung läge unter dem Gesichtspunkt

---
818 Diese Verfahren werden im 19. Kapitel behandelt.

18. Kapitel Verfahren nach § 80 Abs. 5 VwGO

des Rechtsschutzbedürfnisses nahe, doch folgt die Entbehrlichkeit aus einem **Umkehrschluss** zu § 80 Abs. 6 VwGO. Die dort geregelte **Ausnahme** betrifft nur die Anforderung öffentlicher Abgaben und Kosten.

> **Beachte:**
> In Examensklausuren findet sich häufig in Antragserwiderungsschriftsätzen des Antragsgegners der – nach soeben Gesagtem: zurückzuweisende – Einwand, der Antragsteller habe sich nicht zuvor an die Behörde gewandt, weshalb der Antrag unzulässig sei, auch wenn es sich um ein Verfahren nach § 80 Abs. 5 Satz 1 2. Alt. VwGO handelt.

4. Vorherige Erhebung von Widerspruch bzw. Anfechtungsklage

840 Umstritten ist, ob die Zulässigkeit des Antrags voraussetzt, dass der Widerspruch bzw. die Anfechtungsklage bereits erhoben ist.[819] Dieser Streit wurzelt in § 80 Abs. 5 Satz 2 VwGO, wonach der Antrag schon vor Erhebung der Anfechtungsklage zulässig ist. Nach **einer** hierzu vertretenen **Auffassung** soll dies dafür sprechen, dass das Eilverfahren weder die Erhebung des Widerspruchs noch die Erhebung der Anfechtungsklage voraussetzt. Dies soll aus Gründen des effektiven Rechtsschutzes (Art. 19 Abs. 4 GG) jedenfalls dann gelten, wenn kein Vorverfahren vorgesehen ist.[820] Innerhalb dieser Ansicht werden verschiedene Auffassungen zur Frage vertreten, wie ggf. im Erfolgsfall tenoriert werden soll: Während z.T. vertreten wird, es könne die aufschiebende Wirkung eines **zukünftigen Rechtsmittels** wiederhergestellt bzw. angeordnet werden,[821] schlagen andere[822] – wohl in Anlehnung an § 80 Abs. 4 Satz 1 VwGO – vor, die **sofortige Vollziehbarkeit** des Verwaltungsakts **auszusetzen**.

841 Nach **anderer** – überzeugenderer – **Ansicht** betrifft die Regelung des § 80 Abs. 5 Satz 2 VwGO nur den Zeitraum zwischen dem Erlass des Widerspruchsbescheides und der Klageerhebung. Die Wiederherstellung der aufschiebenden Wirkung des Widerspruches kann demnach auch noch nach Ergehen des Widerspruchsbescheides, aber vor Klageerhebung beantragt werden.

> **Beispiel:**
> Die Versammlungsbehörde untersagt mit sofort vollziehbarem Bescheid vom 4. März 2013 eine für den 1. Mai 2013 geplante Versammlung. Der hiergegen eingelegte Widerspruch wird unter dem 16. April 2013 (Zustellung am selben Tag) zurückgewiesen. Der Antragsteller kann nun – ohne Klage erheben zu müssen (Kostenvorteil!) – die Wiederherstellung der aufschiebenden Wirkung des Widerspruchs beantragen. Ohne die Anordnung des Sofortvollzuges würde diese Wirkung bis zum Ablauf des 16. Mai 2013 wirken.

842 Nach Ansicht der zweitgenannten Meinung sprechen auch **Gründe der Logik** für das Erfordernis eines eingelegten Rechtsmittels. Der vorläufige Rechtsschutz nach § 80 Abs. 5 Satz 1 VwGO korrespondiere nämlich mit § 80 Abs. 1 VwGO. Nur bei Einlegung des Rechtsmittels sei nämlich der **Suspensiveffekt**, dessen Wegfall und danach

---

819 Grundlegend hierzu: Shirvani/Heidebach, DÖV 2010, 254, sowie Kopp/Schenke, VwGO, § 80 Rdnr. 139.
820 VGH München, Beschluss vom 26. Juni 1984 – 11 Cs 83 C.1105 – Juris; Kopp/Schenke, VwGO, § 80 Rdnr. 139; Shirvani/Heidebach, DÖV 2010, 254, 260.
821 Z. B. VG Arnsberg, Beschluss vom 16. April 2009 – 3 L 192/09 – Juris. A.A. VGH Mannheim, Beschluss vom 4. Februar 1983 – A 12 S 1221/82 – Juris.
822 Vgl. Shirvani/Heidebach, DÖV 2010, 254, 261.

die Anordnung oder Wiederherstellung desselben vorstellbar. Hieraus folge **zwingend**, dass ein Antrag nach § 80 Abs. 5 Satz 1 VwGO nur dann Erfolg haben könne, wenn jedenfalls bis zum Ergehen der gerichtlichen Entscheidung ein **Rechtsbehelf** (Widerspruch oder Anfechtungsklage) vorliegt, dessen aufschiebende Wirkung angeordnet oder wiederhergestellt werden kann.[823] Der Widerspruch muss auch eindeutig eingelegt werden. Keinesfalls kann daher in einem Antrag auf vorläufigen Rechtsschutz allein die Widerspruchserhebung gesehen werden.[824] Das Argument der Gegenansicht, wonach die für Rechtsbehelfe geltenden Überlegungsfristen ansonsten verkürzt würden, überzeugt daher nicht. Nimmt jemand gerichtlichen Rechtsschutz nach § 80 Abs. 5 VwGO in Anspruch, so wird ihm auch zuzumuten sein, Widerspruch oder Klage einzulegen.[825] Abgesehen davon lässt jedenfalls die Ansicht, die die Wiederherstellung der aufschiebenden Wirkung eines zukünftigen Rechtsmittels zulässt, offen, was geschehen soll, wenn das Gericht so tenoriert, das Rechtsmittel aber – aus welchen Gründen auch immer – nicht eingelegt wird.[826]

> **Beachte:**
> Ist der Eilantrag unter Zugrundelegung dieser Ansicht bereits unzulässig, lautet der Tenor der Entscheidung: „Der Antrag auf Gewährung vorläufigen Rechtsschutzes wird abgelehnt."[827]

5. Frist

Anträge nach § 80 Abs. 5 VwGO sind nach der VwGO nicht fristgebunden. Allerdings enthalten einige Bundesgesetze abweichende Spezialregelungen, in denen z.T. sehr kurze **Fristen** vorgesehen sind.[828] So ist etwa nach § 36 Abs. 3 Satz 1 AsylVfG der Antrag innerhalb einer Woche zu stellen.

6. Rechtsschutzbedürfnis

Unter dem Aspekt **allgemeines Rechtsschutzbedürfnis** können sich zwei Fragen ergeben. Zum einen kann es vorkommen, dass ein Antrag gestellt wird, obwohl weder die sofortige Vollziehung angeordnet wurde, noch die aufschiebende Wirkung von Gesetzes wegen entfallen ist. Beruht dies auf einem Irrtum des Antragstellers, so ist der Antrag unzulässig. Besteht hingegen **Streit** zwischen den Beteiligten **über den Eintritt der aufschiebenden Wirkung**, so kommt eine Auslegung des Antrages dahingehend in Betracht, dass der Eintritt der aufschiebenden Wirkung festgestellt und hilfsweise die aufschiebende Wirkung angeordnet werden solle.

Zum anderen kann der **Rechtsbehelf**, um dessen aufschiebende Wirkung es geht, seinerseits **unzulässig** sein, etwa weil der Widerspruch erst nach Ablauf der Frist aus § 70 VwGO erhoben wurde. Hier ist **Vorsicht** geboten. § 80 Abs. 1 VwGO ordnet den Eintritt der aufschiebenden Wirkung von Widerspruch und Anfechtungsklage unterschiedslos danach an, ob diese zulässig sind oder nicht. Darüber hinaus kann die

---

823 Die Parallelität zu § 60 Abs. 1 VwGO besticht hier: Auch im Fall der Wiedereinsetzung muss neben dem entsprechenden Antrag stets die versäumte Rechtshandlung nachgeholt werden; ohne diese ist der Antrag eine „Hülle ohne Kern".
824 VG Oldenburg, Beschluss vom 25. April 2003 – 2 B 1518/03 – Juris.
825 VG Göttingen, Beschluss vom 9. Januar 2013 – 1 B 7.13 – Juris, m. w. N.
826 VG Würzburg löst das Problem im – allerdings einen Antrag nach § 80 Abs. 5 VwGO analog betreffenden – Beschluss vom 15. Februar 2012 – W 7 S 12.98 – Juris, mit der Anordnung der Rückgängigmachung der bereits vollzogenen Maßnahmen im Fall der Klageerhebung.
827 Vgl. Mann/Blasche, NWVBl. 2009, 33,34; VG Göttingen, Beschluss vom 9. Januar 2013 – 1 B 7.13 – Juris.
828 Übersicht bei Redeker/von Oertzen, VwGO, § 80 Rdnr. 55.

18. Kapitel Verfahren nach § 80 Abs. 5 VwGO

Zulässigkeit des Rechtsbehelfes durchaus im Streit stehen und unterläge im Klageverfahren der Beurteilung durch das Gericht in der von § 5 VwGO vorgesehenen vollen Besetzung und ggf. nach Beweiserhebung. Es wäre mit der Rechtsschutzgarantie schwerlich vereinbar, den Eintritt unumkehrbarer Verhältnisse hinzunehmen, weil die beantragte Gewährung einstweiligen Rechtsschutzes wegen Unzulässigkeit des Rechtsbehelfes in der Hauptsache versagt wurde, wenn die nicht nur fernliegende Möglichkeit besteht, dass das Gericht der Hauptsache in voller Besetzung und im nicht nur summarischen Verfahren zu abweichender Beurteilung gelangt. Dem Antrag auf Gewährung einstweiligen Rechtsschutzes kann daher allenfalls dann das Rechtsschutzbedürfnis fehlen, wenn der Rechtsbehelf in der Hauptsache **offenkundig unzulässig** ist und bei Fristversäumnis auch eine Wiedereinsetzung gem. § 60 VwGO ebenso offenkundig ausgeschlossen ist.[829] Lässt sich hingegen die **Frage**, ob gegen einen Verwaltungsakt fristgerecht Widerspruch eingelegt worden ist, wegen **Unklarheiten des Sachverhaltes** oder der Notwendigkeit der Entscheidung schwieriger Rechtsfragen im Rahmen der summarischen Prüfung **nicht entscheiden**, ist ein Antrag auf Wiederherstellung oder Anordnung der aufschiebenden Wirkung des Widerspruchs und einer anschließenden Klage zulässig.[830]

V. Begründetheit des Antrags auf Wiederherstellung der aufschiebenden Wirkung, § 80 Abs. 5 Satz 1, 2. Alt. VwGO

1. Formelle Rechtmäßigkeit der Vollziehungsanordnung

846 In den Fällen, in denen die Behörde den Sofortvollzug gesondert anordnet (§ 80 Abs. 2 Nr. 4, § 80 Abs. 5 Satz 1, 2. Alt. VwGO), ist zunächst die **formelle Rechtmäßigkeit der Vollziehungsanordnung** zu prüfen. Der Antrag auf Gewährung vorläufigen Rechtsschutzes kann bereits dann Erfolg haben, wenn die **Vollziehungsanordnung nicht** § 80 Abs. 3 VwGO entsprechend **ordnungsgemäß** begründet worden ist. Die **Tenorierungspraxis** ist aber **uneinheitlich**, wenn **alleiniger Grund** für den Erfolg des Rechtsschutzantrages der Verstoß gegen § 80 Abs. 3 VwGO ist.[831] Es wird **zum einen** vertreten, dass in diesen Fällen **allein die Vollziehungsanordnung aufgehoben** werden soll.[832] Nach der **Gegenansicht** soll das Gericht in den Fällen des § 80 Abs. 5 Satz 1 VwGO stets die **aufschiebende Wirkung wiederherstellen**.

847 Hintergrund des Streits ist die Frage, ob die Behörde bei einer Beanstandung der Begründung des Sofortvollzuges durch das Gericht aufgrund der **Bindungswirkung** der Entscheidung gehindert ist, den Mangel nachzubessern. Die Vertreter der Ansicht,[833] die nur die Aufhebung der Vollziehbarkeitsanordnung tenorieren wollen, meinen, anderenfalls sei die Behörde hieran gehindert. Demnach stelle die Aufhebung der Vollziehbarkeitsanordnung ein „Minus" zum Antrag auf Wiederherstellung der aufschiebenden Wirkung dar. Nur auf diese Weise werde in Abgrenzung zur vollständigen Wiederherstellung der aufschiebenden Wirkung der Umfang der Bindungswirkung des Tenors des Beschlusses klar.

848 Nach der **Gegenansicht** lässt der Wortlaut von § 80 Abs. 5 Satz 1 VwGO keine Wahl.[834] Werde die aufschiebende Wirkung durch Beschluss wiederhergestellt, sei die

---

829 Vgl. Redeker/von Oertzen, VwGO, § 80 Rdnr. 11; Bosch/Schmidt/Vondung, Rdnr. 1382.
830 OVG Magdeburg, Beschluss vom 2. August 2012 – 2 M 58/12 – Juris.
831 Vgl. Zur Darstellung der Problematik: Niedzwicki, JuS 2009, 225, 226.
832 Z. B. VGH Mannheim, Beschluss vom 27. September 2011 – 1 S 2554/11 – BeckRS 2011, 55095; ebenso auch OVG Weimar, Beschluss vom 25. November 2011 – 2 EO 289/11 – Juris.
833 Nachweise bei Mann/Blasche, NWVBl. 2009, 33, 38, Fn. 76.
834 Niedzwicki, JuS 2009, 226; Mann/Blasche, NWVBl. 2009, 33, 38.

Behörde auch nicht gehindert, die sofortige Vollziehung erneut anzuordnen, da der Beschluss lediglich eine begrenzte Bindungswirkung habe und sich nicht auf die materielle Rechtslage erstrecke. Dies lasse sich unschwer aus den Gründen des Beschlusses entnehmen.

Die prozessualen **Auswirkungen** beider Auffassungen sind bezüglich der **Kostentragungspflicht** relevant. Hebt das Gericht nämlich lediglich die Vollziehbarkeitsanordnung auf und bleibt hinter dem auf Wiederherstellung der aufschiebenden Wirkung gerichteten Antrag zurück, so kommt eine Kostenverteilung nach § 155 Abs. 1 VwGO in Betracht.[835] Vertretbar ist es aber ebenfalls, die Kosten der Behörde insgesamt aufzuerlegen, wenn das Rechtsschutzziel so verstanden wird, dass der Schutz vor unmittelbarer Vollstreckung begehrt wird; der Antragsteller erreicht dieses Ziel nämlich vollständig, denn vor erneuter Anordnung der sofortigen Vollziehung und der damit einhergehenden erneuten Möglichkeit eines Antrages nach § 80 Abs. 5 VwGO kann die Behörde nicht vollstrecken.[836]

849

> **Beachte:**
> In der Examensklausur sollte die Prüfung – ungeachtet, welcher Meinung man folgt – hier nicht abgebrochen werden. Vielmehr sollte mit der materiellen Prüfung (siehe nachfolgend) fortgesetzt werden.

2. Entscheidungsmaßstab der Interessenabwägung

Der **gerichtliche Prüfungsmaßstab** für die **Begründetheit** von Anträgen auf Wiederherstellung der aufschiebenden Wirkung ist zwar nicht klar in der VwGO vorgegeben. Für die Entscheidung wird mangels anderer Regelungen aber allgemein auf den Maßstab zurückgegriffen, der auch für die Behörde gilt. Auch sie muss nach § 80 Abs. 2 Nr. 4 VwGO zwischen dem **Suspensivinteresse** des Adressaten und dem **besonderen Interesse** an der Vollziehbarkeit abwägen. Dabei steht die Entscheidung, wie diese Interessen gegeneinander abgewogen werden, allerdings grundsätzlich im Ermessen des Gerichts. Vorrangiger Prüfungspunkt bei der Interessenabwägung ist die – aufgrund summarischer Prüfung zu beantwortende – Frage der **Rechtmäßigkeit** des sofort vollziehbaren **Verwaltungsakts**. Mit anderen Worten ist also auf die **Erfolgsaussichten in der Hauptsache** abzustellen.[837]

850

Denkbar sind hier drei mögliche Fallkonstellationen:
- der angefochtene VA ist **rechtswidrig** (Fall 1)
- der angefochtene VA ist **rechtmäßig** (Fall 2)
- die Rechtmäßigkeit des VA ist **offen** (Fall 3)

851

Der mit dem Widerspruch oder der Anfechtungsklage angefochtene Verwaltungsakt ist also auf seine formelle und materielle Rechtmäßigkeit hin zu untersuchen. Hierfür gilt dasselbe Prüfprogramm wie bei der Anfechtungsklage, allerdings bei nur **summarischer Prüfung**.[838] Gelangt diese zum Ergebnis, dass der Verwaltungsakt rechtswidrig ist, so ist die aufschiebende Wirkung des Widerspruchs bzw. der Anfechtungsklage wiederherzustellen. Im **Fall 1** ist das Ergebnis also eindeutig: Bei der Abwägung ist nämlich in erster Linie **Art. 20 Abs. 3 GG** zu berücksichtigen. Danach steht fest, dass es **kein** anerkennenswertes **Interesse** am **Vollzug rechtswidriger Verwaltungsakte** geben kann.

852

---
835 Niedzwicki, JuS 2009, 225, 226.
836 So auch Mann/Blasche, NWVBl. 2009, 33, 38.
837 Detailliert zu diesen Fragen: Finkelnburg/Dombert/Külpmann, Rdnr. 961 ff.
838 Hierzu Rdnr. 812.

18. Kapitel Verfahren nach § 80 Abs. 5 VwGO

> **Beachte:**
> Eine **summarische** Prüfung ist nicht gleichzusetzen mit einer *oberflächlichen* Prüfung.[839] Vielmehr meint der eingeschränkte Prüfungsmaßstab allein, dass nur die aktuell zur Verfügung gestellten Unterlagen und Mittel der Glaubhaftmachung herangezogen werden. Eine Beweiserhebung muss also in der Regel unterbleiben. Für die Klausur ergeben sich hieraus aber praktisch keine Unterschiede.

853 Formulierungsbeispiel:

„Der Antrag hat Erfolg. Das öffentliche Interesse an der sofortigen Vollziehbarkeit der mit Verfügung der Jagdbehörde vom 12. September 2013 sofort vollziehbaren Einziehung des Dreijahresjagdscheins überwiegt nicht das Interesse des Antragstellers an der aufschiebenden Wirkung seiner hiergegen gerichteten Klage. Bei summarischer Prüfung erweist sich der angegriffene Bescheid nämlich als offensichtlich rechtswidrig und verletzt den Antragsteller daher in seinen Rechten. Die Einziehungsverfügung beruht auf (…) Diese Voraussetzungen liegen hier nicht vor."

854 Andererseits folgt aus der Feststellung der **Rechtmäßigkeit** nicht bereits die Unbegründetheit des Antrages auf Gewährung einstweiligen Rechtsschutzes. Allein die Rechtmäßigkeit des VA rechtfertigt nicht dessen sofortige Vollziehung. In § 80 Abs. 1 hat der Gesetzgeber nämlich als **Regelfall** den Eintritt der **aufschiebenden Wirkung** von Rechtsbehelfen vorgesehen, obwohl er davon ausgehen durfte, dass die Verwaltung in der ganz überwiegenden Anzahl der Fälle rechtmäßig handeln wird. Die **gesetzgeberische Wertung** geht also dahin, den Bürger im Regelfall solange **bis zur Bestands- bzw. Rechtskraft** von der **Vollstreckung** zu verschonen. Gelangt das Gericht also im **Fall 2** zu dem Ergebnis, dass der angefochtene Verwaltungsakt rechtmäßig ist, so muss sich daran die **Prüfung anschließen, ob** das **Vollzugsinteresse** gegenüber dem **Suspensivinteresse** überwiegt. Hierbei ist das Gericht nicht auf die Beurteilung jener Umstände beschränkt, die die Behörde in der Begründung für die Anordnung der sofortigen Vollziehung angeführt hat. Es hat insbesondere aktuelle Entwicklungen zu berücksichtigen und kann **auch aus anderen Gründen** als die Behörde das Vollziehungsinteresse als überwiegend erachten. Zu den Gründen, die das sofortige Vollziehungsinteresse im Einzelnen rechtfertigen können, vgl. oben Rdnr. 833 f.

Beispiel:
Gewerbetreibender G ist über längere Zeit mit der Abführung von Sozialversicherungsbeiträgen seiner Arbeitnehmer im Rückstand, wobei die Rückstände anfänglich noch gering waren, jüngst aber besonders schnell anwachsen. Die Behörde untersagt ihm die Gewerbeausübung wegen Unzuverlässigkeit und ordnet die sofortige Vollziehung mit der Begründung an, der Sozialversicherung drohe ansonsten angesichts der rapide anwachsenden Rückstände erheblicher Schaden. Zugleich mit dem Widerspruch beantragt G die Wiederherstellung der aufschiebenden Wirkung und legt eine Bestätigung vor, wonach er soeben die Rückstände vollständig beglichen habe. Bei dieser Sachlage spricht viel dafür, das besondere öffentliche Vollzugsinteresse nicht (mehr) als überwiegend anzusehen. Erführe das Gericht hingegen, dass nunmehr Umsatzsteuer in jener Höhe nicht abgeführt wurde, in der die Sozialversicherungsrückstände getilgt wurden, wird wohl das Suspensivinteresse gegenüber dem Vollzugsinteresse zurücktreten, wenn auch aus anderen als den behördlicherseits angeführten Gründen.

---

839 Jedenfalls missverständlich aber insoweit BVerfG, Beschluss vom 20. Dezember 2012 – 1 BvR 2794/10 – NVwZ 2013, 570.

> Formulierungsbeispiel:
> „*Unter Anlegung dieses Maßstabes hat der Antrag keinen Erfolg. Der Antragsgegner hat die Anordnung der sofortigen Vollziehung formal ordnungsgemäß und insbesondere im Einklang mit § 80 Abs. 3 Satz 1 VwGO unter Benennung konkreter Umstände des Einzelfalles gesondert schriftlich begründet. Auch überwiegt das besondere öffentliche Interesse an der Vollziehung das Suspensivinteresse des Antragstellers. So erweist sich der angefochtene Verwaltungsakt bei der im einstweiligen Verfahren gebotenen summarischen Prüfung als rechtmäßig. [...] Die demnach anzustellende Interessenabwägung fällt zu Lasten des Antragstellers aus [...]*."

855

In **Fall 3**, in dem das Gericht die **Rechtmäßigkeit** des VA nicht abschließend feststellen kann, hängt die Frage, welches Interesse als überwiegend anzusehen ist, von den Umständen des Einzelfalls ab. Typischerweise kann das Gericht die Rechtmäßigkeit wegen noch offener tatsächlicher Feststellungen, die aus zeitlichen und prozessualen Gründen nicht möglich sind, nicht beurteilen. Dann muss häufig im Rahmen einer **Folgenabwägung**[840] entschieden werden, ob dem Vollziehungs – oder dem Aussetzungsinteresse der Vorrang zu geben ist.

856

Beispiel:
Die zuständige Passbehörde erlässt, gestützt auf §§ 8, 7 Abs. 1 PassG, eine Passbeschränkung, um zu verhindern, dass der als Hooligan in Verdacht stehende Antragsteller ins Ausland reist, um sich dort möglicherweise an Gewaltaktionen zu beteiligen. Der Antragsteller macht geltend, nicht gewalttätig zu sein und ist auch schon seit Längerem nicht mehr in Erscheinung getreten, er wird aber noch in der BKA-Datei „Gewalttäter Sport" geführt. Lässt sich die Sachlage nicht klären, ist das Interesse des Antragstellers, ins Ausland zu reisen, gegenüber dem möglichen Risiko, dass er dort Gewalt ausüben wird, abzuwägen. Im Zweifel dürfte die Abwägung wegen der hohen Schutzgüter wohl eher zu seinen Lasten gehen.[841]

VI. Anordnung der aufschiebenden Wirkung, § 80 Abs. 5 Satz 1, 1. Alt. VwGO

1. Zulässigkeit des Antrags

Grundsätzlich gilt für die Zulässigkeit von auf die Anordnung der aufschiebenden Wirkung gerichteten Anträgen nichts anderes als bei Anträgen auf Wiederherstellung der aufschiebenden Wirkung. (Nur) hinsichtlich des Verfahrens zur Anordnung der aufschiebenden Wirkung bei der **Anforderung öffentlicher Abgaben und Kosten** (§ 80 Abs. 2 Nr. 1 VwGO) hat der Gesetzgeber aber in § 80 Abs. 6 VwGO eine zusätzliche Zulässigkeitsvoraussetzung statuiert. Danach ist der Antrag an das Gericht erst zulässig, wenn ein vorangegangener Antrag an die Behörde auf Aussetzung der Vollziehung (§ 80 Abs. 4 VwGO) ganz oder teilweise abgelehnt wurde. Der Antrag ist eine nach ganz überwiegender Ansicht **nicht** erst im Eilverfahren **nachholbare Zulässigkeitsvoraussetzung.**[842] Der Antrag muss also schon zurückgewiesen werden, wenn der Antrag nicht vor gerichtlicher Antragstellung gestellt (und im Regelfall: beschieden) wurde.

857

Ausnahmen von dem Erfordernis sind die **Untätigkeit der Behörde** auf einen Aussetzungsantrag hin und die **drohende Vollstreckung**. Ausgehend davon, dass § 80 Abs. 6

858

---
840 Zu weiteren Fällen vgl. Bosch/Schmidt/Vondung, Rdnr. 1390 f.; zu den hier zu berücksichtigenden Aspekten: Finkelnburg/Dombert/Külpmann, Rdnr. 983.
841 Vgl. etwa VG Köln, Beschluss vom 5. September 2007 – 13 L 1248/07 – Juris, m. w. N. zur **sehr examensrelevanten** (!) – Thematik.
842 Kopp/Schenke, VwGO, § 80 Rdnr. 182 m. w. N.; Pesch, NWVBl. 2011, 303.

18. Kapitel Verfahren nach § 80 Abs. 5 VwGO

VwGO immer Fälle betrifft, in denen ein auf die Anforderung von Abgaben und Kosten gerichteter Bescheid von Gesetzes wegen trotz Rechtsbehelfserhebung vollziehbar ist, kann die Ausnahme drohender Vollstreckung nur dann greifen, wenn die Vollstreckung greifbar nahe ist, so dass eine im Bescheid enthaltene Androhung der Vollziehung hierfür nicht ausreicht, sondern beispielsweise eine Ankündigung des Vollziehungsbeamten erforderlich ist.

2. Begründetheit

859 Auch für die Anordnung der aufschiebenden Wirkung durch das Gericht nennt die VwGO keinen Maßstab. Dieser lässt sich aber aus der Systematik erschließen. Die Anordnung der aufschiebenden Wirkung betrifft nur jene Fälle, in denen der Gesetzgeber selbst eine **generelle Interessenabwägung** vorgenommen und dabei festgelegt hat, dass die Einlegung eines Rechtsbehelfs die Vollziehung nicht generell aufhalten soll. Diese generelle Abwägung setzt voraus, dass der Bescheid rechtmäßig ist.

860 Mithin wird das Gericht die aufschiebende Wirkung anordnen, wenn es bei summarischer Prüfung zu der Einschätzung gelangt, dass **ernstliche Zweifel an der Rechtmäßigkeit des Bescheides** bestehen. Es wendet damit auf alle Fälle des § 80 Abs. 5 Satz 1, 1. Alt. VwGO jenen **Maßstab** analog an, den der Gesetzgeber in § 80 Abs. 4 Satz 3 VwGO der Behörde selbst für Aussetzungsanträge **bei öffentlichen Abgaben und Kosten** vorgegeben hat. Hält das Gericht den Bescheid für rechtmäßig, nimmt es keine Interessenabwägung vor, sondern es verbleibt bei der bereits vom Gesetzgeber getroffenen Wertung, falls nicht besondere Aspekte des Einzelfalles gegeben sind, die der Gesetzgeber bei seiner Entscheidung nicht bereits berücksichtigt hat und die vom Antragsteller vorzutragen sind.[843]

VII. Feststellung der aufschiebenden Wirkung analog § 80 Abs. 5 VwGO

1. Zulässigkeit

861 Im Einzelfall kann es zum **Streit** darüber kommen, **ob** einem Rechtsbehelf **aufschiebende Wirkung** zukommt. In diesen Fällen geht die Behörde davon aus, der von ihr erlassene Verwaltungsakt sei sofort vollziehbar, sei es, weil – aus ihrer Sicht – ein Fall des gesetzlichen Sofortvollzuges vorliegt,[844] sei es, weil sie annimmt, die sofortigen Vollziehung ordnungsgemäß angeordnet zu haben. Möglicherweise geht die Behörde auch von einem **offenkundig unzulässigen Rechtsbehelf** aus, dem aus diesem Grund der Suspensiveffekt abzuerkennen sei. Demgegenüber meint der Betroffene, der Suspensiveffekt seines Rechtsbehelfs greife. Die VwGO sieht in diesen Fällen des sog. **faktischen Vollzuges** eine ausdrückliche Rechtsschutzmöglichkeit nicht vor. Aus Gründen des effektiven Rechtsschutzes (Art. 19 Abs. 4 GG) ist es aber geboten, in diesen Fällen § 80 Abs. 5 VwGO analog anzuwenden, gerichtet auf die Feststellung **der aufschiebenden Wirkung**. Wegen der Bindung an Recht und Gesetz (Art. 20 Abs. 3 GG) wird dieser Antrag in der Regel ausreichen, um die Behörde zu rechtsstaatlichem Handeln zu veranlassen. Der richtige Antrag im Eilverfahren lautet daher: „Es wird beantragt, festzustellen, dass die Klage (genaue Bezeichnung) gegen den Bescheid (genaue Bezeichnung) aufschiebende Wirkung hat".[845]

862 In diesen Fällen ist in der Zulässigkeit lediglich die **Statthaftigkeit** des Antrags zu prüfen. Dafür wird es genügen, wenn der Antragsteller behauptet, der von ihm eingelegte

---

843 Vgl. BVerfG, Beschluss vom 10. Oktober 2003 – 1 BvR 2025/03 – NVwZ 2004, 93.
844 Vgl. hierzu Schübel-Pfister, JuS 2010, 406, 409, zu VGH München, Beschluss vom 25. Februar 2009 – 2 CS 07.1702 – Juris.
845 Grundlegend dazu: Niedzwicki, JuS 2010, 695 f.

Rechtsbehelf habe aufschiebende Wirkung, der von der Behörde ignoriert werde. Ob die Rechtsansicht zutrifft, ist keine Frage der Zulässigkeit, sondern der materiellen Prüfung. Ist der Antragsteller unsicher, ob er mit seiner Rechtsansicht durchdringen kann, empfiehlt es sich, **hilfsweise** einen Antrag auf Anordnung oder Wiederherstellung der aufschiebenden Wirkung zu stellen.[846] Zusätzlich bedarf das **Rechtsschutzbedürfnis** genauerer Untersuchung. Es kann insbesondere dann fehlen, wenn absehbar ist, dass die Behörde trotz der von ihr angenommenen sofortigen Vollziehbarkeit des Bescheides keine unmittelbaren Maßnahmen zur Durchsetzung ihrer Ansicht ergreifen wird.

2. Begründetheit

Der Antrag auf Feststellung ist bereits dann begründet, wenn dem Widerspruch aufschiebende Wirkung zukommt. Häufig geht es hier um Fälle, in denen sich die Frage stellt, ob **Leistungsbescheide** als Fall öffentlicher Abgaben und Kosten im Sinne von § 80 Abs. 2 Nr. 1 VwGO anzusehen sind oder nicht.[847]

863

Formulierungsbeispiel:

„Der Antrag ist auch begründet. Der Widerspruch und die Anfechtungsklage des Antragstellers haben gem. § 80 Abs. 1 Satz 1 VwGO aufschiebende Wirkung. Der Antragsgegner macht mit dem o. g. Kostenbescheid auf der Grundlage des § 16a Satz 2 Nr. 2 Tierschutzgesetz (TierSchG) Kosten für die am 14. März 2011 erfolgte Wegnahme, die anderweitige pflegliche Unterbringung und spätere Veräußerung von 25 Pferden geltend. Diese Kosten stellen keine sofort vollziehbaren öffentlichen Abgaben oder Kosten im Sinne des § 80 Abs. 2 Nr. 1 VwGO dar. Hierunter sind neben Steuern, Gebühren und Beiträgen auch sonstige öffentlich-rechtliche Geldforderungen zu verstehen, die von allen erhoben werden, die einen normativ bestimmten Tatbestand erfüllen und zur Deckung des Finanzbedarfs des Hoheitsträgers für die Erfüllung seiner öffentlichen Aufgaben dienen. Die insoweit für den Wegfall des Suspensiveffekts tragende Erwägung, im Interesse der Sicherung einer geordneten Haushaltsführung der öffentlichen Hand die Stetigkeit des Mittelflusses zu gewährleisten, erfassen den vom Antragsgegner geltend gemachten Kostenerstattungsanspruch nicht (…). Die hier geforderten Kosten gehören auch nicht zu den öffentlich-rechtlichen Kosten im Sinne der genannten Vorschrift." [848]

864

VIII. Umfang der Rechtsschutzgewährung

Nach § 80 Abs. 5 Satz 1 VwGO kann das Gericht die aufschiebende Wirkung **ganz oder teilweise** anordnen bzw. wiederherstellen. Das **Gericht** hat also ein **Ermessen** in Bezug auf die Frage, welche Tenorierung erforderlich ist, um das Rechtsschutzbegehren des Antragstellers einerseits wirkungsvoll zur Geltung zu bringen, andererseits aber etwaige öffentliche Vollziehungsinteressen nicht völlig außer Acht zu lassen. Keinesfalls muss das Gericht also immer im vollen Umfang stattgeben.
Der **Tenor**[849] einer solchen Entscheidung würde dann lauten:

865

„Die aufschiebende Wirkung des Widerspruchs des Antragstellers gegen den Bescheid des Wohnungsaufsichtsamtes X vom 23. Januar 2013 wird insoweit wiederhergestellt,

---

846 Finkelnburg/Dombert/Külpmann, Rdnr. 1049.
847 Vgl. VGH München, Beschluss vom 25. 2. 2009 – 2 CS 07.1702 – sowie VG Potsdam, Beschluss vom 16. November 2011 – 3 L 612/11 – jeweils Juris.
848 Nach VG Potsdam, Beschluss vom 16. November 2011 – 3 L 612/11 – Juris.
849 Zu weiteren Beispielen vgl. Mann/Blasche, NWVBl. 2009, 33, 34 f.

> *als dem Antragsteller die Nutzung des 1. Stockwerks seiner Wohnung in der Goethestraße 12 in 71069 Sindelfingen untersagt wurde. Im Übrigen wird der Antrag zurückgewiesen."*

866 Einzelheiten zu weiteren Möglichkeiten einer **Teilstattgabe** sind in § 80 Abs. 5 VwGO selbst geregelt. In **sachlicher Hinsicht** kann das Gericht nach § 80 Abs. 5 Satz 4 VwGO die Wiederherstellung der aufschiebenden Wirkung von der **Leistung einer Sicherheit** oder von anderen **Auflagen** abhängig machen.[850]

Beispiel:
Unter Anordnung sofortiger Vollziehung untersagt die Versammlungsbehörde die Demonstration einer extremistischen Gruppierung wegen zu erwartender Gewalttätigkeit von Gegendemonstranten und unzureichender Anzahl von Polizisten aufgrund sonstiger Großereignisse. Das Gericht stellt die aufschiebende Wirkung des Widerspruches wieder her mit der *Auflage*, dass das Mitführen bestimmter, im Falle von Krawallen besonders gefährlicher Gegenstände untersagt sei.

867 In **zeitlicher Hinsicht** kann das Gericht nach § 80 Abs. 5 Satz 5 VwGO die aufschiebende Wirkung **befristen**. Die Wiederherstellung der aufschiebenden Wirkung kann aber nicht unter eine **Bedingung** gestellt werden, weil Bedingungen dem Prozessrecht fremd sind.[851]

Beispiel:
Einem Grundstückseigentümer wird unter Anordnung sofortiger Vollziehung der Abbruch eines selbst bewohnten illegal errichteten Gebäudes aufgegeben. Er macht Unzumutbarkeit wegen drohender Obdachlosigkeit geltend. Das Gericht kann hier nach Interessenabwägung die aufschiebende Wirkung des Widerspruches wiederherstellen, soweit dieser sich gegen die auf Wohnräume bezogene Abbruchverfügung richtet, und den Antrag zurückweisen, soweit sich der Widerspruch gegen die auf sonstige Gebäudeteile bezogene Abbruchverfügung richtet. Alternativ oder auch kumulativ dazu könnte es die aufschiebende Wirkung unter Berücksichtigung der anzunehmenden Dauer einer Suche nach einer anderen Unterkunft etwa für drei Monate wiederherstellen.

IX. Vollzugsfolgenbeseitigung

868 In der Praxis kommt es vor, dass mit der Vollziehung eines Verwaltungsakts bereits begonnen wurde, bevor ein Rechtsschutzantrag gestellt worden ist oder das Gericht darüber entschieden hat, etwa weil der Antrag erst spät gestellt worden ist oder die Behörde der Auffassung ist, dem Rechtsmittel sei keine aufschiebende Wirkung beigegeben (sog. **faktische Vollziehung**).

869 § 80 Abs. 5 Satz 3 VwGO sieht vor, dass das Gericht neben der Wiederherstellung bzw. Anordnung der aufschiebenden Wirkung anordnen kann, dass die **Vollziehung aufzuheben** sei. Die Behörde hat also nach § 80 Abs. 5 Satz 3 VwGO alle Maßnahmen vorläufig rückgängig zu machen, die sie in Vollziehung dieses Bescheides bereits durchgeführt hat und die Antragstellerin in die Position zu versetzen, in der sie ohne den angegriffenen Bescheid stünde. § 80 Abs. 5 Satz 3 VwGO gilt **analog** auch bei der **Feststellung** des Eintritts der aufschiebenden Wirkung.

870 Typische Fälle der Vollzugsfolgenbeseitigung sind etwa:

---

850 Z. B. OVG Saarlouis, Beschluss vom 16. November 2007 – 3 B 447/07 – Juris; vgl. auch OVG Berlin, Beschluss vom 22. Juni 2005 – 2 S 49.05 – NVwZ-RR 2005, 761.
851 Bosch/Schmidt/Vondung, Rdnr. 1409.

- bei Geldleistungsverwaltungsakten hat die Behörde den Betrag schon vereinnahmt
- bei straßenverkehrsrechtlichen Maßnahmen sind Verkehrsschilder bereits aufgestellt bzw. flankierende bauliche Maßnahmen durchgeführt
- die Behörde hat eine Berechtigungskarte nach Widerruf einer (etwa waffenrechtlichen) Erlaubnis schon eingezogen

In der **Examensklausur** gilt es in Fällen dieser Art – ggf. durch sachdienliche Auslegung des wörtlich gestellten Antrags des Antragstellers – zu erkennen, dass sich das Begehren nicht nur auf die Anordnung, Wiederherstellung oder Feststellung der aufschiebenden Wirkung beschränkt, sondern **auch** die **Rückgängigmachung** der bereits eingetretenen **Folgen** mit umfasst.

Der **Tenor**[852] einer solchen Entscheidung lautet:

> „Die aufschiebende Wirkung des Widerspruchs des Antragstellers vom 13. September 2012 gegen die Markierung von Schutzstreifen für den Radverkehr (Zeichen 340 der Anlage 3 zu § 42 Abs. 2 StVO) sowie Aufstellung von Halteverbotsschildern (Zeichen 283 der Anlage 2 zu § 41 Abs. 1 StVO) in der N. Straße in B. wird angeordnet.
> Der Antragsgegner wird verpflichtet, die in der N. Straße in B. aufgestellten Halteverbotsschilder (Zeichen 283 der Anlage 2 zu § 41 Abs. 1 StVO) einstweilen zu entfernen."

X. Verfahren nach § 80a VwGO[853]

1. Allgemeines

§ 80a VwGO betrifft **Verwaltungsakte mit Doppelwirkung** und ergänzt § 80 VwGO. Der Gesetzgeber hat sich entschieden, Rechtsschutz in dieser Konstellation nicht über § 123 Abs. 1 VwGO zu gewähren, sondern weitgehend parallel zu § 80 Abs. 5 VwGO zuzulassen.

Die Vorschrift unterscheidet zwei Ausgangskonstellationen:
- **begünstigender VA** mit **drittbelastender** Wirkung (§ 80a Abs. 1 VwGO)
  Beispiele: Baugenehmigung, die den Bauherrn begünstigt und den Nachbarn belastet; die den Anlagenbetreiber begünstigende immissionsschutzrechtliche Genehmigung, die den Nachbarn auf Grund der Immissionen belastet; Sperrzeitverkürzung zugunsten des Gaststätteninhabers mit drittbelastender Wirkung.
- **belastender VA** mit **drittbegünstigender** Wirkung (§ 80a Abs. 2 VwGO)
  Beispiele: Beseitigungsverfügung, die den Bauherrn belastet und den Nachbarn begünstigt; Stilllegungsverfügung zulasten des Anlagenbetreibers, die den Nachbarn begünstigt.

Ferner ist zu unterscheiden zwischen dem **behördlichen** (§ 80a Abs. 1 und 2 VwGO) und dem **gerichtlichen** (§ 80a Abs. 3 VwGO) Rechtsschutz.

> Beachte:[854]
> In der **Examensklausur** muss der Sachverhalt zunächst einer der aufgeführten Fallgruppen und damit einem der richtigen in § 80a VwGO geregelten Fälle zugeordnet

---

852 Nach VG Saarlouis, Beschluss vom 19. Januar 2011 – 10 L 1655/10 – Juris.
853 Dazu grundlegend: Budroweit/Wuttke, JuS 2006, 876.
854 Nach Budroweit/Wuttke: JuS 2006, 876, 881.

18. Kapitel Verfahren nach § 80 Abs. 5 VwGO

werden. Der Fall des den Adressaten belastenden und den Dritten begünstigenden Verwaltungsakts bei fehlender aufschiebender Wirkung des Widerspruchs wird von § 80a VwGO grundsätzlich nicht erfasst und ist über § 80 Absatz 4 bzw. 5 VwGO zu lösen.

2. Behördlicher Rechtsschutz nach § 80a Abs. 1 VwGO

875 Im Falle eines von einem Dritten angefochtenen **begünstigenden Verwaltungsakts** mit belastender Drittwirkung (§ 80a Abs. 1 VwGO) sind zwei Unterfälle denkbar:
- Entweder hat die Behörde den ursprünglichen VA ohne die Anordnung der sofortigen Vollziehung erlassen; in diesen Fällen kann die Behörde die sofortige Vollziehung **auf Antrag des Begünstigten anordnen (Nr. 1)**.

Beispiel:
Dem Gastwirt G wird auf Antrag eine Gaststättenerlaubnis nach § 2 Abs. 1 Satz 1 GastG erteilt. Gegen diese legt der Nachbar N, der sich durch die zu befürchtenden Ruhestörungen in seinen Rechten verletzt sieht, fristgemäß Widerspruch ein.

876 In diesem Fall wendet sich G an die Behörde mit dem Antrag, die sofortige Vollziehung der Gaststättenerlaubnis anzuordnen. Bei Ablehnung seines Antrags müsste sich G an das Gericht wenden. Kommt die Behörde dem Begehren nach, muss Nachbar N dies tun (dazu sogleich Rdnr. 878).
- Oder aber der VA ist bereits durch entsprechende behördliche Anordnung bzw. gesetzliche Regelung (typischer Fall: § 212a BauGB) sofort vollziehbar; dann kann die Behörde **auf Antrag des Dritten** die **Vollziehung aussetzen (Nr. 2)**.

Beispiel:
Dem Bauantragsteller B wird eine Baugenehmigung erteilt. Auch hier legt Nachbar N, der sich in seinen Rechten verletzt sieht, fristgemäß Widerspruch ein.

877 In diesem Fall kommt dem Widerspruch kraft Gesetzes keine aufschiebende Wirkung zu (§ 212a BauGB). B muss also nichts unternehmen, um von der Genehmigung Gebrauch machen zu können. Vielmehr wendet sich nun N mit dem entsprechenden Antrag an die Behörde.

3. Behördlicher Rechtsschutz nach § 80a Abs. 2 VwGO

878 Im Falle eines vom Adressaten angefochtenen **belastenden Verwaltungsakts** mit begünstigender Drittwirkung (§ 80a Abs. 2 VwGO) kann die **Behörde** auf **Antrag des Dritten** die **sofortige Vollziehung anordnen**.

Beispiel:
Die Behörde erteilt dem Gastwirt eine Auflage gem. § 5 Abs. 1 Nr. 3 GastG zum Schutz der Nachbarschaft vor schädlichen Umwelteinwirkungen, die der Gastwirt nicht befolgen will. Der Nachbar stellt den Antrag nach § 80a Abs. 2 VwGO

N wendet sich also mit dem Antrag, die sofortige Vollziehung nunmehr anzuordnen, an die Behörde.

4. Gerichtlicher Rechtsschutz nach § 80a Abs. 3 VwGO

879 a) **Gerichtliche Entscheidungsmöglichkeiten.** Nach § 80a Abs. 3 Satz 1 VwGO kann das **Gericht** auf Antrag **Maßnahmen** nach den **Abs. 1 und 2** ändern oder aufheben oder solche Maßnahmen treffen. Das Gericht kann also
- im Fall der durch die **Behörde** *angeordneten* sofortigen Vollziehung (§ 80a Abs. 1 Nr. 1 und § 80a Abs. 2 VwGO) auf Antrag des Betroffenen die **sofortige Vollziehung aufheben** (oder den Antrag zurückweisen)

- im Fall der durch die **Behörde** *abgelehnten* sofortigen Vollziehung (§ 80a Abs. 1 Nr. 1 und § 80a Abs. 2 VwGO) auf Antrag des Begünstigten die **sofortige Vollziehung anordnen** (oder den Antrag zurückweisen)
- im Fall der durch die **Behörde** *ausgesetzten* sofortigen Vollziehung (§ 80a Abs. 1 Nr. 2 VwGO) auf Antrag des Begünstigten die **Aussetzung der Vollziehung aufheben** (oder den Antrag zurückweisen)
- im Fall der durch die **Behörde** *abgelehnten Aussetzung* der sofortigen Vollziehung (§ 80a Abs. 1 Nr. 2 VwGO) auf Antrag des Betroffenen die **Vollziehung der Begünstigung aussetzen** (oder den Antrag zurückweisen)

b) Zulässigkeit und Besonderheiten des Verfahrens. Für den einstweiligen Rechtsschutz sieht § 80a Abs. 3 Satz 2 VwGO die **entsprechende Anwendung von § 80 Abs. 5 bis 8 VwGO** vor. Zur Zulässigkeit eines Antrages nach § 80a Abs. 3 Satz 2 VwGO in Verbindung mit § 80 Abs. 5 VwGO kann daher zunächst auf die Ausführungen zu § 80 Abs. 5 VwGO Bezug genommen werden. Daneben gilt es, einige Besonderheiten zu beachten.

aa) Antragsbefugnis. Wie in allen Fällen der Drittanfechtung kommt die Möglichkeit der Verletzung in eigenen Rechten zum Tragen. Der Antrag ist in analoger Anwendung von § 42 Abs. 2 VwGO nur zulässig, wenn der **Antragsteller** geltend machen kann, in eigenen Rechten verletzt zu sein.

bb) Beiladung. Im Verfahren ist derjenige, zu dessen Lasten sich die erstrebte Entscheidung auswirken würde, gem. § 65 Abs. 2 VwGO notwendig **beizuladen**. Für die Examensklausur gelten die Ausführungen in Rdnr. 68 f.

cc) Vorheriger Aussetzungsantrag. § 80a Abs. 3 Satz 2 VwGO verweist dem Wortlaut nach auch auf § 80 Abs. 6 VwGO. Nach dieser Vorschrift ist der Antrag auf vorläufigen Rechtsschutz – bezogen auf die Fälle des Absatzes 2 Nr. 1 – nur nach vorheriger behördlicher Antragstellung zulässig.[855] **Umstritten** ist daher, ob die Verweisung so zu verstehen ist, dass auch bei Fällen von § 80a in jedem Fall **zunächst** bei der **Behörde** die **Aussetzung der Vollziehung** zu beantragen sei. Ganz überwiegend wird inzwischen vertreten, dass es sich bei § 80a Abs. 3 Satz 2 VwGO um eine Rechtsgrund- und nicht um eine Rechtsfolgenverweisung handele, so dass grundsätzlich kein Antrag bei der Behörde gestellt werden muss.[856]

5. Begründetheit

Für Anträge nach § 80a Abs. 3 i. V. m. § 80 Abs. 5 VwGO, die auf Anordnung bzw. Wiederherstellung der aufschiebenden Wirkung gerichtet sind, gelten die obigen Ausführungen zu § 80 Abs. 5 VwGO entsprechend. Auch hier trifft zu, dass es kein besonderes Interesse an der Vollziehung rechtswidriger Verwaltungsakte gibt, doch kann sich der Dritte nur auf die Verletzung **gerade auch ihn schützender** Rechtsnormen berufen.[857] Dies schränkt das Prüfprogramm des Gerichts im Verfahren nach § 80a VwGO ein.

Stellt sich der angegriffene Verwaltungsakt bei summarischer Prüfung als mit den nachbarschützenden Vorschriften vereinbar heraus, begründet für die anschließende **Interessenabwägung** der bereits durch den Gesetzgeber vorgesehene Regelfall ein besonderes Gewicht des Vollziehungsinteresses. Beruht der Ausschluss der aufschieben-

---

855 S. oben Rdnr. 857.
856 Vgl. Kopp/Schenke, VwGO, § 80a Rdnr. 21; differenzierend Redeker/v.Oertzen, VwGO, § 80a Rdnr. 7. Dafür: OVG Lüneburg Beschluss vom 3. Januar 2011 – 1 ME 146/10 – Juris.
857 Vgl. OVG Berlin-Brandenburg, Beschluss vom 29. Januar 2007 – 10 S 1.07 – Juris; OVG Lüneburg, Beschluss vom 5. März 2008 – 7 MS 115/07 – Juris.

19. Kapitel Verfahren nach § 123 VwGO

den Wirkung hingegen auf einer behördlichen Anordnung der sofortigen Vollziehbarkeit (§ 80 Abs. 1 Nr. 1 i. V. m. § 80 Abs. 2 Nr. 4 VwGO), bedarf es einer individuellen Interessenabwägung, in die neben den Interessen der Allgemeinheit jene des Antragstellers wie auch die Interessen des von dem Verwaltungsakt Begünstigten einzustellen sind.[858]

886 Besteht das Rechtsschutzziel in der Anordnung der sofortigen Vollziehung oder der Aufhebung der behördlich verfügten Aussetzung der Vollziehung eines den Antragsteller begünstigenden Verwaltungsakts, kann die Interessenabwägung nur zugunsten des Antragstellers ausfallen, wenn der Verwaltungsakt **rechtmäßig** ist.

XI. Abänderungsverfahren § 80 Abs. 7 VwGO

1. Von Amts wegen

887 Gem. § 80 Abs. 7 Satz 1 VwGO kann das Gericht Beschlüsse nach § 80 Abs. 5 VwGO jederzeit ändern oder aufheben. Diese Befugnis ist an **keine Voraussetzungen** geknüpft, darf aber selbstverständlich nicht willkürlich ausgeübt werden, sondern es bedarf eines sachlichen Grundes. Ein solcher wird regelmäßig anzunehmen sein, wenn das Gericht nachträglich neue tatsächliche Erkenntnisse (etwa aus parallel liegenden noch nicht abgeschlossenen Verfahren) gewinnt oder die Rechtslage sich geändert hat und bei gedachter Berücksichtigung bereits im Ausgangsverfahren eine andere Entscheidung ergangen wäre. Dabei können als **veränderte Umstände** auch in einer nachträglichen Änderung der höchstrichterlichen Rechtsprechung oder der Klärung einer umstrittenen Rechtsfrage anzuerkennen sein.[859]

2. Auf Antrag

888 § 80 Abs. 7 Satz 2 VwGO gibt jedem Beteiligten das **Recht** zur Beantragung einer Änderung oder Aufhebung eines bereits ergangenen Beschlusses nach § 80 Abs. 5 VwGO. Allerdings ist dies an die Geltendmachung veränderter oder im ursprünglichen Verfahren ohne Verschulden nicht geltend gemachter Umstände geknüpft. Wird hingegen nur die Rechtsansicht des Gerichts im ursprünglichen Verfahren in Zweifel gezogen oder neuer Tatsachenstoff vorgetragen, ohne dass ein Verschulden ausgeschlossen werden kann, muss das Gericht nicht förmlich über die Änderung oder Aufhebung seines Beschlusses entscheiden, kann den Antrag aber als **Anregung** auf Änderung von Amts wegen nach Satz 1 verstehen und ist daher auch nicht an einer Änderung bzw. Aufhebung gehindert.
Der **Tenor** einer Abänderungsentscheidung lautet wie folgt:
„Auf den Antrag des Antragsgegners vom 25. September 2012 wird der Beschluss der Kammer vom 4. September 2012 gemäß § 80 Abs. 7 Satz 2 VwGO geändert.... (sodann: Entscheidung zum ursprünglichen Antrag).

19. Kapitel Verfahren nach § 123 VwGO

Literatur:
Wie § 18, sowie: Preusche, Zur Auslegung und Zulässigkeit verwaltungsgerichtlicher Eilanträge in der Assessorklausur, JA 2009, 138; Schrader, Die Vorwegnahme der Hauptsache und das Ermessen im Rahmen des einstweiligen Rechtsschutzes, JuS 2005, 37.

---

858 Vgl. OVG Lüneburg, Beschluss vom 5. März 2008 – 7 MS 115/07 – Juris Rdnr. 27.
859 Vgl. OVG Berlin-Brandenburg, Beschluss vom 22. November 2012 – OVG 11 S 63.12 – Juris.

I. Allgemeines

Der Erlass einer **einstweiligen Anordnung nach § 123 Abs. 1 VwGO** kommt in den Fällen in Betracht, die nicht unter § 80 Abs. 5 VwGO fallen. Dies folgt aus § 123 Abs. 5 VwGO, wonach die Vorschriften der Absätze 1 – 3 nicht für die Fälle von § 80 und § 80a VwGO gelten. Diese sind mithin spezieller. Während es bei § 80 Abs. 5 VwGO um die vorläufige Abwehr von Belastungen geht, die von einem sofort vollziehbaren Verwaltungsakt herrühren, dient die einstweilige Anordnung der **Sicherung von Rechtspositionen** bzw. ihrer – zumeist – **vorläufigen Regelung** bis zu einer endgültigen Klärung in einem nachfolgenden Hauptsacheverfahren. **889**

§ 123 Abs. 1 VwGO ist den **§§ 935, 940 ZPO** nachgebildet. Wegen der Parallelität zur einstweiligen Verfügung im Zivilprozess verweist § 123 Abs. 3 VwGO daher auf eine Reihe von Vorschriften aus der ZPO. Am praktisch bedeutendsten ist hier der Verweis auf § 920 Abs. 2 ZPO, wonach **Grund und Anspruch** des vorläufigen Rechtsschutzbegehrens **glaubhaft zu machen** sind. Ggf. kann auch § 926 Abs. 1 ZPO (Klageerzwingung) und § 945 ZPO (Schadensersatz) Bedeutung erlangen. **890**

II. Arten einstweiliger Anordnungen

§ 123 Abs. 1 VwGO nennt ausdrücklich die Sicherungsanordnung und die Regelungsanordnung. Die **Sicherungsanordnung** nach § 123 Abs. 1 Satz 1 VwGO ist einschlägig, wenn die Gefahr besteht, dass durch eine Veränderung des bestehenden Zustandes die Verwirklichung eines Rechts des Antragstellers vereitelt oder wesentlich erschwert werden könnte. Sie dient, auf eine Kurzform gebracht, der **Erhaltung des status quo**, weshalb bei ihr Abwehransprüche im Vordergrund stehen.[860] Der praktisch häufigste Fall für die Sicherungsanordnung dürfte die – häufig fälschlich als „**Konkurrentenklage**" bezeichnete – beamtenrechtliche Konkurrentenstreitigkeit sein. Mit diesem Verfahren zielt der Antragsteller einstweilen auf die Verhinderung der Besetzung eines Dienstpostens mit einem Konkurrenten im Auswahlverfahren. Im Erfolgsfall bleibt die Situation also wie bisher: Die Stelle wird einstweilen nicht mit dem Mitbewerber besetzt, so dass die in Rede stehenden Rechte des Antragstellers auf fehlerfreie Auswahl nach Art. 33 Abs. 2 GG vorerst nicht vereitelt werden. Denn im Regelfall[861] lässt sich die einmal umgesetzte Einweisung in die Stelle nicht rückgängig machen (Grundsatz der Ämterstabilität). Andere Fälle, in denen es dem Antragsteller um die **Sicherung** des bestehenden Zustands und damit um Abwehr von Eingriffen in seine Rechte geht, können etwa die bevorstehende Veröffentlichung behördlicher Informationen[862] oder die drohende Umsetzung eines Beamten auf einen anderen Dienstposten betreffen. **891**

Häufiger ist demgegenüber die **Regelungsanordnung** nach § 123 Abs. 1 Satz 2 VwGO. Sie ist vorgesehen zur Regelung eines vorläufigen Zustandes in Bezug auf ein streitiges Rechtsverhältnis, um wesentliche Nachteile abzuwenden oder drohende Gewalt zu verhindern oder wenn sie aus anderen Gründen nötig erscheint. Die Regelungsanordnung zielt also auf den Erlass von Maßnahmen, die den **Rechtskreis** des Antragstellers temporär **erweitern** sollen. Wird also etwa einer politischen Partei die Vergabe einer kommunalen Halle zum Zwecke der Durchführung ihres Parteitages versagt, muss sie nach § 123 Abs. 1 Satz 2 VwGO die Kommune im Wege der Regelungsanordnung verpflichten lassen, ihr diese gemeindliche Einrichtung zur Verfügung zu stellen.[863] **892**

---

860 Hummel, JuS 2011, 502.
861 Zur Ausnahme vgl. BVerwG, Urteil vom 4. November 2010 – 2 C 16.09 – Juris.
862 VG München, Beschluss vom 9. Januar 2013 – M 18 E 12.5834 – Juris.
863 Z. B. VG Augsburg, Beschluss vom 16. November 2012 – Au 7 E 12.1447 – Juris; zur damit einhergehenden Problematik der Vorwegnahme der Hauptsache vgl. unten Rdnr. 507.

19. Kapitel Verfahren nach § 123 VwGO

893 Wenn die Maßnahme, um die es geht, materiell einen Verwaltungsakt darstellt, darf das Gericht diese Maßnahme nicht selber aussprechen, sondern kann die Behörde nur zu dessen Erlass verpflichten. Das Verwaltungsgericht könnte also nicht etwa selbst die vorläufige Versetzung eines Schülers in eine nächsthöhere Klasse verfügen; dies steht allein der ggf. hierzu gerichtlich verpflichteten Behörde zu. Die Regelungsanordnung zielt allerdings nicht zwingend auf den Erlass eines VA ab. Vielmehr kann es sich bei der begehrten Maßnahme auch um einen **Realakt** handeln. Diese sog. **Leistungsanordnung** wird als Unterfall der Regelungsanordnung erfasst und ist an dieselben Voraussetzungen geknüpft. Soweit **§ 44a VwGO** Rechtsschutz gegen behördliche Verfahrenshandlungen **ausschließt**, bezieht sich dies auch auf die Regelungsanordnung. Vorläufiger Rechtsschutz ist also unzulässig, wenn er auf den Erlass einer Entscheidung abzielt, die dem Erlass eines Verwaltungsakts vorangeht, etwa also die Einholung eines Gutachtens. Eine Ausnahme soll allerdings gelten, wenn anderenfalls effektiver Rechtsschutz verweigert werden würde, insbesondere wenn ansonsten Nachteile eintreten würden, die in einem späteren Hauptsacheverfahren nicht wieder vollständig ausgeglichen werden könnten.[864]

894 Gegenstand einer Regelungsanordnung kann ausnahmsweise auch eine **vorläufige Feststellung** sein.[865] Allerdings muss im Rahmen der Zulässigkeit hier geprüft werden, ob – wie bei der Feststellungsklage auch – ein feststellungsfähiges Rechtsverhältnis besteht und dem Antragsteller ein Feststellungsinteresse zukommt.

III. Zulässigkeit

1. Allgemeines

895 Für die Zulässigkeit eines Antrages nach § 123 VwGO gelten zunächst die allgemeinen Zulässigkeitsvoraussetzungen (etwa im Hinblick auf den Rechtsweg, die Beteiligtenfähigkeit oder die örtliche Zuständigkeit des Gerichts).[866]

2. Statthaftigkeit

896 Im Rahmen der **Statthaftigkeit** des Antrags ist § 123 Abs. 5 VwGO zu beachten. Nach dieser Vorschrift gelten die Absätze 1 bis 3 von § 123 VwGO nicht für die Fälle der §§ 80 und 80a VwGO. Der vorläufige Rechtsschutz nach § 123 Abs. 1 VwGO ist also **subsidiär**. Wer es also versäumt, den an sich zulässigen Antrag nach § 80 Abs. 5 VwGO zu stellen, kann nicht über § 123 Abs. 1 VwGO zu seinem Ziel zu kommen.[867] Die Abgrenzung beider Verfahrensarten kann im Einzelfall Schwierigkeiten bereiten. Aus diesem Grund ist – gleichermaßen in der Praxis als auch in Examensklausuren – besonderes Augenmerk auf die sachgerechte Auslegung des eigentlichen Begehrens nach §§ 122 Abs. 1, 88 VwGO zu richten.[868] Die Wahl der richtigen Rechtsschutzform ist nicht ohne praktische Bedeutung: Während es im Rahmen von § 80 Abs. 5 VwGO grundsätzlich zu Lasten der Behörde geht, wenn sich die Voraussetzungen für den von ihr erlassenen Verwaltungsakt vorläufig nicht klären lassen, obliegt es bei § 123 Abs. 1 VwGO dem Antragsteller, die Voraussetzungen für die von ihm begehrte einstweilige Anordnung darzutun.

---

864   Finkelnburg/Dombert/Külpmann, Rdnr. 60 f.
865   Finkelnburg/Dombert/Külpmann, Rdnr. 147 und 217; VG Neustadt (Weinstraße), Beschluss vom 26. September 2009 – 4 L 838/12 NW – Juris.
866   Vgl. im Überblick auch Finkelnburg/Dombert/Külpmann, Rdnr. 24 f.
867   OVG Lüneburg, Beschluss vom 17. September 2013 – 4 ME 192/13 – Juris.
868   Hierzu ausführlich Preusche, JA 2009, 138.

Als Faustformel gilt, dass der Antrag nach § 123 Abs. 1 VwGO die zutreffende Rechtsschutzform ist, wenn in der **Hauptsache Verpflichtungs-, Leistungs- oder Feststellungsklage** zu erheben ist. Diese Aussage ist aber **nicht ausnahmslos** richtig. Liegt in der Versagung einer begehrten Vergünstigung zugleich die Beschränkung einer bereits innegehaltenen Rechtsposition, so handelt es sich insofern auch um einen belastenden Verwaltungsakt.[869] Dies gilt etwa im **Ausländerrecht**: Ist hier ein Verpflichtungsbegehren auf die Erteilung oder Verlängerung einer Aufenthaltserlaubnis gerichtet, löst ein bei der Ausländerbehörde gestellter Antrag die sogenannte Fiktionswirkung aus, so dass der bisherige Aufenthaltstitel bis zur Entscheidung der Ausländerbehörde als fortbestehend gilt (§ 81 Abs. 4 AufenthG). In einem solchen Fall stellt die ablehnende Entscheidung für den Ausländer neben der Versagung eines begünstigenden VA zugleich einen belastenden Verwaltungsakt dar, da die mit der Antragstellung verbundene (begünstigende) Fiktion durch den Ablehnungsbescheid entfallen ist. Während in der Hauptsache eine Verpflichtungsklage zu erheben wäre, kann es im einstweiligen Rechtsschutz ausreichen, die aufschiebende Wirkung des Rechtsbehelfs wiederherstellen bzw. anordnen zu lassen, so dass ein Antrag nach § 123 Abs. 1 VwGO unzulässig wäre.

897

Beispiel:
Nach einem Landesgesetz über das Halten von Hunden ist in bestimmten Fällen eine Erlaubnis für die Hundehaltung erforderlich. Nach einer Bestimmung gilt das Halten des Hundes bis zur Entscheidung über den Antrag als erlaubt, allerdings sollen Widerspruch und Klage gegen die Versagung der Erlaubnis keine aufschiebende Wirkung haben. Nach der behördlichen Versagung der Erlaubnis würde also die gerichtliche Anordnung des Suspensiveffekts bewirken, dass Maßnahmen, die an die unerlaubte Hundehaltung anknüpfen, nicht getroffen werden können. Statthafte Rechtsschutzart ist daher gem. § 123 Abs. 5 VwGO ein Antrag nach § 80 Abs. 5 Satz 1, 1. Alt. VwGO.

Damit stellt sich die Frage, ob ein Antrag nach § 123 Abs. 1 VwGO in einen solchen nach § 80 Abs. 5 VwGO **umgedeutet** werden kann. Das Gericht darf gem. §§ 122 Abs. 1, 88 VwGO nicht über das Antragsbegehren hinausgehen, ist aber an die Fassung der Anträge nicht gebunden. Es ist daher grundsätzlich zu ermitteln, welches Rechtsschutzziel der Antragsteller verfolgt und ggf. eine Umdeutung vorzunehmen. Soweit gelegentlich vertreten wird, bei **anwaltlicher Vertretung** komme eine Umdeutung nie in Betracht,[870] ist dies gerade auch im Hinblick auf die gelegentlich schwierige Abgrenzung der Rechtsschutzformen bedenklich, zumal in Eilverfahren in der Regel keine mündliche Verhandlung stattfindet, in der Raum für einen gerichtlichen Hinweis nach § 86 Abs. 3 VwGO wäre. Hält allerdings ein Rechtsanwalt auch auf richterlichen Hinweis an dem Antrag fest, käme eine Umdeutung einer unzulässigen Überschreitung des Antragsbegehrens gleich und hat daher zu unterbleiben.[871]

898

3. Zuständiges Gericht

Zuständig für den Erlass der einstweiligen Anordnung ist nach § 123 Abs. 1 Satz 1 VwGO das **Gericht der Hauptsache**. Nach § 123 Abs. 1 Satz 2 VwGO ist dies das Gericht des ersten Rechtszugs und, wenn die Hauptsache im Berufungsverfahren anhängig ist, das Berufungsgericht. Das bedeutet, dass das Berufungsgericht für das Eilverfahren zuständig wird, wenn der Antragsteller den Eilantrag erst zu einem Zeitpunkt stellt, in dem über seine Klage erstinstanzlich – wenn auch nicht rechtskräftig – bereits entschieden worden ist. Dabei **genügt** es, wenn der **Antrag auf Zulassung der Berufung** gestellt ist; eine zugelassene Berufung ist nicht erforderlich. Mit der Rechts-

899

---
869 VG München, Beschluss vom 21. Dezember 2009 – M 23 S 09.5434 – Juris.
870 So etwa VGH München, Beschluss vom 28. September 2009 – 10 CE 09.1913 – Juris.
871 OVG Bautzen, Beschluss vom 2. September 2009 – 3 E 77/09 – Juris.

kraft des Berufungsurteils endet die Zuständigkeit für das Eilverfahren. Mit der Anhängigkeit des Revisionsverfahrens fällt die Zuständigkeit aber wieder an das Verwaltungsgericht zurück. Das Bundesverwaltungsgericht darf als Revisionsgericht keine einstweilige Anordnung erlassen.[872]

4. Allgemeines Rechtsschutzbedürfnis

900 Auch im vorläufigen Rechtsschutzverfahren nach § 123 Abs. 1 VwGO muss der Antragsteller rechtsschutzbedürftig sein. Am **Rechtsschutzbedürfnis** fehlt es nach allgemeinen Grundsätzen, wenn die begehrte vorläufige Entscheidung dem Antragsteller keinen rechtlichen Vorteil bringen kann oder aber er sich nicht zuvor erfolglos an die Behörde gewandt hat, es sei denn es ist offenkundig, dass diese seinem Begehren nicht nachkommen wird.[873] Vorbehaltlich abweichender fachgesetzlicher Bestimmungen ist der Antragsteller grundsätzlich nicht an eine Antragsfrist gebunden. Ebenso wenig notwendig ist, dass bereits in der Hauptsache **Klage erhoben** wurde. Eine rechts- oder bestandskräftige Entscheidung in der Hauptsache steht der Zulässigkeit des Antrags aber entgegen (vgl. § 121 VwGO).

901 Für den Fall, des der Antragsteller um **vorbeugenden Rechtsschutz** nachsucht, also etwa den Erlass einer zu erwartenden Verwaltungsakts hindern will, bedarf es eines **qualifizierten Rechtsschutzbedürfnisses**. In diesem Fall muss der Antragsteller glaubhaft machen, dass ihm nicht zugemutet werden kann, die drohende Rechtsverletzung abzuwarten, um dann gegen diese vorläufigen oder endgültigen nachträglichen Rechtsschutz in Anspruch zu nehmen. Dies ist insbesondere dann der Fall, wenn nachträglicher Rechtsschutz nicht ausreicht, um wesentliche Nachteile abzuwenden.[874] Zudem muss das befürchtete künftige **Handeln der Behörde** nach seinem Inhalt und seinen tatsächlichen wie rechtlichen Voraussetzungen soweit **spezifiziert** sein, dass eine Rechtmäßigkeitsprüfung durch das Gericht möglich ist. Solange sich noch nicht mit der dafür erforderlichen Bestimmtheit übersehen lässt, welche Maßnahmen drohen oder unter welchen tatsächlichen und rechtlichen Voraussetzungen sie ergehen werden, ist ein berechtigtes Interesse an vorbeugendem Rechtsschutz dagegen zu verneinen.[875] Auch ein das laufende Verwaltungsverfahren begleitender einstweiliger Rechtsschutz ist nur dann ausnahmsweise zulässig, wenn dessen Abschluss nicht abgewartet werden kann, weil nachgelagerter einstweiliger Rechtsschutz die Schaffung vollendeter Tatsachen und damit verbundene dauernde Nachteile für den jeweiligen Antragsteller nicht mehr abwenden könnte.[876]

5. Sonstiges

902 Gelegentlich wird das Verbot der **Vorwegnahme der Hauptsache** bereits im Rahmen der Zulässigkeit angesprochen. Dies empfiehlt sich jedoch nicht. Ob und in welchem Umfang nämlich die Entscheidung des Gerichts vorwegnehmen würde, kann in der Regel erst dann beurteilt werden, wenn feststeht, ob und in welchem Umfang Anordnungsgrund und Anordnungsanspruch zu bejahen sind.

IV. Begründetheit

1. Allgemeines

903 Sowohl der Erlass einer Regelungsanordnung wie der einer Sicherungsanordnung setzen voraus, dass der Antragsteller das Vorliegen eines **Anordnungsanspruchs** und

---

872 Finkelnburg/Dombert/Külpmann, Rdnr. 48 m. w. N.
873 Zu weiteren Fällen der Entbehrlichkeit vorläufigen Rechtsschutzes vgl. Finkelnburg/Dombert/Külpmann, Rdnr. 98 f.
874 VG Ansbach, Beschluss vom 6. Februar 2013 – AN 5 E 13.00238 – Juris, m. w. N.
875 OVG Bautzen, Beschluss vom 10. Juli 2012 – 2 B 205/12 – Juris.
876 VGH Kassel, Beschluss vom 28. Juni 2013 – 8 B 1220/13 – Juris.

eines **Anordnungsgrundes glaubhaft** macht (§ 123 Abs. 3 VwGO i.V.m § 920 Abs. 2 ZPO). Zudem soll die Entscheidung des Gerichts grundsätzlich die Hauptsache nicht vorwegnehmen. Das Gericht muss diese Voraussetzungen für eine stattgebende Entscheidung bei der allein möglichen **summarischen Prüfung** bejahen, wobei der Grundsatz der **Amtsermittlung** nach § 86 Abs. 1 VwGO im Eilverfahren gleichwohl Gültigkeit hat.

2. Anordnungsanspruch

Der **Anordnungsanspruch** bezeichnet den **materiell-rechtlichen Anspruch**, aus dem der Antragsteller sein Recht herleitet. Im Fall der **Sicherungsanordnung** nach § 123 Abs. 1 Satz 1 VwGO geht es also darum, ob das nach dem Vortrag des Antragstellers zu sichernde Recht tatsächlich besteht. Bei der beamtenrechtlichen Konkurrentensituation wäre das zu sichernde Recht der aus Art. 33 Abs. 2 GG abgeleitete sog. beamtenrechtliche Bewerbungsverfahrensanspruch, also das Recht des Bewerbers auf ermessensfehlerfreie Entscheidung über seine Bewerbung unter Beachtung der Kriterien Eignung, Befähigung und Leistung.[877]

904

Demgegenüber ist nach dem Wortlaut des § 123 Abs. 1 Satz 2 VwGO der **Anordnungsanspruch** im Fall der **Regelungsanordnung** aus dem **streitigen Rechtsverhältnis** herzuleiten. Dies ist gleichbedeutend mit § 43 Abs. 1 VwGO. Erfasst werden sonach alle rechtlichen Beziehungen, die sich aus einem konkreten Sachverhalt auf Grund einer diesen Sachverhalt betreffenden öffentlich-rechtlichen Norm für das Verhältnis von (natürlichen oder juristischen) Personen untereinander oder einer Person zu einer Sache ergeben, kraft deren eine der beteiligten Personen etwas Bestimmtes tun muss, kann oder darf oder nicht zu tun braucht.[878] Über den Wortlaut der Vorschrift hinaus muss sich aus dem Rechtsverhältnis aber auch ein entsprechender **Rechtsanspruch** ergeben.[879] Dieser Anspruch ist regelmäßig gleichbedeutend mit demjenigen, der im Hauptsacheverfahren geltend zu machen ist. In Betracht kommen also dieselben Anspruchsnormen, die auch im Klageverfahren für den Erlass einer Begünstigung oder die Vornahme eines Realakts in Betracht kommen. Dies können gleichermaßen Normen sein, die eine gebundene Entscheidung vorsehen wie solche, die den Erlass der begehrten Maßnahme in das Ermessen der Behörde stellen.[880]

905

3. Anordnungsgrund

Ein **Anordnungsgrund** ist im Fall der **Sicherungsanordnung** zu bejahen, wenn die Verwirklichung des **Anspruchs** durch eine Veränderung des bestehenden Zustandes **vereitelt oder wesentlich erschwert** zu werden droht. Im Fall der **Regelungsanordnung** müssen wesentliche Nachteile abzuwenden sein, oder es muss drohende Gefahr verhindert werden oder die Anordnung muss aus anderen Gründen nötig erscheinen. Es muss also in beiden Fällen eine Sachlage vorliegen, aus der sich die Notwendigkeit einer gerichtlichen Entscheidung bereits vor Klärung der Hauptsache ergibt, mithin die **Eilbedürftigkeit** des gerichtlichen Rechtsschutzes. Beispiele hierfür sind:
- Die ohne einstweilige Anordnung zu erwartende Ernennung des ausgewählten Konkurrenten führt dazu, dass die Stelle nicht mehr mit dem Antragsteller besetzt werden kann.
- Der erfolglose Studienbewerber müsste den Beginn des Studiums, für das er keinen Platz erhalten hat, auf unabsehbare Zeit bis zur Entscheidung in der Hauptsache verschieben.

906

---

877 OVG Münster, Beschluss vom 8. März 2005 – 6 B 1289/04 – Juris.
878 Hummel, JuS 2001, 503 m. w. N.
879 Finkelnburg/Dombert/Külpmann, Rdnr. 125.
880 Zu dem sich hieraus ergebenden Problem der Tenorierung vgl. unten Rdnr. 914.

19. Kapitel Verfahren nach § 123 VwGO

- Der Schüler, der nicht versetzt worden ist, droht Schulstoff zu versäumen, wenn er nicht einstweilen bis zur Klärung seiner Zeugnisnoten am Unterricht der nächst höheren Klasse teilnehmen darf.
- Der Journalist, dem eine für eine aktuelle Recherche erforderliche Auskunft verweigert wird, kann den von ihm beabsichtigten Artikel nicht verfassen.
- Dem Gastwirt, dessen Restaurant in einer behördlichen Internetbewertung negativ aufgeführt werden soll, drohen Ansehens- und damit verbunden Einkommensverluste.

4. Verbot der Vorwegnahme der Hauptsache

907 Grundsätzlich dient die einstweilige Anordnung nur zur **vorläufigen Sicherung** von Abwehr- oder Leistungsansprüchen. Die **endgültige Klärung** des geltend gemachten Anspruchs soll vielmehr dem **Klageverfahren** vorbehalten bleiben. Zweck des vorläufigen Rechtsschutzes ist also die Verhinderung eines Rechtsverlusts wegen des Zeitablaufs bis zu einer Entscheidung in der Hauptsache. Wegen des aus Art. 19 Abs. 4 GG folgenden Gebots eines umfassenden und lückenlosen Rechtsschutzes gilt dieser Grundsatz indes nicht uneingeschränkt. Vielmehr sind Ausnahmen dann anerkannt, wenn ansonsten nicht rückgängig zu machende schwere Nachteile eintreten würden.[881] Dies kann im Einzelfall eine endgültige Vorwegnahme der Hauptsache bereits im Verfahren nach § 123 VwGO nötig machen.[882] Ein generelles uneingeschränktes **Verbot der Hauptsachevorwegnahme** gilt also nicht. In Betracht kommt dies insbesondere bei **zeitgebundenen Rechten** wie es bei der Zulassung zu einem Jahrmarkt[883] oder zu einer Wahl der Fall sein kann. Auch der Zugang zu einer öffentlichen Einrichtungen (Stadthalle) kann einen solchen Fall darstellen. Im Hinblick darauf, dass das Gericht in der Regel ohne mündliche Verhandlung (§ 101 Abs. 3 VwGO), dann auch ohne ehrenamtliche Richter (§ 5 Abs. 3 Satz 2 VwGO) und anhand des abgesenkten Überzeugungsmaßstabes Glaubhaftmachung (§ 123 Abs. 3 VwGO, § 920 Abs. 2 ZPO) entscheidet, ist aber eine vollständige Vorwegnahme der Hauptsache auf Ausnahmefälle beschränkt und erfordert eine besonders **strenge Prüfung** der Erfolgsaussicht in der Hauptsache.[884]

908 In **Klausuren** sollte die **Frage der Vorwegnahme der Hauptsache** in jedem Fall **in der Begründetheit** angesprochen werden. Wo die Thematik allerdings im Prüfungsaufbau angesprochen wird, sollte davon abhängig gemacht werden, ob der Antrag zurückgewiesen wird oder ob er Erfolg hat.

> Für den Fall, dass der **Antrag zurückgewiesen** wird, bietet sich folgende **Formulierung** an:[885]
> „Der Erlass einer Regelungsanordnung nach § 123 Abs. 1 Satz 2 VwGO kommt nicht in Betracht. Der Antragsteller hat einen Anordnungsanspruch nicht glaubhaft gemacht (§ 123 Abs. 3 VwGO i. V. m. § 920 Abs. 2 ZPO). Denn es fehlt an der Glaubhaftmachung eines die Vorwegnahme der Hauptsache rechtfertigenden Anordnungsgrundes. Mit dem Antrag, den Antragsgegner zu verpflichten, ihm die begehrten Auskünfte zu den verdachtsunabhängigen Kontrollen zu erteilen, begehrt der Antragsteller keine vorläufige Maßnahme, sondern eine endgültige Vorwegnahme der in einem künftigen Hauptsacheverfahren zu erstrebenden Entscheidung.

---

881 BVerwG, Beschluss vom 10. Februar 2011 – 7 VR 6.11 – Juris.
882 BVerfG, Beschluss vom 25. Oktober 1988 – 2 BvR 745/88 – und OVG Berlin-Brandenburg, Beschluss vom 28. Oktober 2011 – OVG 10 S 33/11 – jeweils Juris.
883 Häufiger Klausurfall, vgl. etwa VG Bremen, Beschluss vom 28. September 2011 – 5 V 655/11 – Juris.
884 OVG Berlin-Brandenburg, Beschluss vom 17. August 2012 – OVG 1 S 117.12 – Juris (Verbot des Zeigens von „Mohammed-Karikaturen").
885 OVG Berlin-Brandenburg Beschluss vom 20. Dezember 2012 – OVG 6 S 44.12 – Juris.

> *Wird der Antragsgegner antragsgemäß im Wege der einstweiligen Anordnung verpflichtet, die gewünschten Auskünfte zu erteilen, würde sich die Hauptsache bereits erledigen. Einem solchen, die Hauptsache vorweg nehmenden Antrag ist im Verfahren nach § 123 Abs. 1 VwGO nur ausnahmsweise dann stattzugeben, wenn das Abwarten in der Hauptsache für den Antragsteller schwere und unzumutbare, nachträglich nicht mehr zu beseitigende Nachteile zur Folge hätte. Dabei ist dem jeweils betroffenen Grundrecht und den Erfordernissen eines effektiven Rechtsschutzes Rechnung zu tragen. Hieran gemessen ist ein Anordnungsanspruch nicht glaubhaft gemacht."*

Die Formulierung hat den Vorteil, dass die Thematik der Vorwegnahme der Hauptsache mit dem Anordnungsgrund verknüpft wird und so nicht am Ende „in der Luft hängt". Denn nach Verneinung von Anordnungsgrund oder Anordnungsanspruch ist für die gesonderte Abhandlung der Vorwegnahme kein Raum mehr.

Hat der **Antrag** indes **Erfolg**, könnte nach Bejahung von Anordnungsanspruch und Anordnungsgrund die Vorwegnahme der Hauptsache als **dritter selbständiger Prüfungspunkt** wie folgt **formuliert** werden:[886]

> *„Schließlich steht der Grundsatz der Vorwegnahme der Hauptsache der Regelungsanordnung nicht entgegen. Zwar kann das Gericht dem Wesen und dem Zweck der einstweiligen Anordnung entsprechend grundsätzlich nur vorläufige Regelungen treffen und den Antragstellern nicht schon in vollem Umfang das gewähren, was sie in einem Hauptsacheverfahren erreichen könnten. Die Vorwegnahme der Hauptsache ist aber – wie hier – zur Gewährung effektiven Rechtsschutzes (Art. 19 Abs. 4 GG) ausnahmsweise möglich. Denn angesichts der sich anderenfalls ergebenden Gefahren für Leib und Leben der Antragsteller hat auch das öffentliche Interesse, die Ausstellung etwaiger unrichtiger Reisepässe zu vermeiden, vorliegend zwingend hinter dem Interesse der Antragsteller, Syrien möglichst sicher verlassen zu können, zurückzutreten. Der – nach obigen Ausführungen nur geringfügigen und daher unter den besonderen Umständen des Falles hinzunehmenden – Gefahr der Ausstellung unrichtiger Dokumente wird die Antragsgegnerin, wie bereits ausgeführt, überdies mit einer möglichen Befristung der Gültigkeitsdauer begegnen können."*

V. Anordnungsinhalt

§ 123 Abs. 1 VwGO gibt – anders als § 80 Abs. 5 VwGO – dem Gericht keine Formulierung für die Tenorierung vor, sondern stellt diese in das **pflichtgemäße Ermessen** des Gerichts. Sind ein Anordnungsanspruch und ein Anordnungsgrund glaubhaft gemacht, darf das Gericht aber nicht vom Erlass einer einstweiligen Anordnung absehen.[887] Dem Gericht steht aber ein Auswahlermessen zu, und es kann daher den Inhalt der einstweiligen Anordnung selbst gestalten. Dies regelt § 938 Abs. 1 ZPO, auf den § 123 Abs. 3 VwGO verweist. Danach bestimmt das Gericht nach freiem Ermessen, welche Anordnungen zur Erreichung des Zweckes erforderlich sind. Entsprechend vielfältig fallen daher die von den Gerichten gewählten Formulierungen aus. Es werden sogar Tenorierungen für zulässig erachtet, die das materielle Recht nicht kennt, etwa die vorläufige Zulassung zu Prüfungen.[888] Allerdings darf der Ausspruch des Gerichts nicht über den Antrag des Antragstellers hinausgehen.

---

886 VG Berlin, Beschluss vom 5. September 2012 – VG 23 L 284.12 – Juris.
887 Finkelnburg/Dombert/Külpmann, Rdnr. 215.
888 Finkelnburg/Dombert/Külpmann, Rdnr. 144.

19. Kapitel Verfahren nach § 123 VwGO

910 Der Inhalt der einstweiligen Anordnung muss dabei **ausreichen**, um den Zweck der Anordnung zu erreichen, also im Falle der Sicherungsanordnung das bedrohte Recht zu sichern und bei der Regelungsanordnung die zu besorgenden wesentlichen Nachteile abzuwenden. Insoweit ist die **Rechtsschutzgarantie** die Richtschnur. Der Inhalt muss sich zugleich auf die zur Zweckerreichung ausreichenden Maßnahmen **beschränken**, um so der grundsätzlichen Vorläufigkeit des einstweiligen Rechtsschutzes Rechnung zu tragen und das Hauptsacheverfahren nicht sinnlos zu machen, falls dies nicht im Ausnahmefall unumgänglich ist. Dabei muss in jedem Fall die **Vorläufigkeit** aus **der Tenorierung** in Abgrenzung zur Formulierung in der Hauptsache ersichtlich sein. Üblich sind dabei Formulierungen wie „vorläufig", „einstweilen", „bis zum…" oder „im Wege der einstweiligen Anordnung."[889]

911 | Formulierungsbeispiele:

Sicherungsanordnung
„Dem Antragsgegner wird vorläufig bis zum Ablauf einer Frist von zwei Wochen ab Zustellung einer Entscheidung über den Widerspruch des Antragstellers untersagt, den Beigeladenen unter Einweisung in die im Amtsblatt von Berlin vom […] ausgeschriebene Stelle eines Ersten Polizeihauptkommissars (A13) zu befördern."

Regelungsanordnung
„Der Antragsgegner wird im Wege einstweiliger Anordnung vorläufig bis zu einer Entscheidung über den Widerspruch der Antragstellerin verpflichtet, sie am Unterricht der 8. Klasse teilnehmen zu lassen."

Regelungsanordnung unter Vorwegnahme der Hauptsache
„Dem Antragsgegner wird im Wege einstweiliger Anordnung aufgegeben, der Antragstellerin am 1. Juli 2010 in der Zeit von 17.00 Uhr bis 23.00 Uhr den großen Ratssaal zur Durchführung des Landesparteitages zur Verfügung zu stellen."

Feststellungsanordnung[890]
„Es wird im Wege der einstweiligen Anordnung festgestellt, dass die Antragsgegnerin nicht berechtigt ist, in Bezug auf die am 29. September 2013 geplante Veranstaltung in der Diskothek „A-Club" Vollstreckungsmaßnahmen aus der gegenüber der Antragstellerin ergangenen bestandskräftigen Verfügung vom 29. Oktober 2010 anzuordnen."

912 Stützt sich der Antragsteller für den im Verfahren nach § 123 Abs. 1 VwGO geltend gemachten Anspruch auf eine **Ermessensnorm**, ist hinsichtlich der Tenorierung zu differenzieren:[891]

913 – Ist das **Ermessen auf Null** reduziert, kommt wie im Klageverfahren auch nur die Verpflichtung zum Erlass des begehrten Verwaltungsakts (bzw. des Realakts) in Betracht.[892] Damit wird die Hauptsache in vollem Umfang vorweggenommen. Voraussetzung ist, dass ein Fall der zulässigen Vorwegnahme der Hauptsache gegeben ist.

---

889 Blasche/Mann, NWVBl. 2009, 80 f.
890 Nach VG Neustadt (Weinstraße), Beschluss vom 26. September 2012 – 4 L 838/12.NW – Juris, und Blasche/Mann, NWVBl. 2009, 81.
891 Zum Ganzen instruktiv Schrader, JuS 2005, 37.
892 Zu einem Fall, in dem das Gericht dem Antragsteller eine straßenrechtliche Sondernutzungserlaubnis einstweilen zusprach, obwohl das Ermessen nicht auf Null reduziert war, vgl. VG Aachen, Beschluss vom 27. August 2012 – 6 L 328/12 – Juris.

– Ist das Ermessen der Behörde demgegenüber nicht auf Null reduziert, leidet die **914**
Entscheidung aber an einem einfachen Ermessensfehler, ist **umstritten**, ob die **Verpflichtung zur Neubescheidung** auch im vorläufigen Rechtsschutzverfahren durchgesetzt werden kann. Während dies einer Auffassung nach dem Charakter des vorläufigen Rechtsschutzverfahrens widersprechen soll,[893] soll dies anderer Ansicht nach möglich sein.[894] Entscheidend dürfte sein, ob dem Rechtsschutzziel des Antragstellers bereits mit Verpflichtung zur einer Neubescheidung durch die Behörde gedient ist. Das Gericht sollte der Behörde in diesem Fall im Tenor eine Frist setzen, binnen derer sie spätestens neu bescheiden muss.

VI. Geltungsdauer und Abänderungsverfahren

Eine einstweilige Anordnung, aus deren Tenor sich keine abweichende Geltungsdauer **915**
ergibt, wird mit der von Amts wegen vorzunehmenden Zustellung (§ 56 Abs. 1 VwGO) wirksam und bleibt dies bis zum Eintritt der Rechtskraft einer Entscheidung in der Hauptsache bzw. deren anderweitiger Erledigung.

Zu beachten ist allerdings, dass die **Vollziehung** einer einstweiligen Anordnung gem. **916**
§ 123 Abs. 3 VwGO i. V. m. § 929 Abs. 2 ZPO nach Ablauf eines Monats unstatthaft wird. Jedoch kann das Gericht gemäß § 123 VwGO i. V. m. § 926 ZPO die Fortgeltung der einstweiligen Anordnung an die Klageerhebung innerhalb einer zu bestimmenden Frist knüpfen.

Die Änderung einer einstweiligen Anordnung wegen **veränderter Umstände** ist analog **917**
§ 80 Abs. 7 VwGO möglich. Die Analogie ist nötig, da § 123 Abs. 3 VwGO den ansonsten in Betracht kommenden § 927 ZPO (Aufhebung wegen veränderter Umstände) nicht in Bezug nimmt.

20. Kapitel Typische Klausurfehler, praktische Klausurhinweise

Literatur:
Knödler/Loss, Formale Fehler in öffentlich-rechtlichen Assessorklausuren, JA 2003, 974.

I. Allgemeines

1. Anforderungen an die Examensklausur

Im Zweiten juristischen Staatsexamen wird von Kandidaten im öffentlichen Recht **918**
die Anfertigung eines erstinstanzlichen Urteils oder Beschlusses, eines Ausgangs- oder Widerspruchsbescheides oder aber eines anwaltlichen Schriftsatzes verlangt. Gelegentlich soll auch gutachtlich[895] zu einer bestimmten Thematik Stellung genommen werden. So vielfältig die jeweiligen Aufgabenstellungen auf den ersten Blick sein mögen, so **einheitlich** sind die **Anforderungen**, die hierbei an die handwerklichen Fähigkeiten des Kandidaten gestellt werden. Gefragt ist weniger die wissenschaftlich-vertiefte Abhandlung zu sämtlichen Rechtsansichten zu einem im Ersten Examen noch bedeutsam gewesenen Meinungsstreit. Vielmehr wird eine **inhaltlich** und **sprachlich überzeugende Lösung** erwartet, die möglichst alle in der Aufgabenstellung angesprochenen Fragen erfasst und – von treffendem Judiz getragen – zielsicher zum Ende führt. Insofern

---

[893] Schrader, JuS 2005, 37, 38; ebenso OVG Bautzen, Beschluss vom 13. August 2010 – 1 B 152/10 – Juris.
[894] Kopp/Schenke, VwGO, § 123 Rdnr. 28; Redeker/v.Oertzen, VwGO, Rdnr. 20.
[895] Was nicht bedeutet, dass im *Gutachtenstil* geschrieben werden soll!

sollte sich der Anwaltsschriftsatz im Examen nicht so sehr von einer gerichtlichen Entscheidung, sei es ein Urteil oder ein Beschluss, unterscheiden, selbst wenn später auch „für den Mandanten" geschrieben werden muss.

2. Besonderheiten der öffentlich-rechtlichen Klausur

919 Aus mehreren Gründen ist es gar nicht so schwer, diese Anforderungen zu erfüllen. Denn die verwaltungsrechtliche Examensklausur weist einige typische, stets wiederkehrende Besonderheiten auf. So hat (nahezu) bei jeder verwaltungsrechtlichen Klausur ein **behördliches Vorverfahren** stattgefunden. Die Behörde könnte also von einem Missstand erfahren haben, dem sie durch ordnungsrechtliches Einschreiten Einhalt gebieten will. Dann wird der Tatbestand mit der **Schilderung der unstreitigen Situation** beginnen, von der die Behörde erfahren hat, und die sie – nach Anhörung des Betroffenen – veranlasst, einen belastenden **Bescheid** zu erlassen. Hiergegen legt der Adressat **Widerspruch** ein, ein **Widerspruchsbescheid** ergeht, und dagegen richtet sich die **Klage**. Entsprechendes gilt, wenn der Kläger eine Begünstigung, die zumeist im Erlass eines entsprechenden Verwaltungsakts liegt, erstrebt. Gelegentlich wird eine auf Begünstigung ausgerichtete Klage aber auch eine Geldleistung oder die Abgabe einer behördlichen Willenserklärung beinhalten. Ein Vorverfahren findet dann in der Regel nicht statt.[896] Dieser **stets gleiche Ablauf** des **Verwaltungsverfahrens** gibt dem Tatbestand des Falles eine chronologische **Strukturierung**. Der andere nicht zu unterschätzende Vorteil dieses Ablaufs liegt darin, dass die **Argumente der Beteiligten** sehr **klar** zutage treten. Hierbei handelt es sich meist durchgehend um Rechtsansichten; wegen des Untersuchungsgrundsatzes wird in verwaltungsrechtlichen Klausuren nämlich sehr selten über tatsächliche Fragen gestritten. Sollte dies doch einmal der Fall sein, müssen die Bearbeiter eine Entscheidung auf der Grundlage der vorliegenden Tatsachen unter Anwendung von Beweislastgrundsätzen treffen. In der Regel wird dann davon auszugehen sein, dass das Gericht alles getan hat, um den Sachverhalt aufzuklären. Meist findet sich ein entsprechender Anhaltspunkt im Bearbeitervermerk.

920 Damit geht die **richterliche Hinweispflicht** einher. Nach § 86 Abs. 3 VwGO hat der Vorsitzende darauf hinzuwirken, dass Formfehler beseitigt, unklare Anträge erläutert, sachdienliche Anträge gestellt, ungenügende tatsächliche Angaben ergänzt und ferner alle für die Feststellung und Beurteilung des Sachverhalts wesentlichen Erklärungen abgegeben werden. Vor diesem Hintergrund ist im Regelfall in der Klausur davon auszugehen, dass alle zu verarbeitenden Argumente und (ggf. unbekannten) einschlägigen Normen von den Beteiligten thematisiert worden sind und sich in dem vorliegenden Aktenauszug wiederfinden. **Kreativität** oder eigene Argumentation sind damit **weniger gefragt** als die vollständige Abarbeitung der in der Akte auftauchenden Fragen und **Rechtsansichten**. Die **Hauptaufgabe** des Kandidaten liegt damit darin, diese in den **Entscheidungsgründen** den im Fall relevanten Normen **zuzuordnen**.

3. Umgang mit dem Kommentar

921 Die Bearbeitung der Klausur wird weiter dadurch erleichtert, dass die Kandidaten nach den meisten Prüfungsordnungen der Länder im Zweiten Staatsexamen im Öffentlichen Recht die **einschlägigen Kommentare** zur VwGO und zum VwVfG verwenden dürfen. Wer allerdings in diese Werke erstmals in der schriftlichen Prüfung Einblick nimmt, statt sich geraume Zeit **zuvor mit ihnen beschäftigt** zu haben, wird hieraus wenig Nutzen ziehen können. Vielmehr sollten bereits die in den Arbeitsgemeinschaften angebotenen Klausuren Anlass dafür sein, sich den Kommentaren zu widmen. Praktisch alle der in Klausuren auftauchenden Rechtsfragen werden in den Kommentaren behandelt – allerdings nicht immer dort, wo man sie auf den ersten

---

[896] Anders ist dies bei beamtenrechtlichen Streitigkeiten, vgl. etwa § 54 BRRG.

Blick vermuten würde. An verschiedenen Stellen enthält das vorliegende Skript Hinweise auf die Kommentierung, vor allem, wenn dort überblicksartig über abzuhandelnde Prüfungspunkte berichtet wird. Die **Standardprobleme**, die sich bei den §§ 40, 42, 68, 74, 80, 113, 114, 123, 154 f. und 167 VwGO stellen, sollten in jedem Fall einmal gründlich auch **anhand** des einschlägigen **Kommentars erarbeitet** werden. Hierdurch wird das Auffinden in der Examenssituation wesentlich erleichtert, so dass die hierdurch gewonnene Zeit sinnvollerweise für die gründliche Argumentation der Probleme des Falles verbleibt.

So befasst sich etwa der VwGO-Kommentar von Kopp/Schenke in der Vorbemerkung zu § 40, Rdnr. 17 mit allen Prozess- und Sachentscheidungsvoraussetzungen, die in der Zulässigkeit auftauchen können. Allerdings bedeutet das für die Klausur im Zweiten Staatsexamen **keinesfalls**, dass diese **Zulässigkeitsfragen schematisch „abgeklappert"** werden sollen. Vielmehr darf sich der Kandidat nur mit denjenigen Fragen befassen, die tatsächlich eine vertiefte Erörterung erfordern. Sätze wie „Der Kläger ist auch klagebefugt (§ 42 Abs. 2 VwGO)" sind dann überflüssig und damit falsch, wenn sich dieses Problem im Fall gar nicht stellt; will der Verfasser lediglich dokumentieren, dass er von dieser Voraussetzung weiß, wird dies – anders als noch im Ersten Staatsexamen – in der Korrektur nicht honoriert. Im Fall der Anfechtung eines belastenden Verwaltungsakts allein durch den Adressaten der Verfügung sollte diese Erörterung also unterbleiben. Bearbeiter verlieren durch derartige Ausführungen häufig wertvolle Zeit, die dann bei der bei Erörterung der eigentlichen Probleme des Falles fehlt.

4. **Formulieren üben**

Besonderes Augenmerk sollten die Bearbeiter auf die konsequente Einhaltung des **Urteilsstils** richten. Erfahrungsgemäß bereitet dies vielen Referendaren große Schwierigkeiten. Der Grund mag darin liegen, dass der bislang gewohnte Gutachtenstil ein vorsichtiges Herantasten an den Fall ermögliche („Der Anspruch könnte bestehen, wenn..."), nun aber eine Entscheidung gefragt ist, die getroffen werden muss und begründet werden will („Der Kläger hat einen Anspruch, weil..."). Dies fällt nicht jedem sofort leicht; die **Technik** muss erst **verinnerlicht** werden. Erfahrungsgemäß gelingt dies erst nach einiger Klausurübung. Man sollte sich daher **nicht** damit begnügen, **lediglich** „**Lösungsskizzen**" anzufertigen und sich damit trösten, dass das Ausformulieren im Ernstfall schon gelingen werde. Abgesehen von der Formulierungspraxis gewinnt man nur auf diesem (mühsamen) Weg ein Gefühl für die Zeiteinteilung im Examen. Das Werk enthält in jedem Skript Formulierungsvorschläge für die zuvor behandelten Themen. Diese Formulierungen sind selbstverständlich nicht verbindlich; sie sollen vielmehr eine Hilfe dafür sein, einen eigenen Weg unter Verwendung des juristischen Handwerkszeugs zu finden.

II. Typische Klausurfehler

Typischerweise tauchen in Examensklausuren **immer wieder dieselben Fehler** auf. Wer sich die typischen Fehler vor Augen führt, kann diese vermeiden. Die nachfolgende **Aufstellung** gibt die häufigsten Fälle wieder, ohne aber Anspruch auf Vollständigkeit zu erheben.

1. **Im Rubrum**

Das Rubrum ist insgesamt wenig fehleranfällig. Allerdings fehlt gelegentlich bereits das **Aktenzeichen**, weil Bearbeiter sich nicht im Klaren darüber sind, dass sich dieses jedenfalls aus dem Klage- bzw. Antragserwiderungsschriftsatz entnehmen lässt. Die übrigen Entscheidungsdaten lassen sich zumeist aus der Klageschrift entnehmen; natürlich darf die **Bezeichnung des Beklagten** bzw. Antragsgegners nicht schematisch

20. Kapitel Typische Klausurfehler; Klausurhinweise

übernommen werden, wenn der Fall Anhaltspunkte für eine Falschbezeichnung erkennen lässt. Die **Besetzung des Gerichts** ist ebenfalls meist korrekt, allerdings ist auf die richtige Bezeichnung der jeweiligen Richter zu achten. Im Rubrum fehlen z.T. die Besonderheiten, die sich aus der **Entscheidungsform** ergeben, also insbesondere wenn ein Urteil im Wege schriftlicher Entscheidung ergeht.

2. Im Tenor

926 Für den Tenor muss besondere **Sorgfalt** aufgewendet werden, an der es bisweilen **fehlt**. Die in der Praxis weit verbreitete Klageabweisung macht allerdings kaum Schwierigkeiten. Problematischer sind Fälle, in denen der Klageantrag ganz oder teilweise Erfolg hat. Hier vergessen Bearbeiter es häufig, die **Klage** ggf. „**im Übrigen**" abzuweisen. Bei der Verpflichtungsklage unterbleibt bei einer Stattgabe manchmal die Aufhebung der dem Anspruch entgegenstehenden Bescheide. In diesem Fall ist auch darauf zu achten, dass nicht etwa die Behörde verpflichtet wird, Bescheid und einen etwaigen Widerspruchsbescheid aufzuheben, sondern dies Sache des Gerichts ist und entsprechend formuliert werden muss.

927 Unterliegt einer der beiden Beteiligten, ist die **Kostenentscheidung** unproblematisch. Sie beruht auf § 154 Abs. 1 VwGO. Ist ein **Beigeladener** beteiligt, ist darauf zu achten, dass der Kostenausspruch auch eine Aussage zu dessen **außergerichtlichen Kosten** trifft. Das wird nicht selten vergessen. Bei der Kostenentscheidung ist immer daran zu denken, dass das Gesetz für **besondere Konstellationen** spezielle Regelungen kennt, etwa bei Wiedereinsetzung, Verschulden, Verweisung oder der Untätigkeit der Behörde.

928 Ein verbreiteter Fehler betrifft den **dritten Teil des Tenors** bei Urteilen. Für die Fälle der Anfechtungs- und Verpflichtungsklagen sieht § 167 Abs. 2 VwGO nur den Ausspruch zur **vorläufigen Vollstreckbarkeit** hinsichtlich der **Kosten** vor. In Anlehnung an die zivilrechtliche Spruchpraxis wird dies gerne übersehen und das Urteil insgesamt für vorläufig vollsteckbar erklärt.

3. Im Tatbestand

929 In Tatbeständen von Klausuren tauchen immer wieder dieselben Fehler auf, auch wenn die Anforderungen an diesen Teil der Arbeit je nach Fallgestaltung sehr unterschiedlich sein können. Generell lässt sich sagen, dass Bearbeiter häufig **zu lange für den Tatbestand** brauchen, was dazu führt, dass für die rechtliche Prüfung zu wenig Zeit bleibt. Wie schon gesagt: Mit zunehmender Praxis werden Referendare ein Gefühl für das **Zeitmanagement** und damit verbunden die effiziente Erfassung des Falles und seine praxisgerechte Darstellung in der Klausur entwickeln.

930 Der **unstreitige Teil** des Tatbestandes ist verbreitet **zu knapp**. Grundsätzlich sollte man sich nochmals vor Augen führen, dass in verwaltungsrechtlichen Klausuren selten um Tatsachen gestritten wird. Das bedeutet, dass wesentliche **unstreitige Elemente** des Falles häufig aus den **Bescheiden und** aus dem **Vorbringen der Beteiligten** im Verfahren herrühren können. Allein der Umstand, dass einer der Beteiligten aus einer Tatsache eine Rechtsfolge herzuleiten meint (und dies vielleicht erst im Klageverfahren erwähnt), bedeutet nicht, dass der Fakt als solches nur einer der Parteien zuzuschreiben ist. Vielmehr muss der Umstand aus dem rechtlichen Kontext herausgelöst und „oben" dargestellt werden. **Typischerweise** trifft dies besonders auf **baurechtliche** Klausuren zu, in denen die **Situation**, in der ein Vorhaben realisiert oder untersagt werden soll, dem Leser unmittelbar zu Beginn vor Augen zu führen ist.

931 Geht es um die Darstellung der **Argumente** der Beteiligten, verfallen viele Referendare dem Irrglauben, man müsse diese gewissermaßen als „Block" konzentriert an einer

Stelle des Tatbestandes aufführen. Dies geht aber – von seltenen Ausnahmen abgesehen – fehl. Die Darlegungen von Kläger und Behörde sollten **jeweils da** auftauchen, **wo** ein Argument **erstmals gebracht** wird. Dies dient nicht nur der **Verständlichkeit**, sondern kann auch rechtliche Bedeutung haben, etwa dann, wenn es um die Zulässigkeit des Nachschiebens von Gründen oder die Frage geht, ob der Behörde zum Zeitpunkt der Entscheidungsfindung alle Umstände bekannt waren. Liefert der Kläger etwa erst im Klageverfahren nach und sieht sich die Behörde daraufhin veranlasst, eine Genehmigung zu erteilen, wird dies bei der Billigkeitsentscheidung nach § 161 Abs. 2 VwGO nach übereinstimmender Erledigungserklärung beider Seiten kostenmäßig ins Gewicht fallen.

932 In engem Zusammenhang hiermit steht, dass viele Verfasser der **Chronologie** zu wenig Beachtung schenken. Gerade in der verwaltungsrechtlichen Klausur ist dieses Aufbauprinzip, das die Lesbarkeit beträchtlich erhöht, unverzichtbar. Nur wenn es für die Verständlichkeit einmal unerlässlich ist, sollte von dem Grundsatz der Darstellung nach zeitlicher Abfolge des Geschehens ausnahmsweise abgewichen werden.

933 Die sprachliche Darstellung leidet häufig an **Tempus- und Modusfehlern**. Insbesondere die **indirekte** Rede, also die Darstellung des Vorbringens der Beteiligten im **Konjunktiv I**, fällt vielen Bearbeitern ausgesprochen schwer. Ganz verbreitet ist die **Verwechslung** von **Konjunktiv I** und **Konjunktiv II**; statt von „sei" und „habe" zu reden, heißt es fälschlich „wäre" und „hätte". Dieser Modus betrifft aber nur den sog. Irrealis. Dieser wird aber vor allem verwendet, um unmögliche und unwahrscheinliche Bedingungen oder Bedingungsfolgen zu benennen. Dies trifft auf die Darstellung des Vorbringens der Beteiligten im Klageverfahren fast nie zu (es sei denn, der Kläger will – vielleicht im Zusammenhang mit einer Fortsetzungsfeststellungsklage – deutlich machen, was er gemacht *hätte*, wenn [*Conditio*] er die beantragte Genehmigung rechtzeitig erhalten *hätte*).

934 Der bei der Darstellung des Tempus am weitesten verbreitete Fehler dürfte die Verwendung des Wortes „**nachdem**" betreffen. Mit diesem Wort wird ein zeitlich dem anhängenden Satz vorangehendes Geschehen eingeleitet, und zwar richtigerweise im Perfekt II (Plusquamperfekt). Eine zeitliche Parallelität beider Satzteile scheidet im Regelfall aus.

4. In den Entscheidungsgründen

935 Geradezu als **Standardfehler** kann die mangelnde **Einhaltung** des **Urteilsstils** bezeichnet werden. Es kann nicht oft genug betont werden, dass dieser grundlegende Fehler unbedingt vermieden werden muss. Die Klausur wird ansonsten kaum überdurchschnittlich ausfallen können.

936 Mängel im Urteilsstil fangen damit an, dass die ersten vier bzw. fünf Sätze[897] nicht sorgfältig genug wiedergegeben werden. Ein erster Fehler ist hierbei, die zu prüfende **Norm nicht exakt** mit Absatz und Satz (ggf. sogar Halbsatz) zu **zitieren**. Statt „§ 78 Abs. 2 Satz 1 der BauO des Landes X" heißt es dann nur „§ 78". Auch der **Inhalt** der Norm wird oft nicht **vollständig** wiedergegeben. Statt alle Tatbestandsmerkmale zu benennen, fällt das eine oder andere Element einfach weg. Typischerweise wird dann später unter dieses Merkmal nicht mehr subsumiert, weil es mangels Voranstellung später in Vergessenheit gerät.

937 Auch das weitere Vorgehen erfolgt oftmals **nicht Schritt für Schritt**. Nicht jedem relevanten Tatbestandsmerkmal wird genügend Raum für eine angemessene Prüfung eingeräumt, und häufig werden dann **mehrere Tatbestandsmerkmale auf einmal** geprüft.

---

897 Vgl. hierzu ausführlich Rdnr. 531 ff.

20. Kapitel Typische Klausurfehler; Klausurhinweise

Beispiel:
Nach § 7 Abs. 1 Satz 1 Nr. 1 PassG ist der Pass ist zu versagen, wenn bestimmte Tatsachen die Annahme begründen, dass der Passbewerber die innere oder äußere Sicherheit oder sonstige erhebliche Belange der Bundesrepublik Deutschland gefährdet. Bei dieser Norm verfällt man leicht in die Versuchung die „bestimmten Tatsachen" mit den „Belangen für die innere Sicherheit" zu vermengen. Tatsächlich handelte es sich um zwei separat zu prüfende Elemente.

938 Besonders unpräzise wirkt es, wenn die einschlägige Norm mit dem konkreten Fall vermengt wird, statt sie zunächst ohne Fallbezug abstrakt voranzustellen. Im Beispiel könnte ein solcher (fehlerbehafteter) „Obersatz" etwa lauten: „Der Pass war auch nach § 7 PassG zu versagen, weil der Kläger als Hooligan erhebliche Belange der Bundesrepublik gefährdet hat." Da die genannte Norm nichts zum Kläger sagt, ist das **Zitat nicht korrekt**. Die damit einhergehende **verkürzte Subsumtion** wird einer schulmäßigen Prüfung nicht gerecht. Dieser Fehler tritt auch bei der verbreiteten Unsitte auf, **Normen nachzustellen**. So liest man gelegentlich fälschlich: „Der Kläger ist auch Zustandsstörer, § 14 ASOG Bln." Derselbe Mangel ist auch häufig bei **unbestimmten Rechtsbegriffen** festzustellen. Statt Begriffe wie „notwendig", „erforderlich" oder „zuverlässig" vorab abstrakt zu definieren, stürzen sich Bearbeiter unmittelbar auf den konkreten Fall.

Beispiel:
„Dem Kläger fehlt auch die erforderliche waffenrechtliche Zuverlässigkeit, weil er seine Pistole offen im nicht verschließbaren Vorratsschrank gelagert hatte." Auch wenn die Aussage inhaltlich richtig ist, ändert dies nichts an der mangelnden Präzision und führt unweigerlich zu Punktabzug.

939 Besonders deutlich werden handwerkliche Mängel schließlich, wenn Verfasser im Rahmen der Entscheidungsgründe lediglich den **Sachverhalt** oder **Rechtsansichten wiederholen, ohne** das **rechtlich „aufzuhängen"**. Der Leser kann mit der Aussage nichts anfangen, weshalb diese Vorgehensweise („Erzählstil") den **Fall nicht voranbringt**. Allein die Wiederholung des Falles stellt aber **keine rechtliche Prüfung** dar.

940 Eng damit zusammen hängen **Subsumtionsfehler** auf der **Rechtsfolgenseite**. Verbreitet ist die mangelnde Einhaltung des Urteilsstils nämlich auch beim **Ermessen**. Viele Bearbeiter referieren auch hier zu Beginn der eigentlichen Prüfung lediglich, dass der Behörde bei ihrer Entscheidung Ermessen zustand, statt das **Ergebnis** der gerichtlich eingeschränkten rechtlichen Prüfung (Ermessen wurde fehlerfrei oder fehlerhaft ausgeübt) voranzustellen.

941 Bei der rechtlichen Prüfung wird schließlich nicht ausreichend auf eine vollständige **Prüfung aller Regelungen** eines **Bescheides** geachtet. Trifft ein Bescheid mehrere belastende Regelungen oder begehrt der Kläger mehr als nur eine Begünstigung, unterbleibt die rechtliche Würdigung der – vielleicht leichtfertig als bloße Nebensache abgetanen – sonstigen Elemente eines Verwaltungsakts. Die Vollständigkeit fällt bei der Bewertung der Klausur aber erheblich ins Gewicht.

942 Ganz selten könnte ein Klausurfall eine Situation oder Sachlage betreffen, die dem Bearbeiter aufgrund von privatem Wissen bekannt ist, diese aber nicht korrekt dargestellt wird. Hier gilt es gleichwohl, den **Fall** so zu nehmen, **wie** er **in der Klausur präsentiert** wird. Wird also etwa ein Stadtplan fehlerhaft abgedruckt, sollte ein Bearbeiter nicht etwa aufgrund seines besseren Wissens behaupten, die Behörde habe – wie ihm persönlich bekannt sei – den Sachverhalt falsch ermittelt. Dies gilt auch, wenn in der Klausur z. B. die Gefährlichkeit einer bestimmten Hunderasse amtstierärztlich festgestellt wird, der Verfasser sich aber (wiederum besser) mit der tatsächlichen Gefährlichkeit dieser Sorte auskennt. Im Zweifel kommt es dann nicht darauf an, sondern es soll die sich aus der Klausur ergebende Sachlage zugrunde gelegt werden.

5. Bei den Nebenentscheidungen

Auch wenn der Ausspruch zu den Kosten und der vorläufigen Vollstreckbarkeit als „Nebenentscheidungen" bezeichnet werden, sind diese **keinesfalls nebensächlich**. Sie **runden die Klausur ab** und zeigen dem Prüfer, dass der Kandidat in der Lage ist, eine den Examensanforderungen genügende vollständige Arbeit zu verfassen. Hier sollte der negative psychologische Effekt einer unvollständigen Klausur nicht unterschätzt werden. Zu bedenken ist – wie bei der Tenorierung auch – dass in besonderen Konstellationen Sondervorschriften greifen können, die am Ende der Arbeit genannt werden müssen.

III. Zehn goldene Regeln zur Fehlervermeidung

Examensklausuren weisen erfahrungsgemäß häufig die soeben genannten typischen Fehler auf, die bei **Einhaltung** der folgenden „**Zehn goldenen Regeln**" **vermeidbar** sind oder sich jedenfalls minimieren lassen. Die Einhaltung dieser Regeln ist wesentlich **wichtiger als** das **konkrete Ergebnis** der entworfenen Entscheidung. Wer die Ratschläge konsequent beherzigt, wird erfahrungsgemäß überdurchschnittliche Examensnoten erzielen können.

1. Zeithaushalt

Es empfiehlt sich ein **bewusster Umgang** mit den zur Verfügung stehenden fünf Stunden. Beginnen Sie früh mit dem Schreiben. Sie sollten den Großteil der **Zeit** auf problemorientierte juristische Arbeit verwenden, denn mit seitenlangen Ausführungen zu unproblematischen Aspekten der Zulässigkeit wird ebenso wenig „gepunktet" wie mit einer übertrieben langen Darstellung des Sachverhalts in der gerichtlichen Entscheidung.

> **Beachte:**
> Ob Sie bei einem Urteil mit der Abfassung des Tatbestandes oder den Entscheidungsgründen beginnen, ist letztlich eine persönliche Geschmacksfrage. Die Mehrheit der Bearbeiter wird sich an einen klassischen Aufbau halten und zunächst den Tatbestand schreiben.

2. Sachverhalt erfassen

Lesen Sie den Sachverhalt in Ruhe und genau durch. Es lohnt in jedem Fall, sich hierfür **Zeit** zu nehmen. Erfassen Sie alle Umstände des Falles. Möglicherweise empfiehlt sich eine Lektüre in zwei Durchgängen. Nach einem ersten Durchlauf könnten Sie auf einem gesonderten Blatt notieren, welche **Gedanken** Ihnen nach der Lektüre des Falles **spontan** gekommen sind.

3. Bearbeitervermerk gründlich lesen

Dann sollten Sie den **Bearbeitervermerk** sehr gründlich lesen. Hier finden sich meist auch Hinweise zu fallrelevanten Umständen, die aus dem Sachverhalt nicht hervorgehen (z.B. Zustellungsdaten), aber auch zu sonstigen Fragen, etwa zur erbetenen Entscheidungsform, zur Besetzung des Gerichts oder zum Datum der Entscheidung.

> **Beachte:**
> Gelegentlich sollen bestimmte Aufgaben oder Fragen nach dem **Bearbeitervermerk** ausdrücklich *nicht* gelöst oder behandelt werden. Manche Klausuren sind z.B. so

20. Kapitel Typische Klausurfehler; Klausurhinweise

umfangreich, dass ausnahmsweise einmal kein Tatbestand geschrieben werden muss. In anderen Fällen wirft ein Fall spezielle Rechtsfragen auf, deren Kenntnis von Examenskandidaten nicht erwartet wird. Wer in diesen Fällen Hinweise wie „Die Abfassung eines Tatbestandes ist erlassen" oder „Normen des Bundesimmissionsschutzgesetzes sind nicht zu prüfen" übersieht, verliert nicht nur wichtige Zeit, sondern wird vor allem den Anforderungen des Bearbeitervermerks nicht gerecht.

948 Anschließend empfiehlt sich eine **nochmalige Lektüre** des **Sachverhalts**, dieses Mal gewissermaßen **gefiltert** nach den konkreten Vorgaben des Bearbeitervermerks. Es bietet sich an, alle Argumente herauszuschreiben und später einem strukturierten rechtlichen Gerüst zuzuordnen. **Keinesfalls** ist eine „**Sachverhaltsquetsche**" erlaubt, in den Fall darf also nichts hinein interpretiert werden. Zu den im Bearbeitervermerk ausdrücklich **erlassenen Fragen** finden sich später **keine Ausführungen**.

4. Schwerpunktbildung

949 Nach Erfassung des Sachverhalts sollten Sie ermitteln, wo die **rechtlichen Schwerpunkte** der Klausur liegen. Vor allem mit einiger Klausurpraxis wird es Ihnen zunehmend leichter fallen, die Schwerpunkte der Klausur, die gleichermaßen auf Zulässigkeit und Begründetheit verteilt sind, zu erkennen.

> **Merke:**
> Die Probleme, die *Sie* mit der Klausur haben, sind die Probleme *der* Klausur. Das bedeutet, dass die erkannten Fragen keinesfalls umschifft, sondern als problematisch herausgearbeitet werden sollten.

5. Plausibilität

950 Führen Sie sich vorab mit entsprechendem **Judiz** vor Augen, welches Ergebnis dem Fall am besten gerecht wird. Hier sollten Sie in erster Linie **klausurtaktisch** denken. Fragen Sie sich, welcher Lösungsweg **alle Argumente des Falles verwertet** („Zutatentheorie"), ohne dass Hilfserwägungen notwendig werden. Einer solchen Lösung sollte in jedem Fall der Vorzug gegenüber einem Ansatz gegeben werden, der Ihrer persönlichen Auffassung am nächsten kommt, die aber nur einen Teil der Argumente des Falles abdeckt.

951 Gehen Sie – bevor Sie Ihre Lösung niederschreiben – vorab noch einmal auf einen **inneren Abstand** zu sich selbst und fragen Sie sich, ob das **Ergebnis** wirklich in sich **stimmig** und **gerecht** bzw. **lebensnah** ist. Stellen Sie sich vor, Sie müssten Argumentation und Ergebnis Ihrer Arbeit einem Bekannten oder Verwandten, der kein Jurist ist, vermitteln. Wäre diese Person überzeugt? Gilt dies auch für den unterlegenen Beteiligten?

6. Sprache

952 Achten Sie auf **sprachliche Sorgfalt**. **Kurze Sätze** sind stets besser als lange Formulierungen, Einschübe oder Relativsätze. Ein **klarer Stil** führt auch zu klaren Gedanken! Dazu zählt auch der **Aktivstil**. Den Substantivismus („zur Erreichung dieses Ziels") sollten Sie unbedingt vermeiden, das Wort „zwecks" sollte vermieden werden.

7. Urteilsstil

953 Nochmals: Halten Sie den **Urteilsstil unbedingt ein**. Urteilsstil bedeutet kurz gefasst: Das Ergebnis ist der nachfolgenden Prüfung voranzustellen, es folgt die genaue Bezeichnung der einschlägigen Norm; der Norminhalt wird vollständig **abstrakt** wiedergegeben. Unterlassen Sie eine Interpretation der Norm bei ihrer Wiedergabe! Lassen Sie Ihre Einleitung mit der Formulierung „Diese Voraussetzungen liegen hier vor" oder „Das ist hier der Fall" enden, bevor Sie zur Subsumtion übergehen. Diese Aussage könnte wiederholt werden, wenn ein Tatbestandsmerkmal weiter zu untergliedern ist. **Definieren** Sie **unbestimmte Rechtsbegriffe** vor der eigentlichen Subsumtion! Lieber einmal zu viel als einmal zu wenig definieren!

> **Beachte:**
> Folgendes Vorgehen ermöglicht in diesem Zusammenhang eine gute **Selbstkontrolle:** Stellen Sie sich vor, der **Adressat** Ihrer Entscheidung verfügt nicht über die gesetzlichen Vorschriften, die Sie bei Ihrer Prüfung zugrunde legen. Präsentieren Sie ihm die Bestimmungen so, dass der Leser sich nach Lektüre Ihrer Entscheidung (dies gilt gleichermaßen für Urteil, Beschluss, Bescheid oder Schriftsatz) umfassend informiert sieht und bestenfalls **rundum überzeugt** ist, ohne die Notwendigkeit zu verspüren, sich einen Gesetzestext zu besorgen.

8. Saubere Prüfung

Die zu prüfende Anspruchsnorm bzw. **Rechtsgrundlage** sollten Sie zunächst **grob** in Tatbestand und Rechtsfolge **gliedern**. Der Tatbestand wird vor der Rechtsfolge geprüft. Ggf. sollten Sie die Tatbestandsmerkmale in **weitere Unterpunkte** gliedern und nach der Grobstruktur eine Feinstruktur schaffen. **Alle Argumente** der Beteiligten sollten Sie in diese Struktur **einpassen** und fragen, wo welches Argument passt. Hat ein Argument Verwendung gefunden, können Sie es auf der Liste der abzuarbeitenden Punkte streichen. Sollten Sie feststellen, dass Sie ein Argument noch nicht verwertet haben, bringen Sie es *zur Not* besser an unpassender Stelle als überhaupt nicht unter!

Bei der rechtlichen Würdigung dürfen Sie nicht bloß den Tatbestand wiederholen. Vielmehr muss jeder Gedanke an einem **Obersatz** oder an einem **vorangestellten Ergebnis** hängen. Fragen Sie sich also stets, was der „**Aufhänger**" Ihrer konkreten Aussage ist. Arbeiten Sie stets mit **konkretem Normbezug:** Sobald einem Gedanken eine normative Verankerung zugrunde liegt, sollten Sie die Norm konkret benennen. Verfolgen Sie das Ziel, **klare** rechtliche **Wertungen** unter Ausschöpfung des Sachverhalts zu treffen. Versetzen Sie sich am Ende in die Situation des Beteiligten, der im konkreten Fall unterliegt: Wären Sie an seiner Stelle von Ihrer Argumentation überzeugt? Oder sollte der eine oder andere Gedanke – ggf. auf einem gesonderten und einzuschiebenden Blatt – nachgeschoben und vertieft werden.

9. Vollständigkeit

Prüfen Sie gründlich, ob das Rubrum und der Tenor **vollständig** sind. Gleiches gilt für die Frage, ob Sie alle Nebenentscheidungen **hinreichend begründet** haben.

10. Endkontrolle

Besonderes Augenmerk sollten Sie ganz am Ende auf die Prüfung verwenden, ob die **Begründung** und das **Ergebnis** Ihrer Lösung mit dem **Tenor übereinstimmen.** Stellen Sie fest, dass dies nicht der Fall ist, werden Sie aus Zeitgründen zumeist nur noch den Tenor ergänzen bzw. den Gründen anpassen können. Eine etwaige Inkonsequenz kann die Arbeit hier insgesamt unbrauchbar machen, so dass beides unbedingt miteinander einhergehen muss.

Stichwortverzeichnis

Die Zahlen beziehen sich auf die Randnummern des Werkes.

Abänderungsverfahren 915
– nach § 80 Abs. 7 VwGO 887
Abgaben und Kosten 816
Abhilfeentscheidung 307, 309
Ablehnung
– wegen Befangenheit 396
Ablehnungsgründe 114
Abschriften
– der Klageschrift 17
Abwendungsbefugnis 451
Adressatentheorie 178 f.
Aktenvorlage 100
Aktenzeichen 438
allgemeine Feststellungsklage 742
allgemeinen Leistungsklage 717
Allgemeinverfügung 651
Amtsermittlungsgrundsatz 94
Amtshaftung 149
Amtshaftungsprozess
– Vorbereitung des 753
Änderung
– der Prozesslage 415
– der Sach- oder Rechtslage 357
Änderung der Prozesslage 404
Anerkenntnis
– Kosten bei 624
Anerkenntnisurteil 97, 440
Anfechtungsklage 645
– isolierte 667
– Streitgegenstand 30
Anhörung
– zur Vollziehungsanordnung 823
Anhörungsmangel 404
Annexantrag 682
Anordnung
– der aufschiebenden Wirkung 836, 857
Anordnung der sofortigen Vollziehung 821
Anordnungsanspruch 890, 903 f.
Anordnungsgrund 890, 903, 906
Anordnungsinhalt 909
Anscheinsbeweis 130
Antrag 21
– sachdienlicher 21
Anträge 455, 483
– sachdienliche 483
Antragsbefugnis 881
Antragsfrist
– bei der Wiedereinsetzung 266
Anwaltsklausur 708
Auffangstreitwert 643
Aufhebung
– eines VA 646

Auflagen 866
Aufrechnung 153
aufschiebende Wirkung 813, 854
Augenschein 106
Ausforschung 116
Auslegung 4, 26, 484 f., 487, 514, 522
– des Eilantrags 837
Ausschlussfrist 37
Außenwirkung 655, 659
Aussetzung der Vollziehung 876, 883
Aussetzungsantrag
– vorheriger 839, 883
Auswahlermessen 559

Beamtenverhältnis 732
Bedingung 24
Bedingungsfeindlichkeit 24
Befangenheit 393, 395
Begründetheit 527
– der Anfechtungsklage 684
– der Verpflichtungsklage 712
Begründungserfordernis
– der Vollziehungsanordnung 824
Begründungsmangel 828
Begründungspflicht 824
– Ausnahmen von 827
Begründungszwang 824
Behörde 652
Behördenbegriff 652
Behördlicher Rechtsschutz
– nach § 80a VwGO 875
Beiladung 68, 71
– einfache 72, 75, 86
– Kosten 608
– notwendige 77 f., 87
Bekanntgabe 225, 235
– des Verwaltungsakts 222, 295
Bekanntgabeadressat 179
Bekanntgabearten 236
Beklagter 54
– Bezeichnung des 19
Beleihung 139
Beliehener 652
berechtigtes Interesse 768
Berichterstatter 450
Bescheidungsantrag 708
Bescheidungsklage 707
– Streitgegenstand 30
Bescheidungstenor 685
Beschluss 786
Beschlüsse
– Arten 786

231

Stichwortverzeichnis

Beschlusstenor 795
Beschwer
– erstmalige 243
Besetzung des Gerichts 387 f.
Bestandskraft 219, 756, 813
Bestimmtheit 23
Beteiligte 50, 441
Beteiligungsfähigkeit 50, 56, 58
Betreibensaufforderung 211, 351, 353
Beurteilungsfehler 554 f.
Beurteilungsspielraum 554, 707
Beweisanträge 112
Beweisaufnahme 494
Beweiserhebung 101
Beweisgrundsätze 100
Beweislast 101, 124
Beweislastgrundsätze 130
Beweislastumkehr 129
Beweismittel 105
Beweisvereitelung 129
Beweiswürdigung 103
Bezeichnung des Gerichts 443
Billigkeitsentscheidung 597
Büroorganisation 258

Chronologie 470, 932
Computerfax 9

Dauerverwaltungsakt 648
Definition
– unbestimmter Rechtsbegriffe 551
Deutsche Sprache 13
Devolutiveffekt 306
Dispositionsbefugnis 343
Dispositionsmaxime 96, 338, 359, 513
Drei-Tages-Frist 237

Eilbedürftigkeit 906
Eingangsdatum 29, 223
Eingangsformel 503
Eingangsstempel 29, 223
Einleitungssatz 461
Einleitungssätze 530
Einstellungsbeschluss 348
einstweilige Anordnung 889
Einvernehmen 661
Einwilligung
– in die Klageänderung 39
– in die Klagerücknahme 343
Einzelfall 666
Einzelrichter 401, 449
– konsentierter 410
elektronische Klageerhebung 10
elektronischer Verwaltungsakt 239
Eltern 64
Empfängerhorizont 658
Enteignungsentschädigung 149
Entscheidungsform 387
Entscheidungsformen 387, 413

Entscheidungsgründe 501
Entscheidungszeitpunkt 542, 713
– maßgeblicher 689, 713
Entschließungsermessen 559
Entwurf 3
Erfolgsaussichten in der Hauptsache 850
Erfüllung 748
Ergänzung
– der Klageschrift 37
Erledigung 337, 358, 711, 761 f.
– des Verwaltungsakts 747
– Kosten bei 597
Erledigungserklärung 97, 359 f.
Erledigungsrechtsstreit 773
Ermessen 362, 557, 697, 707
– billiges 363
– des Gerichts 909
Ermessensaufall 561
Ermessensdefizit 561
ermessensfehlerfreie Entscheidung 707
Ermessensfehlgebrauch 560
Ermessensnorm 912
Ermessensreduzierung auf Null 562
Ermessensüberschreitung 560
ernstliche Zweifel 860
Ersatzvornahme 748
– Kosten der 816
Erstmalige Beschwer 322
Examensklausur
– Anforderungen 918

faktische Vollziehung 868
faktischer Vollzug 861
Feststellung
– der aufschiebenden Wirkung 836, 861
– vorläufige 894
Feststellungsanordnung 911
Feststellungsinteresse 768, 776
Feststellungsklage 193, 742, 763
– Streitgegenstand 30
– vorbeugende 763
Feststellungsklage, vorbeugende 769
Flucht in die Erledigung 364
Folgenbeseitigung 699
Folgenbeseitigungsanspruch 722
Form
– des Beschlusses 788
formelle Rechtmäßigkeitsvoraussetzungen 535
Formulierungsbeispiele 6, 66, 111, 146, 161, 164, 185, 191, 214, 246, 271, 274, 314, 327, 372, 374, 376, 378, 383, 385, 477, 480, 482, 495, 497, 506, 508, 512, 518, 521, 525 f., 537, 543, 553, 556, 602, 605, 664, 669, 683, 688, 692, 698, 721, 723, 733, 736, 760, 783, 838, 853, 855, 864, 908, 911
Fortsetzungsfeststellungsinteresse 750
– umgekehrtes 781

Stichwortverzeichnis

Fortsetzungsfeststellungsklage 648, 742 f., 762
– Streitgegenstand 30
Fortsetzungsfeststellungswiderspruch 334, 757
Frist
– für den Eilantrag 843
Fristablauf 297
Fristbeginn 296
– der Klagefrist 225
Fristberechnung 296
Fristdauer 297
Fristende 247
Fristversäumung 250
Funkfax 9

Gebühren und Auslagen
– des Rechtsanwalts 627
gebundene Entscheidung 558
Geldforderung 35
Geldleistung 719 f., 739
Geldzahlung 641
Geltungsdauer
– der einstweiligen Anordnung 915
Generalklausel
– polizeiliche 189
Gericht der Hauptsache 808, 899
Gerichtsbescheid 418, 421, 448
Gerichtsgebühr 29
Gerichtskosten 593
Gerichtssprache 13
Gerichtsstand 162
Gesamtschuldner 606
Gesamtstreitwert 643
geschäftsfähig 63
Geschäftsfähigkeit 61
Geschäftsverteilungsplan 390 f.
Gesetzlicher Richter 388
Gesetzlicher Sofortvollzug 816
Gestaltungsklage 645
Glaubhaftmachung 812, 890

Haupt- und Hilfsantrag 24
Hauptsache 451, 897
Hauptsachenerledigung 357
Hausverbot 143
Heilbarkeit 828
Heilung
– von Zustellungsmängeln 234
Hinweispflicht 22, 36
– richterliche 920
Hinzuziehung eines Bevollmächtigten 491
Hoheitliche Maßnahme 653

Immissionen 142
Inhaltsadressat 179
Innenverhältnis 663
Inquisitionsmaxime 94
In-Sich-Prozess 215

Interessenabwägung 859, 885
– bei § 80 Abs. 5 VwGO 850
Interessenstheorie 136
Ist-Situation 464

Jahresfrist 294
Justizverwaltungsakt 151

Kammer 397, 400
Kapazität 679
Klage
– in gleicher Sache 32
Klageänderung 1, 38, 224, 759
– objektive 42
– subjektive 42
Klageantrag 462
– Auslegung 513
Klagebefugnis 166, 169 f., 186, 192, 728, 758, 770
Klagebegehren 18, 20
Klageerhebung 1, 473
– zur Niederschrift 16
Klagefrist 15, 219, 245, 347, 702
– Berechnung 226
Klagegegenstand 442
Klagegrund 30
Klagehäufung 1, 38, 46, 154, 525, 586
– objektive 46
– subjektive 47
Kläger 53
Klagerücknahme 340, 342
– Folgen 347
– teilweise 344
– verdeckte 364, 598
Klageschrift 2
Klausurfehler
– typische 918
Klausurhinweise 918
Kommentar 921
Konkurrentenklage 678, 891
Kosten 574, 583
– Umfang 626
Kosten der Ersatzvornahme 819
Kostenaufhebung 593
Kostenentscheidung 350, 451, 569, 576
– einheitliche 367
Kostenfestsetzung 577
Kostengrundentscheidung 577
Kostenpflichtige 604
Kostenquote 367, 589
Kostenrisiko 28, 82

Leistungsanordnung 893
Leistungsbescheid 863
Leistungsklage 194, 439, 700, 717
– gegen den Bürger 727
– Streitgegenstand 30

materielle Teilbarkeit 688
Mitbewerberklage 679

Stichwortverzeichnis

Mitwirkungspflicht 94
modifizierende Auflage 676
Möglichkeitstheorie 174
Monatsfrist 28
mündliche Verhandlung 811
Mündlichkeitsprinzip 414
Musterbeschlüsse 801

Nachholung der Begründung 693
Nachschieben von Gründen 470, 693
Nebenbestimmung 672
Nebenbestimmungen 670, 688
Nebenentscheidungen 568
– des Beschlusses 799
Neubescheidung 38, 914
Nichtigkeitsfeststellungsklage 681
Nichtversetzung 665
notwendige Aufwendungen 626
Notwendigkeit
– von Kosten 626
Notwendigkeit der Hinzuziehung 628
Nutzungsuntersagung 648

Obdachlosigkeit 18
öffentliche Abgaben und Kosten 857, 860
öffentliches Interesse 833
öffentliches Recht 654
Öffentlichkeit 90, 92
öffentlich-rechtlichen Vertrag 141
öffentlich-rechtlicher Erstattungsanspruch 720, 735
öffentlich-rechtlicher Unterlassungsanspruch 735
ordnungsgemäße Rechtsmittelbelehrung 291
Organisationsmangel 259

Parteivernehmung 110
Passivlegitimation 55
perpetuatio fori 34
Persönlichkeitsschutz 92
Polizeivollzugsbeamte
– Maßnahmen von 817
Popularklagen 170
Popularwiderspruch 301
Postulationsfähigkeit 65
Präsidium 389
Prozessbevollmächtigter 67
Prozesserklärung 3
Prozessfähigkeit 50, 61
Prozessführungsbefugnis 55
Prozessgeschichte 111, 493
Prozesshandlung 24, 340, 360, 369
Prozesskostenhilfeantrag 25, 264
Prozesskostenhilfegesuch 26
Prozessökonomie 69, 328, 753, 830
Prozesspfleger 64
Prozessstandschaft 198
Prozessurteil 509
Prozessvoraussetzungen 56
Prozesszinsen 35

Realakt 142, 655, 701, 718 f., 722, 893
rechtliches Gehör 113, 403
Rechtsauffassung des Gerichts 707, 716
Rechtsbehelfsbelehrung 246
Rechtsbindungswille 656
Rechtshängigkeit 29, 44, 347, 362
– anderweitige 32
– Wirkungen 157
Rechtskraft 343
– materielle 31
Rechtsmittelbelehrung 244, 292 f., 572
Rechtsnachfolge 333
Rechtsnachfolger 168
Rechtsreflex 176
Rechtsschein 658
Rechtsschutzbedürfnis 166, 169, 199 f., 301, 729, 749, 844, 862, 900
– qualifiziertes 901
Rechtsschutzgarantie 910
Rechtsschutzinteresse 352
Rechtsschutzziel 484, 513
Rechtssicherheit 219
Rechtsträgerprinzip 55
Rechtsverhältnis 764
Rechtsverletzung 565
– subjektive 686
Rechtsweg 89
Rechtswegfremde Forderung 153
Rechtsweggarantie 802
Rechtswirkung nach außen 659
Rechtzeitiger Rechtsschutz 754
reformatio in peius 316 f., 667
Regelstreitwert 643
Regelung 655
Regelungsanordnung 892, 905, 911
Rehabilitationsinteresse 751
Replik 478
Restitutionsgrund 341
Risikosphäre 12
Rubrum 435, 438
Rücknahme
– Kosten bei 595
Rücknahme der Klage 340
Rücknahmefiktion 354
Rügelose Einlassung 331

sachdienlich 40
Sachurteilsvoraussetzung 167, 281
Sachverständige 108
schlichter Hinweis 656
schlicht-hoheitliche Maßnahmen 731
schlichthoheitliches Handeln 732
schlicht-hoheitliches Verwaltungshandeln 718
Schriftlichkeit 3, 5, 287
Schulrecht 665
Schutznormtheorie 182, 186
selbständige Anfechtbarkeit 676
selbständige Beschwer 667
Sendebericht 12
Sicherheitsleistung 635

Stichwortverzeichnis

Sicherungsanordnung 891, 904, 906, 911
Signatur
– elektronische 11
sofortige Vollziehung 815
Sofortvollzug 821
– gesetzlicher 815
Soll-Inhalt
– der Klageschrift 21
Sonderzuweisung
– aufdrängende 133
Sonderzuweisungen
– abdrängende 148
Spruchreife 699, 712, 716
Statthaftigkeit 896
– des Eilantrags 836
status quo 891
Streitgegenstand 30, 481
– Identität 32
Streitgenossen 47
Streitgenossenschaft 47
Streitwert 574, 642, 795
– Höhe 643
Streitwertbeschluss 642
Streitwertfestsetzung 642
Streitwertkatalog 644
Subjektive Rechtsverletzung 564
Subjektstheorie 137
Subordinationstheorie 135
Subsidiarität 766
summarische Prüfung 99, 812, 852
Suspensiveffekt 33, 304, 813, 815, 818, 842
Suspensivinteresse 850, 854

Tatbestand 435, 455
Tatbestandswirkung 98
Teilanfechtung 668
Teilaufhebung 668
Teilerledigung 367, 371
Teilrücknahme 371
Teilurteil 439
Telefax 7, 260
Telefaxgerät 12
Tenor 435, 451
Treu und Glauben 272, 340, 658

Übertragung
– auf den Einzelrichter 403
Überzeugung des Gerichts 103
Umsetzung 663
Unanfechtbarkeit 305
Unbeachtlichkeit 696
Unbestimmter Rechtsbegriff 551
Ungeschriebene Rechtmäßigkeitsvoraussetzungen 537
Unmittelbarkeit
– der Beweiserhebung 102
Unrichtige Sachbehandlung 625
Untätigkeitsklage 323, 327, 365, 705
– Kosten bei 620
Unterlassung 740

Unterlassungsklage 719, 725
Unterliegen 580
– geringfügiges 594
Unterschrift
– eigenhändige 5, 9
Unterschriften
– der Richter 573
Untersuchungsgrundsatz 94, 98, 338, 812
Urheberschaft 6
Urkunden 109
Urkundsbeamter 16
Urteil 413 f., 435
– Bezeichnung als 439
– ohne mündliche Verhandlung 415
Urteilsstil 502, 529, 923, 935

veränderte Umstände 917
Veräußerung
– der streitbefangenen Sache 168
Verbandsklage 197
Verböserung 667
Verfahren nach § 123 VwGO 889
Verfahrensbeendigung 337
Verfahrensgebühr 25
Verfahrensgrundsätze 89
Verfahrensrechte 195
Verfassungsunmittelbarkeit
– doppelte 147
Vergleich 368
– Kosten bei 616
Verkehrsschilder 240
Verkehrszeichen 651, 817
Verletzung des rechtlichen Gehörs 416
vermittelnder Erledigungsbegriff 779
Verpflichtungsklage 700
– Erledigung der 745
– Streitgegenstand 30
Versagungsgegenklage 700, 704
Versäumnisurteil 95
versäumte Rechtshandlung 269
Verschulden 252, 254, 256, 265
– Kosten bei 618
Versetzung 663
Vertretungszwang 28, 65
Verwaltungsakt 647, 650 f.
– belastender 646
– erledigter 742
– feststellender 656
– vorläufiger 649
– wirksamer 647
Verwaltungsakt mit Doppelwirkung 872
Verwaltungsakt mit Drittwirkung 315
Verwaltungsakt, nichtiger 284
Verwaltungsrechtsweg 131
Verwaltungsvollstreckung 816, 819
Verweisung 156
– Kosten bei 623
Verweisungsbeschluss 161, 164
Verwirkung 272, 729
Verzicht 275

Stichwortverzeichnis

Vollmacht 233
Vollstreckung 748
Vollziehbarkeitstheorie 814
Vollziehungsanordnung 846
Vollzugsfolgenbeseitigung 868, 870
Vollzugsfolgenbeseitigungsanspruch 748
Vollzugsinteresse 854
vorbereitende Maßnahmen 660
vorbeugender Rechtsschutz 725 f., 901
Vorbringen der Beteiligten 473
Vorfrist 259
vorläufige Vollstreckbarkeit 451, 570, 574
Vorläufige Vollstreckbarkeit 633 f.
– bei Leistungsklagen 737
Vorläufiger Rechtsschutz 802
Vorverfahren 276, 278, 283, 702, 729, 755
– Entbehrlichkeit 318
– ordnungsgemäßes 286
Vorwegnahme der Hauptsache 902, 907 f., 911

Waffengleichheit 100
Warnfunktion 824
Wegfall der Beschwer 358
Widerklage 154
Widerruf
– von Äußerungen 142
Widerruf ehrverletzender Äußerungen 722
Widerspruch 283
– elektronischer 289
– Form 287
   Wirkung des 304
Widerspruchsbefugnis 301
Widerspruchsbescheid 310, 667
Widerspruchsfrist 291
Widerspruchsgegenstand 329
Widerspruchsverfahren 277
– Einstellung 757
Wiederaufgreifen des Verfahrens 650
Wiedereinsetzung 12, 27, 219
– in den vorigen Stand 249, 299

Wiedereinsetzungsfrist 267
Wiederherstellung
– der aufschiebenden Wirkung 836
Wiederherstellung der aufschiebenden Wirkung 815
wiederholende Verfügung 650
Wiederholungsgefahr 752
Willenserklärung 722
Wirksamkeit
– der Klagerücknahme 354, 379
Wirksamkeitstheorie 814
Wirkungen der Rechtshängigkeit 15
Wirkungslosigkeit
– des Urteils 349

Zeitpunkt
– der Vollziehungsanordnung 822
Zeugen 107
Zulässigkeit 509
Zulassung der Berufung 571
Zuordnungstheorie 138
Zurechenbarkeit 3
Zurückübertragung
– auf die Kemmer 404
Zurückweisung
– des Bevollmächtigten 66
Zuständiges Gericht 14, 899
Zuständigkeit
– für das Eilverfahren 808
– instanzielle 165
– örtliche 162
– sachliche 160
Zuständigkeiten 89
Zustellung 227
– Arten 229
– des Widerspruchsbescheides 222
– ordnungsgemäße 225
Zutatentheorie 459
Zwei-Stufen-Theorie 146
Zweitbescheid 309, 650
Zwischenurteil 356, 381, 439, 510

2., überarbeitete und aktualisierte Auflage 2013
XIV, 170 Seiten. Kart. € 19,90
ISBN 978-3-17-022563-3
Studienbücher

Elzer/Brückmann/Zivier

Die ZPO in Fällen

Das Werk vermittelt Referendaren und Studierenden der Rechtswissenschaften anhand von 135 kurzen Fällen die Grundlagen des Zivilprozessrechts und befähigt sie, diese bei der Klausurbearbeitung praktisch umzusetzen. Die Beispiele sind soweit wie möglich der höchstrichterlichen Rechtsprechung entnommen. **Formulierungsbeispiele** sollen eine Hilfestellung für die Klausurlösung geben. Der Schwerpunkt der Fallsammlung liegt auf der Darstellung repräsentativer Problemkreise des Zivilprozesses, die **in beiden juristischen Staatsexamina** bedeutsam werden können und in Klausuren und **mündlichen Prüfungen** regelmäßig auftreten. Das Werk ermöglicht so eine schnelle und einprägsame Wiederholung des wichtigsten Stoffes kurz vor Prüfungsbeginn.

Die 2. Auflage bringt das Werk auf den Stand September 2013 und ist eng mit dem Lehrbuch „Prüfungswissen ZPO für Rechtsreferendare" von Oliver Elzer verzahnt.

Die Autoren sind Richter am Kammergericht in Berlin und seit vielen Jahren in der Ausbildung der Rechtsreferendare im Bereich Zivilprozessrecht tätig.

Leseproben und weitere Informationen unter www.kohlhammer.de

W. Kohlhammer GmbH · 70549 Stuttgart
vertrieb@kohlhammer.de

6., völlig neu bearbeitete Auflage 2014
XXVI, 384 Seiten. Kart. € 39,99
ISBN 978-3-17-022366-0
Studienbücher

von Münch/Mager
Staatsrecht II
Grundrechte

Die umfassende Neubearbeitung hält an dem bewährten Konzept fest, wonach die systematische Darstellung anhand von Fällen mit ausformulierten Lösungsvorschlägen veranschaulicht wird. Die Zahl der Fälle ist von bisher sechs auf nunmehr sechzehn deutlich erhöht worden. Der Aufbau des Buches folgt einer thematischen Ordnung, die von der Person ausgeht und sodann in konzentrischen Kreisen deren verschiedene Bezüge zur Umwelt in den Blick nimmt: Familie und Schule, Religion, Kommunikation, Wirtschaftsleben und Zugehörigkeit zum Staat. Bezüge zum Europarecht sind berücksichtigt. Schemata für die Grundrechtsprüfung finden sich im Abschnitt zu den allgemeinen Grundrechtslehren. Rechtsprechungs- und Literaturhinweise orientieren sich am Ausbildungszweck. Das Lehrbuch richtet sich nicht nur an Studienanfänger, sondern insbesondere auch an Examenskandidatinnen und -kandidaten.

Die Autorin:
Prof. Dr. Ute Mager lehrt öffentliches Recht an der Universität Heidelberg.

Leseproben und weitere Informationen unter www.kohlhammer.de

W. Kohlhammer GmbH · 70549 Stuttgart
vertrieb@kohlhammer.de